빠알리경전 읽기 / 다섯 번째 / 〈맛지마니까야〉 제36경 『마하삿짜까 숫따』

『마하삿짜까 숫따』

— 붓다의 '수행에 관한 큰 가르침' —

한글번역과 해설 / 범진

여래

| 시작하면서 |

불교경전은 기본적으로 붓다께서 제자들을 가르치기 위해 설하신 법문을 모아 놓은 것이다. 그리고 그 가르침의 목적은 언제나 그 가르침을 듣거나 읽는 자들로 하여금 붓다 당신처럼 깨달은 자가 되어 괴로움으로부터 벗어나게 함에 두고 있기 때문에 '붓다의 가르침'은 언제나 '붓다가 되는 가르침'이기도 하다.

우리가 접하는 불교경전은 붓다께서 하신 법문의 내용을 '녹취'해 놓은 것이 아니다. 법이 설해진 장소와 때, 그리고 붓다께서 누구에게 어떤 방식으로 어떤 내용을 설했으며, 법을 듣는 자들의 반응은 어떠했고, 또 그 반응에 대해 붓다께서는 어떻게 대응하셨는지, 이 모든 입체적인 정보들이 경전 속에 포함되어 있다. 물론 그 정보들이 때로는 전달자들의 정제되지 않은 존경심에 오염된 경우도 없지는 않아 보이지만, 적어도 그런 입체적인 정보 덕분에 우리는 불교경전을 통해서 붓다의 설법 내용뿐만 아니라, 노력 여하에 따라서는 충분히 스승으로서의 '붓다'라는 캐릭터를 불교경전 속에서 찾아낼 수 있다. 특히 본 경전과 같이, 붓다께서 어떤 과정을 통해서 깨달은 자, 붓다가 되었는지를 스스로 밝혀 놓은 경전의 경우는 더욱 그렇다.

스승은 이미 세상을 떠나신 지 오래다. 하지만 우리에게는 여전히 스승의 가르침이 남아있고, 그 가르침은 우리를 해탈의 세계로 이끌어 줄 스승이 될 것이다. 임종을 앞두신 붓다께서 아난다 존자에게 당부하신 아래와 같은 말씀 속에서도, 우리가 경전의 가르침을 스승으로 삼아야 할 이유는 쉽게 찾아진다.

"아난다여! 너희들에게 이런 생각이 있을 것이다. '스승의 가르침은 이미 지나갔고, 이제 스승도 없다' 라고. 그러나 아난다여! 그렇게 생각해서는 안 된다. 아난다여! 그대들에게는 나에 의해 가르쳐지고 선언된 '법' 이 있고 '율' 이 있다. 그것이 내가 죽은 이후에 그대들의 스승이다."

본 해설서는 빠알리경장 〈맛지마니까야〉의 36번째 경인 『mahasaccaka sutta』를 필자가 한글로 번역하고 해설을 붙인 것으로, 필자의 〈빠알리경전 읽기〉 시리즈에서는 다섯 번째로 출간되는 해설서다. 이 경은 2016년 출간된 〈맛지마니까야〉 제35경 『쭐라삿짜까 숫따』와 짝을 이루는 것으로, 두 경 모두 붓다께서 '삿짜까'라는 이름의 니간타(자이나교도)에게 설하신 법문을 그 내용으로 하고 있다. 법문이 행해진 순서는 경장에서의 순서와 같이 제35경이 먼저고 제36경이 나중이다.

제35경과 제36경의 제목인 『쭐라삿짜까 숫따』와 『마하삿짜까 숫따』는 붓다의 대화 상대로 등장하는 '삿짜까'라는 니간타의 이름을 따르면서, 법문의 분량이 적은 쪽은 '쭐라(작은)'로, 법문의 분량이 좀 더 많은 쪽은 '마하(큰)'로 구분해서 정한 것이지만, 만약 필자에게 내용에 따라서 경전의 제목을 정하라고 했다면, 본경을 '수행경(修行經)'이라고 했을 것이다. 필자가 읽어 본 경전 가운데 이 경만큼 '수행이란 어떤 것인가'라는 수행의 정의서부터 시작해서, 수행의 핵심인 '느낌의 통제'는 어떻게 진행되는지, 그 수행의 실천 방법까지가 경전 전체의 치밀한 구성을 통해서 일목요연하게 잘 정리된 경전은 없었기 때문이다. 그래서 본 해설서만큼은 붓다의 '**수행에 관한 큰 가르침**'이라는 부제목을 따로 표지에 달아 두었다.

본 해설서의 빠알리어 텍스트는 PTS(Pali Text Society)본을 사용했으며, 본문에서의 단락은 필자의 이해에 따라서 필자가 임의로 나눈 것이다. 본 빠알리경에 대응되는 고전 한역경전은 없고, 다만 거의 같은 내용으로 된 〈설일체유부〉 소전 경장 장아함(長阿含, dīrghāgama)에 속하는 『kāyabhāvana sūtra』가 산스끄리뜨 필사본 형태로 남아있다. 이 필사본은 파키스탄의 Gilgit라는 지방에서 발견된 것으로 교정본은 2008년 중국 복단대학(復旦大學)에서 출간되었다.

본경은 〈맛지마니까야〉의 총152개의 경들 중에서도 비교적 분량이 많은 편에 속한다. 출가해서 성도하기까지의 대부분의 보살의 수행과정이 생략 없이 그대로 언급되었기 때문이다. 본경에는 수행과 관련된 중요한 내용들이 많이 등장하는데, 그 가운데서도 필자가 가장 주목한 것은 붓다 스스로 "**이전에 들어본 적이 없는**"이라고 평가하신 "**세 가지 비유**"에 관한 내용과 '느낌'의 발생에 관한 보살의 성찰 부분이다. 이 내용들은 본문의 제4장과 제6장에 각각 등장하는 것으로, 필자는 이 비유와 성찰이, 보살 자신의 수행에 대한 '발상의 전환'을 나타낸 것이며, 내용상으로는 연기법에 기초한 수행의 핵심이 담겨 있다고 이해하고 있다. 이외에도 사선(四禪) 삼명(三明)이라는 중요한 주제도 등장하지만 이 역시 '수행의 과정'과 '수행의 결과'로서 언급된 것이다.

과거 자신의 수행 과정을 설명하시면서, 보살은 죽음을 넘나드는 극한의 고행 속에서도 결코 괴로운 느낌 때문에 마음의 주체적 기능이 방해받게 한 적이 없었고, 더할 나위 없는 선정의 희열 속에서도 행복한 느낌 때문에 마음의 주체적 기능이 방해받게 한 적이 없었다는 점을 말씀하셨다. 경전에서는 이것을 '**느낌이**vedanā **마음을**cittaṃ **제압한 채, 머물지는 않았다.**na pariyādāya tiṭṭhati'라고 표현하고 있다. 어떠한 행복한 느낌이 일어나더라도, 어떠한 괴로운 느낌이 일어나더라도, 언제나 일어난 그 느낌에 마음의 주체적 기능이 제압당하지 않도록 일어난 괴로운 느낌을 멈추게 하였고, 일어난 행복한 느낌을 관찰하여 매몰되지 않게 하였다는 것이다.

이러한 메시지를 통해서 새삼 확인 할 수 있었던 것은, 붓다께서는 언제나, 우리가 할 수 있는 부분만을, 우리가 실천을 통해서 변화시키는 것이 가능한 부분만을 가르침 안에 포함시켰다는 점이다. 덕분에 불교는 결국 '행위에 대한 가르침이다.'라는 생각이 필자에게는 확연해 졌다. 붓다에 의해서 언급된 주제들은 그것이 어떤 것이건 그것이 올바른 '행위'를 이끌어내기 위해 행위 당사자가 스스로 알아야 할 필요가 있다고 판단된 것들에 국한된다. 올바른 행위를 이끌어내는 데 필요 없는 것들은 그래서 과감하게 제외된다. 붓다는 늘 우리가 할 수 있는 부분만을 말씀하셨고, 오로지 그것에만 몰두하셨다. 그것이 바로 '수행'이고, 자기 당신도 그렇게 해서 참으로 괴로움으로부터 벗어날 수 있었기 때문이다.

빠알리경전을 읽다보면, 꼭 빠알리경전이 아니라 다른 불교경전들도 다 마찬가지겠지만, 시간을 두고 마치 노인처럼, 천천히 음미하면서 읽어가는 것, 이것이 불교경전에서 붓다의 메시지를 찾아내는데 아주 중요한 조건이라는 생각이 들 때가 있다. 아마 이것은 '보여지는 대상은 보는 자의 내적 조건들의 연기적 반영'이라는 본경의 메시지와도 상통할 것이다. 어쨌든 필자는 본경을 꼬박 3년간 붙잡고 있었고, 덕택에 처음에는 보이지 않던 붓다의 메시지와 놀랄 만큼 치밀한 경전의 구성을 함께 확인할 수 있었다. 그럴 때마다 마치 필자 혼자 우연히 붓다를 찾아낸 것처럼 기뻤고, 이런 치밀한 구성의 경전을 잘 전해주신 상좌부 노사들에게 감사한 마음도 함께 일어났다. 이제 정말 노인의 문턱에 들어선 필자의 신체적 변화도 분명 이런 희열과 감사함을 느끼게 해준 한 조건이 되었을 것이다.

'부뚜막의 소금도 집어넣어야 짜다.'라는 우리네 속담대로, 이미 빠알리어 경장의 대부분이 한국어를 비롯한 각국의 언어로 번역이 되어 마음만 먹으면 누구라도 접할 수 있지만, 그것을 번역한 사람이 투자한 시간과 정성의 반만큼이라도 개개인이 투자하면서 읽어야만 비로소 경전의 의미가 그 자신에게 확립된다는 믿음으로 시작했던 '빠알리경전 읽기'가 벌써 17년 전의 일이다. 그때 나이가 43세였고, 당시에 기대수명을 추정해보면서, 앞으로 10권 정도는 출간할 수 있겠다고 생각했었는데, 이제 겨우 5권을 채우게 되었다. 앞으로도 애를 쓰긴 쓸 생각이지만, 점점 떨어지는 기억력과 집중력을 감안한다면, 아무래도 10권을 채우는 것은 무리일 것 같고, 이제는 활자를 통해서 책을 읽고 내용을 곰곰이 생각해 보는 시대도 아닌 것 같아서, 참으로 안팎으로 무상함을 절감하고 있다. 하지만 그런 무상감이 필자의 마음을 제압하도록 하지는 않을 것이다.

본 해설서는 필자가 거처를 부산 미룡사로 옮기고 나서의 첫 번째 출간이다. 미룡사는 正覺老師의 결심 덕분에, 정명, 만휴, 도은, 이구 스님과 필자를 포함해서 총 여섯 분의 스님들이 함께 모여 작은 결사도량을 운영하고 있는 곳이다. 미룡사를 반연한 모든 분들, 그리고 瑞海 興教和尙이 회주로 계신 창원 성주사의 인연 있는 모든 분들의 건강과 행복을 기원한다.

불기2562년 戊戌년

가을 부산 미룡사에서 범진 합장

| 목차 |

시작하면서 _4

약어표 _13

1장

삿짜까, 붓다에게 수행에 대한 자신의 견해를 주장하다

011 삿짜까, 다시 붓다를 찾아오다 _17

012 삿짜까, 붓다의 제자들은 몸의 수행을 하지 않는다고 주장하다 _22

013 삿짜까, 몸의 수행에 대한 사례를 말하다 _62

2장

붓다, 몸과 마음의 수행에 대한 바른 정의를 설명하시다

021 붓다, 고귀한 자의 율법에서의 수행에 대해 정의하시다 _83

022 붓다, 수행이 되지 않은 경우를 설명하시다 _89

023 붓다, 수행이 된 경우를 설명하시다 _125

3장

붓다, 자신의 경험을 통해 수행의 의미를 설명하시다

031 삿짜까, 붓다께서 말씀하신 수행의 정의를 이해하지 못하다 _137

032 붓다, 자신의 출가를 말씀하시다 _146

033 붓다, 알라라 깔라마와의 선정수행 경험을 말씀하시다 _162

034 붓다, 웃다까 라마뿟따와의 선정수행 경험을 말씀하시다 _219

4장

보살, 수행에 대한 발상의 전환을 세 가지 비유로써 정리하다

041 첫 번째 비유 _233

042 두 번째 비유 _272

043 세 번째 비유 _277

5장

보살, 고행을 시작하다

051 마음을 통제하는 고행 _285

052 호흡을 통제하는 고행 _291

053 음식을 통제하는 고행 _305

6장

보살, 새로운 수행의 길을 완성하다

061 보살, 느낌의 연기성에 눈뜨다 _321

062 사선정의 성취 _353

063 첫 번째, 전생을 관찰함에 대한 밝은 앎의 성취 _365

064 두 번째, 중생의 죽고 태어남에 대한 밝은 앎의 성취 _386

065 세 번째, 번뇌의 소멸에 대한 밝은 앎의 성취 _396

7장

붓다의 설법은 계속 된다

071 붓다의 법문은 바로 '우리'를 위한 것이다 _409

072 붓다, 어리석음의 의미를 설명하시다 _416

073 참으로 훌륭하십니다! 하지만 저는 바빠서 이만 _423

※ 약어표

DN PTS본 『*digha nikāya*』 디가 니까야

MN PTS본 『*majjima nikāya*』 맛지마 니까야

AN PTS본 『*aṅguttara nikāya*』 앙굿따라 니까야

SN PTS본 『*saṃyutta nikāya*』 상윳따 니까야

KN PTS본 『*khuddaka nikaya*』 쿳다까 니까야

JA PTS본 『*jātaka*』 자따까

Dhp PTS본 『*dhammapada*』 담마빠다

Snp PTS본 『*suttanipāta*』 숫따니빠따

Ud PTS본 『*udāna*』 우다나

MA PTS본 『*papañcasūdanī*』 맛지마 니까야의 주석서

Vsm PTS본 『*visuddhimagga of Buddhaghosa*』 청정도론

T 『大正新修大藏經』

Nan 『南傳大藏經』 大正新修大藏經刊行會 /昭和 46년

MDB 『The Middle length Discourses of the Buddha』
by Bhikkhu Nanamoli and Bhikkhu Bodhi / 2001 / USA

CSM 『A comparative Study of the Majjima nikaya』 Volme 2
Ven. Analayo / 2011 / Taiwan.

PED 『PTS Pali English Dictionary』 by Rhys Davids

1장

샷짜까, 붓다에게 수행에 대한 자신의 견해를 주장하다

011

삿짜까, 다시 붓다를 찾아오다

이와 같이 나는 들었다. 한때 세존께서는 웨살리 큰 숲의 중각강당에 머물러 계셨다. 그때 세존께서는 아침시간에 (가사를) 고쳐 입고, (겹)가사와 발우를 들고 탁발을 위해 웨살리로 들어가실 채비를 하고 계셨다. 그때 니간타의 후손 삿짜까가 다리운동삼아 길을 따라 걷고, 길을 따라 산책하면서 큰 숲의 중각강당이 있는 곳으로 다가왔다. 아난다 존자는 니간타의 후손 삿짜까가 멀리서 오는 것을 보았다. 보고는, 세존께 이렇게 말씀드렸다.

"존자시여! 논객이며, 현자임을 자처하는 자이며, 많은 사람들로부터 스승으로 대접받는 니간타의 후손 삿짜까가 오고 있습니다. 존자시여! 저 자는 붓다를 비방하려는 자이고, 법을 비방하려는 자이고, 승가를 비방하려는 자이지만, 존자시여! 세존께서는 연민히 여기시어, 잠시 앉아 계셨으면 좋겠습니다." 세존께서는 준비된 자리에 앉으셨다. 그러자 니간타의 후손 삿짜까는 세존께서 계신 곳으로 다가왔다. 다가 와서는, 세존과 더불어 인사를 나누었고, 주고받아야 할 말을 공손하게 나누고 나서는 한 쪽에 앉았다.

〈아난다 존자는 니간타의 후손 삿짜까가 멀리서 오는 것을 보았다. 보고는, 세존께 이렇게 말씀드렸다.〉

본 『마하삿짜까 숫따』는 앞선 소개의 글에서 언급된 바와 같이, 같은 〈맛지마니까야〉 제35경인 『쭐라삿짜까 숫따』와 짝을 이루는 경전으로, 붓다와의 대화 상대로 등장하는 인물도 앞의 경전과 마찬가지로 웨살리를 근거지로 활동하던 니간타의 후손 삿짜까다.[1] 그는 앞의 경전에서 드러난 것처럼, 이미 한 차례 니간타의 교리를 가지고 붓다께서 머물러 계시던 웨살리의 중각강당[2]을 찾아와 논

---

1) '니간타niganthā'라는 단어는 속박(*sanskrit - 이하 sk로 표기함. ganṭha)으로부터 벗어난(sk. nir), 이라는 뜻으로, 우리가 자이나교도, 혹은 자인교도라고 알고 있는, 고래로부터 인도에서 고행과 명상을 해탈의 수행 방법으로 택하여 수행하던 출가수행자와 재가신자 모두를 일컫는 말이다. 이들은 붓다와 동시대를 살았던 여섯 명의 대표적인 신흥사문 중의 하나인 '니간타 마하위라nigantha mahāvira'의 가르침을 추종하는 자들로서 당시의 불교도들은 그들을 이렇게 불러왔다. 자이나jaina라는 호칭은 그들이 수행을 완성한 자를 '승리자jina'라고 부르는 것에서 온 것이지만 이런 호칭은 붓다 이후에 사용되었던 것으로 알려져 있음으로 본서에서는 자이나라는 호칭 대신에 붓다께서 사용하신 호칭인 니간타를 사용한다. 한역에서는 이들이 옷을 입지 않고 벌거벗고 다녔기 때문에 '나형외도裸形外道'라고 칭하고 있다. 혹자는 니건자(尼乾子, nigantha)라고 번역되는 호칭과 나형외도라는 호칭이 각각 나체 대신에 흰옷을 입는 수행자 무리, 백의파(白衣派, śvetāmbara)와 여전히 나체로 다니는 수행자 무리, 공의파(空衣派, digambara)를 각각 지칭한다고 주장하기도 하는데 확실치는 않다. 본경의 등장인물인 삿짜까를 '니간타의 후손(niganṭhaputta)'이라고 부르는 이유는, 삿짜까의 부모 역시 마하위라(그의 본명은 '와르다마나'로서 12년간의 수행 끝에 깨달음을 얻고, 이후에 그를 위대한 승리자라는 의미로 '마하위라mahāvīra'라고 부르게 되었다고 한다. 하지만 붓다께서는 그를 니간타인nigantha 나타족의nata 후손putta, 이라는 뜻으로 '니간타 나타뿟따'라는 호칭을 사용하셨음으로 본서에서도 차후 이 호칭을 따른다.)의 가르침을 추종하는 니간타였기 때문이다. 삿짜까가 재가신도인지 출가수행자인지는 확실치 않다. 주석서에서는 그를 '출가자pabbajito'라고 설명하고 있지만 한역에서는 그를 '居士'라고 칭하고 있다. 삿짜까에게는 네 명의 누이들이 있었는데, 모두 삿짜까와 같이 니간타였으며 논쟁을 좋아했다고 한다. 하지만 사리뿟따 존자와의 논쟁에서 패하고 나서는 사리뿟따의 제자가 되었다고 주석서는 전하고 있다. 자세한 것은 필자의 前作을 참고하길 바란다.(『쭐라삿짜까 숫따』, 범진, 여래, 2015)

2) 붓다께서 웨살리에서 머무셨다는 '중각강당重閣講堂'은 빠알리어의 '꾸따가라-살라'를 번역한 것으로 주석서에 의하자면 '꾸따가라kūṭāgāra'는 누각처럼 기둥들로 받쳐지고 기둥들로 둘러져 있는 건축물의 양식을 뜻한다고 한다. 이 때문에 한역에서는 이것을 기둥들이 둘러져 있다는 뜻에서 '중각重閣'이라고 번역했던 것 같은데, 웨살리 큰 숲에 세워진 비구들과 붓다를 위한 건물인 '상가라마(僧園)'가 이런 형식으로 생겼으며, 그 주위에는 여러 부속건물들이 있었지만, 나중에는 이 모

쟁을 벌였던 적이 있고, 또 그 논쟁에서 패했음을 당시 논쟁의 구경꾼들 앞에서 스스로 인정했던 인물이다. 보란 듯이 붓다를 논쟁에서 패배시킬 것이니 다들 자신과 붓다와의 논쟁을 구경하러 오라고 스스로 불러 모은 500명의 웨살리 구경꾼들 앞에서, 오히려 자신의 잘못을 스스로 인정하지 않을 수 없었던 그였다. 하지만 비록 그렇게 구경꾼들 앞에서 스스로 자신의 잘못을 인정했으면서도 끝내 붓다의 가르침에 귀의하지 않았던 것에서도 짐작할 수 있듯이, 그는 첫 번째 논쟁 이후로도 여전히 붓다에게 패배했다는 분한 마음에서 벗어나지 못하고 있었던 것 같다.

그러던 차에 그는 귀가 솔깃한 소문 하나를 듣게 되었다. 애초에 붓다와 논쟁에서 억울하게 패배했다는 생각이 없었더라면 듣고서도 금방 잊어버릴 만한 내용이었겠지만, 어떻게 해서든지 자신의 패배를 설욕하려는 마음이 강렬했던 그였기에 아마 소문을 듣자마자 이것이야말로 붓다를 논쟁에서 이길 수 있는 결정적인 사건이라는 생각이 단번에 일어났을 것이다. 그 소문이란, 본경의 마지막 7장에 등장하는 내용으로, 어느 때인가 붓다가 점심공양을 마치고 나무 그늘 아래서 낮잠을 잔 적이 있다는 것이다.[3] 이 소문이 만약 사실이라면, 붓다는 단지 말만 그럴듯하게 하는 사람이지, 몸에 대한 수행이 부족해서 대낮에 나무 밑에서 낮잠이나 자는 그런

든 건물들을 '꾸따가라=살라'라는 이름으로 불리게 된 것이라고 붓다고사는 설명하고 있다.(DA1/PP.310~311)

3) 본문 7-1장 「고따마 존자께서는 낮에 잠을 잤던 것을 기억하십니까? bhavaṃ gotamo divā supita iti? 악기웻사나여! 나는 여름의 마지막 달에 공양을 마치고 탁발에서 돌아와, 네 겹으로 접은 가사를 깔고, 오른쪽 옆구리로 누워 관찰하고, 잘 통찰하면서 잠을 잤던 것을 기억합니다. abhijānāmahaṃ aggivessana! gimhānaṃ pacchime māse pacchābhattaṃ piṇḍpātapaṭikkanto catuggunaṃ saṅghāṭiṃ paññapetvā dakkhiṇena passena sato sampajāno niddaṃ okkamitā ti.」

수행자라고 몰아붙이기 딱 좋은 소재였을 것이다. 그리고 만약 그렇게 추궁할 수만 있다면, 지난 번 논쟁에서 자신이 붓다에게 패배한 것은 자신의 수행력이나 지성이 부족해서가 아니라 단지 말로서만 진 것뿐임을 다른 사람들에게 입증시켜 줄 수 있을 것이라고 생각했을 것이다. 이렇게 붓다를 다시 논쟁에서 이길 만한 좋은 소재를 찾아냈다고 생각한 삿짜까는, 붓다께서 머물러 계신 웨살리 큰 숲으로 다시 가서, 일부러 붓다의 눈에 뜨이도록 어슬렁거렸던 것이고, 그가 붓다를 만나려고 일부러 눈에 뜨이는 곳에서 어슬렁거리고 있다는 것을 알아차린 아난다 존자가 이를 붓다에게 보고한 것이다.

〈"존자시여! 논객이며, 현자임을 자처하는 자이며, 많은 사람들로부터 스승으로 대접받는 니간타의 후손 삿짜까가 오고 있습니다. 존자시여! 저 자는 붓다를 비방하려는 자이고, 법을 비방하려는 자이고, 승가를 비방하려는 자이지만, 존자시여! 세존께서는 연민히 여기시어, 잠시 앉아 계셨으면 좋겠습니다." 세존께서는 준비된 자리에 앉으셨다.〉

삿짜까가 지난 번의 논쟁 이후 정확하게 어느 정도의 시간이 경과한 후에 다시 붓다를 찾아오게 되었는지를 알 수 있는 기록은 없다. 하지만 두 경전의 설법 장소가 모두 같은 웨살리의 중각강당으로 언급된 것 등으로 보아 그리 긴 시간은 아닌 것으로 짐작된다. 그리고 이전의 경전에서 삿짜까를 묘사했던 내용과 본경의 내용을 비교해 보자면 본경에 덧붙여진 것이 하나 있는데, 그것은 아난다에 의해서 삿짜까가 '**붓다를 비방하려는 자이고, 법을 비방하려는**

자이고, 승가를 비방하려는 자.'로 묘사된 부분이다.[4] 이런 아난다의 묘사와 그런 삿짜까를 위해서 잠시 시간을 내주시기를 붓다께 부탁드리는 내용을 통해서, 우리는 위에서 언급한 것과 같이 삿짜까가 새로운 논쟁거리를 가지고 머지않아 붓다를 찾아올 것이라는 소문이 있었고, 아난다 존자도 이미 그런 소문을 들어서 알고 있었다는 것을 짐작할 수 있다.

그럼으로 아난다 존자가 붓다께 삿짜까를 연민히 여기시어 잠시 그를 기다려 주셨으면 좋겠다고 부탁드린 것은, 그에게 붓다의 가르침을 바르게 알 수 있도록 기회를 주시라고 부탁드리는 것이다. 삿짜까가 웨살리에서 떠버리고 다니는 이야기를 자신이 들어보니, 삿짜까는 붓다의 가르침을 모르는 자이고 잘못 알고 있는 자일 뿐이다. 그러니 스승님께 부탁해서, 오늘 탁발을 잠시 미뤄두시고, 삿짜까에게 붓다와 붓다의 가르침과 그 가르침대로 수행하고 있는 비구대중들을 바르게 이해할 수 있도록 기회를 한 번 더 주는 것이 어떻겠느냐고 세존께 부탁을 드려보자, 라고 말이다. 그러자 이에 대해 붓다께서는 아무 말씀 없이 아난다의 속내에 침묵으로 동의하시고는 준비된 자리에 앉아서 삿짜까의 방문을 기다리신 것이다.

---

4) 2010년 중국 상해 復旦大學 劉震 교수에 의해 출간된『禪定与苦修』에는, 본 경인 〈맛지마니까야〉 제36경의 내용과 거의 일치하는 〈설일체유부〉 소전의『kāyabhāvanā sūtra』의 산스끄리뜨 필사본이 교정 번역되어 실려 있고, 저자는 이를 '修身經'으로 표기하고 있다.(*이하 본경에서는『禪定与苦修』에 실린『kāyabhāvanā sūtra』를『수신경』으로 표기하며, 출처는『禪定与苦修』의 페이지로 표기한다.) 여기에는 이 대목이 다음과 같이 되어 있다.「붓다를 믿지 않고na buddhe bhiprasanno, 법을 믿지 않고na dharme, 승가를 믿지 않는다.na saṃghe bhipresannaḥ」(『禪定与苦修』, 劉震 著, 復旦文史叢刊, 上海古籍出版社, 2010, P.126)

012

삿짜까, 붓다의 제자들은 몸의 수행을 하지 않는다고 주장하다

한 쪽에 앉은 니간타의 후손 삿짜까는 세존께 이렇게 말했다.

"고따마 존자시여! 마음의 수행은 하지 않고, 몸의 수행에만 몰두하고 있는 일부의 사문들이나 바라문들이 있습니다. 고따마 존자시여! 그들은 신체에서 일어난 괴로운 느낌과 접촉하게 됩니다. 고따마 존자시여! 이전에, 신체에서 일어난 괴로운 느낌에 의해 접촉되어진 자가 있었는데, 허벅지의 마비가 일어났을 것이고, 심장이 터질 것 같았을 것이고, 뜨거운 피가 입으로 올라왔을 것이고, 산란한 마음에 결국 미쳐버리게 되었을 것입니다. 고따마 존자시여! 그에게는 몸을 따라 일어나는 그 마음이 있고, (그 마음은) 몸의 영향력에 의해 움직이게 된 것입니다. 이유가 무엇이겠습니까? 마음의 수행을 하지 않은 탓입니다. 고따마 존자시여! 또한 몸의 수행은 하지 않고, 마음의 수행에만 몰두하고 있는 일부의 사문이나 바라문들이 있습니다. 고따마 존자시여! 그들은 마음작용으로 일어난 괴로운 느낌과 접촉하게 됩니다. 고따마 존자시여! 이전에, 마음작용으로 일어난 괴로운 느낌에 접촉되어진 자가 있었는데, 허벅지의 마비가 일어났을 것이고, 심장이 터질 것 같았을 것이고, 뜨거운 피가 입으로 올라왔을 것이고, 산란한 마음에 결국 미쳐버리게 되었을 것입니다. 고따마 존자시여! 그에게는 마음을 따라 일어나는 그 몸이 있고, (그 몸은) 마음의 영향력에 의해 움직이게 된 것입니다. 이유가 무엇이겠습니까? 몸의 수행을 하지 않은 탓입니다. 고따마 존자시여! 그래서 저에게 이런 생각이 들었습니다. '고따마 존자의 제자들은 확실히, 몸의 수행은 하지 않고, 마음의 수행에만 몰두하고 있다.'라고."

〈고따마 존자시여! 마음의 수행은 하지 않고, 몸의 수행에만 몰두하고 있는 일부의 사문들이나 바라문들이 있습니다.〉

여기서부터가 붓다와 삿짜까의 대론이 시작되는 부분이다. 먼저 삿짜까의 주장이 등장하고, 삿짜까의 주장에 대한 붓다의 반론과 법에 의거한 붓다의 설법이 차례로 이어진다. 아난다의 주선에 의해서 세존과 다시 대면할 수 있게 된 니간타 삿짜까는 이전에 만났을 때처럼 붓다와 공손하게 인사를 주고받고 나서 말문을 열었다. 필자가 짐작한 대로라면, 삿짜까가 꺼내는 이야기의 내용은 필시 자신이 붓다에 대해 전해들은 낮잠에 관한 소문이었을 것이다. 그리고 이야기를 꺼내는 의도는 그 소문의 진위를 붓다로부터 확인하고, 그것을 빌미로 다시 붓다와 논쟁을 벌이려는 데 있었을 것이다. 하지만 삿짜까도 나름대로는 '현자'라고 자처하는 자이고, 논객으로 대접받던 자였던 만큼, 처음부터 자신의 의도를 논쟁의 상대 앞에서 섣불리 드러내지는 않았다.

삿짜까가 먼저 주장한 것은 몸의 수행과 마음의 수행이다. 필자가 여기서 사용한 '수행'이라는 단어는 빠알리어의 '바와나(bhāvanā)'라는 단어를 번역한 것으로, 이것은 한역어로 사용되는 修行(수행)이나 功夫(공부)라는 단어처럼, 원하는 어떤 일정한 상태를 만들어내기 위해 무언가를 지속적으로 애써서 행하고 익히는 것을 뜻하는 단어다.[5]

삿짜까는 몸의 수행과 마음의 수행에 대해 언급하면서 잘못된 수행의 예를 차례로 들고 있다. 첫 번째는, 몸의 수행에는 몰두하지만 마음의 수행은 하지 않는 일부의 사문[6]이나 바라문들의 예이고, 두 번째는 역으로, 마음의 수행에는 몰두하지만 몸의 수행은 하지 않는 일부의 사문이나 바라문들의 예다. 삿짜까가 여기서는 '**일부의 사문이나 바라문**'이라는 표현을 쓰기는 했지만 첫 번째의 몸의 수행에만 몰두하는 수행자들은 본경의 1-3장에서, 몸의 수행이란 어떻게 하는 것인지를 묻는 붓다의 질문에 대해, 막칼리 고살라와 같은 '아지위까'들의 수행 내용을 언급했음으로, 아지위까들을

---

5) 이 단어의 동사 형태는 'bhaveti'로서, 만들어내다, 라는 뜻과 수행하다, 라는 뜻으로 함께 사용된다. 본문에서의 'kāyabhāvana'와 'cittabhāvana'는 각각 '몸의 수행'과 '마음의 수행'으로 번역했다.

6) 지금은 일본학자 히라까와 아끼라 교수의 주장에 따라 '사문samaṇa(sk. śramaṇa)'이라는 호칭이 기존의 바라문들에 대해, 새롭게 일어난, 자유로운 형식의 수행자들, 이라는 의미로 널리 통용되고 있기는 하지만, 다른 한편으로 보자면, 기존의 바라문 수행자들과 그 수행 방법의 면에서 차이를 보이던 자들, 즉 苦行을 수행의 기본으로 행하는 수행자들, 이라는 의미로 사용된 부분도 있을 것이다. 이는 '사마나'라는 단어의 동사 어근인 śraṃ이 '일이나, 고행의 준수에 매진하다'라는 의미를 지닌 것에서도 유추될 수 있다.

몸의 수행에만 몰두하는 잘못된 수행자로 지목한 것이고, 두 번째의 마음의 수행에만 몰두하는 잘못된 수행자들이란 본문에 나오듯이, 붓다의 제자들을 각각 지목한 것이다.

이렇게 몸의 수행만 몰두하거나 마음의 수행에만 몰두하는 것을 모두 잘못된 수행의 사례라고 주장한 삿짜까는 이어서 말하기를, 마음이나 몸 어느 한 쪽만의 수행에 몰두하는 자들은 수행이 결핍된 다른 한 쪽에 의해 어느 쪽 수행을 하는 자이든 간에 결국 모두 괴로움으로부터 벗어나지 못하게 된다는 것이다. 몸의 수행만을 하는 자들은 마음의 수행을 하지 않기 때문에 '신체(sārīrika)'[7]에서 일어나는 모든 괴롭고 불편한 느낌들이 마음을 오염시켜서 마음이 그것을 견디지 못하게 되는 것이고, 마음의 수행만을 하는 자들은 몸의 수행을 하지 않기 때문에 '마음의 작용(cetasika)'으로부터 일어나는 모든 괴롭고 불편한 느낌들이 몸을 오염시켜서 몸이 그것을 견디지 못하게 된다고, 그 이유까지 스스로 밝히고 있다. 그럼으로 당연히 삿짜까가 생각하는 바른 수행이란 이들 두 가지 잘못된 사례가 아닌 수행일 것이며, 그것이 바로 자신이 속해있는 니간타들

---

7) 산스끄리뜨 필사본 『수신경』(P.129)에서는 빠알리본에서의 형용사인 sārīrika(형용사, 신체의)라는 단어 대신에 앞에서와 마찬가지로 kāyikā(형용사, 몸의)라는 단어가 다시 사용되었다. 이에 비해, 빠알리본에서는 앞에서는 kāya를 쓰고 여기서는 sārīrika라는 다른 단어를 썼는데, 그 이유는 앞에서는 citta와 kāya를 쌍으로 쓴 것이고, 뒤에서는 cetasika(형용사, 마음작용의)와 쌍을 맞추기 위해 sārīrika라는 단어를 빠알리본에서 사용한 듯하다. 아마도 이 두 단어 kāyika와 sārīrika의 차이는 'kāya'가 우리말의 '몸'이라는 단어에 가깝다고 하면 'sārīra'는 영어의 'body'에 가까운 것 같다. 우리말의 용례에서는 '시체'를 두고 '몸'이라고는 잘 표현하진 않지만, 영어에서는 'body'라는 단어가 '시체'를 의미하기도 하는 것처럼(빠알리어에서도 이 단어는 bodily relics의 의미를 담고 있다. PED P.1301), 삿짜까가 본문에서 사용한 이 'sārīrika'라는 단어도 그와 같이 마음이 배제된 것으로서의 '육체'라는 의미로 사용된 것이 아닐까 싶다. 본경에서는 붓다에 의해서는 이 sārīrika라는 단어가 사용되지 않았고, 니간타인 삿짜까에 의해서만 사용된 것으로 나타난다.

의 수행이라고 믿고 있을 것이다. 즉, 몸에서 일어난 괴로운 느낌에 영향을 받지 않는 마음을 굳건하게 지키는 것과, 마음작용에서 일어난 괴로운 느낌에 영향을 받지 않는 몸을 굳건하게 지키는 것이 바른 수행이고, 니간타들의 수행이 바로 그렇게 하는 수행이라고 말이다.

하지만 본문의 내용을 통해서 보자면, 지금 삿짜까는 자신이 속해있는 니간타들의 수행 방법이나 니간타 교리의 우월성을 붓다에게 주장하려는 의도보다는, 이전에 붓다와의 논쟁에서 자신이 패배한 것에 대한 억울한 감정이 앞섰던 것처럼 보인다. 그것은, 문장 마지막에 있는 "**그래서 저에게 이런 생각이 들었습니다. '고따마 존자의 제자들은 확실히, 몸의 수행은 하지 않고 마음의 수행에만 몰두하고 있다고,**' 라는 내용 때문이다. 아마 삿짜까는 이 말에 더해서, 고따마 존자의 제자들은 결국 스승인 당신의 가르침에 따라서 수행을 하고 있을 것이므로, 당신도 그렇게 마음의 수행에만 몰두하고 있고 몸의 수행은 하지 않기 때문에 결국 몸의 피곤함을 이기지 못하고 수행자 신분에 대낮에 나무 밑에서 낮잠이나 자게 된 것이고, 제자들도 또 그런 식으로 가르치고 있는 것이 아니겠느냐? 라고 비난하고 싶은 마음이 먼저였을 것이다.

삿짜까가 아무리 그런 개인적인 의도를 가지고 붓다 앞에서 꺼낸 주제라고 할지라도, 삿짜까의 이런 주장을 통해서 당시 니간타들을 비롯한 일부 사문들의 수행에 대한 정의와 붓다의 정의가 어떻게 다른지를 비교해서 그 차이점을 드러낼 수 있다면, 이것 또한 붓다의 가르침을 좀 더 선명하게 드러내는 기회가 될 것이다. 그런 취지에서 필자는, 수행이라는 주제에 대한 붓다와 다른 수행자들 사이에 어떤 규정의 차이가 있는지를 드러내기 위해 다음과 같은 두 가지 부문을 확인하고자 한다. 첫째는 붓다와 다른 수행자들은 인간의 '몸과 마음의 관계'에 대해서는 각각 어떻게 규정하고 있는가, 하는 것이고, 두 번째는 '느낌'이라는 것은 또 각기 어떻게 규정하고 있는가, 하는 것이다. 니간타 삿짜까가 여기서 꺼낸 이야기의 표면적인 주제는 '수행'이지만, 이 수행이라는 주제는 수행의 직접적 대상이 되는 몸과 마음의 정의, 그리고 그 둘의 관계, 그리고 그렇게 정의된 몸과 마음에서 일어나는 '느낌'에 대한 정의에 따라서 그 수행이라는 용어의 정의 자체가 달라질 수밖에 없기 때문이다. 그래서 본문의 2-1장에서 확인할 수 있듯이, 삿짜까는 몸(kāya)과 마음(citta), 신체(sārīrika)와 마음작용(cetasika)이라는 단어를 사용하고 있었지만, 사실 그것이 붓다께서 정의하는 의미와는 다르게 사용되고 있었기 때문에, 몸과 마음의 관계 그리고 느낌에 대한 정의가 삿짜까와 같지 않았던 것이고, 그래서 붓다께서는 삿짜까가 주장한 '수행'을 올바른 수행으로 인정하지 않으셨던 것이다.

몸과 마음의 관계에 대한 니간타의 정의

그러면 먼저 몸과 마음의 관계에 관련된 니간타 삿짜까의 주장을 다시 한 번 살펴보자. 본문에서 삿짜까는 이렇게 주장했다. 몸의 수행은 열심히 하지만 마음의 수행을 하지 않는 일부의 수행자들이 있는데, 그들은 신체에서 일어난 괴로운 느낌으로 인해 괴로워하다가 산란한 마음에 결국 미쳐버리게 된다. 그것은 결국 **'그들에게는 몸을 따라 일어나는 그 마음이 있게 된 것이고, (그 마음**

은) **몸의 영향력에 의해서 움직이게 된 것**'이기 때문이라는 것이다. 즉, 몸에서 일어나 자신에게 접촉된 괴로운 느낌이 마음을 오염시키고, 그렇게 몸에서 일어난 괴로운 느낌에 의해 오염된 마음은, 몸에서 일어난 괴로운 느낌에 의해서 작동하기 때문에 근심하고 걱정하고 결국에는 미쳐버리게 된다는 것이다. 이렇게 몸의 수행에만 몰두하는 부류들의 잘못된 수행을 분석한 삿짜까는, 그들이 그렇게 괴로워하다가 산란한 마음에 미쳐버리게 된 이유가 '**마음의 수행을 하지 않은 탓**'이라고 주장하고 있다. 반대로, 마음의 수행에만 몰두하는 부류들의 경우에는 '**몸의 수행을 하지 않은 탓**'에 마음에서 일어난 괴로운 느낌이 몸을 오염시키고, 그렇게 마음에서 일어난 괴로운 느낌에 의해 오염된 몸은, 마음에서 일어난 괴로운 느낌에 의해서 작동되기 때문에, 근심하고 걱정하고 결국에는 미쳐버리게 된다는 것이다.

그럼으로 우리는 니간타의 후손 삿짜까의 몸과 마음의 수행에 관한 이런 주장 속에는, 근본적으로 몸과 마음은 서로 다른 독립적인 영역이라는 전제가 깔려 있다는 것을 알 수 있다. 그런 전제에 따라서, 삿짜까는 마음에서 일어난 괴로운 느낌에 오염되지 않도록 독립적인 몸을 유지하는 것과, 몸에서 일어난 괴로운 느낌에 오염되지 않도록 독립적인 마음을 유지하는 것을 바른 수행이라고 규정짓고 있는 것이다. 이렇게 니간타들이 몸과 마음을 서로 다른 독립적인 영역으로 여긴다는 것은, 다음과 같은 니간타들의 교리체계를 통해서 확인할 수 있다.

니간타 소전의 경전에 따르자면 니간타들은 세상의 모든 생명체는 영혼(jīva)과 비영혼(ajīva)의 결합으로 생성된다고 주장한다. 비영혼으로 분류되는 것들은 운동과 정지, 허공, 그리고 물질의 네 가지인데(여기에 '시간'을 더해서 다섯 가지로 분류하기도 한다), 이것들은 모두 조건에 의지해서 일어나는 것들이 아니라, 원래부터 독립적으로 있는 실체들이다.[8] 또한 실체로서 존재하는 무수하게 많은 영혼들에는 우리가 '마음작용(cetasika)'이라고 부르는 감수작용(受), 표상작용(想), 인식작용(識)과 같은 기능들이 속해있고, 그 각각의 영혼들이 과거세에 지은 업의 영향력에 따라 비영혼인 물질(pudgala)과 어떻게 결합하느냐가 결정되고, 그런 결합의 차이에 따라서 곤충에서부터 인간에 이르기까지 다양한 종류의 육체를 지닌 생명체들이 된다는 것이다.[9] 그럼으로 근본적으로 니간타들에게 있어서의 몸(kāya)이란 과거세의 악업의 내용에 따라서 물질이 쌓여진 것이고, 그 물질은 영혼이 그렇듯, 조건과 관계없이 독립적으로 존재하는 실체이며, 그들이 마음작용이라고 부르는 것은 조건에 의지해서 일어나고 사라지는 현상이 아니라, 독립적으로 존재하는 영혼이 물질과 결합된 양태에 따라서 일으키는 자기기능이다. 그래서 니간타 삿짜까가 말하는 몸과 마음의 수행에는, 몸과 마음이 서로 독립적인 영역이라는 전제가 깔려있다고 하게 된 것이다.

---

8) 『諦義證得經』(PP.407~408) 「jīva ajīvakayā dharma adharma ākaśa pudgalāḥ 法, 非法, 虛空, 補特伽羅 是非命的身, 這此與命都是實體」 『체의증득경』은 니간타 공의파(空衣派 sk. digambara) 소전의 경전인 『tattvārthādhigama』를 중국의 불교문헌학자인 方廣錩 교수가 金倉圓照의 일본어 번역본과 산스끄리뜨 원문을 대조하면서 한문으로 번역하고 주석을 붙인 것으로, 이를 대만의 CBETA 電子佛典集成에서 온라인상에 공개해준 덕택에 쉽게 니간타의 경전을 참고할 수 있게 되었다. 공개된 주소는 아래와 같다. http://tripitaka.cbeta.org/W02n0021_001

9) 『諦義證得經』(P.366) 「對於其他 他由上述原因而生 分成六種 yathokta nimittaḥ ṣaḍvikalpaḥ śeṣānāṃ」 註釋: 耆那教把一切衆生分成四種 天 人 傍生 地獄住者.

몸과 마음의 관계에 대한 붓다의 정의

그렇다면 붓다의 가르침에서의 몸과 마음의 관계는 어떻게 정의되는가? 먼저 붓다께서는 본문의 2-1장에서 볼 수 있듯이, 삿짜까가 주장하는 것처럼 몸의 수행은 되었지만 마음의 수행이 안 된 수행자가 있다거나, 마음의 수행은 되었지만 몸의 수행이 안 된 수행자가 있는 것이 아니라 "**몸의 수행이 되지 않고 마음의 수행이 되지 않은 자가 있는 것이고, 같은 방식으로, 몸의 수행이 되고 마음의 수행이 된 자가 있는 것이다.**"라고 말씀하셨다. 무슨 뜻인가? 몸의 수행 없이 마음의 수행이 홀로 이루어질 수 없고, 마음의 수행 없이 몸의 수행이 홀로 이루어질 수 없기 때문이다. 이것으로 붓다께서는 몸의 수행이라는 것과 마음의 수행이라는 것을 별개의 수행영역으로 보지 않는다는 것을 알 수 있다.

몸과 마음을 서로 독립적인 영역으로 여기는 것은 비단 붓다 당시의 니간타들 뿐만이 아니다. 지금도 여전히 많은 사람들은 습관적으로 몸과 마음을 독립적인 영역으로 여긴다. 그것은 아마도 애초에 인간을 하나의 독립적인 개체로 규정한 언어습관으로부터 시작되었을 것이다. 우리는 흔히 앞집의 갑돌이와 뒷집의 갑순이는 주변 여건과 상관없는 서로 독립적인 실체로서 각각 존재한다고 습관적으로 여기게 된다(이것은 갑돌이와 갑순이를 서로 다르게 구분 지을 수밖에 없는 일상적인 언어의 구조가 역으로 우리의 생각조차 그렇게 규정해 버리는 사례가 될 것이다.) 하지만 우리가 만약 불교의 관점에 선다면, 우리가 낱낱의 개체라고 여기는 어느 한 사람의 외형적인 몸은, 이 지구상의 특정한 조건들 아래에서만 허용된 조건부로서의 외형적인 몸이고, 이것이 곧 불교에서 말하는 '연기적 현상'으로서의 '나'인 것을 이해하게 될 것이다. 즉 우리가 갑돌이라고 부르는 대상과 갑순이라고 부르는 대상은 서로 독립적인 실체로서 닫혀있는 존재가 아니라, 무한한 주변의 여건들에 끊임없이 반응되고 있는 열려진 '현상'일 뿐이다. 현상은 늘 조건에 의지해서 일어나고 사라지는 그 속성상 실체일 수가 없다. 갑돌이와 갑순이를 구성하고 있는 수많은 조건들과 함께 했을 때, 그 한시적인 순간에만 비로소 갑돌이와 갑순이가 각각 '현상(現像)'으로서 존재하는 것이지, 그 수많은 조건들과의 연기적 관계에서 일어나고 사라지는 그 현상들 너머에, 그 어디에도 갑돌이나 갑순이라고 부를 만한 독립적인 실체는 존재하지 않는다.

하지만 이러한 연기법에 대한 몰이해는 인간 개체를 독립적인 실체로 오인하게 되고, 그 오인의 과정은 다시 한 개인의 몸과 마음의 관계에까지 그대로 반복되어진다. 붓다께서 설법의 초기부터 사용하기 시작하신 '취착에 의해 일어난 다섯 가지 연기적 쌓임'이라는 뜻의 '빤쭈빠다나칸다(五取蘊, pañcupādānakkhandā)'라는 용어와 '정신작용과 그 정신작용에 반응된 것으로서의 물질'이라는 뜻의 '나마루빠(名色, nāmarūpa)'라는 용어는, 사람들이 인간 개체를 독립적인 실체로 오인하지 않도록 하기 위한 목적으로 붓다에 의해 시설된 것들이다. 명색이라는 용어에서의 색이란, 주체의 수(受) · 상(想) · 행(行) · 식(識)이라는 인식과정에 의해 반응된 대상물질에 대한 정보일 뿐이다. 따라서 이것은 소위 '있는 그대로(yathā bhūta)'의 물질 그 자체가 아니며 단지 의식작용에 의해 파악된 물질에 대한 정보이기 때문에, 궁극적으로는 환상이며 실체가 아니다. 오취온이라는 용어도 결국은 명색이라는 용어에서 드러내고자 하는 주체와 객체 사이의 구조를 세분해서 설명한 것이기 때문에, 붓다에 의해서 오취온이라는 용어가 빈번하게 사용된 의도 역시 명색과 다르지 않다.

〈맛지마니까야〉 제44경인 『쭐라웨달라 숫따』에서 '위사카'라는 한 청신사가 비구니 담마딘나에게 이렇게 물었다.

> 스님! 사람들이 나 자신, 나 자신이라고 말들을 하는데, 세존께서는 무엇을 나 자신이라고 말씀하십니까?[10)]

여기서 필자가 '나 자신'이라고 번역한 것은 빠알리어 sakkāya(sat+kāya)로서, 한역으로는 有身(유신), 혹은 自身(자신)이라고 번역되는데, 이것은 우리가 흔히 독립적인 실체로 오인하면서 사용하는, 남과 구별되는 '나 자신'이라는 말과 같은 뜻으로 사용된 단어다.[11)] 이런 위사카의 질문에 비구니 담마딘나는 이렇게 답했다.

> 그대 위사카여! 세존께서는 이들 다섯 가지 취착에 의해 일어난 연기적 쌓임(五取蘊)을 '나 자신'이라고 말씀하셨습니다. 즉, 취착에 의한 물질의 연기적 쌓임(色取蘊), 취착에 의한 느낌의 연기적 쌓임(受取蘊), 취착에 의한 상의 연기적 쌓임(相取蘊), 취착에 의한

10) 제44경 『쭐라웨달라 숫따』(MN1/P.299) 「sakkāyo sakkāyo'ti ayye vuccati. katamo nu kho ayye, sakkayo vutto bhagavatā'ti」

11) MDB(P.396)에서 빅쿠보디스님은 이 sakkāyo라는 단어를 'identity'로 번역하였고, 〈中阿含〉 『法樂比丘尼經』(T1/P.788)에서는 이를 '自身'이라고 번역하고 있다.

행들의 연기적 쌓임(行取蘊), 취착에 의한 식의 연기적 쌓임(識取蘊)입니다. 그대 위사카여! 세존께서는 이들 다섯 가지 취착에 의해 일어난 연기적 쌓임을 '나 자신'이라고 말씀하셨습니다.[12)]

즉, 세존께서는 우리가 '나 자신'이라고 부르는 것은, 우리가 마음이나 정신작용(名)이라고 분류하는 수 · 상 · 행 · 식과, 각각의 그것에 대응된 것으로서의 물질(色)이라고 분류하는 색, 이 다섯 가지 영역들에서 취착에 의한 연기적 쌓임들이 일어나고, 이들 다섯 가지 취착에 의한 연기적 쌓임인 색취온, 수취온, 상취온, 행취온, 식취온이 서로 연기적으로 연결된 것이지,[13)] 거기에 '나 자신'이라고 부를 만한 어떠한 독립적인 실체가 이 오취온 이외에 따로 존재하는 것이 아님을 설법 초기서부터 이러한 용어의 사용을 통해서 강조하셨던 것이다.

삿짜까가 생각하는 올바른 몸의 수행이란, 몸으로부터 일어나는 온갖 불편하고 괴로운 느낌에 익숙해져서 더 이상 그 괴로운 몸의 느낌을 마음이 느끼지 않게 되는 것이고, 올바른 마음의 수행이란, 누군가로부터 모욕하는 말이나 비방하는 말을 들었다든지, 저 혼자 과거의 일을 떠올리면서 스트레스를 받는다든지 하는. 그런 불쾌하고 괴로운 정신적 경험들로부터 의연할 수 있는 마음을 유지하는 것을 염두에 두고 사용한 용어들이었을 것이다. 삿짜까는 이

---

12) 제44경 『쭐라웨달라 숫따』(MN1/P.299) 「pañca kho ime āvusao visākha, upādānakkhandhā sakkāyo vutto bhagavatā, seyyathidaṃ rūpapādānakkhandho, vedanupādānakkhandho, saññupādānakkhandho, saṅkhārupādānakkhandho, viññaṇupādānakkhandho, ime kho āvuso visākha, pañcupādānakkhandhā sakkāyo vutto bhagavatā'ti.」

13) '오취온'이라는 용어에서 '온蘊'이라고 번역된 'khandha'는 '연기법'의 다른 표현임을 필자의 전작 『쭐라삿짜까 숫따』 1-2장에서 자세히 언급했다.

렇게 이 두 가지를 서로 다른 수행이라고 구분해 놓고 있지만, 몸과 마음이 서로를 배제한 체 각각 그것일 수 없음으로 이것은 붓다의 말씀처럼, 결국 하나의 수행일 뿐이다. 애초부터 '몸에서 일어난 괴로운 느낌'이라는 것도 독단적으로 몸에 의해서만 일어나는 것이 아니고, '마음에서 일어난 괴로운 느낌'이라는 것도 독단적으로 마음에 의해서만 일어나는 것이 아니기 때문에, 다시 그런 괴로운 느낌들로부터 몸과 마음을 의식적으로 단련시키는 것 또한 당연히 두 가지 영역이 서로 겹쳐지면서 이루어지는 것이다. 몸과 마음은 서로 독립적으로 닫혀 있는 각각의 영역이 아니라 연기적으로 일어나고 사라지는 열린 하나의 영역이기 때문이다. 그런데도 삿짜까는 이것을 처음부터 독립적인 실체로서 파악하고 있기 때문에 결국 위와 같은 주장이 나오게 된 것이다.

몸에서 일어나는 괴로운 느낌이라는 것을 예로 들어보더라도, 팔다리가 의식의 관여 없이 제 스스로 통증을 호소하는 경우는 없다.(거꾸로, 팔 다리를 잃은 사람이 잃어버린 팔 다리의 느낌을 느끼는 경우가 있다고 한다. 느낌이란 뇌로 보내지는 전기신호를 통해서 파악되는 것인데, 뭔가의 착각으로 그 전기신호가 접촉되면, 없는 팔 다리의 통증을 뇌가 느끼게 된다는 것이다.) 우리 인간의 팔다리를 포함해서 온 몸에 분포된 촉각세포들은 주변 환경의 변화에 따라 몸에서 발생하는 촉감을 전기적 신호로 바꾸어 간뇌(間腦)로 보내고, 간뇌에 의해서 촉감은 감지된다. 그리고 그 촉감의 종류가 즉각적인 조치가 필요한 것인지 아닌지가 자체적인 판단에 따라 분류되면서, 인식을 담당하는 대뇌피질로 전달되지 않은 채, 행동명령이 뇌로부터 근육에 즉각적으로 전달될 수도 있다. 이런 것들은 주로 우리 몸의 발생 초기에 형성되어 몸의 모든 감각기관으로부터 전달되는 감각정보를 받아들이고, 그 정보들을 생명 유지를 위해 적절하게 자율적으로 조절하는 기능들이 모여 있는 간뇌의 영역에서 행해진다고 알려져 있다.

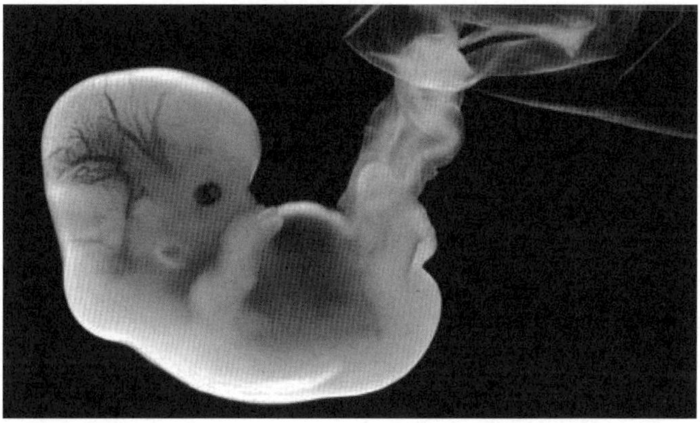

사진 1) 임신 6주차 인간의 태아

예를 들어서, 위의 사진과 같은 임신 6주차의 땅콩만한 크기의 인간의 태아조차도 몸의 어느 부분을 외부에서 건드리면 즉각적으로 움츠리는 행동을 한다고 한다. 하지만 이 시기에는 태아에게 아직 인식을 담당하는 대뇌피질이 형성되기 이전이기 때문에, 태아가 그 촉감을 성인들처럼 인식하지는 못하고, 단지 초기에 형성된 간뇌의 일부에서 감촉된 정보를 받아들이고 해당 감각정보에 대한 반사행동이 전기신호로써 근육에 전달되는 경우라고 한다.[14] 이렇게 감각기관을 통해서 전달된 감각정보는, 그것이 간뇌이든 혹은 대뇌피질이든 우리가 소위 '마음'이라고 부르는 인식기능들과 연

14) 『쾌감본능 The pleasure instict』, 진 웰렌스타인 저/김한영 옮김, 2009, P.69

결되어지면서 무언가를 느끼는 것이므로, 이런 방식을 통하지 않고 단지 몸만으로 느껴지는 느낌이란 애초부터 인간에게 존재하지도 않는다.

비록 몸과 마음의 관계를 나타내는데 사용된 용어들과 그 역학관계에 대한 이해에는 분명 붓다 당시와 지금이 차이가 있겠지만, 어쨌든 붓다께서도 몸과 마음의 관계에 대해서 기본적으로는 현대과학이 발견한 것들과 결국 같은 결론에 도달하셨기 때문에, 붓다께서도 몸의 수행이 곧 마음의 수행이고, 마음의 수행이 곧 몸의 수행이라는 입장을 취하셨을 것이다. 그럼으로 몸의 수행이 되지 않았다는 것은 곧 마음의 수행도 되지 않았다는 것이니 "**몸의 수행이 되지 않고 마음의 수행이 되지 않은 자가 있고.**"라고 하신 것이고 '같은 방식으로(yātha)' 몸의 수행이 된 사람은 곧 마음의 수행도 되었다는 것이니 "**몸의 수행이 되고 마음의 수행이 된 자가 있는 것이다.**"라고 이렇게 말씀하셨을 것이다.

이렇게 독립적인 몸과 독립적인 마음을 지키기 위해서, 몸과 마음의 수행을 함께 하는 것이 올바른 수행이라는 삿짜까의 수행에 대한 정의와 달리, 붓다께서는 몸과 마음을 서로 다른 독립적인 영역으로 보지 않기 때문에, 수행이란 원래부터 몸의 수행이 따로 있고, 마음의 수행이 따로 있는 것이 아니니, 마음수행이 곧 몸의 수행이고, 몸의 수행이 곧 마음수행이라는 주장을 하셨던 것이고, 이런 몸과 마음에 대한 정의의 차이로 인해 삿짜까의 수행에 대한 주장이 붓다에게서는 올바른 수행으로 받아들여지지 않았던 것이다.

이런 몸과 마음을 규정하는 정의에서의 차이 가운데, 마음을 규정하는데 있어서 니간타와 불교의 가장 큰 차이점은, 니간타들은 붓다의 가르침과 달리, 마음이 가지고 있는 기능 가운데 행위를 이끄는 주도(主導)의 기능에 대해서는 전혀 인정하지 않는다는 것이다.[15] 마음의 주도기능은 오직 독립적인 실체인 '영혼'만이 가질 수 있는 것이지 조건에 의지해서 일어났다 사리지는 마음이 가질 수 있는 기능이 아니라고 믿기 때문이다. 니간타들에게 있어서 마음의 기능인 수(受)와 상(想)과 식(識)은, 과거의 악업에 의해 영혼이 오염된 생명체에서, 영혼에 의해 일어나는 기능들일 뿐이다.[16] 이에 반해 붓다께서는, 말을 통한 행위(口業)와 몸을 통한 행위(身業)는, 그것들을 앞에서 주도하는 마음을 통한 행위(意業)가 먼저 일어남으로써 진행되는 것이라고 말씀하신다. 즉 조건의 의지해서 일어나고 사라지는 마음이지만, 그 마음의 주도기능에 의해 스스로 선택하고 스스로 결정하여, 스스로 말하거나 스스로 행동하는 것이

---

15) 마음의 주도하는 기능은 citta(心), mana(意) viññāṇa(識) 가운데 'mano'로 표현된다. 아래의 『법구경』 첫 문장이 바로 이런 마노의 주도하는 기능에 대해 언급한 것이다.
법들은 마음의 의도가 앞장서나니, 마음의 의도가 대장이고, 마음의 의도가 만든다.
만약 불순한 마음의 의도로 말하거나 행동한다면,
그로부터 그에게 괴로움이 따를 것이다. 마치 수레바퀴가 소 발자국을 따르듯이.
manopubbaṅgamā dhammā manoseṭṭhā manomayā
manasā ce paduṭṭhena, bhāsati vā karoti vā
tato naṃ dukkhamanveti, cakkaṃva vahato padaṃ.(『dhammapada』, Dhp1/P.1.)

16) 『Jaina Sutras』(Hermann Jacobi, part 2, PP.192~193) 『uttaradhyayana sutra』에서는 영혼을 윤회하게 만드는 악업으로서 8가지를 들고 있는데, 첫째는, 즈냐나와라니야(sk. jñānavāraṇiya)이고, 둘째는 다르샤나와라니야(sk. darśanāvāraṇiya)이고, 셋째는 웨다니야(sk. vedanīya)이고, 넷째는 모하니야(sk. mohanīya)이고, 다섯째는 아유(sk. āyuh)이고, 여섯째는 나마(nāman)이고, 일곱째는 고뜨라(sk. gotra)이고, 여덟째는 안따라야(sk. antarāya)이다. 이는, 알고, 보고, 느끼고, 미혹하고, 수명을 이어가고, 사물을 명명하고, 영역을 정하고, 행복의 길로 들어서는 영혼의 기능을 막는 8가지 악업들이라는 것이니, 이들 8가지가 모두 영혼이 일으키는 기능이라는 뜻이다.

고, 그렇게 스스로 자신의 선택에 의해 행해진 행위들이니 그 행위들의 과보 역시 스스로 받게 된다는 것이다.

이렇게 마음으로 짓는 행위가 나머지 두 가지 행위들을 이끈다는 붓다의 주장으로 인하여, 몸으로 하는 행위에서 니간타들이 말하는 '영혼'은 '주인'의 자리를 박탈당한다. 하지만 붓다께서 그렇게 주장하신 이유는 그렇게 영혼으로부터 박탈한 주인의 자리를 '마음'에게 넘겨주기 위함이 물론 아니다. 그 마음 또한 주인의 자리에 두지 않고, 마음 역시 조건에 의지해서 일어나는 '연기적 현상'일 뿐이라고 하면서 붓다는 행위에 있어서 상주하는 주인의 자리 자체를 없애버렸다. 이것이 바로 '주도적인 행위는 있되, 주도하는 실체는 따로 없다.'는 불교의 논리인 것이고, 마음으로 짓는 행위가 말이나 몸으로 행하는 행위보다 우선한다고 주장하신 의도인 것이다.

참고로, 붓다께서 말씀하시는 이런 마음의 주도기능은 부정적인 면에서도 작동한다는 것에 유념해야 할 것이다. 즉 마음이 실재하지 않는 어떤 상황을 조작해 내는 경우다. 필자에게 이런 경험이 있었다. 아직도 잠이 많은 필자는 새벽 예불시간에 일어나려고 늘 알람을 켜놓고 자는데, 알람소리에 깨서 일어난 어느 날 문득 깨기 직전에 꾼 꿈이 생각이 났다. (생각해 보니, 아직도 이런 꿈을 꾸는 게 영 유치하긴 하다) 필자가 누군가를 놀려주려고 뒤에서 살금살금 다가가서 '억!'하고 소리를 지르려는 찰나에, 하필 그때 알람이 울려서 계획이 망쳐진 꿈이었다. 생각해 봤다. '근데, 저놈의 핸드폰이 어떻게 내 꿈속의 계획을 알고, 하필 그때에 울렸지? 인공지능인가?'

그리고 내린 결론은 이렇다. 무정물인 핸드폰이 꿈속의 내 계획을 엿보다가 계획을 망치려고 일부러 그때에 울렸을 리는 결코 없다. 그렇다면 결국, 알람이 울리는 그 짧은 순간에 내 마음이 그 알람소리를 소재로 해서 꿈속의 스토리를 급조한 것으로밖에는 달리 해석할 길이 없다. 필자는 꿈에서 깨어난 후에도 잠시 동안이나마, 마음이 조작해 낸 상황을 조작된 내용 그대로 받아들이고 있었다. 이것은 아마도 인간이 진화의 과정에서 획득된 일종의 생존전략일지도 모른다. 어떤 특정한 상황에 재빨리 대처하기 위해 최소한의 정보를 통해서 있을 법한 가상의 상황을 순식간에 구성해 내는, 말하자면 일종의 자체적인 시뮬레이션(simulation) 기능 같은 것 말이다. 이런 경우는 우리가 미처 눈치 채지 못했을 뿐이지. 아마 실생활에서도 부지기수로 많을 것이다.

'느낌'에 대한 니간타의 정의

그러면 이제 두 번째로 '느낌'이라는 용어에 대한 정의를 살펴보자. 본문에서의 '**괴로운 느낌**'은 빠알리어의 'dukkha vedanā'를 번역한 것으로, 여기서의 웨다나(vedanā)라는 단어는 흔히 한글로는 '느낌', 영어로는 'Feeling'이나 'Sensation'이라는 번역어로 사용되며, 한역에서는 '감수(感受)' 혹은 '수(受)'라고 번역된다. 그런데 사실 이 용어는 붓다 이전부터 인도의 전통에서 폭넓게 사용되던 것으로, 바라문이나 니간타들 역시 비록 불교에서의 정의와는 다르지만 이 용어를 함께 사용해 왔었다.[17] 이것은 니간타인 삿짜까가 몸과 마음에서 일어나는 괴로운 느낌의 소멸을 '수행'으로 규정하

17) 『Jaina Sutras』, Hermann Jacobi, part 2, P.192

고 있는 위의 문장의 내용을 통해서도 알 수 있는데, 그러면 당시의 니간타들은 이 '느낌'이라는 용어를 어떤 의미로 사용하고 있었는가?

니간타들도 겉으로는 불교도들과 똑같이 괴로움으로부터 벗어난 '해탈'을 수행의 최종적인 목표로 삼고 있다.[18] 하지만 그들은 자신들의 수행의 목표인 그 해탈을 실현하기 위한 길로써 바른 견해와 바른 지혜 그리고 바른 실천을 제시하면서도 그 세 가지 길을 성취하기 위한 구체적인 방법으로는 고행(sk. tapas) 이외 다른 어떠한 방법도 인정하지 않는다.[19] 그 이유는 물론 그들이 내세운 수행방법이 니간타 자신들의 교리체계를 통해서 제시된 것이기 때문이다. 니간타들은 식물을 포함한 모든 생명체들에게는 원래부터 독립적이고 불생불멸하며 청정무구한 각개의 '영혼(jīva)'[20]이 있고, 수·상·행·식이라는 인식기능은 그 영혼이 일으키는 기능이라고 주장한다. 그런데 그런 불생불멸하고 청정무구한 실체인 각개의

---

18) 『諦義證得經』(P.358)「本文: 바른 견해와 바른 지혜, 바른 실천이 해탈의 길이다. 正見, 智, 行就是解脫道 samyagdarśana jñāna cāritrāṇi mokṣa mārgaḥ」

19) 니간타들의 수행 방법으로는 '불살생(sk, ahiṃsā)' '자제(sk. saṃyama)' '고행(sk. tapa)'이 제시되지만 내용상으로는 모두 '고행'에 포함되며, 이 고행에서는 외적(육체적)고행 6가지와 내적(정신적)고행 6가지가 제시된다.「자이나교 불살생론 연구」, 김미숙, 동국대 박사학위논문(2005), PP.163~168.

20) 니간타들은, 각개의 생명체 모두에게는 자성을 지니고 영원히 변하지 않는 어떤 주도적 원리 같은 것이 내재 되어져 있다고 믿고, 이를 '지와jivā'라고 부른다. 한역에서는 이것이 '命' 혹은 '命我'라고 번역되어 왔는데, 인도의 전통에서 말하는 '자아ātman'라는 개념과 크게 다르진 않는 것 같다. 본문에서는 이를 '영혼'이라고 번역한다. 『諦義證得經』(P.374)에서의 '지와'에 대한 설명은 다음과 같다. 本文: 영혼의 특징은 의향성이다. (命的)特徵是意向性.(upayogo lakṣaṇaṃ) 註釋 : 의향성이란, 자이나교의 전문술어로서, 생명형상 가운데 존재하는 넓은 의미의 정신작용을 가리킨다. 이것은 어떤 목표를 위한 생산적인 정신활동을 표현한다, 하지만 번역하기가 대단히 어려운 단어다. 意向性(upayoga), 是耆那教的專門術語, 指在生命現象中存在著的廣義的精神作用. 它表現爲針對某個目標而産生的精神活動, 很難確切翻譯.

영혼들에, 역시 미세하기는 하지만 영혼처럼 독립적인 실체인 물질들(sk. pudgala)이, 마치 발가벗고 온몸에 기름칠을 한 사람이 먼지 구덩이에서 오랫동안 반복해서 뒹굴다 보면 온몸에 먼지가 켜켜이 쌓이듯이, 그렇게 물질들이 영혼에 쌓이게 되면서 영혼의 본래 청정성을 가리게 된다.

이것이 니간타들이 말하는 소위 '과거의 악업(惡業)'이라는 것이다. 그렇게 악업에 의해 영혼이 원래부터 가지고 있던 그 속성인 청정무구함이 제한되면, 영혼의 오염에 따라서 듣고, 보고, 느끼고, 알아차리는 영혼의 인식기능도 같이 왜곡되게 작용하게 된다. 악업을 증가시키는 느낌을 행복한 것으로 인식하여 선택하게 하고, 악업을 소멸시키는 느낌을 괴로운 것으로 인식하여 선택하지 않게 하는 행위가 거듭 행해지면서 악업은 더욱 더 깊어진다. 그렇게 영혼이 오염된 생명들이 태어남과 죽음을 반복하는 윤회에 떨어지게 되는 것이기 때문에, 그 오염된 영혼을 맑히기 위해서는 악업을 소멸해야 하고, 악업을 소멸하기 위해서는 오염된 영혼의 잘못된 인식기능을 스스로 거스르는 괴로운 느낌을 스스로가 선택해서 감내해야 한다.

이것은 마치 적군(오염된 영혼의 인식기능)의 적은(고행)은 아군(영혼의 정화)이라는 논리와 비슷하다. 그렇게 오염된 영혼이 좋아할 만한 것들은 무엇이거나 거부하기 위해서, 괴로운 느낌을 스스로 선택하고 그 괴로운 느낌을 감내하는 고행과 명상을 수행의 방법으로 삼는 것, 이것이 니간타 나타뿟따[21] 이래로 니간타들이 주장

---

21) 나타뿟따nātaputta는 본명이 '바르다마나'로서 붓다와 거의 같은 시기에 활동하던

하는 수행의 원칙이다. 악업의 더러움을 떨쳐버리면 영혼의 청정무구함이 드러난다는 니간타들의 이러한 생각은, 마치 거울에 낀 더러운 먼지만 제거하면 거울의 본래면목이 저절로 드러난다는 중국 신수대사의 게송을 연상시킨다.[22]

니간타들은 그렇게 괴로움으로부터 벗어나기 위해, 괴로운 느낌을 버려야 할 대상으로 삼고, 그렇게 대상화된 괴로운 느낌을 스스로 감내하고 소멸시켜 괴로움으로부터 벗어나겠다고 하는 것이다. 삿짜까가 위에서 오직 '**괴로운 느낌**(dukkha vedana)'에 대해서만 언급한 것도 그런 이유에서다. 『데와다하 숫따』에서 붓다께서는 이러한 니간타들의 주장에 대해 다음과 같이 정리하신 적이 있다.

"비구들이여! 어떤 사문이나 바라문들은 이와 같은 교리와 견해를 움켜쥐고 있다. '무엇이거나 인간이 행복한 것이나 혹은 괴로운 것이나 혹은 즐겁지도 괴롭지도 않은 것을 느끼는데, 저 모든 것은 과거에 행한 것이 원인이다. 그럼으로 이와 같이, 고행으로 과거의 업들을 끝냄에 의해서, 그리고 새로운 업을 짓지 않음에 의해서, 미래의 과보가 없을 것이다. 미래에 과보가 없음으로 거

니간타다. 니간타들은 그를 '마하위라(위대한 승리자)'라고 부르지만, 붓다는 그를 늘 '니간타 나타뿟따'라고 불렀다. 그는 니간타의 전통에서 24대, 제일 마지막의 '띠르탕까라'의 지위에 오른 자로 인정된다.

22) 『육조단경』 덕이본에 실린 신수대사의 게송은 다음과 같다.
몸은 지혜의 나무요(身是菩提樹)
마음은 밝은 거울의 받침대와 같나니(心如明鏡臺)
때때로 부지런히 털고 닦아(時時勤拂拭)
먼지가 끼지 않도록 하리.(莫遣有塵埃) (T48/P.337)
필자는 전작인 『쭐라삿짜까 숫따』의 해설서에서, 이런 니간타들의 관점을 신수와 혜능의 차이를 두 사람의 게송을 예로 들어 설명한 적이 있다. 참조 『쭐라삿짜까 숫따』, 여래출판사(2016).

> 기에는 업의 지멸(止滅)이 있고, 업의 지멸과 함께 거기에 괴로움의 지멸이 있고, 괴로움의 지멸과 함께 거기에 느낌의 지멸이 있고, 느낌의 지멸과 함께 모든 괴로움은 사라질 것이다.'라고. 비구들이여! 니간타는 이렇게 말한다.[23]"

니간타들은 그렇게 우리가 무언가를 느끼고 인지하고 인식하는 기능들은, 모든 생명체에게 내재된 청정무구한, 그러나 지금은 과거의 악업에 의해서 오염된, 각개의 영혼이 하는 잘못된 기능이라고 믿기 때문에, 그 오염된 영혼으로 인해 발생한 잘못된 인식기능들은, 고행을 통해서 없앨 수 있는 실재적인 무엇이어야만 한다. 앞선 〈맛지마니까야〉 제35경에서, 정말 그대는 오온이 모두 나의 자아라고 주장하는 것인가, 라는 붓다의 질문에 니간타인 삿짜까가 아래와 같이 답하게 된 것도 그 때문이다.

> "존자 고따마여! 저는 참으로 이와 같이 말합니다. '색은 곧 나의 자아다, 수는 곧 나의 자아다, 상은 곧 나의 자아다, 행들은 곧 나의 자아다, 식은 곧 나의 자아다.'라고."[24]

---

23) 제101경 『데와다하숫따』(MN2/P.214) 「santi, bhikkhave! eke samana brāhmaṇā evemṃvādino evaṃdiṭṭhino 'yaṃ kiñcāyaṃ purisapuggalo paṭisaṃvedeti sukhaṃ vā dukkhaṃ vā adukkhamasukhaṃ vā, sabbaṃ taṃ pubbekatahetu. iti purāṇānaṃ kammanaṃ tapasā byantībhāvā, navānaṃ kammānaṃ akaraṇā, āyatiṃ anavassavo, ayatiṃ anavassavā kammakkhayo. kammakkhayā dukkhakkhayo, dukkhakkhayā vedanakkhayo, vedanakkhayā sabbaṃ dukkhaṃ nijjiṇṇaṃ bhavissati iti. evaṃ vādino bhikkhave! nigaṇṭhā」

24) 제35경 『쭐라삿짜까 숫따』(MN1/P.230) 「athaṇhi bho gotama, evaṃ vadāmi rūpaṃ me attā, vedanā me attā, saññā me attā, saṅkhāra me attā, viññāṇaṃ me attāti.」 여기서는 단지 「rūpaṃ me atta……」 색은…… 식은 나의 자아다, 라고만 언급되었지만, 이것은 색은…… 식은 나의 것이다, 색은…… 식이 곧 나다, 라는, 기존의 3가지 형태로 정형화된 문장 가운데 나머지 2가지 문장에도 다 적용될 것이다.

이와 같이 니간타들은 '느낌'이라는 것은 각각의 생명체에게 내재된 독립적 실체인 영혼의 자기기능이라고 보기 때문에 '수는 나의 자아다.'라고, 느낌 자체를 실재적인 것으로 규정하게 된 것이다.

'느낌'에 대한 붓다의 정의

그러면 붓다의 가르침에서는 이 '느낌'이라는 것을 어떻게 설명하는지를 살펴보자. 먼저 붓다께서 설명하신 느낌은 위에서 인용한 니간타 삿짜까의 주장처럼, 자아(혹은 영혼)에 속하는 것도 아니고, 자아인 것도 아니다. 붓다의 가르침에서는 세상 모든 것이 다 그렇듯이, 이 느낌이라는 것도 조건에 의지해서 일어나는 것이기 때문에, 스스로의 성품이 없고, 스스로의 성품이 없으니 조건의 변화에 따라서 항상 변하는 연기적 현상들 가운데 하나일 뿐이라고 본다. 붓다의 위대한 제자 가운데 한 분인 마하깟짜나 존자는 『마두삔디까 숫따』에서 느낌의 발생 과정을 이렇게 설명하고 있다.

> 눈은(眼根) 색을(眼境) 조건으로 하면서, 눈의 알아차리는 기능이(眼識) 일어나고, 촉(觸)은 세 가지의 모임이고, 촉을 조건으로 하여 느낌(受)이 일어납니다.[25)]

예를 들어서, 눈이 있고, 눈에 의해서 보이는 어떤 대상이 있다고 하자. 그러면 눈과 대상이 서로 만나면서 눈의 보는 기능이 따

---

25) 제18경 『마두삔디까 숫따』(MN1/P.112) 「cakkhuñcāvuso! paṭicca rūpe ca uppajjati cakkhuviññāṇaṃ, tiṇṇaṃ saṅgati phasso. phassapaccayā vedanā.」

라서 일어난다. 눈의 보는 기능은 원래부터 눈에 있었던 것이 아니라, 눈이 무언가 대상과 접촉되면서 비로소 일어나는 것이다. 마치 두 손바닥을 마주치면 원래부터 양손 어느 쪽에도 소리의 형태로 잠재되어져 있었던 것이 아니지만 '소리'가 일어나는 것과 같은 이치다. 여기서 눈이 인식감관(根)이 되는 것이고, 보이는 대상이 인식대상(境)이 되는 것이고, 눈의 보는 기능이 인식기능(識)이 되는 것이다. 이 세 가지가 모여진 상황을 불교에서는 '촉(觸, passa)'이라고 부른다. 위의 인용문에서 눈의 인식기능을 설명할 때는 '눈이(cakkuṃ) 사물들을(rupe) 조건으로 하여(paticca) 눈의 인식기능이(cakkuviññānaṃ) 일어난다(uppajati)'라고 하지만, 촉을 설명할 때는 '촉은(passo) 세 가지의(tiṇṇaṃ) 모임(saṅgati)이고' 라고 한 것에서도 알 수 있듯이, 촉은 새로 일어나는 어떤 것이 아니다. 마치 다리가 세 개가 있으면 그것을 '삼발이'라고 부르듯이 눈과 대상과 눈의 식이 모여 있으면 그것을 '촉'이라고 부르는 것뿐이다. 하지만 '느낌(受)'은 이 촉을 조건으로 해서 새로 '일어나는' 것이다. 느낌이 촉을 조건으로 해서 일어난다는 것은, 촉이 없으면 느낌도 없다는 뜻이다. 그럼으로 느낌도 결국 스스로의 성품이 있지 않고 단지 촉이라는 조건에 의지해서 일어나는 하나의 '연기적 현상'인 것이다.

사실 느낌(受)이라는 주제는 어찌 보면, 현실에 뿌리를 둔 과학적이고 실재적이며 또한 실천적인 붓다의 가르침을 세상의 모든 다른 가르침들과 구분 짓고 특징지을 수 있는 가장 중요한 주제라고도 할 수 있다. 수많은 경전에서 확인할 수 있는 것처럼, 괴로움으로부터 벗어남을 목표로 하여 제시된 붓다의 수행 방법은 언제나 우리의 몸과 마음에서 일어나는 구체적이고 실재적인 '느낌'을 그 대상으로 삼고 있다. 이것은 해탈을 목표로 삼은 수행자가 자신의 목표를 성취하기 위해 수행을 시작할 때, 수행의 직접적인 대상이 되는 것이 바로 이 '느낌'이며, 이 느낌의 단계로부터 '수행'이라는 것이 비로소 의미를 가지게 되기 때문이다. 예를 들어서 〈상윳따니까야〉 안에는 느낌을 주제로 한 다음과 같은 내용의 30여 개의 경전이 「웨다나상윳따」에 실려 있는데, 이를 읽어보면 붓다께서 수행자들에게 얼마나 이 느낌이라는 주제를 강조하셨는지 알 수 있을 것이다.

> 행복을 경험하고 있을 때 느낌을 이해하지 못하는 자, 그에게 탐욕의 잠재적 성향이 있게 되고 (그는 그 잠재적 성향으로부터) 벗어남을 보지 못한다.[26]

그런데 앞에서 언급된 것처럼, 괴로움으로부터 벗어나기 위해서는 느낌을 소멸해야 한다, 라는 니간타의 주장은, 그 주장의 내용 자체로만 보자면 붓다의 가르침과 차이를 못 느낄 수도 있다. 붓다께서도 해탈과 자유는 느낌의 소멸에서 온다는 표현을 아래와 같은 게송에서 이미 여러 차례 사용한 적이 있기 때문이다.

> "존재의 행복을 완전히 절멸함으로부터.

---

26) 「sukhaṃ vedayamānassa vedanaṃ appajānato, so rāgānusayo hoti, anissaraṇa dassino. dukkhaṃ vedayamānassa, vedanaṃ appajanato paṭighānusayo hoti, anissaraṇadassino」(SN4/P.204)
『The connected Discourses of the Buddha』 by Bhikkhu Bodhi, P.1261 「When one experiences pleasure. If one does not understaand feelings. The tendency to lust is present. For one not seeing the escape from it. When one experiences pain If one does not understand feeling The tendency to aversion is present. For one not seeing the escape from it.」

상(想)과 식(識)의 일관된 지멸로부터,
수(受)의 소멸과 고요함으로부터,
도반이여! 나는 이와 같이 중생들을 위한
해탈과 자유와 멀리 여읨에 대해 안다."[27]

하지만 문제는, 무엇이 느낌인가? 라는 느낌에 대한 정의에서 니간타와 붓다의 주장이 서로 다르다는 것이고, 느낌에 대한 정의가 다르다 보니 느낌의 발생과 느낌의 소멸에 대한 정의도 또한 서로 다르다는 것이다. 즉, 니간타인 삿짜까는 느낌을 영혼에 의해 일어나는 영혼의 자체 기능 중의 하나이고, 영혼에 속한 실체적인 것이라고 봄으로써(그럼으로 수, 상, 행, 식은 나의 자아다, 라고 말한다.), 조건에 의지해서 일어나는 것으로 느낌을 정의하는 붓다의 가르침과는 달라지게 된 것이고, 그렇게 느낌에 대한 정의가 달라짐으로써, 양쪽 모두, 괴로움으로부터 벗어나기 위해서는 느낌의 소멸이 필요하다고 말하면서도, 결국 그 목표를 실행하는 수행의 방법에서는 불교와 니간타가 극과 극으로 갈라지게 된 것이다.

앞에서도 살펴본 바와 같이, 삿짜까가 주장하는 수행이란, 기본적으로는 마음에서 일어난 괴로운 느낌에 오염되지 않는 몸을 유지하는 수행과 몸으로부터 일어난 괴로운 느낌에 오염되지 않는

---

27) 「nandībhavaparikkhayā saññāviññāṇasaṅkhayā, vedanānaṃ nirodhā upasamā evеṃ khvahaṃ āvuso, jānami sattānaṃ nimokkhaṃ pamokkhaṃ vivekanti.」(SN1/P.2)
이에 대한 빅쿠보디스님의 영역은 다음과 같다. 「By the utter destruction of delight in existence. By the extinction of perception and consciousness. By the cessation and appeasement of feelings. It is thus, friend, that I know for emancipation, relaease seclusion.」(『The connected Discourses of the Buddha』 by Bhikkhu bodhi, P.90)

마음을 유지하는 수행이니, 이 둘을 함께 해야 비로소 바른 수행이 된다는 것이다. 그런데 만약 그렇지 못하고 오직 몸의 수행에만 전념하는 자들은, 신체로부터 발생하는 괴로운 느낌, 고통스런 느낌을 스스로 자발적으로 감내하면서, 그 느낌 자체를 소멸시키려는 자들이기 때문에, 그들은 실로 견디기 힘든 괴로운 느낌들을 스스로 자초하게 된다. 아마 한국 스님들이 자주 사용하는 '몸을 조복(調伏) 받는다'는 표현과 비슷한 경우가 될 것이다. 보통 우리가 몸을 조복 받는다고 하면, 좌선을 하면서 오래 앉아있다 보면 발생하는 몸의 고통들, 다리로부터의 통증, 허리로부터의 통증, 수시로 찾아오는 졸음, 이런 통증과 불편함에 익숙해지게 한다는 정도겠지만, 그러나 적어도 몸의 수행 면에 있어서 당시 인도 수행자들이(요즘도 여전히 그런 고행주의자들의 후손들을 인도에서는 심심찮게 만나 볼 수 있고, 또 고행주의는 사실 동서고금을 막론하고 모든 종교가들에 의해 행해졌던 것이기는 하지만) 보여주는 고행의 종류와 그 가학성은 참으로 상상을 뛰어넘는다.

〈이전에, 신체에서 일어난 괴로운 느낌에 접촉되어진 자가 있었는데, 허벅지의 마비가 일어났을 것이고 …… 산란한 마음에 미쳐버리게 되었을 것입니다. 그에게는 몸을 따라 일어나는 그 마음이 있고, (그 마음은) 몸의 영향력에 따라 움직이게 된 것입니다. 이유가 무엇이겠습니까? 마음의 수행을 하지 않은 탓입니다.〉

그런데 그렇게 고행을 시작한 자들 가운데는 몸에서 일어나는 고통스런 느낌을 이겨내지 못하고 결국 '**산란한 마음에 미쳐버리게**'되는 경우도 있다는 것을 삿짜까가 말하고 있다. 말하자면 괴로운 느낌을 견디지 못하고 미쳐서 실성하게 된다는 것인데, 수행자가 그렇게 몸에서 일어나는 괴로운 느낌을 견뎌내지 못하고 결국 실성하게 되는 이유에 대해서 삿짜까는 스스로 이렇게 진단한다. "**마음의 수행을 하지 않은 탓입니다.**" 그가 몸의 수행과 더불어 마음의 수행을 제대로 하지 않았기 때문에, 몸으로부터 일어나는 괴로운 느낌에 영향을 받지 않는 마음이 유지되지 못한 것이고, 그렇게 몸에서 일어난 괴로운 느낌에 의해 영향을 받게 된 그 마음은 몸에서 일어난 괴로운 느낌에 따라서 작동하기 때문에 괴로워하고, 걱정하고 근심하고 결국은 산란한 마음에 실성하기에 이른다는 것이다. 삿짜까가 자기 딴에는 이렇게 수행이 완성되지 못하는 이유에 대해서 설명하고 있지만, 불교의 관점에서 보자면, 그는 괴로움이라는 그 '느낌'이 과연 어디서부터 어떻게 시작되는 것인지, 그 생성과정에 대한 이해가 부족한 사람일 뿐이다.

〈고따마 존자시여! 몸의 수행은 하지 않고, 마음의 수행에만 몰두하고 있는 일부의 사문이나 바라문들이 있습니다. 고따마 존자시여! 그들은 마음의 작용으로 일어난 심한 괴로운 느낌과 접촉하게 됩니다. 고따마 존자시여! 이전에, 마음의 작용으로 일어난 괴로운 느낌에 접촉된 자가 있었는데…… 산란한 마음에 미쳐버리게 되었을 것입니다. 그에게는 마음을 따라 일어나는 그 몸이 있고, (그 몸은) 마음의 영향력에 의해 움직이게 된 것입니다.〉

사실 이 문장만 보더라도 수행을 몸의 수행과 마음의 수행으로 각기 영역을 나누는 삿짜까의 주장이 얼마나 논리적으로나 현실적으로 맞지 않는 것인지가 드러난다. 앞에서, 신체에서 일어난 괴로운 느낌을 견디지 못한 자가 급기야 산란한 마음에 미쳐버리게 된다고 했을 때, 산란한 마음에 미쳐버리게 되는 것은 그 자의 '마음'이었다. '**몸에 따라 일어나는 그 마음이 있고, (그 마음은) 몸의 영향력에 의해 움직이게 된 것**'이기 때문에, 그 자의 마음이 미쳐버리게 되었다는 것이다. 그렇다면 여기서는 마음작용에서 일어난 괴로운 느낌을 견디지 못한 자가 미쳐버리게 되는 주체는 그의 '몸'이어야 할 것이다. '**마음을 따라 일어나는 그 몸이 있고, (그 몸은) 마음의 영향력에 의해 움직이는 것**'이라고 주장했기 때문이다. 그런데 여기서도 삿짜까는 마음작용에서 비롯된 괴로운 느낌을 견디지 못하여 실성하게 되는 주체도 결국 '마음'이라고밖에 표현할 수 없었던 것이다.[28] 마음을 배제한 몸이 저 혼자 실성했다고 것은 말 자체가 성립되지 않기 때문이다.

이미 앞에서 살펴본 바와 같이, 붓다의 가르침에서 보자면, 괴로운 느낌이란 몸에서부터 시작되는 것도 아니고, 그렇다고 마음에서부터 시작되는 것도 아니다. 몸과 마음이 서로 별개의 것으로 애초부터 나누어져 있는 것이고 서로 독립적인 것이라면 몸이나 마음 어느 쪽에서든지 먼저 시작되는 쪽이 있을 수 있을 것이다. 하지만 '촉(phassa)'이라는 과정이 그것을 설명하듯이, 감각기관(根)과 감각대상(境), 그리고 이 둘이 만나면서 발생하는 감각대상에 대한 인지기능(識)의 이들 세 가지가 함께 모였을 때, 그것이 원인이 되어 비로소 느낌(受)이라는 것이 발생한다. 즉 어떠한 종류의 느낌이든지, 느낌은 이미 발생할 때부터 몸(감각기관)과 마음(인지기능)의

28) 필자가 '산란한 마음에 미쳐버리게 되었을 것입니다.'라고 번역한 빠알리 본문의 문장은 다음과 같다. ummādam(명사, 대격 / 광기, 정신이상) pi pāpuṇissati(3인칭 동사 / 도달하다) cittakkhepaṃ(명사 대격 / 마음의 혼란, 마음의 산란)

결합으로부터 일어나는 것이지, 몸이나 마음 어느 쪽에서 독단적으로 일어나는 것이 아니다.

그러면 이런 의심이 일어날 수 있다. 이렇게 몸과 마음이 별개의 것이 아니기 때문에 어느 것이 먼저라고 말할 수 없다고 하면서 왜 붓다께서는 삼업(三業) 가운데 의업(意業)이 구업(口業)과 신업(身業)에 앞선다고 말한 것인가? 이것은 마음이 먼저 일어난다는 뜻이 아닌가? 라고 말이다.

하지만 이것은 단지 '행위'가 일어나는 과정에는 선후가 있다는 것을 말하는 것뿐이지, 몸과 상관없이 원래부터 있어 왔던 마음에서 생각이 먼저 일어나고, 그 생각에 의해서 몸이 움직이고 무언가의 행위를 하게 된다는 뜻은 아니다. 이것은 『법구경』의 내용을 보면 이해할 수 있을 것이다. 『법구경』의 가르침인 '법들은(dhammā) 마음의 의도(mano)가 앞장서나니, 마음의 의도가 대장이고, 마음의 의도가 만든다.'라는 내용은, 온전히 '법들'에 관한 것이다. 즉, 마음의 주도기능인 마노(mano)는, 몸을 통해 전달된 느낌들을 대상으로 하여 우리들 자신이 일으키는 생각이나 판단, 개념과 같은 '법들(dhammā)'이 형성되는 과정에서 주도적 역할을 한다는 것이지, 마노가 우리 자신의 몸을 직접적으로 통제하는 기능을 한다는 뜻이 아니다. 우리의 마음의 의도는 몸 그 자체를 통제하는 것이 아니라, 단지 마음과 말과 몸으로 인한 '행위(kamma)'를 통제할 뿐이다. 몸은 결코 마음의 의도에 따라서 움직이지 않는다. 예를 들어서, 심장의 박동이라든지, 혈액의 흐름이라든지, 위장의 소화운동이라든지, 이런 것들은 마음의 의도인 마노가 명령할 수 있는 것이 아니다. 이런 것들은 대뇌피질이 아니라 인간의 뇌 가운데 가장 초기에 형성되면서, 각각의 감각기관으로부터 전해오는 감각정보들을 통제하고 처리하는 '간뇌(間腦)'라는 곳에서 우리의 인식 없이, 자기들끼리 정보를 주고받는 것으로 알려져 있다.

이렇게 마음의 의도가 앞장서면서 법들이 형성되고(意業) 그 법들에 의해 말에 의한 행위가(口業) 일어나거나 몸에 의한 행위가(身業) 일어나기 때문에, 마음의 의도가 말로 인한 행위와 몸으로 인한 행위에 우선한다고 한 것이지, 마음이 몸보다 먼저 일어난다는 것이 아니다. 그럼으로 이렇게 마음의 의도를 강조한 불교는 궁극적으로 보자면, 인간들의 이런 '행위에 관한 윤리적 가르침'이라고도 말할 수 있다. 앞에서 인용했던 『법구경』의 첫 번째 게송 뒷부분의 내용처럼 말이다.

> 만약 불순한 마음의 의도로 말하거나 행동한다면,
> 그로부터 그에게 괴로움이 따를 것이다.
> 마치 수레바퀴가 소 발자국을 따르듯이.[29)]

세 가지 행위 가운데, 의업을 제외한 구업과 신업만이 실제로 남에게 영향을 미친다. 행해진 말이나 행해진 몸의 행위에 의해 누군가가 괴로움을 느끼기도 하고, 거꾸로 행복을 느끼기도 하겠지만, 마음속에서 무언가가 떠오르는 것이 직접적으로는 남에게 영향을 주지는 않는다. 단지, 어떻게 마음먹느냐에 따라서 그것이 그대로

---

29) 「manopubbaṅgamā dhammā manoseṭṭhā manomayā manasā ce pasannena bhāsatī vā karoti vā tato naṃ dukkhaṃ anveti cakkaṃ va vahato padaṃ」(Dhp/P.1)

현실에서의 말과 행동으로 이어지기 때문에, 마음이 행위, 즉 의업의 중요성이 강조된 것이다. 괴로움과 행복은 구체적으로 개인에게 일어나는 느낌이다. 그리고 그 구체적인 느낌은 행한 행위에 의해 되돌아오는 메아리와 같다. 그래서 붓다께서도, 과보를 받는 시간의 차이는 있겠지만 결국 자신이 업을 짓고 자신이 그 업에 대한 과보를 받는다는 원칙은 부정할 수 없다고 말씀하셨던 것이다.[30]

사진 2) 못 침대에 누워서 명상에 든 인도의 고행자

30) 제136경 『마하깜마위방가 숫따』(MN3/P.213)에서 붓다께서는 다음과 같이 善因善果 惡因惡果에 대해 말씀하셨다. 「아난다여! 이 세상에서 어떤 비구나 바라문이 참으로 선한 행위도 있고 선한 행위의 과보도 있다, 라고 말한다면 나는 이것에 동의한다…… 아난다여! 이 세상에서 어떤 비구나 바라문이 참으로 선한 행위도 없고, 선한 행위의 과보도 없다, 라고 말한다면, 나는 이것에 동의하지 않는다. tatra ānanda, yvāyaṃ samaṇo vā brāhmaṇo vā evaṃ aha. atthi kira bho kalyāṇani kammāni, atthi sucaritassa vipāko ti idaṃ assa anujānami... ānanda yvāyaṃ samaṇo vā brāhmaṇo vā evaṃ āha, na'tthi kira bho kalyāṇani kammani na'tthi sucaritassa vipāko ti, idaṃ assa nānujānāmi.」

아마 삿짜까가 주장하는 '수행을 잘된 사람'이란 사진 속의 인물 같은 경우일 것이다. 날카로운 못 침대에 누워서도 고통스러운 줄을 모르고 태평하게 명상에 들어있으니, 이는 마음의 수행을 잘해서 몸에서 일어나는 괴로운 느낌에 마음이 영향을 받지 않는 자라고, 그렇게 삿짜까는 수행이 잘 된 사람을 정의하고 있으니까 말이다.

인간의 신체는 고통에 견디도록 스스로 진화되어 왔다. 인간은 사실 부상이나 질병으로 인해 사망하는 경우는 있어도 '고통' 그 자체로 인해 사망하는 경우는 없다. 그것은 '고통'이 질병이 아니라 신체에서 보낸 전기적 신호를 뇌에서 '고통이라고 해석한 것'일 뿐이기 때문이다. 게다가 신체에서 아무리 줄기차게 고통을 호소하는 신경전달물질이 뇌로 보내져도, 뇌는 그것을 또 스스로의 목적에 따라 조절하기도 한다. 고통의 신호가 너무 과도하게 집중될 때는, 그래서 신체의 균형이 깨질 것 같다고 판단되면, 신체에서는 자체적으로 생산되는 고통 억제 호르몬을 분비하여 줄기차게 보내오는 그 고통의 신호를 스스로 외면하게 만든다고 한다.[31] 우리는 현대의학이 밝혀준 이런 고통의 발생과 소멸에 대한 역학관계를 굳이 언급하지 않더라도, 우리의 신체가 고통에 견디도록 진화되었다는 것을 일상의 개인적인 경험을 통해서 충분히 알 수 있다. 단지 그렇게 고통에 견디게 되는 것이 실제로 괴로운 느낌이 소멸되는 것인지 아니면 단순히 소멸되었다고 믿게 되는 것인지(미리 말하자면, 이것은 괴로움의 소멸이 아니라 괴로운 느낌 대신에 행복한 느낌을

31) 현대의학에서는, 사람이 견기기 힘든 통증이나 스트레스를 느낄 때, 그것을 감소시키기 위해서 우리의 신체가 자체적으로 특정한 호르몬을 분비한다는 것을 밝혀냈다. 이것은 '신체 내부의 마약'이라는 뜻으로 '엔돌핀endorphin'이라고 명명되었는데, 통증이나 스트레스에 둔감해지게 만드는 역할을 한다고 알려져 있다.

찾아내서 그것을 선택한 것이라고 붓다는 말씀하셨다), 그 익숙해지는 신체의 역학관계에 대해서는 나중에 다시 확인해 보기로 하고, 여기서는, 왜 그렇게 해야 하는가? 라는 당위성에 대한 문제를 한번 생각해 보기로 하자.

고행주의자들에게는 도대체 왜 자신이 그런 짓을 해야 하는가? 라는 근본적인 질문에 대해 합리적 이유와 목적 그리고 검증된 결과가 전혀 없이 그런 고행이 행해지고 있다. 만약 고행을 해야 하는 합리적인 이유와 목적, 그리고 검증된 결과가 있다면, 뭐를 한들 자신이 짓고 자신이 받는 것이니 상관할 바가 없다. 하지만 이런 질문에 대해 니간타들은 한결같이 '과거의 악업을 소멸하기 위해' 라는, 스승의 말을 앵무새처럼 반복할 뿐이다. 거기 어디에도 합리적 이유나 목적이나 스스로 검증된 결과는 없고 단지 스승에 대한 자신들의 맹목적인 신념, 정확히 말하자면, 스승의 가르침이 옳은 가르침이라는 자신들의 판단에 대한 맹목적인 신념이 있을 뿐이다. 〈맛지마니까야〉 제101경 『데와다나 숫따』에는 이런 니간타들의 생각이 얼마나 근거 없고, 얼마나 무지한 신념에서 나온 것인지 자세히 언급되어져 있다. 붓다께서는 고행을 통해서 과거의 악업이 소멸된다고 믿는 그들에게 이렇게 차례대로 물으셨다.

"그대들은 그대들이 과거에 존재했었는지 아닌지를 알고 있습니까?"
"아닙니다. 존자시여!"
"그대들은 과거에 악업을 지었는지 안 지었는지를 알고 있습니까?"

"아닙니다. 존자시여!"

"그대들은 이러이러한 악업을 지었다고 알고 있습니까?"

"아닙니다. 존자시여!"

"그대들은 이만큼의 괴로움이 소멸되었고, 이만큼의 괴로움이 소멸 될 것이고, 이만큼의 괴로움이 소멸되면, 모든 괴로움이 소멸될 것이다, 라고 알고 있습니까?"

"아닙니다. 존자시여!"[32)]

이런 모든 질문에 그들은 한결같이 "아닙니다. 존자시여!"라고 대답했다. 도대체 과거에 그 악업이라는 것을 지은 자신이 존재했었는지 아닌지도 모르고, 자신이 어떤 종류의 악업을 지었는지도 모르고, 지금까지의 고행을 통해서 어느 정도의 악업이 소멸되었는지도 모르고, 또 앞으로 얼마나 더 악업을 소멸해야 하는지도 모르고, 언제 그 악업이 끝날지도 모르면서, 스승의 말대로, 그렇게 고행을 하면 악업이 소멸된다고 믿고, 사진에서 나오는 고행자처럼 못 침대에 누워서 고통이 익숙해질 때까지 감내하고 있는 것이다. 누군가가 과거에 진 빚을 갚는답시고 애를 쓰기는 쓰는데, 자신이 과연 과거에 누구였는지도 모르고, 어떤 빚을 누구에게 얼마나 졌는지도 모르고, 또 얼마나 갚았는지, 얼마나 더 갚아야 하는지도 모르면서 빚을 갚는답시고 평생을 애쓰는 사람과 같다. 하기야 그렇

32) 제101경 『데와다하 숫따』(MN2/P.220) 「kiṃ pana tumhe, avuso! nigaṇṭha janatha? ahuvamheva mayaṃ pubbe na nahuvamhāti? no hidaṃ āvuso! kiṃ pana tumhe avuso! nigaṇṭhā jānātha? akaramheva mayaṃ pubbe pāpakammaṃ nanākaramhati? no hidaṃ āvuso! kiṃ pana tumhe āvuso! nigaṇṭhā jānātha? evarūpaṃ vā evarūpaṃ vā papakammaṃ akaramhāti? ni hidaṃ āvuso! kim pana tumhe āvuso! nigaṇṭhā janātha? ettakaṃ vā dukkhaṃ nijjiṇṇaṃ ettakaṃ vā dukkhaṃ nijjiretabbaṃ, ettakamhi vā dukkhe nijjiṇṇe sabbaṃ dukkhaṃ nijjiṇṇaṃ bhavissatī ti? no hidam āvuso!」

게 참고 지내다보면, 인간의 감각구조라는 것이 무엇이든지 익숙해지기 마련이니까 언젠가는 괴로운 느낌도 더 이상 괴로운 것이 아닌 지경에 이르게 되기는 될 것이다. 하지만 그러는 과정에서, 애초에 무엇 때문에 자신이 그런 고행을 시작했는지 그런 목적 같은 것은 온 데 간 데 없고, 그저 자신에게서 이제 괴로운 느낌은 완전히 소멸되었다고 자위하면서 평생을 그렇게 못 침대에 누워서 지낼 것이다. 불교의 입장에서 보자면, 그야말로 본말(本末)이 전도(轉倒)된 것이다.

〈그래서 저에게 이런 생각이 들었습니다. '고따마 존자의 제자들은 참으로 몸의 수행은 하지 않고, 마음의 수행에만 몰두하고 있다.' 라고.〉

이것이 말하자면 삿짜까가 처음에 붓다에게 수행에 대한 이야기를 꺼낸 이유다. 삿짜까는 자신이 들었던 붓다에 관한 소문, 즉 붓다도 대낮에 나무 아래서 낮잠을 잤다더라, 라는 소문과 연관 지어서 비구승가의 수행 행태를 자기 생각대로 평가한 것이다. 그러나 붓다의 제자들에 대해 '**마음의 수행에만 몰두하는**' 자들이라고 한 삿짜까의 이러한 평가는 삿짜까가 스스로 경험을 통해서 안 것이 아니라, 당시의 니간타들의 불교도에 대한 일반적인 평가를 그들에게서 들어서 안 것뿐이다. 그리고 이것을 붓다께서도 이미 알고 계셨기 때문에 2장 첫머리에서 삿짜까에게 이렇게 물으셨던 것이다. "**악기웻사나여! 그러면 그대는 어떤 것이 몸의 수행이라고 들었는가**(sutta)?" 라고,

그러면 여기서 잠시 붓다 당시 불교의 교단과 니간타 교단과의

관계를 살펴볼 필요가 있을 것 같다. 불교와 니간타는 후대의 학자들에 의해 모두 기존의 바라문에 반기를 들고 일어난 신흥 '사문(samaṇa)'의 부류로 분류되는 교단들이다. 그리고 새로운 불교 교단의 창시자인 붓다의 등장과, 붓다와는 달리 니간타의 제23대 띠르탄까라(sk. tirthankar)였던 빠르쉬와나타(sk. parśvanatha BCE 877~777)의 기존교단을 이어받았다고는 하나, 역시 니간타의 역사에서는 거의 창시자와 같이 평가받았던 나타뿟따의 등장은 거의 비슷한 시기에 이루어졌다. 이들은 당시 수행자들의 전통적인 관례에 따라 결혼 이후, 두 사람 모두 29세를 전후한 시기에 출가하여 수행자의 길로 들어섰고, 붓다는 출가 후 6년간의 고행 끝에, 나타뿟따는 12년의 고행 끝에 각자 깨달음을 얻게된 것으로 기록은 전하고 있다. 그 후로 제자들이 모여 들면서 당시 북인도 지방의 사문들 가운데 가장 유력한 두 개의 교단을 형성하게 되었는데, 붓다는 깨달음을 얻은 이후 45년간, 나타뿟따는 30년간의 교단의 지도자로서 살다가 붓다는 세수 80세가 되던 해, 나타뿟따는 72세가 되던 해에 각각 열반에 들었다. 두 지도자 모두 재세기간에 대한 기록은 출전에 따라 차이가 있지만 일정 기간 서로 겹쳐지는 시기가 있었을 것으로 짐작된다. 그러나 무슨 이유에서인지는 모르겠지만, 붓다와 나타뿟따의 제자, 혹은 붓다의 제자와 니타뿟따가 서로 만났다는 기록은 있어도, 두 사람이 직접 대면해서 대화나 토론을 했다는 기록은 없다.[33]

---

33) 니간타 마하위라의 재세기간은 대체적으로 BCE 599~527으로 인정된다. 그런데 붓다의 재세기간은 이설이 너무 많다. 우선 서양학자들이 주로 주장하는 BCE 566~486설을 따르자면, 마하위라가 붓다보다 33살 정도 연상이 되고, 세계불교도우회(WFB)에서 공식적으로 채택된 BCE 624년~544년설을 따르자면, 붓다께서 오히려 25세 정도 연상이 된다. 그럼으로 붓다의 성도 이후, 붓다께서 지도자의 위치에서 활동하셨던 연세 36세 이후로부터 80세까지와, 마하위라도 역시 나

이렇게 당시 북인도 지역에서 활동하던 유력한 두 사문의 교단은 서로 같은 교단으로 오인할 만큼 닮은 점이 많았다.[34] 붓다에 의해서 제시된 오계(五戒)와 나타뿟따에 의해 제기된 오금서(五禁誓)의 유사성이라든지, 수행의 최종적인 목표를 괴로움으로부터 벗어난 해탈에 두고 있는 것이라든지, 불교와 마찬가지로 사선정을 주요한 수행 방법으로 채택하고 있는 것이라든지, 그밖에 각자의 경전에서 사용된 용어들의 공통점 등은, 후대 사람들로 하여금 두 교단을 동일한 교단으로 오해할 만한 것들이었을 지도 모른다.[35] 또한 불교와 니간타의 이런 외형적 유사성은 두 교단이 서로 경쟁적

이 30에 출가하여 12년 정도 수행을 했음으로 42세 이후로부터 72세까지를 기준으로 맞춰 보자면, 붓다께서 연상이라고 가정했을 때 겹치는 기간은 16년 정도이기 때문에, 만약 두 사람이 서로 만나려고 마음만 먹었다면 얼마든지 만날 수 있었을 것으로 짐작된다. 그런데 거꾸로 마하위라가 연상이라고 했을 때 겹치는 기간은 단 2, 3년에 지나지 않고, 니간타측에서 주장하는 붓다의 생몰연대인 BCE 557~477설을 취하면, 마하위라는 붓다보다 42세 연상이 됨으로, 이런 경우라면 두 사람이 무리의 지도자 신분으로 서로 겹쳐지는 기간이 없다. 이렇듯 두 사람이 서로 만날 수 있었던 가능성은 우리가 어느 기준을 택하느냐에 따라서 달라지겠지만, 붓다와 나타뿟따는 분명 서로 생존해 있을 당시에 서로의 존재에 대해 충분히 알고 있었다는 것은 경전의 여러 곳에서 언급되었음으로 의심의 여지가 없고, 그렇다고 서로 직접 대면한 적이 없었다는 것도 사실인 듯하다. 물론 그 이유에 대해서는 알려진 바가 없다. 참고로 붓다의 재세기간에 대해서는 일본의 中村元과 宇井伯壽는 BCE 463~383설을, 그리고 E.J. Tomas는 BCE 563~483설을 주장한다.
참고: 『Mahavira: His life and Teachings』 By Bilama churn Law, London(1937)
『A History of Pre Buddhistic Indian Philosophy』 B. Barua, Cal cutta University(1921), PP.188~196

34) 『Philosophy of Ancient India』 by Richard Garbe, Chicago(1897), P.12. 「이들 두 염세적인 종교는 대단히 닮았기 때문에, 자이나들, 즉 지나를 지지하는 사람들은, 두 종교의 창시자가 동시대 사람이었다는 것이 밝혀지기 전까지는 오랫동안 불교의 한 분파로 여겨져 왔고, 그들은 번갈아 기원전 6세기, 북인도 지역에서 단지 바라문의 제식주의와 카스트제도에 반대하는 여러 스승들 가운데 가장 뛰어난 스승으로 여겨져 왔다. These two pessimistic religions are so extraordinarily alike that the Jains, that is, the adherents of Jina, were for a long time regarded as a Buddhistic sect, until it was discovered that the founders of the two religions were contemporaries, who in turn are simply to be regarded as the most eminent of the numerous teachers who in the sixth century B.C. in North Central India opposed the ceremonial doctrines and the caste- system of the Brahmans」

인 관계일 수밖에 없었던 이유도 될 것이다.

이렇게 서로 비슷한 시기와 비슷한 지역에서 유력한 교단으로 떠오른 두 교단은 그러나 교리적인 부분에서는 불교와 기존의 바라문과의 관계처럼 서로 대척점에 서있었다. 바라문들이 인간에게 내재된 독립적 실체로서 '자아(ātman)'의 존재를 주장했던 것처럼, 똑같이 니간타들도 '영혼(jīva)'의 존재를 주장하였고, 이 때문에 불교도와 니간타는 교리적으로 서로 대척점에 서게 된 것이다.

개별적인 생명체의 내부에 그 생명체의 정체성을 규정하는 어떤 절대적이고 독립적인 실체가 있을 것이라고 믿는 것은, 언어를 사용하기 시작한 이래로 인간에게 있어서 아주 고전적인 사유패턴인 것이었고, 따라서 어쩌면 보편적인 현상이라고 말할 수 있을 것이다. 그런 점에서 보자면 특이한 것은 바라문이나 니간타의 교리가 아니라 오히려 불교의 교리였다. 그만큼 불교에서의 '무아(無我)'라는 개념은 당시의 인도사람들에게 있어서 특이하다 못해 괴이하게 생각될 정도로 이해하기 힘든 것이었을 것이다. 그렇다고 무아라는 이 개념이 2천년이 훨씬 지난 지금이라고 해서 사람들에게 널리 이해된 것 같지도 않고, 불교도나 불교승려라고 해서 다 이해한 것

---

35) 자이나교에서는 불교에서의 五戒에 해당되는 다섯 가지 큰 서약(大誓)가 있는데, 이를 설한 『스타나 수뜨라』의 내용은 다음과 같다. 「paṃca mahavvayā paññattā, taṃ jahāsavvāo pāṇativayāo veramaṇaṃ jāva(savvāp musāvāyao veramaṇaṃ, savvāo adiṇṇādāṇāo veramaṇaṃ, savvāo mehuṇāo veramaṇaṃ) savvāo pariggahāo veramaṇaṃ」 이를 정리하면 다음과 같다. 1)不殺生誓(prāṇātipāta viramaṇavrata), 2)不虛言誓(mṛṣāvāda viramaṇavrata), 3)不偸盜誓(adattādāna viramaṇavratā), 4)不淫行誓(maithuna viramaṇavrata), 5)不所有誓(parigraha viramaṇavrata). 「자이나교의 不殺生論 연구」, 김미숙, 동국대학 박사학위 논문(2005)에서 재인용 P.102. (니간타 경전 가운데 『sthānāmga sūtra』를 구하지 못해, 이 경전의 내용에 관한 것은 차후 위의 논문을 비롯한 다른 논문에서 재인용한다.)

같지도 않은 걸 보면, 무아라는 개념에 대한 당시 사람들의 몰이해와 그로부터 비롯된 비난은 충분히 이해할 만하다.

범위를 니간타로 좁혀서 말하자면, 이런 차이로 인해서 니간타들은 붓다와 붓다의 제자들을 '무작용론자(無作用論者, sk. akriyāvādin)'라고 불렀는데, 이는 자아의 존재 혹은 영혼의 존재를 인정하지 않고, 법은 조건에 의지해서 일어나고 또 조건의 의지해서 사라진다는 가르침을 두고, 그들은 행위의 주체를 인정하지 않고, 주체의 작용을 인정하지 않는 자들, 이라는 의미로 쓴 용어다. 이에 대해 불교도들은 니간타를 '숙작인론자(宿作因論者 , pubbekatahetuvāda)'라고 평가했다.[36] 과거에 행한 악업이 원인이 되어 현재의 행위가 결정된다고 믿는 자들, 이라는 뜻이었다. 이런 교리적 차이로 인하여 불교도와 니간타들은 서로 똑같이 괴로움으로부터 벗어난 해탈을 수행의 최종적인 목적으로 삼았음에도 불구하고, 서로 간에 내세운 실천방법에 있어서는 완전히 갈라지게 된 것이다. 행위에 있어서 마음의 주도적 기능을 찾아낸 붓다는 괴로움에도 빠지지 않고, 행복에도 빠지지 않는 중도적 수행을 통한 정신적인 지혜의 발현을 수행의 방법으로 채택한 반면에, 니간타들은 오직 고행을 통해 전생의 악업을 제거하는 것만을 수행의 방법으로 주장했던 것이다. 독립적 실체로서의 자아를 인정하지 않는 붓다에 의해서 오히려 마음의 주도적 기능이 발견되고, 그것이 해탈에 적극적으로 이용되었고, 정작 독립적 자아를 전제하는 니간타들은 거꾸로, 그 자아에 매이어 한 걸음도 주체적으로 나아가지 못했다는 것이 참으

---

36) 『Jaina Sutras』 Part 2, 『수뜨라끼리땅가』 PP.414~416. 참조: 「佛教와 耆那教의 業說비교」, 권오민(동국사상).

로 아이러니하다.

그럼으로 삿짜까가 '**붓다의 제자들은 참으로 몸의 수행은 하지 않고 오직 마음의 수행에만 몰두하고 있다.**'라고 내린 비구대중들의 수행에 대한 평가는, 그저 삿짜까 자신이 이런 니간타들의 불교도에 대한 일방적인 평가를 듣고서, 자신이 '들은 대로' 한 말이었음을 알 수 있다.

013

삿짜까, 몸의 수행에 대한 사례를 말하다

"악기웻사나여! 그러면 그대는 어떤 것이 몸의 수행이라고 들었습니까?"

"예를 들면 난다 왓차, 끼사 상낏짜, 막칼리 고살라가 있습니다. 고따마 존자시여! 그들은 나체로 수행하는 자들로, 관습을 거부하는 자들이라, 손에다 놓고 핥아서 먹고, 오라하면 가지 않고, 서라하면 서지 않으며, 가져온 음식을 받지 않고, 지명해서 주는 것을 받지 않으며, 초대에 응하지도 않습니다. 그들은 항아리 주둥이에서 따라주는 음식을 받지 않고, 문지방 안에서 주는 것을 받지 않고, 가로막대 안에서 주는 것을 받지 않고, 방아 찧는 안에서 주는 것을 받지 않고,

두 사람이 먹고 있을 때 주는 것을 받지 않고, 임산부가 주는 것을 받지 않고, 젖 먹이는 여자가 주는 것을 받지 않고, 남자에게 안겨있는 여자가 주는 것을 받지 않고, 널리 알려서 주는 것을 받지 않고, 개가 옆에 있을 때 주는 것을 받지 않고, 파리떼가 날라 다닐 때 주는 것을 받지 않고, 생선과 고기를 받지 않고, 곡차와 과일주, 발효주를 마시지 않습니다. 그들은 한 집에서 한 끼니를, 두 집에서 두 끼니를…… 일곱 집에서 일곱 끼니를 해결합니다. 하루에 한 번 받은 공양으로 살고, 이틀에 한 번 받은 공양으로 살고…… 칠일에 한 번 받은 공양으로 삽니다. 이런 식으로 보름에 한 번 공양을 받는 것을 정기적으로 실천하고 있습니다."

"악기웻사나여, 그런데 그들은 정말 그 정도로 연명이 됩니까?"

"아닙니다. 고따마 존자시여! 어떤 때는 여러 가지 맛있는 덩어리진 음식을 먹고, 어떤 때는 여러 가지 맛있는 부드러운 음식을 먹고, 어떤 때는 여러 가지 맛있는 귀한 음식을 먹고, 어떤 때는 여러 가지 맛있는 음료를 마십니다. 그래서 그들은 원기를 회복시키고, 몸을 불리고, 몸을 살찌게 합니다."

"악기웻사나여! 그건 그들이 앞에서는 끊고, 나중에 보충하는 것이니, 그렇게 해서 단지 몸이 늘어났다가 줄어들었다, 하는 것뿐입니다."

〈악기웻사나여! 그러면 그대는 어떤 것이 몸의 수행이라고 들었습니까?〉

여기서 삿짜까를 부를 때 붓다께서는 '악기웻사나'라고 호칭을 사용하셨다. 삿짜까가 아닌 다른 니간타에게도 붓다께서 이런 호칭을 사용하여 부르신 적이 있었던 것으로 미루어 보아, 이 호칭은 아마도 웨살리를 근거지로 활동하던 어떤 니간타 가문의 족성이 아닐까 싶다. 한역에서는 이 호칭을 '火種居士(화종거사)'라고, 뜻 번역을 해서 사용하고 있다.[37]

그리고 여기서 우리가 주목해야 할 것은, 붓다의 대화는 늘 상대방이 하는 말 속에서 일반적으로 통용되는 용어들이라도 그 용어에 대한 정의(定意)가 상대방과 서로 같은지 다른지를 확인하는 것으로부터 시작한다는 점이다. 즉 삿짜까의 주장을 잠자코 듣고 나신 붓다께서는 먼저 삿짜까가 사용하던 '몸의 수행(kāyabhavana)'이라는 용어의 정의에 대해 먼저 물으신 것이 그것이다. 그 용어의 출전이 어디인지, 그리고 어떤 의미라고 그대는 들었고, 또 그 말을 지금 나에게 어떤 의미로 사용한 것인지, 등을 물으신 것이다. 이것은 대화의 기본이고, 이런 기본이 잘 지켜진다면 설령 대화 중에 서로 의견이 다르다고 다툴 일도 없어질 것이다. 독자들도 본문의 3-2경에서 이를 확인할 수 있겠지만, 삿싸까는 이런 기본을 지키지

---

37) 니간타 나타뿟따의 상수제자 가운데 '수다르만'이라는 바라문의 족성이 아기니와이스야야나(sk. aginivaisyayana)이었으며, 〈맛지마니까야〉 제74경 『디가나카경』에도 '디가나타'라는 이름의 니간타를 붓다께서 '악기웻사나'라고 부르신 적이 있음으로, 이는 웨살리 지역에 살고 있던 니간타 가문의 한 족성이라고 여겨진다. 〈디가니까야〉 제2경인 『사만나팔라 숫따』에서는 마가다국 아자따삿뚜왕이 마하위라를 '악기웻사나'라는 호칭으로 부르는 장면이 나온다. 이외 자세한 것은 필자의 전작 『쭐라삿짜까 숫따』 1-2장을 참고하길 바란다.

않았기 때문에 결국 자기 생각 속에 빠져서 헤어나질 못한 것이다.

그리고 이것은 필자가 최근에 느낀 것인데, 붓다의 대화를 한글로 옮길 때, 필자도 마찬가지였지만, 우리는 늘 붓다께서 상대방에 대해 존칭어를 사용하지 않는 것처럼 번역해 왔던 것 같다. 본문에서의 문장을 예로 들자면 '**악기웻사나여, 그러면 그대는 어떤 것이 몸의 수행이라고 들었는가?**' 라는 식으로 말이다. 물론 빠알리어의 표현에 특별하게 존칭어가 따로 있지는 않지만, 과연 당시의 붓다께서 이교도인 삿짜까와 대화를 하시면서도 삿짜까에게 '**그대는 들었는가?**' 라는 식으로 하대하는 말투로 번역하는 것이 합당한지를 생각해 보면, 다소 의문이 든다. 붓다께서 이교도 혹은 일반인들을 만나 대화를 나누실 때의 상황을 묘사한 빠알리 경전의 내용들을 자세히 살펴보면, 문맥상 붓다께서 그들에게 하대를 하는 말투로 대화하셨을 것이라고 짐작할 만한 증거는 사실 어디에도 없다. 본 삿짜까와의 전체적인 대화 내용에서도 짐작할 수 있듯이, 오히려 붓다께서는 상대방에 대해 지나칠 정도로 배려하고 계시다는 느낌이 들 때가 더 많다. 그런데도 우리는 붓다는 늘 세상의 모든 계층의 사람들, 천신들에게도 모두 존칭어를 사용하지 않은 것처럼 번역해 왔다. (사람들이 경외하는 천신들에게 하대하는 말투를 붓다가 사용했다는 것은[38] 분명한 의도가 있었던 것이기 때문에, 이것은 예외로 한다.)

---

38) 『라따나 숫따』(Snp/PP.39~42)는, 기근과 질병 그리고 그로 인하여 사악한 귀신들이 날뛰고 있다고 믿고 있던 당시의 릿차위 사람들의 두려움을 없애고 그들을 안심시키기 위해서, 그들이 두려워하는 사악한 귀신들을 불러놓고, 그 귀신들에게 사람들을 해치지 말라고 가르치며 법의 힘을 통해 귀신들도 해탈하라는 내용의 법문을 붓다의 이름으로 독송하게 하는 내용이다. 여기서는 내용상 붓다께서 귀신들을 꾸짖고 가르치는 말투가 짐작된다.

이것은 우리가 붓다를 시공간을 초월한 존재로 인식하려는 의도에서 비롯된 것일 수도 있다. 즉 붓다를 기원전 5세기경에 인도에서 태어나셔서 6년간의 수행 기간을 거쳐 35세에 깨달음을 얻으시고, 45년간 자신이 깨달은 법을 세상에 펼치시다가 80세에 세상을 떠나신 역사적인 한 인물로, 세상의 다른 모든 것들과 마찬가지로 조건에 의지해서 태어나고 조건에 의지해서 세상을 떠난 연기적 산물로 붓다를 보지 않고, 시공간을 초월해서 언제나 존재하는 구원자로서 붓다를 인식하려는 것이다. 그런 인식을 가지고 있는 사람들에게 붓다는 태어날 때도 붓다였고, 돌아가신 이후에도 여전히 붓다로서 존재한다. 그들에게는 수행자가 수행의 목표로 삼아 도달해야 할 대상으로서의 붓다는 인정되지 않는다. 어떤 시대, 어떤 계층의 사람들에게도 붓다는 늘 '이렇게 하거라, 저렇게 하거라.'라고 말하는 영원한 '어른'일 뿐이다. 대승불교권에서 사월 초파일을 '부처님 오신 날'로 지칭하는 것도 아마 그런 맥락일 것이다.

결국 이런 생각들의 연장선상에서 법신(法身), 보신(報身), 응신(應身)의 삼신사상이 추후에 전개된 것이지만, 대부분의 빠알리 경전에 나타난 붓다는 본경에서 나타난 것처럼, 스스로의 부단한 노력을 원인으로 하여 당대에 그 과보로써 깨달음을 얻은 자로 묘사되었고, 그것이 모든 사람에게 열려진 가능한 길임을 붓다 스스로 분명히 드러내 보여주신다. 즉 붓다는 스스로 노력해서 '되어간 존재'이지, 처음부터 '있어왔던 존재'가 아니라는 것을 말이다. 그럼으로 이러한 역사적이고 연기법적인 인간 붓다께서는, 자신이 일생 동안 부단한 노력을 통해서 그 결과로 깨달음을 얻었다는 것을 잘 아셨기 때문에, 법에 대한 대화의 상대 또한 언제나 자신처럼 또 그렇게 언제든지 깨달음을 얻을 수 있는 자로 인정하셨을 것이고, 그런 배려와 존경심은 언제나 상대방을 향한 존중의 말로 표현되었을 것으로 필자는 생각한다. 그럼으로 앞으로 필자는 붓다의 말씀을 늘 그렇게 존칭어를 사용하신 것으로 번역할 생각이다.

〈예를 들면, 난다 왓차, 끼사 상낏짜, 막칼리 고살라가 있습니다.〉

그대는 어떤 것이 '몸의 수행'이라고 들었습니까? 라고 붓다께서 묻자, 삿짜까는 이렇게 자신의 기준에서 몸의 수행을 하는 자들이라고 판단되는 사람들의 이름과 그들의 극도로 제한된 탁발을 예로 든 것이다. 여기서 삿짜까에 의해 나열된 이름들인 난다 왓차, 끼사 상낏짜, 막칼리 고살라는 모두 후대 학자들에 의해 '아지위까(ājīvika)'[39]라고 분류되는 무리에 속한 인물들이다. 그들은 한역에서 '邪命外道(사명외도)'라고 불리는데, 세상의 모든 것은 이미 그렇게 되도록 '운명(niyati)'에 의해서 다 결정되었기 때문에 인간에게는 어떠한 자유의지도 존재할 수 없다고 주장하는, 이른바 '운명론자들(niyativāda)'이다.

---

39) '아지위까ājīvika'라는 호칭은, 삶, 생활, 수명 등으로 번역되는 명사 ājīva의 형용사형에서 온 것으로, 통상적으로는 본경에 나타나는 것처럼, 극도로 절제된 탁발로써 생활을 이어가는 수행자들, 이라는 뜻으로도 사용된다. (학자에 따라서는 이 단어를 ā+jīva의 결합으로 보고, '목숨이jīva 있는 한ā' 자신들의 수행 약속을 끝까지 지켜나가려는 전문적인 수행자 무리, 라고 해석하는 자들도 있고, A를 부정접두사로 보고 일반적인 의미의 '삶jīva이 없이ā' 탁발에 의해서만 살아가는 수행자, 라고 해석하는 자들도 있다.) 이들의 행적에 대한 기록은 단편적으로밖에 나타나지 않기 때문에 본문에 언급된 난다 왓차, 끼사 상낏짜, 막칼리 고살라, 이들이 모두 같은 시대의 인물이었는지, 아니면 앞의 두 사람은 막칼리 고살라 보다 이전의 아지위까의 지도자였는지, 이에 따른 학자들의 주장들은 있지만 모두 확실치는 않은 것 같다. 자세한 것은 다음의 서적들을 참고하길 바란다.
『History and Doctrines of Ajivikas』, A.L.Basham, Delhi(1981)
『The Two Sources of Indian Asceticism』, Motilal Banarsidassa, Delhi(1998)
『The Ajivikas』 by B.M. Barua Part 1, University of Calcutta(1920)

본문에서는 삿짜까가 이런 종류의 탁발에 관련된 수행을 '몸의 수행'으로 여기고 행하는 자들로서 세 명의 아지위까의 이름만을 거론했지만, 사실 탁발에 의지해서 살아가는 '사문'들이었던 니간타들도 아지위까들과 마찬가지로 이런 종류의 고행을 몸의 수행이라고 여기고 행했던 것으로 알려져 있고, 니간타들 뿐만 아니라 붓다께서도 수행자 시절에 자신도 위의 내용과 같은 탁발에 관련된 고행을 했었노라고 말씀하신 적이 있는 것으로[40] 보아서는, 이런 종류의 고행은 아마도 당시의 '사문'들에게 있어서는 일반적인 수행법이 아니었을까 싶다. 니간타의 경전에서는 그들이 외적으로 행하는 고행에 여섯 가지가 있다고 설명하고 있는데, 그 가운데 탁발에 관련된 것이 네 가지고, 그 가운데 첫 번째가 완전히 음식을 끊는 단식(斷食, sk. anaṣana)이고, 두 번째가 음식의 양을 조절하는 절식(節食, sk. avamodarikā), 세 번째가 탁발하는 형태(sk. bhikṣācaryā), 네 번째는 좋은 음식을 먹지 않는 것(斷美食, sk. rasaparityāga)에 관한 것이기 때문이다. 삿짜까가 아지위까들의 이름을 들어서 언급한 본문의 내용 가운데, 손바닥에 받아서 먹는다는 것 등이 니간타들의 외적 고행의 세 번째에 해당되고, 생선과 고기, 과일주 등을 받지 않는다는 것이 네 번째에 해당되고, 한집에서 한 끼니만을 받는다는 것 등은 두 번째에 해당된다.[41] 이렇듯 니간타들도 위의 본문의 내용과 같은 형태의 고행을 행하면서도, 삿짜까가 단지 아지위까들의 이름만을 언급하고 자신들도 그런 고행을 한다는 말을 하지 않은 이유는, 아지위까들은 단지 그렇게 몸의 수행만을 하는 자들이니 잘못된 수행을 하는 자들이고, 자신들은 그런 몸의 수행과

---

40) 제12경 『마하시하나다 숫따』(MN1/PP.77~78)
41) 「자이나교의 不殺生論 연구」, 김미숙, 동국대학 박사학위 논문(2005), PP.164~165 에서 『sthānāṅga sūtra』의 내용 재인용

겸해서 마음의 수행까지를 함께 하고 있다고 여겼기 때문일 것이다.

세 사람의 아지위까 가운데 앞의 두 사람에 대해서는 몇 개의 경전과 붓다의 전생담인 『자따까』에 그 이름이 등장하기는 하지만[42], 그들의 사상이나 행적을 추적할 수 있을 정도의 기록이 남아 있는 것은 세 번째 막칼리 고살라뿐이다.[43] 하지만 막칼리 고살라에 관한 내용도 아지위까교단의 독자적인 기록이 아니라, 서로 경쟁관계에 있었을 것으로 짐작되는 불교 쪽이나 니간타 쪽에 전해지는 기록을 통해서만 알려졌을 뿐이므로 아무래도 막칼리 고살라

---

42) 제76경 『산다까 숫따』(MN1/P.524) 「이들 어미에게 죽은 아들과 같은 아지위까들은 자신들을 칭찬하고 남들을 비난하지만 오직 세 사람의 지도자를 말합니다. 즉 난다 왓차, 끼사 산낏짜, 막칼리 고살라입니다. ime panājīvaka puttamataya putta, attānañ c'eva ukkaṃsenti pare ca vambhenti, tayo c'eva niyyataro paññapenti seyyath'idaṃ nandaṃ vaccham kisaṃ saṅkiccaṇ, makkhali gosālan ti,」 이렇게 『산다까 숫따』에서 수행자 산다까는 아지위까들은 단 세 사람의 수행자만을 '지도자niyyataro'로 인정한다고 하면서 이들 세 사람의 이름을 거론했다. 즉 난다 왓차, 끼사 상낏짜, 그리고 막칼리 고살라다. 그리고 이름이 나열된 순서는 세 사람의 이름이 언급된 불교경전마다 같은 순서로 언급되어져 있다. 이로 인해 세 사람은 동시대 사람이 아니라, 앞의 두 사람은 막칼리 고살리 이전의 아지위까의 지도자로 알려졌던 인물이 아닐까, 라고 Basham은 자신의 저서에서 말하고 있다. Basham의 위의 책(PP.27~30) 이외, 두 사람의 이름이 언급된 자따까는 두 곳이다. PTS JA5 『ṣarabaṅga jātaka』(P.133), JA5 『saṃkicca jātaka』(P.263)이다.

43) 『The life of the Buddha』, W.W. Rockhill London(1884), P.250. *이 저서의 끝 부분 P.249부터는 부록으로 니간타 소전의 『bhagavatī sūtra』 제 15권의 내용이 영어로 번역되어 첨부되어 있는데, 여기서는 막칼리 고살라의 이름이 '고살라 망칼리뿟따Gosala Mankhaliputta'로 등장한다. 「고살라 망칼리뿟따가 24년간의 고행을 마쳤을 때, 그는 사왓띠의 도기공의 아내인 할라할라의 도기 시장에 살았고, 그는 아지위까의 교리를 가르쳤다…… 고살라가 이런 교리들을 가르치면서 자신은 '승리자Jina'라고 믿었다. 이것이 알려지게 되었을 때, 마하위라의 가장 오래된 제자인 인다부띠라는 자가 와서 스승에게(마하위라) 고살라의 기원과 삶에 대해 물었다. At the time when Gosala Mankhaliputta had finished his twenty fourth year of ascetism, he lived in the pottery bazar of the potter's wife Halahala in Savatthi, and taught the Ajiviya doctrines …… Gosala, in teaching this doctrine, believed himself to be a Jina. When this became known, the oldest pupil of Mahavira, named Indabhuti, came and asked his teacher about the origin and life of Gosala.」

의 사상이나 행적을 현재 남아있는 기록을 통해서 객관적으로 밝혀내기는 쉽지 않을 것이다. 두 계통의 기록 가운데 우선 불교 측의 기록을 보자면, 붓다께서 막칼리 고살라의 사상을 위험하고 천박한 사상이라고 직접 말씀하신 것에[44] 영향을 받은 탓인지, 후대에 이르기까지 불교도들의 막칼리 고살라에 대한 평가는 여전히 부정적이다. 하지만 붓다께서는 단지 막칼리 고살라의 주의주장에 대한 위험성을 경고한 것에 반해, 그의 낮은 출신성분부터 언급해 놓은 니간타 쪽의 기록은, 막칼리 고살라를 아예 인간적으로 천시하는구나, 라는 느낌을 받게 한다. 그러면서도 한편으로는 막칼리 고살라의 수행력을 인정하는 것 같은 기록도 있다. 이런 막칼리 고살라에 대한 니간타들의 이중적인 태도는 아마도 막칼리 고살라가 니간타의 기록대로 하열한 계층 출신일지는 몰라도, 나타뿟따와 6년간 함께 돌아다니면서 수행을 했고(막칼리 고살라가 거듭 애원을 해서 나타뿟따가 할 수 없이 그를 제자로 받아주고 함께 다니며 수행을 했다고 나타뿟따는 주장한다.) 그러는 과정에서 두 사람이 서로 신통력으로써 공격을 했다거나 하는, 무슨 무협지 같은 이야기도 전해지지만, 어쨌든 둘은 서로에 영향을 끼쳤다는 점에서[45] 나타뿟따도 그를 마냥 무시할 수만도 없었던 것이 아닐까 싶다. 서로 경쟁 관계였기

44) 「많은 가르침 중에서 막칼리의 가르침이 가장 천박하다고 선언한다. 비구들이여! 어리석은 막칼리는 행위도 없고 행위의 결과도 없고 영향력도 없다고 이야기하는 잘못된 견해를 가지고 있다. makkhalivādo tesaṃ patikittho akkhayati. makkhali bhikkave moghapuriso evaṃvādī evaṃdiṭṭhi n'atthi kammaṃ n'atthi kiriyaṃ n'atthi viriyaṃ.」 (AN1/P.286)

45) Rockhill의 같은 책.(PP.250~254) 「그것이 (참깨 묘목의) 환생을 통해서 그의 교리가 바뀐 것이다. 그리고 그는 나를 떠났다. That is his doctrine of the change through reanimation, and from that time Gosala left me.」 죽어있는 것 같던 참깨 묘목이 비를 맞고 다시 살아나는 것을 보고 식물도 영혼이 있다는 나타뿟따의 주장을 막칼리 고살라가 믿기 시작했다는 것이고, 그 밖에 나체수행이나, 고행 같은 것은 다시 나타뿟따가 막칼리 고살라의 영향을 받았던 것으로 니간타들은 기록하고 있다.

때문에 말이다.[46]

막칼리 고살라의 주장은, 약간씩의 차이는 있겠지만, 모든 존재들을 요소(bhūta)들의 적취(積聚, saṇgati)로 이해하는 유물론자 아지타(ajita), 도덕부정론자 빠꾸다(pakudha), 그리고 니간타 나타뿟따(nighanta nataputta)에 이르기까지, 붓다 당시에 등장했던 일련의 사문들의 주의주장들과 맥을 같이한다고 볼 수 있다.[47]

〈고따마 존자시여! 그들은 나체로 수행하는 자들로서,〉

삿짜까는 이들 세 명의 아지위까의 이름을 언급하면서 그들의 극도로 제한된 탁발 형식을 붓다에게 길게 설명하고 있다. 사실 탁발(托鉢) 문화라는 것은, 인도에서 일어난 모든 종교 교파의 수행자들에게 공통되는 생활방식이었다. 먹고 싶은 대로 먹는 것이 아니라, 주는 대로 먹어야 하는 탁발을 통해서 수행자들은 스스로 욕망을 통제할 수밖에 없었고, 그렇게 함으로써 탁발이 모든 수행들에게는 좋은 수행 방법이 되었기 때문일 것이다.

하지만 위에서 언급된 것과 같은 아지위까들의 극도로 제한된 형식의 탁발은 자발적으로 탁발을 어렵게 함으로써 수행으로서의 탁발을 '고행'으로서의 탁발로 바꾼 경우다. 그리하여 그들은 누가

---

46) Rockhill 역시 그렇게 짐작하고 있다. 같은 책.(PP.251~252) 「"…… 그러나 그가 자신이 승리자라고 믿는 것은 잘못된 것이다." 마을에서 마하위라와 고살라의 경쟁관계가 알려지고, 또한 마하위라가 고살라가 잘못되었다고 말한 것을 알게 되었다. 고살라가 그것을 듣고는, 그는 마하위라를 싫어하기 시작했다. "…… but he is wrong in believing himself to be a Jina." The rivalry of Mahavira and Gosal became known in the town, and also Mahavira's statement that Gosala was wrong. When Gosala heard of it, he began to bear a grudge aginst Mahavira……」

47) 「古代印度 要素說의 一考察」, 權五民(東國思想, 1982), PP.121~131.

더 힘들고 더 어렵게 탁발을 하느냐를 수행을 잘하는 사람이냐 아니냐를 가리는 척도로 받아들이게 된다. 이것은 수행을 결국 계량화(計量化) 하는 것이고 수행의 본래 목적은 망각한 채, 단지 자신이 수행을 하고 있다는 그 사실에만 만족하게 되는 결과를 낳게 한다. 비구대중들 가운데도 이런 실수를 범했던 자가 있었으니 그가 바로 유명한 '데와닷따(devadatta)'였다. 그는 누가 힘들게 수행을 오래하고 많이 하느냐를 수행의 척도를 삼으려고 했던 자이고, 그렇게 수행을 계량화함으로써 결국 자신이 붓다보다 더 엄격하게 살고, 더 오랜 시간 수행을 하고 있으니 붓다보다 우월한 수행자라는 착각에 스스로 빠지게 된 인물이다[48]. 그는 붓다에 의해 그 잘못이 지적되었고, 말년에는 데와닷따 자신도 자신의 행동에 참회를 했다고는 하지만, 붓다께서 자신을 꾸짖으신 것을 단순히 개별적인 승가조직을 만들어서 기존 승가의 화합을 깼다는 것 때문이라고 그는 생각했을 지도 모른다.(전통적으로 데와닷따를 비난하는 사람들이 그를 비난할 때 그에게 적용한 가장 큰 죄목은, 그가 승가의 화합을 깼다는 것이다.) 하지만 붓다께서 데와닷따를 꾸짖으신 것은, 그가 수행자의

48) '데와닷따devadatta'는 불교도들에게는 惡人의 상징과도 같은 인물이다. 그것은 그가 출가 이후에 붓다를 세 번이나 시해하려고 했었고, 마가다국의 왕자였던 아자따삿뚜를 꼬드겨서 붓다와 친분이 깊었던 아자따삿뚜의 부왕 빔비사라왕을 살해하도록 했기 때문일 것이다. 게다가 출가 이후에는 붓다에게 승가를 자신이 이끌도록 해달라는 요청하기도 하였는데, 붓다에 의해 그 요구가 거절되자, 붓다와 다른 다섯 가지의 엄격한 고행의(tapa) 기준을 제시하면서 다른 젊은 비구들을 이끌고 나가 다른 조직을 만들기도 했다. 그는 원래 붓다의 부왕인 정반왕의 동생, 백반왕의 아들로서, 아난다 존자와는 형제지간이지만, 누가 형인지는 경전마다 서로 다르게 나온다. 『大唐西域記』(T51/P.901)의 내용 중에, 데와닷따가 어떤 일로 코끼리를 때려죽여서 길이 막히게 되자, 싯달타 태자가 그것을 집어서 성 밖으로 던져 길을 텄다는 기록이 있는데, 이런 내용으로부터 보자면, 싯달타 태자와 데와닷따는 자라면서부터 서로 경쟁관계에 있었던 것 같다. 『釋迦氏譜(석가씨보)』(T50/P.94)에서는 데와닷따를 붓다의 '사촌 형從兄'이라고 적고 있기도 하다. 그의 출가 이후의 행적에 대해서는 율장에 그 내용이 자세히 기록되어져 있다. 『The Book of the Discipline』 Vin5, PP.259~290.

신분으로서 수행에 전혀 도움이 되지 않는 잘못된 행동을 한 것이 우선이었지, 그가 승가조직에 해가 되는 행동을 했기 때문에 그것만으로 그를 꾸짖으신 것은 아니었을 것이다. 필자가 이해하기로는 그렇다. 붓다라면 틀림없이 개별적 수행자의 수행을 우선시 하셨지, 결코 승가조직의 안정적 유지를 그 개별적 수행자들의 수행보다 우선시 하시지는 않으셨을 것이다.[49)]

그런데, 불법을 이해하고 불법대로 수행하는 수행자들이 늘어났다고는 결코 말할 수 없는 현재 한국불교계의 현실에서도 이와 비근한 일들이 일어나고 있다. 보통 하루 10시간 내외로 운영되던 기존 선원의 참선시간은 14시간, 16시간으로 가행정진이 늘어나고, 철야용맹정진에다, 이제는 아예 밖에서 문을 걸어 잠그고 한철 내 참선만 하게 한다는 무문관(無門關) 선원이 여기저기 생겨나는 것이 그것이다. 선원뿐만 아니라 소위 크게 사찰의 규모를 키운 스님들의 경우도 마찬가지다. 그런 사찰의 주지스님들은 목탁을 잡으면 밤을 새워 가며 염불을 한다든지, 삼천 배를 밥 먹듯이 한다든지, 그렇게 뭔가 남들과 다른 열성적인 수행의 모습을 보인 사람들이 대부분이다. 수행의 양으로 수행의 결과가 결정되는 것이라면 한국의 수행자들 가운데 수없는 붓다들이 나타나야 맞겠지만, 수행

---

49) 시자인 아난다 존자가 열반을 앞둔 붓다에게 누가 장차 붓다 이후에 승가를 이끌어가야 할지를 물었고, 이에 대해 붓다께서 이렇게 답하셨다. "아난다여! 비구승가가 나에게 무엇을 기대하는가? (이미) 나에 의해 (승가)내부의 것도 아니고, 외부의 것도 아니게 법이 설해졌다. 여래의 법에 있어서, 스승의 움켜쥔 주먹 따위는 없다. 아난다여! 만약 누군가에게 이런 것, 즉 '내가 비구승가를 맡겠다.'라든지, '비구승가는 나의 명령에 따라야 한다.'라고 하는 것이 있다면, 아난다여! (바로 그렇게 생각하는) 그가 비구승가에게 무엇인가를 스스로 알려야 할 것이다." 라고 말씀하신 이 내용이 필자로 하여금 붓다께서는 결코 개별 수행자의 수행보다 승가조직의 유지를 우선시하지 않으셨을 것이라고 짐작하게 하는 대목이다. 『마하빠리닛반나 숫따』(DN2/P.100)

의 긍정적인 결과는(몇몇 사찰에서 신도들이 늘어나고 사찰의 재정이 커졌다는 것을 수행의 긍정적인 결과로 본다면 할 말이 없지만) 그런 수행의 양과 결코 비례하지 않음을 한국불교의 작금의 현실이 충분히 소명하고 있다고 생각한다.

다음에 '**그들은 나체로 수행하는 자들로서**'라는 대목을 보자. 여기서 나체로 수행하는 자, 라는 것은 '아쩨락까(acelakā)'를 번역한 것으로, 흔히 나체수행자라고 하면, 니간타들을 연상하게 되지만, 아지위까들을 비롯한 초기의 사문들 가운데는 니간타들이 아니더라도 나체로 다니면서 수행하던 자들이 꽤 있었던 것으로 알려져 있다.[50] 물론 아지위까라고 해서 다 나체로 다니지도 않았을 것이다. 그럼으로 난다 왓차를 비롯한 세 명의 아지위까들이 나체 수행을 했다는 것은, 그들이 니간타였다라는 뜻이 아니라, 사문들 가운데 수행 좀 한다, 하는 자들은 자신들의 집착 없음을 드러내기 위해 나체로 다니면서 수행을 해왔던 것이고, 삿짜까에 의해서 언급된 위의 세 명의 아지위까의 수행자들도 그렇게 나체로 다니면서 수행을 하던 수행자였다는 얘기다. 니간타 소전의 기록인 『바가와띠 수뜨라』의 내용에 의하자면, 니간타의 전매특허처럼 된 나체수행은 사실 니간타 나타뿟따가 막칼리 고살라의 나체수행 습관을 니간타의 관습으로 받아들인 것으로 알려져 있다.[51] 물론 이것도 후대로 오면서는 같은 니간타 안에서도 공의파(空衣派) 이외에는 받아들여지지 않는 관습이 되어버렸지만 말이다.

---

50) 『History and Doctrines of Ajivikas』 A.L. Basham(Delhi, 1981), P.107.
51) 『Bhagavati sutra』, A.L. Basham(Delhi, 2002), PP.107~109.

〈관습을 거부하는 자들이라, 손에다 놓고 핥아서 먹고, 오라하면 가지 않고, 서라하면 서지 않으며 …… 이런 식으로 보름에 한 번 공양을 받는 것을 정기적으로 실천하고 있습니다.〉

지금도 그렇지만 인도사람들의 종교수행자에 대한 공경은 예외가 없는 것 같다. 아무리 가난한 집이라고 하더라도 수행자들에게 공양 올리는 것을 아까워하진 않는다. 자신들의 눈에는 분명 익숙하지 않은 모습일 것임에 분명하지만, 필자와 같은 외국인 승려들에게도 그들은 꼬박꼬박 스승이라는 뜻으로 '구루지'라고 부르면서 존경의 뜻을 표한다.(물론 그들이 그런 호칭을 사용하는 것이 구걸을 위한 사전작업인 경우도 적지 않다.) 이런 것을 보면, 어떤 종류의 종교수행자라도 그들을 차별 없이 잘 대접해야 한다는 것이 인도사람들에게는 오래된 정서인 듯하다. 불교경전의 기록이나 역사의 기록에서도 왕에서부터 하층 노예에 이르기까지 종교수행자에 대한 공양에는 예외가 없었다는 것은 쉽게 확인할 수 있다. 아마 이런 것이 바탕이 되었기 때문에 인도에서 그토록 많은 종류의 종교수행자들이 생겨날 수 있었던 것인지도 모른다.

그런데 그렇게 쉽게 얻을 수 있는 공양을 당시의 아지위까들은, 음식을 주면 그릇에 담아서 먹는 것이 아니라, 손바닥에 올려놓고 핥아서 먹었다는 것이고, 음식을 줄 테니 오라고 해도 가지 않고, 음식을 가져다 줄 터이니 거기 잠깐만 서 있으라고 해도 서 있지 않는다는 것이다. 그래서 그들이 있는 곳으로 직접 가져다주면 받지 않고, 음식을 주기 위해 부엌에서 나와서 문지방을 건너와서 주려고 하면 받지 않고, 마당을 건너와 주려고 하면 받지 않고, 대문역할을 하는 나무 막대기를 치우고 나가서 주려고 하면 받지 않고, 여러 사람이 먹고 있는 중에 나눠주는 음식은 받지 않고, 임신한 여자나 젖을 먹이고 있는 여자에게서는 받지 않고, 개가 쳐다보거나 파리가 날라 다니는 곳에서 주는 음식은 받지 않고 …… 일단 그들이 '**관습을 거부하는 자들**(muttācārā)'이었다고 하니, 뭐 그럴 수도 있었을 것이다. 외양간에서 소똥만을 먹고 사는 수행자나, 개의 행동을 흉내 내면서 개처럼 사는 수행자도 있었다는 판국에[52], 이들은 그나마 양호한 편에 속할 테니까 말이다.

공양에 대한 일화가 하나 있다. 지난겨울에 인도의 한국 절 천축선원에 독일 출신의 한 젊은 비구가 왔다 갔다. 그는 태국 출신의 중년부인과 그의 스위스 출신 남편에게 극진한 시봉을 받아가며 성지순례 중이었다. 하도 부부에게 극진한 시봉을 받기에 본방 대중인 우리들도 뭔가 그 스님을 시봉함에 부족함이 있어서는 안 되겠다는 분위기였던 터라, 아침 차담시간에, 한국식으로 제공된 아침공양이 혹시 불편하지는 않았는지 어떤지를 조심스럽게 물었다. 그는 수행자다운 모습으로 꼿꼿하게 앉아서는 "For training!"이라고 대답했다. 그 대답이 단지 수행을 위해서 공양을 받는 것이니까 한국 음식이라도 상관없다는 뜻이었다면 다행인데, 한국 음식은 역겨운 맛이었지만 수행 삼아서 참고 먹었다는 뜻이었다면, 음식을 준비한 사람에겐 좀 실망스런 대답이 되었을 것이다. 필자

---

52) 제57경 『꾹꾸라와띠까 숫따』(MN1/PP.387~392) 여기에는 개처럼 행동하는 것을 수행인 줄 알고 사는 쎄니야, 라는 자가 있었고, 소처럼 행동하는 것을 수행인 줄 알고 사는 뿐나라는 자가 등장한다. 그들을 서로 상대방이 장차 사후에 어떤 과보를 받게 될지를 붓다에게 묻는다. 붓다께서는 그들의 수행이 성공하면 각자 소원대로 개나 소가 될 것이고, 실패하면 지옥에 떨어질 것이라고 말씀하셨다. 다행히 이 경전의 결말은 해피엔딩이니, 독자들도 한번 읽어보길 바란다.

는 그 젊은 비구가 전자의 뜻으로 한 말이라고 믿고 싶지만, 그날 아침에 나온 음식이 하필이면 청국장과 신 김치여서, 확신은 없다.

사진 3) 왼쪽 앞이 바로 그 독일스님이다. 맞은편에 앉은 이들이 후원자 부부

그렇게 하면서 결국 그들은 일정한 기간 동안에는 하루에 한 번, 다음은 이틀에 한 번, 그렇게 해서 보름에 한 번 음식을 먹는다는 것이다. 참고로, 〈설일체유부〉 소전의 필사본인 『수신경』에는, 그대는 몸의 수행이라는 것이 무엇이라고 이해하고 있는가? 라는 붓다의 질문에 삿짜까가 빠알리본에 나오는 것과 같이, 세 사람의 아지위까의 이름을 언급한 다음에, 그들이 하루에 한 번, 이틀에 한 번…… 반 달에 한 번만 음식을 먹는다고 설명하고 있다. 즉, 빠알리본에 등장하는 무엇은 받지 않고 무엇은 또 받지 않고, 하는 문장들은 모두 보이지 않는다.[53]

〈"악기웻사나여! 그런데 그들은 정말 그 정도로 연명이 됩니까?"

"아닙니다. 고따마 존자시여! 때로는 ……"

"악기웻사나여! 그건 그들이 앞에서는 끊고, 나중에 보충하는 것이니, 그렇게 해서 단지 몸이 늘어났다가 줄어들었다가, 하는 것뿐입니다."〉

보름에 한 번씩만 음식을 먹는다면 목숨을 부지하기 힘들 것인데, 계속 그런 식으로만 음식을 먹던가? 라고 붓다께서 물어본 것이고, 그런 식으로 지속적으로 하지는 않고, 그 시기가 지나면 다시 온갖 음식들을 양껏 먹는다고 삿짜까가 답한 것이다.

그러면 보름 만에 한 번만 먹을 때는 여위어서 몸 부피가 줄었다가, 다시 양껏 먹었을 때는 살이 쪄서 몸이 다시 늘어날 것이니, 앞에서는 음식을 끊었다가 나중에 다시 음식을 보충하는 것이다. 그러면 결국 그들이 몸의 수행이랍시고 하는 것들도 스스로 몸의 부피를 줄였다가 늘였다가 하는 것 외에 별다른 것이 없지 않느냐는 말씀이다. 내가 그대에게 몸의 수행이란 어떤 것이라고 들었느냐고 물었고, 그대가 그에 대한 답변이랍시고 아지위까들의 몸의 수행에 대해 이와 같이 말하니, 결국은 몸의 부피를 줄였다가 늘였다가 하는 것이 삿짜까 그대가 말하는 아지위까들의 '몸의 수행'이라는 것인가?

공양에 관한 일화 두 번째, 언젠가 한국의 한 여학생이 순례 차

---

53) 류진 교수의 앞의 책, 『수신경』, P.131, 「Yad uta bho gautama nanda vi(atsas)y(a) ……gośāllīputrasya ta eka iha ekāhaparyaye(nap)y ……」

인도의 천축선원에 들린 영국 아주머니들에게 자신들이 아침에 먹었던 미역 된장국에 대해 차실에 앉아서 열심히 설명하고 있었다. 아마 영국 아주머니들이 아침에 먹은 국이 맛있었는데, 그게 무엇으로 만든 것이냐고 그 여학생에게 물어봤던 모양이다. 그러자 이 여학생은 열심히 된장이 어떻게 해서 만들어지는지를 설명하고 있었는데, 아마 '발효'라는 것을 설명하다가 그 영어 단어가 생각이 나지 않았던지 콩으로 만든 치즈 같은 것이고, 어쩌구 하면서 이리저리 설명을 하고 있었는데, 가만히 듣고 있던 영국 아주머니가 조심스럽게 "Fermentation?"이라고 물었다. 옆에서 그들의 대화 내용을 듣고 있던 필자는 그 여학생을 생각하면 웃으면 안 되는데, 갑자기 터져 나오는 웃음을 참지 못하고 결국 큰소리로 웃고 말았다. 내용을 아는 사람의 단 한마디가 그 긴 설명을 한 번에 정리해 버리는 것이 한편으로는 허무하기도 하고, 한편으로 통쾌했기 때문이다. 삿짜까의 몸의 수행에 대한 긴 설명이 붓다의 한마디로 정리되는 것도 이와 같아서, 삿짜까의 입장에서는 허무했을 것이지만, 불제자의 입장에서는 참으로 통쾌함을 느끼게 한다.

다음 2-1장에서 붓다께서는 삿짜까에게, 그러면 마음의 수행은 무엇이라고 들었는가? 라고 물으시고, 이런 붓다의 질문에 대해 삿짜까는 침묵한 채 아무런 답도 못했다는 장면이 나온다. 하지만 사실 삿짜까의 침묵은 이 대목에서부터 이미 시작되었다. 자신이 의기양양하게 꺼낸 아지위까들의 몸의 수행이라는 것은 결국 몸 부피를 줄였다가 늘였다가 하는 것 외에는 아무것도 아니라는 것이 붓다의 한마디에 의해 드러났기 때문이다.

2장

붓다, 몸과 마음의 수행에 대해 설명하시다

021 붓다, 고귀한 자의 율법에서의 수행에 대해 정의하시다
022 붓다, 수행이 되지 않은 경우를 설명하시다
023 붓다, 수행이 된 경우를 설명하시다

021

붓다, 고귀한 자의 율법에서의 수행에 대해 정의하시다

"악기웻사나여! 그러면, 그대는 어떤 것이 마음의 수행이라고 들었습니까?" 니간타의 후손 삿짜까는 마음의 수행에 대해 세존의 질문을 받았으나 대답하지 못했다. 그러자 세존께서는 니간타의 후손 삿짜까에게 이렇게 말씀하셨다.

"악기웻사나여! 그대가 앞에서 말한 '몸의 수행'은 고귀한 자의 율법에서는 법다운 몸의 수행이 아닙니다. 악기웻사나여! 그대가 몸의 수행에 대해서도 모르는데, 어찌 그대가 다시 마음의 수행을 알겠습니까! 악기웻사나여! 몸의 수행이 되지 않고 마음의 수행이 되지 않는 자가 있고, 같은 방식으로, 몸의 수행이 되고 마음의 수행이 된 자가 있는 것입니다. 그것에 대해 말할 터이니, 잘 듣고 마음에 새기도록 하십시오."

"그러겠습니다. 존자시여!" 라고 니간타의 후손 삿짜까는 세존께 대답했다.

〈"악기웻사나여! 그러면 그대는 어떤 것이 마음의 수행이라고 들었습니까?" 니간타의 후손 삿짜까는 마음의 수

행에 대해 세존의 질문을 받았으나 대답하지 못했다.〉

삿짜까는 1-2장에서 붓다와 대화를 시작할 때, 이미 나름대로는 몸의 수행과 마음의 수행에 대한 자신의 견해가 있었던 것이고, 그래서 그 자신의 견해를 밝혔던 것이다. 그런데 막상 자신이 주장한 '몸의 수행'이라는 것이 결국 붓다의 한마디에, 그저 몸의 부피를 줄였다가 늘였다가 하는 것 이외에 아무것도 아닌 우스꽝스런 것이 되어버렸으니, 감히 다음에 마음의 수행에 대한 자신의 견해를 밝힐 엄두가 나지 않았을 것이다. 노파심에서 미리 덧붙이자면, 붓다께서 앞에서는 삿짜까에게, 무엇이 몸의 수행이라고 들었습니까? 라고 물었고, 여기서는 다시 무엇이 마음의 수행이라고 들었습니까? 라고 물었다고 해서, 그것으로, 붓다께서는 몸의 수행과 마음의 수행을 삿짜까처럼, 서로 독립적인 영역으로 인정했다, 라고 받아들여서는 안 된다. 이유는 다음에 이어지는 문장들을 읽다보면 이해가 될 것이다.

〈"악기웻사나여! 그대가 처음에 말한 '몸의 수행'은 고귀한 자의 율법에서는 법다운 몸의 수행이 아닙니다."〉

악기웻사나가 세 명의 아지위까들의 고행을 예로 들면서 말한 몸의 수행이라는 것은, 역대의 모든 고귀한 성인들이 경험하고 가르치신 진리의 기준에서는 몸의 수행이라고 말할 수 없다고 붓다께서 말씀하신 것이다. 여기서 '고귀한 자의'라는 단어는 본문의 '아리얏싸(ariyassa)'를 번역한 것으로, 붓다께서 사용하신 이 단어는 사성제(四聖諦)를 가리킬 때 사용된 '고귀한 진리(ariyasaccā)'와 같이 '고귀한, 성스런'이라는 뜻으로 사용되었을 것으로 보고 이렇게 번역했다.[1)]

다음에 필자가 '**율법**'이라고 번역한 단어는 '위나야(律, vinaya)'로서, 이는 불교경전에서는 흔히 승가의 구성과 유지를 위한 승가구성원들의 행동거지에 관한 규범(예를 들어서 상좌부 교단에서의 비구에게 해당되는 227개의 율과, 비구니에게 해당되는 311개의 율)과 같은 뜻으로 사용된 용어다.[2] 하지만 여기서는 삿짜까가 말한 몸의 수행이라는 것이 그런 승가의 율의 규정에 맞지 않는다는 뜻이 아니라, 좀

---

1) 이 아리안ariyan라는 단어는 기원전 10세기경의 『리그베다』에도 등장할 정도로 오래된 것이기는 하지만, 붓다 당시에 사용된 '아리안'이라는 이 단어는, 인도로 도래한 어떤 출중한 종족의 이름으로서가 아니라, 당시 사람들에게 본보기가 될 만한 어떤 바람직한 문화를 함께 공유하고 있는 계층의 구성원이나 그들 계층들의 문화를 뜻하는 것으로 이 단어의 의미가 전용되어 사용된 것으로 보는 견해가 있다. 이것은 19세기 말에 막스뮬러(Max Muller)가 주장한, 기원전 15세기경에 인도의 북서쪽으로부터 인도를 침략하여 토착민들을 정복하고 지배계층이 되었다는 주장에 대한 반론이 형태를 띤 것이다. 참고로 「The meaning and concept of Ariya」 / www.jayaramv.com라는 글에서는 이 '아리야ariya'라는 단어의 어근을 '√ar'로 보고, 이를, 쟁기, 혹은 쟁기질하다, 즉 농사짓다, 라는 뜻으로 해석하면서, 이것은 고대 북인도로 도래했다는 어떤 특정한 인종을 나타내는 단어가 아니라, 목축이나 사냥을 하는 족속들과는 다른 농경민들을 가리키는 용어로 처음에는 사용되었을 것이라고 주장한다. 그들의 주장에 따르자면, 농경민들은 사냥이나 목축을 하는 사람들에 비해 상대적으로 문명화된 사람들이므로 인도 역사에서는 이 단어가, 고귀한, 순수한, 밝은 등의 의미로 폭넓게 사용되었고, 명사로 사용되었을 경우에는 어떤 특정한 인종이 아니라 문화적 생활을 영위하던 기존의 상위 3개 카스트에 속하는 사람들을 일컫는 말로 쓰였을 것이라고 한다. 또한 이 단어의 어근인 √ar는 싸우다, 라는 뜻으로 해석이 가능한데, 이런 경우에는 이것이 용감한, 이라는 의미로도 사용되었을 것이라고 한다. 붓다 당시에 불교도뿐만아니라 자이나교도들이나 다른 사문들도 함께 사용했던 '아라한arhant'이라는 단어도, 이 아리야ariya라는 단어에서 파생된 것으로, 이는 아리안의 고귀함을 잘 실현한 자, 잘 구족한 자, 라는 뜻으로 사용되었을 것이라고 주장한다. 아마 붓다는 이에 더하여, 고귀한 자는 신분이나 인종으로 결정되는 것이 아니라, 그 행동거지를 고귀하게 하는 자들이라고 정의하면서 이 단어가 불교경전에서 사용되듯이, 수행을 통해 깨달음을 이룬 고귀한 자들, 성인, 용기 있는 자, 존경받을 만한 자, 라는 뜻으로 사용되었던 것이다.

2) '위나야'라는 용어 자체는 불교가 체계를 정비한 이후부터 사용되기 시작했으며, 그 이전에는 사문들 사이에 일반적으로 사용되던 '실라(戒, sila)'라는 용어가 주로 사용되었던 것으로 알려져 있다. 이 '실라sila'라는 용어는 어근인 '√sil'가 명상하다, 실행하다, 봉사하다, 라는 등의 뜻을 지닌 것으로, 관습적이고 경향적인 의미를 포함하고 있으며, 이에 반해서 '위나야vinaya'는 vi+√ni로서 통제하다, 조복하다, 라는 등의 의미를 지닌 것으로부터 '승가의 규율'이라는 의미로 사용하기 시작했다. 『戒律思想の 研究』, 佐々木教悟, PP.4~5.

더 일반적인 의미에서 고귀한 자들의 '가르침' 혹은 '기준'에 맞지 않는다는 뜻으로 사용되었을 것으로 보아, 이를 '**율법**'이라고 번역했다.

다음에 '**법다운**'이라는 것은 '담미까(dhammika)'를 번역한 것이다. 그럼으로 이 문장을 정리해 보자면, 삿짜까 그대가 말한 몸의 수행이란, 스스로 수행을 통해 진리의 법을 계발한 모든 고귀한 자들의 가르침에 비추어 봤을 때, 그 가르침의 내용에 전혀 부합하지 않는다, 진리의 법에 부합되는 몸의 수행이란 그런 것이 아니다. 라는 것이다. 그러면 진리에 부합한 몸의 수행이란 어떤 것인가? 이제부터 붓다께서 그것을 설명하실 차례다.

〈"악기웻사나여! 그대가 몸의 수행에 대해서도 모르는데 어찌 다시 마음의 수행을 알겠습니까!"〉

붓다께서 삿짜까에게 "**그대가 올바른 몸의 수행에 대해서도 모르는데, 어찌 마음의 수행을 알겠습니까!**" 라고 하신 이 말씀은, 앞에서 몸의 수행에 대해 말하는 내용을 들어본 붓다께서는, 그가 몸과 마음의 관계에 대해 잘못된 전제를 가지고 있다는 것을 아셨고, 그러니 그런 잘못된 전제를 가지고 있는 삿짜까 당신은 당연히 마음의 수행에 대해서도 알 수 없다고 말씀하신 것이다. 그러나 이것은 삿짜까를 비난하려는 의도에서 하신 말씀이 아니다. 이미 1-1장에서 나타난 것처럼, 삿짜까에게 법에 대해 올바로 알 수 있는 기회를 주기 위해서 '**세존께서는 연민히 여기시어, 잠시 앉아 계셨으면 좋겠습니다.**'라고 했던 아난다의 청을 붓다께서는 지금 들어주고 계신 것뿐이다. 하지만 앞서 인용했던 『수신경』에서는 이 대목이 빠알리본 보다는 좀 매정하게 표현되어 있다.

> 그러니, 그대가 마음의 수행에 대해 알 것이라든지, 볼 것이라든지, 하는 것은 당치않습니다.[3)]

붓다께서는 앞에서는 삿짜까에게 몸의 수행에 대해 물어 보셨고, 지금은, 몸의 수행에 대해서도 알지 못하는데, 그대가 어찌 마음의 수행에 대해 알겠느냐, 라고 말씀하셨다. 즉, 법다운 몸의 수행이란 마음의 수행과 함께 일어나는 것이고, 법다운 마음의 수행이란 몸의 수행과 함께 일어나는 것임을 말씀하시고자 한 것이다. 삿짜까가 몸의 수행에 대해 붓다로부터 질문을 받았을 때 만약 그렇게 답했더라면, 마음의 수행 또한 그러한 줄을 삿짜까도 알았을 것이니 굳이 마음의 수행에 대해서는 따로 물을 필요도 없었을 것이고 답할 필요도 없었을 것이다. 하지만, 앞에서 이미 몸의 수행에 대해 잘못된 답을 했으니, 어찌 삿짜까 그대가 마음의 수행에 대해선들 바른 답을 하겠는가, 하는 뜻에서, 그대가 '**어찌 다시 마음의 수행에 대해 알겠습니까!**' 라고 하신 것이다.

〈악기웻사나여! 몸의 수행이 되지 않고 마음의 수행이 되지 않은 자가 있고, 같은 방식으로, 몸의 수행이 되고 마음의 수행이 된 자가 있는 것입니다.〉

붓다께서 지금부터 2장에서 말씀하시는 몸의 수행과 마음의 수행은, 앞에서 언급하셨던 그 '**고귀한 자의 율법에서**'의 몸의 수행

3) 「punas tāṃ cittabhāvanāṃ jñāsyasi vā drakṣyasī vā nedaṃ sthānaṃ vidyate. 復次, 你欲知曉或知見此修心, 無有是處」(『수신경』, P.133.)

과 마음의 수행에 관한 것이니, 이제 우리는 그것이 삿짜까가 앞에서 말한 것과 어떻게 다른지를 살펴볼 차례다.

우리는 앞선 1-2장에서 니간타들이 몸과 마음의 관계를 어떻게 정의하는지를 살펴보았다. 그리고 그를 통해서, 몸의 수행에만 몰두하고 마음의 수행을 하지 않거나, 아니면 마음의 수행에만 몰두하고 몸의 수행을 하지 않는 수행자는 결국 괴로움으로부터 벗어나지 못한다는 삿짜까의 주장 속에는, 몸의 수행과 마음의 수행이 각각 별개의 영역이라는 니간타들의 잘못된 전제가 깔려있었다는 것을 확인할 수 있었다. 이런 삿짜까의 주장을 듣고 나신 붓다께서는 지금, 수행이란 몸의 수행과 마음의 수행이 된 사람이 있거나, 아니면 몸의 수행과 마음의 수행이 되지 않은 사람이 있게 되는 것이라고 말씀하신 것이다. 붓다의 이 말씀에는 두 가지 의도가 담겨있다고 보여 진다. 하나는 수행이라는 것이 삿짜까의 주장처럼, 몸의 수행영역과 마음의 수행 영역에서 각각 별개로 이루어지는 것이 아님을 밝히려는 의도다. 그리고 다른 하나는, 진정한 수행이란 어떤 것인지를 설명하기 위한 의도다. 즉 삿짜까는 수행을 몸의 수행과 마음의 수행으로 구분했지만, 붓다께서는 몸에서 일어난 것이든 마음에서 일어난 것이든 그렇게 일어난 '느낌'에 현혹되느냐, 일어난 느낌에 현혹되지 않게 되느냐로 수행이 구분되는 것이라고 말씀하시려는 것이니, 이것이 곧 '**고귀한 자들의 율법에서**' 말하는 올바른 수행이기 때문이다.

붓다께서 이렇게 진정한 수행이 어떤 것인지를 설명하기 위한 의도에서 몸의 수행과 마음의 수행이 되지 않은 사람이 있고, 몸의 수행과 마음의 수행이 된 사람이 있다, 라는 말씀을 하셨다는 것은, 다음에 이어지는 붓다의 말씀, 즉 우리가 어떤 과정을 통해서 일어난 느낌에 현혹되고, 또 어떤 과정을 통해서 일어난 느낌에 현혹되지 않게 될 수 있는 지를 범부의 예와 고귀한 제자의 예를 통해서 설명하시는 다음의 말씀을 통해서 충분히 이해할 수 있을 것이다.

022

붓다, 수행이 되지 않은 경우를 설명하시다

세존께서는 이것을 말씀하셨다.

"악기웻사나여, 어떤 자가 몸의 수행이 되지 않고 마음의 수행이 되지 않은 자입니까? 악기웻사나여! 여기 들은 바가 없는 범부에게 행복한 느낌이 일어납니다. 행복한 느낌에 의해 접촉되어 있는 그는, 행복을 갈망하는 자가 되고, 행복을 갈망하기에 이릅니다. 그에게 저 행복한 느낌이 소멸됩니다. 행복한 느낌의 소멸로부터 괴로운 느낌이 일어납니다. 괴로운 느낌에 의해 접촉되어 있는 그는, 근심하고 걱정하고 슬퍼하고 가슴을 치고, 당황하게 됩니다. 악기웻사나여! 그에게 일어난 저 행복한 느낌이 마음을 제압한 채 머물러 있으니, 몸의 수행이 되지 않은 탓이요, 또한 일어난 괴로운 느낌이 마음을 제압한 채 머물러 있으니, 마음의 수행이 되지 않은 탓입니다. 악기웻사나여! 이와 같은 양 측면 모두, 즉 몸의 수행이 되지 않은 탓에 일어난 행복한 느낌이 마음을 제압한 채 머물러 있게 되고, 마음의 수행이 되지 않은 탓에 일어난 괴로운 느낌이 마음을 제압한 채 머물러 있게 되면, 무엇이라도 악기웻사나여! 이와 같이, 몸의 수행이 되지 않고 마음의 수행이 되지 않은 자인 것입니다."

〈"악기웻사나여! 여기 들은 바가 없는 범부에게 행복한 느낌이 일어납니다. 행복한 느낌에 의해 접촉되어 있는 그는, 행복을 갈망하는 자가 되고, 행복을 갈망하기에 이릅니다."〉

붓다께서는 어떤 주제를 놓고 대중들에게 그 이치를 설명하실 적에는 두 가지 경우로 나누어서 설명하시는 경우가 많다. 첫째는 보통사람들, 즉 '**범부**(凡夫, puthujjano)'의 경우다. 범부는 자신의 사유범위를 넘어서는 사람이 있다는 것 자체를 인정하지 않는다. 그럼으로 자신의 사유범위를 벗어난 자로서의 붓다를 인정하지 않고, 인정하지 않으니 그의 가르침을 들으려 하지 않고, 듣지 못하니 배우지 못하고, 배우지 못하니 바뀌지 못하는 자들이다. 두 번째는 범부와는 반대로, 자신의 사유범위를 벗어난 자로서의 붓다를 인정하는 자들이다. 그들은 붓다를 인정함으로써 붓다로부터 배우려고 하고, 배움으로써 변화되는 수행자들이니, 붓다께서는 그들을 '**고귀한 제자**(ariyasāvako)'라고 부르신다.[4] 붓다께서 이렇게 한 가지

4) 붓다에 의해서 나누어지는 '범부'와 '고귀한 제자'의 기준은 당사자가 스스로 수

주제를 두 가지 경우로 나누어서 설명하시는 이유는 어떤 결과든, 행위를 통해 일어나는 결과는 늘 주체적 행위에 의해서 바뀌어 질 수 있음을 보여주기 위함일 것이다. 즉, 연기법의 적용사례를 직접 보여주기 위해서 말이다.

그리고, 경전에서 주로 언급되기도 하거니와, 또 우리들 스스로 일상의 경험을 통해 생각해 봐도 굳이 거부감이 들지 않는 느낌에 대한 분류는, 행복한 느낌과 괴로운 느낌, 그리고 행복한 것도, 괴로운 것도 아닌 중성적인 느낌의 세 가지로 느낌을 나누는 것이 될 것이다. 물론 기준에 따라서는 더 많은 종류로 나눌 수도 있을 것이고, 실제로 붓다께서도 목적에 따라서는 느낌이라는 것을 두 가지로, 혹은 세 가지로, 혹은 다섯 가지, 여덟 가지…… 백 여덟 가지로 나누어 설하신 적이 있다고 스스로 말씀하셨지만[5], 느낌이 우리의 욕망과 어떻게 연결되고 어떠한 구체적인 행위로 이어지느냐, 라는 윤리적 관점에서 볼 때는, 아마 느낌을 이처럼 세 가지로

행을 통해서 심신이 계발되었느냐 아니냐에 있다. 그 밖에 성별이나 출신성분이나 사회적 지위 같은 것은 전혀 상관이 없다. 이 중에서 첫 번째 '범부putthujjana'에 대한 붓다의 정의는 이미 다음과 같이 정형화되어져서 경전에서 자주 사용되고 있다. 「비구들이여! 여기 들은 바가 없고, 고귀한 자를 인정하지 못하고, 고귀한 자들의 법에 익숙하지 못하고, 고귀한 자들의 법에서 인도되지 못하고, 진실한 자들을 인정하지 못하고, 진실한 자들의 법에 익숙하지 못하고, 진실한 자들의 법에서 인도되지 못한 범부는, idha, bhikkhu! assutavā puthujjano ariyānaṃ adassāvī ariyadhammassa akovido ariyadhamme avinīto sappurisānaṃ adassāvī sappurisadhammassa akovido sappurisadhamme avinīto,」(MN1/P.136) 두 번째 '고귀한 제자ariyasāvaka'는 ariya+sāvaka의 합성어로, 고귀한 불제자, 라는 뜻으로 사용되며, 경전에서의 정의는 범부와 반대되는 내용으로 나타난다. sāvaka는 '聲聞' 즉 '소리를 듣는 자'라는 뜻이다. 초기에는 '사와까'는 출가와 재가를 불문하고 모든 불자들에게 사용되던 호칭이었지만, 후대로 오면서는 출가제자들에게만 사용되기 시작했다.

5) 「dve pi maayā ānanda vedanā vuttā pariyāyena, tisso pi mayā vedanā vuttā pariyāyena, pañca pi maya vedanā vuttā pariyāyena cha pi mayā vedanā vuttā pariyāyena aṭtharasā pi mayā vedana vuttā pariyāyena. chattiṃsa pi mayā vedanā vuttā pariyāyena」(SN4/P.224)

구분하는 것이 가장 적절할 것이다. 붓다께서 느낌을 세 가지로 구분해서 자주 언급하신 것도 아마 같은 이유에서 일 것이다.

본문에서 붓다께서는 먼저 범부에게 '**행복한 느낌**'이 일어나고 일어난 그 행복한 느낌에 의해 접촉되어지고, 다시 접촉된 그 행복한 느낌을 갈망하게 되는 과정에 대해 언급하셨다. 이것은 세 가지 느낌 가운데 행복한 느낌이 범부에게는 갈망의 대상이기 때문에 범부의 예를 들면서 행복한 느낌을 먼저 언급하신 것이다. 그러면 이제부터 1) 행복한 느낌이 사람에게 일어나고, 그 일어난 느낌에 의해 접촉된 자가 있게 되는 과정, 2) 범부가 자신에게 접촉된 행복한 느낌을 '행복한 것'으로 실체화(實體化)하고, 실체화된 그것을 대상으로 삼아 갈망하는 과정, 3) 행복을 갈망하는 자가 되어, 범부가 지속적으로 행복을 갈망하게 되는 과정을 순서대로 살펴보자. 단, 여기서 범부에게만 해당되는 것은 2)와 3)의 과정이고, 1)의 과정은 범부나 고귀한 제자나 동일하게 일어나는 과정이다.

1) 사람에게 행복한 느낌이 일어나고, 그 일어난 그 행복한 느낌에 의해 접촉된 자가 있게 되는 과정

그러면 위의 세 가지 과정 가운데 첫 번째 과정인 행복한 느낌이 일어나고, 일어난 느낌에 의해서 접촉된 자가 있게 되는 과정에 대해 살펴보자. 느낌(受, vedanā)의 발생에 대해서는 이미 1-2장에서 언급했음으로 중요한 부분만 간추려서 다시 살펴보자면 이렇다. '느낌'은 감각기관(根)과 감각대상(境), 그리고 그 둘이 만나면서 발생하는 감각기관의 인식(識), 이렇게 세 가지가 한데 모여 있음(觸)을 조건으로 하여 일어나는 것임은 앞서서 확인한 바와 같다.[6] 이렇게 세 가지를 조건으로 해서 일어나는 것이기 때문에 느낌은 느낌 자체의 독자적인 성품이 따로 있지 않다. 마치 두 손바닥이 적당한 속도로 마주치면 그로 인해 거기서 소리가 일어나는 것과 같이, 조건이 충족되지 않으면 일어나지 않고, 조건이 충족되면 느끼는 자의 의지와 상관없이 느낌은 그 조건에 의지해서 일어난다.

그리고 사람에게 '**행복한 느낌이 일어난다**'는 것과 일어난 '**행복한 느낌에 의해 접촉되어 있는**'이라는 것은 서로 다른 두 과정을 설명하는 것이 아니라 하나의 과정을 다른 관점에서 설명하고 있는 것뿐이다.[7] 즉, 행복한 느낌이 당사자에게 일어난다. 어떻게 일어나느냐? 당사자가 행복한 느낌에 접촉됨으로써 일어난다.라는 뜻이다. 느낌은 스스로의 성품이 따로 있는 것이 아니기 때문에, 느낌이 홀로 발생하고 나서, 그 다음에 홀로 발생된 느낌을 당사자가 접촉하는 것이 아니라, 당사자에게 접촉됨으로써 발생되었음이 비로소 알려지는 것이다. 접촉된다는 것은 곧 경험된다는 것이다. 그리고 이렇게 느낌이 일어나고, 일어난 느낌에 접촉되는 과정을 서술한 본문의 문장들이 모두 피동태의 형식으로 되어있는 것에도

6) 인식주체(근)와 인식대상(경)과 인식(식)의 세 가지가 갖추어질 때 거기서 느낌이 일어난다고는 했지만, 이것이 니간타들이 말하는 과거의 악업에 의해 느낌이 일어난다는 식의 기계론적 인과관계를 말하는 것은 아니다. 그 이유는 이들 세 가지가 독립적인 실체로서의 세 가지가 아니고, 서로에 의해 '연기되어지는 현상'으로서의 근과 경과 식이기 때문이다.

7) 본문에서 「악기웻사나여! 여기 들은 바 없는 범부에게 행복한 느낌이 일어납니다. 행복한 느낌에 의해 접촉되어 있는 그는, idha aggivesana, assutavato phthujjanassa uppajjati sukhā vedanā, so sukhāya vedanāya samāno」 첫 번째 문장에서의 주어는 행복한 느낌이지만, 두 번째 문장에서는 행복한 느낌에 의해 접촉되어져 있는 그 당사자가 주어다.

주의할 필요가 있다.[8] 이것은 느낌의 과정이 당사자의 현재의 의지와 관계없이 피동적으로 일어나고 피동적으로 접촉되는 과정임을 밝히기 위한 문법적 장치이기 때문이다.

그러면 구체적으로 우리 내부에서 느낌이 일어나고, 일어난 느낌에 의해 접촉되는 것이 경전에서는 구체적으로 어떻게 설명되고 있는지를 살펴보자. 마하깟짜나 존자는 〈맛지마니까야〉 제18경인 『마두삔디까 숫따』에서 느낌과 인식의 진행과정을 다음과 같이 설명하고 있다.

> "도반들이여! 눈은(眼根) 색을(眼境) 조건으로 하면서, 눈의 알아차림이(眼識) 일어나고, 촉(觸)은 세 가지의 모임이고, 촉을 조건으로 하여 느낌(受, vedanā)이 일어납니다. 그렇게 느껴진 저것이 인식되고, 그렇게 인식된 저것이 사유되고, 그렇게 사유된 저것이 빠빤짜(papañca)되고, 그렇게 빠빤짜된 저것은, 그러한 이유로 인해서, 빠빤짜에 의한 상(想)과 정의(定意)가 사람에게, 눈에 의해서 알아차려질 과거와 미래와 현재의 색(色)들에서 일어납니다.[9]"

감관(根), 대상(境), 감관과 대상으로부터 발생한 감관의 인식기능

---

8) 「idha, aggivesana(호격), assutavato(여격) puthujjanassa(여격) uppajjati(3인칭 단수) sukhā vedanā(주격). so(3인칭 단수/ 주격) sukhāya(도구격) vedanāya(도구격) phuṭṭho(주격) samāno(현재분사/주격) sukhasārāgī(주격) ca hoti(3인칭 단수) sukhasārāgitaṃ(3인칭 단수/대격) ca āpajjati(3인칭 단수)」

9) 제18경 『마두삔디까 숫따』(MN1/PP.111~112) 「cakkhuñcāvuso! paṭicca rūpe ca uppajjati cakkhuviññāṇaṃ, tiṇṇaṃ saṅgati phasso. phassapaccayā vedanā. yaṃ vedeti taṃ sañjānāti, yaṃ sañjānāti taṃ vitakketi, yaṃ vitakketi taṃ papañceti, yaṃ papañceti tatonidānaṃ purisaṃ papañcasaññāsaṅkhā samudācaranti atītānāgatapaccuppannesu cakkhuviññeyyesu rūpesu.」

(識)이 모두 갖추어졌을 때, 그렇게 세 가지가 모두 갖추어진 것을 '촉(觸)'이라고 하고, 그 촉을 원인으로 하여, 느낌(受)이 당사자에게 일어난다. 즉 당사자에게서 어떤 느낌의 발생이 일어나는 것이다. 하지만 이 과정은 당사자의 판단이나 의지가 관여되지 못하는 단계이기 때문에, 일어난 느낌에 대해 좋다거나 싫다거나 하는 판단도 일어나지 않거니와, 일어난 느낌을 의지로써 거부할 수 있는 단계도 아니다. (그렇다면 당사자가 좋다거나 싫다거나 판단하지도 못하는데 이것을 '행복한 느낌' 혹은 '괴로운 느낌'이라고 구분 짓는 이유는 무엇인가? 이것은 1)의 끝부분에서 설명할 것이다.) 그저 조건이 갖추어졌기 때문에 당사자에게 그 느낌이 접촉을 통해서 당사자에게 일어나는 것이다.

이 과정을 오온 가운데 색을 제외한 수(受)와 상(想)과 행(行)과 식(識)의 인식과정과 연결해서 보자면 오온에서의 수의 단계에 해당되며, 이 단계는 당사자의 판단이나 의지가 관여되지 않고 단지 객관적인 조건의 결합에 의해서 자동적으로 일어나는 과정으로 간주된다. 다음에 다시 그렇게 접촉을 통해 일어난 느낌은 삶의 전 과정에서 당사자에게 축적되어진 정보들(業)에 의해서 분류되고 맞추어지면서 인지된다.(sañjanāti) 소위, 업(業)대로 보고, 업대로 듣는다고 일컬어지는 단계다. 이것은 오온의 순서로 보면 '상(想, saññā)'의 단계에 해당될 것이다. 그렇게 인식된 그것이 다시 사유되고(세분하면 위딱까와 위짜라로 나눠지겠지만 이 둘은 언제나 함께 일어남으로 하나로 본다), 사유된 그것이 빠빤짜[10] 된다. 이것은 수의 단계에서 받

10) 빠빤짜(papañca, 산스끄리뜨어로는 parapañca)라는 단어는 흔히 pra+√pañc의 결합어로 보며, 기본적으로 이는 밖으로 퍼져나감. 확장, 다양화 등의 의미로 번역된다. 한역에서는 그동안 '희론戲論'이라고 번역되어 왔다. 필자는 이 단어가 인식

아들인 정보를 최종적으로 자기에게 이로운 내용으로 조작되는 과정으로 이해된다. 그런 빠빤짜의 과정을 거쳐 조작된 상과 정의[11]는 이제 처음의 그 감각대상에 덧씌워진다. 눈에 관여된 것이면 시각대상에, 귀에 관여된 것이면 청각대상에 …… 마음에 관한 것이면, 빠빤짜에 의해 생산된 느낌에 대한 상과 정의가 그 마음의 대상인 법(法)에 덧씌워지는 것이다. 이런 과정은 오온 가운데는 '행(行, saṅkharā)'에 해당될 것이다. 이러한 상과 행의 과정은 '자라보고 놀란 가슴, 솥뚜껑보고 놀란다.'라는 속담과 정확하게 일치한다고 필자는 생각한다. 눈으로 솥뚜껑을 보면서 받아들인 시각정보가 이전에 자라를 보고 놀랐던 당시에 기억해 두었던 시각정보와 동일한 것으로 분류되어 현재의 시각대상인 '솥뚜껑' 위에 덧씌워지는 것이기 때문이다.

의 단계에서, 이미 사유되고 숙고된 내용을 '임의적으로 확장시키는' 과정으로 이해하고 있는데, 한글 번역어로는 적당한 것을 찾지 못해서 결국 원어대로 '빠빤짜'라는 용어를 그대로 사용하고 있다. 혹자는 이를 뭔가가 '빵!'하고 터지는 의성어에서 온 것으로 추정하기도 한다. 받아들인 느낌을 임의대로 급하게 확장한다는 뜻으로 보자면, 나름대로 일리가 있는 설명 같다. 빠알리 경전에서 사용된 이 단어에 대한 영어 번역어는 다음과 같이 다양하다. 구별(differentiation), 다수(plurality), 다양성(diversity), 강박관념(obsession), 번쇄(complication), 자아-회귀적 사유(self reflexive thinking), 추상화(relification), 과장(exaggeration), 합성(elaboration), 왜곡(distortion) 등이다. 빠빤짜에 대해서는 필자의 전작 『마두삔디까 숫따』(도서출판 한가람, 2010)을 참조하거나, 냐나난다스님의 『Concept and Reality』 by Bhikkhu Nanananda, Kandy, BTS(1971)를 참조하길 바란다. 필자의 견해로는 좀 번쇄하긴 하지만 '자아 회귀적 사유'라는 번역이 가장 근접한 번역이라고 생각된다.

11) 빠빤짜산냐상카papañca-saññā-saṅkhā 붓다고사는 이 단어에 대해 다음과 같이 주석하고 있다. MA2/P.73~ : 「'빠빤짜—산냐—상카'라고 할 때, 이 상카는, 몫(부분portion)이란 뜻이다. '빠빤짜산냐'라는 것은, 욕망으로 인한 견해인 빠빤짜와 상응된 산냐다. 산냐라는 이름으로 혹은 빠빤짜라는 이름으로 말해진다. 그럼으로 빠빤짜의 몫, 이라는 것은 이와 같은 뜻이다. papañcasaññāsaṅkhā ti ettha saṅkhā ti koṭṭhāso. papañcasaññā ti taṇhādiṭṭhipapañcasampayuttā saññā. saññānāmena vā papañcā yeva vuttā. tasmā papañcakoṭṭhāsā ti ayaṃ ettha attho.」 필자는 이 단어의 뜻을 냐나난다스님의 해설을 근거로 하여, 빠빤짜되어지는 과정에서 발생한 이미지(saññā)와 그 이미지에 대한 定意(saṅkhā)로 번역했다.

앞의 '느낌'의 발생 단계가 당사자의 판단이나 의지가 관여됨이 없이 단지 객관적인 조건의 연기적 결합에 의해 일어나는 과정인 것에 반해서, 상과 행의 과정에서는 내부적으로 인식의 필요에 의해 자체적으로 새롭게 형성된 망념으로서의 '자아의식'이 인식의 과정에 관여된 것으로 본다.[12] 당사자가 받아들인 어떤 느낌에 대해 필연적으로 '즐겁구나!' 라고 하며 그 느낌을 집착하거나, 혹은 '괴롭구나!' 라고 하면서 그 느낌을 증오하기 이전에, 즐겁다고 느끼도록 자의적으로 미리 조작되고, 괴롭다고 느끼도록 미리 조작되는 과정이다.

이렇게 '느낌'이 접촉을 통해서 당사자에게 일어나는 과정은, 당사자의 현재의 의지가 관여될 수 없는 영역인데, 그렇게 당사자의 의지가 관여될 수 없는 '수'의 과정을 거쳐, 자아라는 망념에 의해 식이 일어난다는 점에서는 오온에서의 수→ 상→ 행→ 식의 과정이나, 12연기에서의 촉→ 수→ 애→ 취의 과정에 다른 점은 없다. 이러한 일련의 인식과정은 순식간에 연기적으로 앞의 과정이 원인이 되어 뒤의 과정이 연이어 일어나는 것이기 때문에 그 과정 하나하나를 떼어내서 지금은 수의 과정이고, 지금의 상의 과정이고…… 라는 식으로 구분되어지지도 않는다. 그래서 사리뿟따 존

---

12) 『Concept and Reality』(P.6) 「수의 단계까지는 비인칭(3인칭)의 기록이 유지된다. 3인칭 동사에 의해 암시된 계획된 행위는 빠빤짜에서 멈추게 됨을 보여준다. 지금부터는 가장 흥미로운 인식의 단계로 접어든다. 명백하게, 그것은 더 이상 단순히 우발적인 것도 아니고, 계획적으로 지시된 행위도 아니며, 오직 대상에 대한 피할 수 없는 굴종의 상태가 되어버리는 것이다. The impersonal note is sustained only up to the point of Vedana …… The deliberate activity implied by the third person verb is seen to stop at papañceti, Now comes the most interesting stage of the process of cognition. Apparently it is no longer a mere contingent process, nor is it an activity deliberately directed, but an inexorable subjection to an objective order of things.」

자도 이렇게 말했던 것이다.

> "도반이여! 수와 상과 식이라는 이들 현상들은 결합된 상태이지 분리된 상태가 아닙니다. 한 상태를 다른 상태와 분리하여 이것들 사이의 차이를 알게 하는 것이 가능하지 않습니다."[13)]

그리고 이렇게 자신의 내부에서 스스로에 의해 행복한 느낌으로 혹은 괴로운 느낌으로 조작된 느낌이 자신에게 접촉된다는 사실을 아는 자라고 해서 행복한 느낌이나 괴로운 느낌이 일어나지 않는다거나 바뀌어지는 것도 아니다. 이에 대해 붓다께서는 〈상윳따니까야〉에서 이렇게 말씀하셨다.

> 비구들이여, 잘 배운 고귀한 제자도 행복한 느낌을 느끼고, 괴로운 느낌도 느끼고, 괴롭지도 즐겁지도 않은 느낌도 느낀다.[14)]

'느낌'이라는 단계는 이렇게 이미 내부적으로 스스로에 의해서 조작된 줄을 모르는 범부에게나, 그것을 꿰뚫어 알아차린 고귀한 제자에게나, 행복한 느낌이나 괴로운 느낌은 똑같이 일어나고 똑같이 접촉된다는 것이다. 예를 들어서, 멍청한 사람이나 현명한 사람이나 돌부리에 걸려서 넘어져서 다치기라도 하면(괴로운 느낌이 일어날 조건이 형성된 것이므로), 괴로운 느낌이 접촉을 통해서 발생할

---

13) 제43경 『마하웰달라 숫따』(MN1/P.293) 「yācāvuso vedanā yā ca saññā yañ ca viññāṇaṃ ime dhammā saṃsaṭṭhā no visaṃsaṭṭhā na ca labbhā imesaṃ dhammānaṃ vinibbhujitvā vinibbhujitvā nānākaraṇaṃ paññāpetuṃ.」

14) 「sutvā, bhikkhave, ariyasāvako sukhampi vedanaṃ vedayati dukkhampi vedanaṃ vedayati, adukhamasukhaṃpi vedanaṃ vedayati.」(SN4/P.207)

수밖에 없는 것과 같다. 아무리 손자가 개망나니 짓을 해도 늘 다정하게 대해 주던 할머니 할아버지도, 인격이 파괴되는 치매에 걸리면, 그렇게 귀여워하던 손자에게도 쌍욕을 할 수 있는 것이고, 평생을 꼿꼿하고 청결하게 사셨던 노스님도 치매에 걸리면 똥오줌을 못 가릴 수 있는 것이다. 그래서 부처님께서도 말년에는 음식을 잘못 드셔서 설사를 하셨던 것이고, 쇠약해진 몸 때문에 자신의 몸이 마치 낡은 수레처럼 고통스럽게 삐걱거린다고 말씀하셨던 것이다. 차이점이라고 하면, 붓다와 고귀한 제자는 그것을 알기 때문에, 접촉된 행복한 느낌을 즐겁다고 집착하지 않고, 접촉된 괴로운 느낌을 싫다고 증오하지 않게 되는 것이고, 범부는 그 이치를 알지 못하기 때문에, 접촉된 행복한 느낌을 즐겁다고 거듭 집착하고, 접촉된 괴로운 느낌을 싫다고 거듭 증오하는 것일 뿐이다. 이것이 본문에서 범부에게 일어나는 2)와 3)의 과정에 해당된다. 결국 다른 것은, 그렇게 접촉된 느낌에 속느냐 속지 않느냐의 차이일 뿐이다.

이러한 '느낌'은 여섯 곳의 감각기관을 통해서 각각 일어난다. 눈과, 눈으로 파악되는 어떤 시각대상과, 눈과 시각대상이 만나면서 시각대상에 대해 알아차릴 수 있는 눈의 인식기능, 이들 셋의 결합으로부터 발생한 시각정보가 개인에게 느낌으로 일어난다. 이 눈과 대상이 만나면서 눈이라는 감관에 의해서 알아차려질 수 있는 시각정보가 일어나면, 그것이 눈을 통한 느낌(眼受)이요, 귀와 소리가 만나면서 귀라는 감관에 의해서 알아차려질 수 있는 청각정보가 일어나면, 그것이 귀를 통한 느낌(耳受)이다. 같은 방식으로 코를 통한 느낌(鼻受), 몸을 통한 느낌(身受), 마음을 통한 느낌이(意受) 각각의 감관에 의해서 일어난다.

하지만 어떤 통로를 통해 일어난 느낌이든, 사람에게 특정한 느낌이 접촉을 통해서 일어나는 것과, 그렇게 접촉된 느낌을 주체가 스스로 선택적으로 '갈망'하는 것은 서로 다른 과정이다. 경전에서 "느낌에는 행복한 느낌과, 괴로운 느낌과, 즐겁지도 괴롭지도 않은 느낌의 세 종류가 있다."[15]라고 설명하는 것은, 우리에게서 일어나고 그것에 의해서 우리가 접촉하게 되는 느낌의 종류를 말하는 것인데, 이 세 가지 느낌들은 우리의 현재의 의지에 의해서 그 속성이 바뀌지는 것이 아니고, 단지 이전의 조건에 의해서 객관적으로 일어나는 것들이다.

좀 더 설명을 보충해 보자면, 무명으로부터 시작되어 늙고 죽음으로 이어지는 12지 연기의 항목들은 …… ⑥육입(六入, saḷāyatana) → ⑦촉(觸, phassa)→ ⑧수(受, vedanā)→ ⑨애(愛, taṇhā)→ ⑩취(取, upādāna)→ ⑪유(有, bhava) …… 의 순서로 설명되고 있다. 여기서의 ⑧수는 ⑦촉을 조건으로 해서 일어나고, 촉을 조건으로 해서 일어난 ⑧의 수는 ⑨애와 ⑩취의 과정으로 이어진다. 그런데 위에서 언급된 세 가지 종류의 느낌들은 ⑧수의 과정을 말하는 것이 아니라, ⑧수가 ⑨애의 과정을 거쳐 드러난 결과에 해당되는 것이다. 이것이 우리에게서 일어나고, 우리에게 접촉되어지는 행복한 느낌, 혹은 괴로운 느낌, 혹은 즐겁지도 괴롭지도 않은 느낌들이다. 다시 이들 세 가지 느낌들을 오온에서 색을 제외한 나머지 수→ 상→ 행 → 식의 인식의 진행과정에 맞춰보면, 세 가지 느낌들은 수의 단계가 아니라, 상과 행의 과정을 거친 이후에 우리가 그것들을 행복한

---

15) 「tisso imā bhikkhave vedanā katamā tisso, sukhā vedanā dukkhā vedana adukkhamasukkhā vedanā imā kho bhikkhhave tisso vedanā ti」(SN4/P.204)

것으로 혹은 괴로운 것으로 혹은 즐겁지도 괴롭지도 않은 것으로 접촉되어 인식되는(識) 것이다.

이를 다시 정리하자면 "느낌에는 행복한 느낌과, 괴로운 느낌과, 즐겁지도 괴롭지도 않은 느낌의 세 종류가 있다."라는 경전에서의 붓다의 말씀은, 촉을 조건으로 하여 느낌(受)이라는 것이 당사자에게 접촉을 통해서 일어나고(이 과정에서는 당사자에게 접촉된 그 느낌이 행복한 것인지, 괴로운 것인지를 당사자는 구분하지 못한다), 접촉을 통해서 일어난 그 느낌이 분류되어 인지되고(想) 자의에 의해 대상으로 형성되는(行)의 과정이 연기적으로 이어지면서 최종적으로 우리 자신에 의해서 그 느낌을 '행복한 느낌'으로, 때로는 '괴로운 느낌'으로, 때로는 '즐겁지도 괴롭지도 않는 느낌'으로 접촉되어 인식되는(識) 것이다. 하지만 그 과정들은 서로 분리되어질 수 없기 때문에 수(→ 상 → 행 → 식)의 과정으로 한데 묶어서 '느낌에는 세 종류가 있다.'라고 말씀하신 것이고, 느낌의 단계에서는 접촉된 느낌에 대해 좋다거나 싫다거나 하는 당사자의 판단이 개입되지 않지만, 일어난 느낌을 '행복한 느낌'이나 '괴로운 느낌'이라고 분류하게 된 것이다.

2) 범부가 자신에게 접촉된 행복한 느낌을 '행복한 것'으로 '실체화'하고 '대상화'하여 그것을 갈망하게 되는 과정

두 번째 단계에서 비로소 범부와 고귀한 제자가 갈라지게 된다. 그러면 이제 두 번째, 범부가 자신에게 접촉된 행복한 느낌을 '행복한 것'으로써 실체화하고 대상화하여 그것을 갈망하게 되는 과정을 보자. 앞에서 인용한 『마두삔디까 숫따』에서의 "빠빤짜에 의한 상(想)과 정의(定意)가 사람에게, 눈에 의해서 알아차려질 과거와 미래와 현재의 색들에서 일어납니다."라는 단계까지는 범부건 고귀한 제자건 상관없이 누구라도 그렇게 스스로에 의해 왜곡된 느낌이 당사자에게 접촉을 통해서 일어나는 과정이었다. 즉, 여기까지의 과정은 당사자의 의지가 개입될 여지가 없는 단계다. 하지만 그 다음은 다르다. 이미 특정한 어떤 느낌으로 접촉된(경험된) 느낌에 대해 어떻게 대처하느냐, 하는 것은 온전히 당사자의 의지의 문제다. 그리고 당사자의 의지가 관여될 수 있는 유일한 곳이기 때문에 비로소 '수행'이라는 것이 의미가 있게 되는 단계이기도 하다. 이에 대한 붓다의 말씀을 들어보자.

> "비구여! 이러한 연유로, 빠빤짜에 의한 상과 정의가 그 사람에게 일어난다. 이곳에서 만약 즐길 것이, 주장할 것이, 집착할 것이 없다면, 이것이 바로 집착에 대한 잠재적 경향들의 끝이고, 이것이 바로 미움에 대한 잠재적 경향들의 끝이고, 이것이 바로 견해에 대한 잠재적 경향들의 끝이고, 이것이 바로 의심에 대한 잠재적 경향들의 끝이고 …… 경쟁하고, 논쟁하고, 비난하고, 중상모략하고, 거짓말 하는 것들의 끝이다. 여기서 이들 사악하고, 해로운 상태(法)들은 남김없이, 사라진다.[16)]"

---

16) 제18경 『마두삔디까 숫따』(MN1/PP.109~110) 「yatonidānaṃ, bhikkhu! purisaṃ papañcasaññāsaṅkhā samudācaranti, ettha ce natthi abhinanditabbaṃ abhivaditabbaṃ ajjhositabbaṃ, es'ev'anto rāgānusayānaṃ esevanto paṭighānusayānaṃ, esevanto diṭṭhānusayānaṃ, esevanto vicikicchānusayānaṃ, esevanto mānānusayānaṃ, esevanto bhavarāgānusayānam, esevanto avijjānusayānaṃ, esevanto daṇḍādāna -satthādāna -kalaha -viggaha -vivādā -tuvantuva -pesuñña -musāvādānaṃ. etth'ete pāpakā akusalā

제멋대로 조작된 상과 정의가 감각대상에 덮여 씌워지고, 그렇게 덧씌워진 상과 정의 때문에 감각대상이 자신에게 행복한 것으로, 혹은 괴로운 것으로 느껴지게 된 것임을 알지 못하는 범부는, 그 감각대상을 행복한 것으로, 혹은 괴로운 것으로 실체화하고 대상화하여 받아들이고 집착하게 된다. 즉 범부는 자신에게 어떤 느낌을 일으키는 대상 자체에 행복이 실체적으로 내재되어져 있다거나, 혹은 괴로움이 실체적으로 내재되어져 있다고 여기고 그것을 집착의 대상으로 삼는다는 것이다. 예를 들어서, 어떤 젊은 여자의 모습을 보고 행복한 느낌을 경험하게 된 젊은 남자가 다시 그 젊은 여자의 모습을 보고 싶어 하게 되는 경우를 생각해 보자. 남자가 다시 여자의 모습을 보고 싶어 하는 것은, 자신이 그 여자를 보면서 경험했던 그 행복한 '느낌'을 다시 경험하고 싶은 것이다. 즉 여자를 보면서 느꼈던 그 행복한 느낌이 실재로 그 여자의 모습 속에 있다고 여기는 것이니, 그것이 바로 느낌을 실체화하는 것이고, 대상화하는 것이다.

그리고 그렇게 경험된 느낌을 대상으로 삼는다는 것은 그 느낌을 '나의' 느낌으로 삼는다는 것이고, 느낌을 나의 것으로 삼는다는 것은 느낌을 감수하는 '주체'인 자아를 전제하는 것이기도 하다. 즉 이처럼 자신에게 경험된 느낌을 대상으로 삼는 범부들은, 결국 자신이 경험한 느낌에 대해 '이것은 나다, 이것은 나의 것이다. 이것은 나의 자아다.'[17]라고 주장하는 것과 같기 때문에, 붓다께서는 이

dhammā aparisesā nirujjhantīti.」

17) 제109경 『마하뿐나마 숫따』(MN3/P.20) 「yaṃ panāniccaṃ dukkhaṃ vipariṇāmad-hammaṃ kallan nu taṃ samanupassitaṃ, etaṃ mama/ esoham asmi, eso me attā ti?」

미 제35경인 『쭐라삿짜까 숫따』에서 삿짜까에게 이렇게 물으셨던 것이다.

> “악기웻사나여! 이것을 어떻게 생각하는가? 그대는 ‘느낌’은 나의 자아다, 라고 주장하는데, 그대는 나의 느낌은 이렇게 되라든지, 이렇게 되지 마라든지, 라고, 그렇게 그 느낌을 지배할 수 있는가?” “아닙니다. 존자시여!”[18]

범부들은 그렇게 느낌을 실체화하고 대상화하면서, 감각대상 안에 행복이 내재되어 있기 때문에 그것을 보면 자신에게 행복한 느낌이 일어나는 것이라고 착각하게 되고, 그 감각대상에 괴로움이 내재되어 있기 때문에 그것을 보면 괴로운 느낌이 일어나게 되는 것뿐이라고 주장하게 된다. 하지만 자신에게 접촉된 느낌들은, 이미 상→ 행→ 식의 과정에서 망념(妄念)으로서의 자아라는 기능이 발생하고, 그렇게 인식의 과정에서 발생한 그 자아의 관여에 의해서, 당사자의 생존에 유익하다고 분류된 것들은 당사자에게 행복한 느낌으로, 생존에 불리하다고 분류된 것들은 당사자에게 괴로운 느낌으로, 미처 분류가 되지 않은 것들은 즐겁지도 괴롭지도 않은 느낌으로, 그렇게 이미 조작이 끝난 것이다. 그렇게 범부는 이미 스스로에 의해 즐겁게 느껴지도록 만들어진 대상에서의 느낌을 마치 거기 행복한 것이 실재하기 때문에 자신이 그것을 행복한 것으로 느낀다고 주장하고 집착하면서 자신에게 속는 것이다.

---

18) 제35경 『쭐라삿짜까 숫따』(MN1/P.232) 「taṃ kiṃ mnññasi, aggivessana! yam tvaṃ evaṃ vadesi, vedanā me attāti, vattati te tisaṃ vedanāyaṃ vaso, evaṃ me vedanā hotu, evaṃ me vedana mā ahosī ti? no hidaṃ bho gotama.」

이렇게 이미 자신에 의해서 조작된 느낌을 즐겨하고, 주장하고, 집착하는 것은 소위 우리가 '삼독(三毒)'이라고 부르는 탐욕과 성냄과 어리석음이 일어나는 과정으로 해석되기도 한다.[19] 자신에게 접촉되어짐으로써 일어난 어떤 느낌이, 자의적으로 자기가 좋아하도록 자신의 내부에서 이미 그렇게 만들어진 것이기 때문에 자기 자신이 그것을 "좋다!"라고 느끼게 되는 것인 줄 알지 못한 채, 그 감각대상을 통해서 느낌이 좋게 느껴진다고 해서 그것을 즐겨하고, 옳다고 주장하고, 내 것이라고 집착하게 되는 것이다. 이것이 바로 2)범부가 자신에게 접촉된 행복한 느낌을 '행복한 것'으로 대상화하여 그것을 갈망하는 과정이다.

앞에서 인용한 『마두삔디까 숫따』의 "이곳에서 만약, 즐길 것이, 주장할 것이, 집착할 것이 없다면"이라는 대목은 범부의 경우가 아니라, 부처님의 가르침에 따르는 고귀한 수행자의 경우를 말하는 것이며, 여기서 '만약'이라는 말은 누구라도 저절로 그렇게 되지는 않는 것이기 때문에 '만약'이라고 한 것이다. 만약 그가 수행을 통해 통찰의 지혜를 갖춘 자라면, 자신에게 좋아 보이고 즐거워 보이고, 마땅해 보이고, 옳게 보이는 어떤 것일지라도, 그것이 어떤 과정을 통해서 자기 앞에 그런 느낌으로 나타난 것인지 그 과정을 지

19) 『Concept and Reality』(PP.11~12) 「그러한 모든 복잡한 과정을 거치면서 세분화된 이후에, 빠빤짜(확산)에 의해 조성된 '나'라는 의식은 그 역할을 시작하게 된다. 불교심리학에서, 견해에서의 차이는 사물의 차이라고 하기 때문에, 세 가지 용어들, 갈망, 자만, 그리고 견해는 통상적으로 서로 구분된다. 하지만 그것들이 기만된 같은 슈퍼에고의 메트릭스로부터 일어난 것이기 때문에 서로 다르지 않다. Given the ego consciousness, the ever prolific process of conceptualization in all its complex ramifications, set in …… Since in buddhist psychology a difference of aspects is a difference in things, the three terms Craving, conceit, and views ara usually distinguished between. Yet as they arise from the self same matrix of the super imposed ego, they are not to be considered mutually exclusive.」

혜를 통해서 꿰뚫어 짐작할 수 있기 때문에, 그는 대상이 제시하는 그 느낌에 결코 속지 않는다는 것이다. 즉 자신에게 접촉된 행복한 느낌과 그 느낌을 일으키게 하는 감각대상을 동일시하지 않는다는 것이다. 그러니 만약 그렇게 스스로 느낌을 실체화하지 않고 대상화하지 않는다면, 이라는 말씀이다. 범부의 경우는 물론 그 반대다. 범부는 그렇게 접촉된 행복한 느낌을 '행복한 것'으로 실체화하고 감각대상과 그 느낌을 동일시하기 때문에, 즐길 것이 있게 되고, 옳다고 주장할 것이 있게 되고, 좋다고 집착할 것이 있게 된다. 그렇게 접촉된 행복한 느낌을 실체화하고 대상화하여 갈망하게 되면, 그것이 바로 집착의 잠재적 경향이 깔리는 것이고, 미움, 견해, 의심 …… 경쟁, 논쟁, 비난, 중상모략, 거짓말의 시작이고, 저들 모든 사악하고 해로운 법들이 일어나는 것이다.

3) 행복을 갈망하는 자가 됨으로, 행복을 갈망하게 되는 과정

이것은 본문에서의 '**행복을 갈망하기에 이릅니다.**'라는 문장에 해당되는 것으로[20)], 범부가 그렇게 접촉된 행복한 느낌을 '행복

20) 「so sukhāya vedanāya phuṭṭho samāno sukhasārāgī ca hoti, sukhasārāgitañca āpajjati」의 이 문장은 해석이 일정치 않다. 주석서에도 특별한 설명이 없다. 이를 타니사로 스님은 「On being touched by the pleasant feeling, he becomes impassioned with pleasure, and is reduced to being impassioned with pleasure」라고 번역하였고, MDB/P334에서 빅쿠보디스님은 「Touched by that pleasant feeling he lusts after pleasure and continues to lust after pleasure.」라고 번역하고 있다. Nan9/P.413에서는 이를 「들은 바 없는 범부에게 행복한 느낌이 일어나고, 그는 행복한 느낌을 얻고, 행복의 애착자로서, 행복의 애착자가 된다. 未聞の凡夫に樂受生ず. 彼は樂受を 得て, 樂の愛着者にして 樂の愛着者となる.」고 번역하고 있고, 중문에는 「不聞法義的凡夫當生起一個樂受時. 在感觸到樂受的時候便會對樂産生貪着」 -『大薩遮經』; 蕭式球譯 「未聞之凡夫生樂受. 彼得樂受而樂之愛着者, 卽成爲樂之愛着者.」(『薩遮迦大經』, 通妙譯, 元亨寺版)이라고 번역되었다. 참고로 앞에

한 것'으로 실체화하고 대상화함으로써, 감각대상을 즐겨하고 주장하고 집착하게 되면, 그렇게 갈망한 것이 원인이 되어 그는 행복을 갈망하는 자가 된다. 무언가를 대상으로 삼아 그것을 갈망한다는 것은 주체적 의지(마노, mano)에 속하는 것이므로, 이는 행복을 갈망하는 주체적 의지가 형성된다는 것이고, 그렇게 주체적 의지가 형성됨으로써 그는 자연히 행복을 갈망하게 된다는 것이다. 그러나 이것은 주체적 의지가 따로 있고, 그 따로 있는 의지가 무언가를 갈망한다는 것이 아니라 주체적 의지가 곧 갈망이라는 뜻이다. 즉 〈주체적 의지=갈망〉이다. 이런 상태를 다음 문장에서는 '**그에게 일어난 저 행복한 느낌이 마음을 제압한 채 머물러 있으니**'라고 표현했다. 주체적 의지와 행복에 대한 갈망이 이미 구분이 없이 하나가 되어버려서, 주체적 의지가 더 이상 객관적인 기능을 상실했다는 뜻이다.

이 대목, 즉 일어난 느낌이 마음을 제압한 채, 그 상태가 그대로 이어진다면, 그런 상태에서는 그가 어떠한 수행을 행하더라도 절대 그것을 '수행'이라고 말할 수 없다는 것, 이것이 바로 경험을 통해 붓다가 터득한 수행에 대한 확고한 신념인 것이다. 왜냐하면 그런 상태에서의 어떠한 수행도 결국은 그렇게 느낌에 제압당한 '그 마음'이 행하는 것이고 '그 마음'이 판단하는 것임을 붓다는 자신의 수행자 시절의 경험을 통해서 깨달았기 때문이다.(본문의 3장부

서 인용했던 산스끄리뜨 필사본인 『수신경』(P.136)에는 해당 문장이 「sa sukhāyā vedanāya spṛṣṭaḥ sukhasaṃrāgī ca bhavati sukhasaṃ(rā)gapratisaṃvedī ca」로 되어 있다. 필자는 이를 다음과 같이 분석하여 번역했다. 「행복한sukhāya 느낌에 의해 vedanāya(도구격) 접촉되어phuṭṭho 있는samāno(현재분사 주격) 그는so, 행복을 갈망하는 자가sukhasārāgī(주격) 되고hoti(3인칭 단수), 행복을 갈망하기에sukhasārāgītañ(추상명사의 여격) 이른다.āpajjati(3인칭 단수)」

터 이어지는 붓다의 수행자 시절의 이야기가 바로 그것이다.) 이러한 내용은 본문의 제4장 '**세 가지 비유**'의 핵심적인 주제로서 다시 등장한다. 본문의 제4장에서는 이렇게 느낌에 마음이 제압당한 자는 '**어떤 사문이든 바라문이든 …… 감각적 쾌락에 대한 욕구, 애정, 홀림, 갈망, 열기가 안으로 잘 제거되지 못하고 가라앉혀지지 않고 머물러 있는 자들이라면, 그들 존중받는 사문들이나 바라문들은 …… 힘든 느낌들을 경험하더라도 …… 힘든 느낌들을 경험하지 않더라도, 그들은 앎과 봄의 위없는 바른 깨달음을 얻을 수 없습니다.**'라고 적고 있다.

이렇게 어떤 '느낌'에 의해 마음이 제압당하는 과정은 사람에게 '분노'가 일어나는 과정에서 가장 확연하게 드러난다. 만약 자신에게 어떤 이유로 인해 분노가 일어났다고 치자. 그것이 때로는 특정한 사람 때문일 수도 있고, 때로는 특정한 상황 때문일 수도 있을 것이다. 하지만 어떻게 일어난 분노이든지, 일어난 분노는 보통 반복해서 되뇌이지만 않으면 저절로 사라진다. 당사자에 의해 관심을 받지 못하면 어떠한 종류의 분노라도 저절로 소멸되기 마련이다. 그런데 보통은 자신에게 일어난 분노를 가만두지 않고, 반복해서 곱씹게 된다. 일어난 분노를 스스로 그 내용 그대로 반복적으로 실체화하고 대상화하는 것이다. 그러면 자신에 의해 대상화된 (반복해서 곱씹은) 분노가 합당한 분노임을 입증하는 수백 가지 이유가 저절로 찾아진다. "아니, 그러니 내가 화를 내지 않을 수가 있겠냐고!" 라고 하면서 말이다. 왜 그런가? 주체적 의지와 증오가 이미 서로 한편이 되어버렸기 때문이다. 이미 한편이 되어버린 주체적 의지는 자신의 분노를 합리화 시킬 만한 수백 가지 이유를 찾아서 거기에 갖다 붙인다. 이는 결과적으로 불에 기름을 붓는 것과 같아서, 처음에 작은 불씨처럼 일어났던 분노는 곧바로 증폭되면서 거대한 불길이 되고, 결국 당사자는 "분에 못 이겨"라는 지경에까지 이르면서 급기야 자신과 이웃을 망치는 위험한 선택을 하게 되는 것이다. 자신이 일으킨 불길에 다시 자신이 기름을 들어 붓는 것이니, 그렇게 해서 스스로 키워놓은 거대한 불길에 결국 자기 자신이 당하는 것이다. 이것은 우리가 너무 자주 경험하는 일이니까 다들 동의할 것이다. 행복을 갈망하는 자가 행복을 갈망하게 되는 과정도 이와 같다.

〈그에게 저 행복한 느낌은 소멸됩니다. 행복한 느낌의 소멸로부터 괴로운 느낌이 일어납니다.〉

그렇게 범부에게서 갈망의 대상이 되는 행복한 느낌은, 그 느낌을 갈망하는 범부나 갈망하지 않는 고귀한 제자나 상관없이, 조건에 따라 일어나고, 또 조건에 따라 사라지는 속성에서는 다름이 없다. 갈망은 마음의 주체적 의지가 작용하는 것이므로, 앞의 1-2장에서 언급한 『법구경』의 내용처럼, 이것은 오로지 정신적으로 개념(법)을 구성하는 데만 주도적으로 작용되지, 느낌 그 자체를 발생시키거나 소멸시키는 데는 작용되지 않는다. 아프고 괴로운 느낌에 의해 접촉된 자는 마음의 의지로써 자신에게 접촉된 느낌을 실재하는 것으로 만드는 것을 필자는 느낌을 '실체화'한다고 표현했다. 하지만 그렇게 접촉된 느낌을 실재하는 어떤 개념(법)으로 만들고 나서 그렇게 대상화된 느낌을 갈망하거나 증오하여 그 행복이나 괴로움을 증폭시키는 수는 있어도, 마음의 의지가 그 행복이나 괴로운 느낌 자체를 소멸시킬 수는 없다. 통증을 유발하는 질병에 걸리면, 자신의 의지와 상관없이 통증을 경험할 수밖에 없는 것이다. 이것은 행복한 느낌도 마찬가지고, 괴롭지도 즐겁지도 않는 느낌도 역시 마찬가지다. 굶주림이 원인이 되어 생긴 괴로운 느낌은, 배가 불러서 일어난 행복한 느낌을 내가 선택하면서 비로소 사라진다. 선택받지 못한 느낌은 이렇게 저절로 소멸되는 것이지 내가 억지로 소멸시키는 것이 아니다. 자신에게 접촉된 행복한 느낌도, 그 행복한 느낌을 일으키는 조건들이 바뀌고, 괴로운 느낌을 일으키는 조건들이나, 괴롭지도 즐겁지도 않은 느낌을 일으키는 조건이 성립되어 그 느낌이 일어나면, 동시에 앞서서 접촉되던 그 즐거웠던 느낌은 사라진다.

붓다께서 '**행복한 느낌의 소멸로부터 괴로운 느낌이 일어납니다.**' 라고 말씀하신 것은, 연기법의 이치대로, 괴로운 느낌의 발생과 행복한 느낌의 소멸은 어느 것이 먼저라고 할 것이 없이 한쪽이 일어나면 다른 한쪽이 사라지는 관계임을 표명한 것이다. 예를 들어서, 여기 잔뜩 굶주린 어떤 사람이 있다고 하자. 그는 분명 배고픔 때문에 괴로운 느낌에 의해 접촉되고 있었을 것이다. 그러다가 근처에서 맛있는 음식 냄새를 맡았다면, 곧바로 괴로운 느낌은 사라지고 행복한 마음으로 음식 냄새가 나는 곳으로 달려갈 것이다. 그렇게 달려가다가 재수 없게 돌부리에 걸려 넘어져서 다리를 다쳤다고 하면, 조금 전까지 음식을 먹을 생각에 들었던 행복한 느낌은, 갑자기 다친 다리의 통증으로 인해서 괴로운 느낌으로 순식간에 바뀌게 될 것이다. 그렇게 괴로운 느낌이 일어날 때 행복한 느낌은 온 데 간 데 없이 사라지는 것이다. 그러다가 막상 급하게 음식을 먹을 때는 다리의 통증은 까맣게 잊은 채 다시 행복한 느낌이 들 수도 있을 것이지만, 어쨌든, 그렇게 행복한 느낌이나 괴로운 느낌이 당사자에게 있어서 서로 공존되지 않고 어느 한 쪽이 일어나면 다른 한 쪽이 사라지는 것임은, 우리 스스로의 일상의 경험을 통해서도 쉽게 확인할 수 있을 것이다.

〈괴로운 느낌에 의해 접촉되어 있는 그는, 근심하고 걱정하고 슬퍼하고 가슴을 치고, 당황하게 됩니다.〉

이미 앞에서 살펴본 바와 같이, 행복한 느낌은 내부적으로 인식의 과정에서 당사자에 의해서 갈망되도록 사전에 조작된 것이고, 괴로운 느낌은 반대로 당사자에 의해서 증오하도록 조작된 것이다. 하지만 괴로운 느낌에 의해 접촉되어진 범부는 그렇게 조작된 줄을 알지 못함으로써 자신에게 접촉된 괴로운 느낌을 '괴로운 것'으로 실체화하고, 실체화된 그 느낌을 대상으로 삼아 그것을 증오하게 된다. 무언가를 대상으로 삼는다는 것은, 앞에서도 언급한대로, 대상을 갈망하거나 증오하는 주체로서의 '나'를 전제하는 것이기 때문에, 일차적인 느낌의 접촉에다, 자신의 증오를 통해 증폭된 이차적인 괴로운 느낌을 거듭 접촉하게 된다. 이것이 곧 괴로운 느낌에 의해 접촉되어진 자가 '**근심하고, 걱정하고 슬퍼하고, 당황하게**'되는 과정의 뜻이다. 근심하거나 걱정하거나 슬퍼하는 것은 처음 자신에게 접촉된 괴로운 느낌 때문에 일어나는 반응이 아니다. 이것은 자신에게 접촉된 괴로운 느낌이 싫어서 그것으로부터 빨리 벗어나고 싶어서 발버둥치지만 결코 벗어날 수 없을 때, 그때 2차적으로 일어나는 심리적 반응들이다. 그러다가 결국은 어쩔 줄 몰라 당황하게 된다는 것이다.

예를 들자면 이런 것이다. 필자는 몇 년 전부터 귀에서 돌고래 울음소리 비슷한 소리가 들리는 '이명 현상'을 겪고 있다. 고막재생 수술을 받다가 생긴 후유증이 주된 원인으로 보이지만, 어쨌든 단박에 완치될 수 있는 방법이 아직까지는 없는 모양이다. 어쨌든 이 이명 현상이라는 것은 다른 것도 마찬가지지만, 그 소리를 내가 의식하지 않으면 들리지 않는 것이 특징이다. 즉 나의 의식이 그 소리를 선택했을 때만 그 소리가 비로소 나에게 어떤 '소리'가 되는 것이다. 내가 귀에서 이상한 소리가 나는 것을 아무리 싫어하고, 그래서 그 소리가 없어지기를 아무리 갈망하더라도, 내가 싫어하고 없어지기를 원하는 동안에는 그 소리를 의식할 수밖에 없으니, 그 소리가 나에게 의식되는 한, 그 소리는 절대로 없어지지 않는다. 오히려 의식하면 할수록 그 소리는 더욱 뚜렷하게 들리고 괴롭게 느껴진다. 처음에는, 이거 꼭 돌고래 울음소리 같구나! 라고 그저 신기하게만 느껴지던 것이, 이제는 몸에 붙은 징그러운 벌레를 떼어내려고 아무리 애써도 떼어낼 수 없는 것처럼, 괴로워서 미칠 정도가 된다. 왜 그런가? 그 소리를 내가 증오하기 때문이다. 증오하면 할수록 더 더욱 크게 들리고, 괴롭게 되는 것이다. 아마 그런 식으로 계속하다 보면, 실성을 하게 될지도 모르겠다는 생각도 든다. 하지만 아직까지 이명 현상으로 고생하던 사람이 그것 때문에 실성했다는 소리는 들어본 적이 없다. 아마 다들 나름대로는 의식의 기능을 이해하고 적절하게 통제하기 때문이겠지만, 그런 기회에 우리 마음의 작용에 대해 알게 되고, 그로 인해 붓다의 가르침을 더 분명하게 이해하는 계기가 되었으면 좋을 텐데, 다들 거기까지 이어진 것인지 아닌지는 잘 모르겠다.

붓다께서는 이런 범부의 모습을 "두 번째 화살에 또 다시 맞는 것과 같다."라고 설명하신 적이 있다.

> "비구들이여, 예를 들면, 어떤 자가 화살을 맞고, 거듭해서 두 번째 화살에 또 다시 맞는 것과 같다. 비구들이여, 이와 같이 그 사람은 두 개의 화살에 의한 느낌을 모두 느끼게 될 것이다. 비구들이여, 그와 같이 괴로운 느낌에 의해 접촉된 들은 바 없는 범부는, 근심하고, 걱정하고, 슬퍼하고, 가슴을 치고, 실성하기에 이른다. 그는 몸에 의한 느낌과 마음작용에 의한 느낌의 이중의 느낌을 느끼게 될 것이다."[21)]

즉, 한번 일어난 괴로운 느낌에 의해 접촉되면, 범부들은 자신에게 접촉된 괴로운 느낌을 '괴로운 것'으로 실체화하고, 그렇게 괴로운 것으로 실체화된 느낌을 대상으로 삼으니, 그렇게 대상으로 삼아진 괴로운 느낌을 내가 증오하게 됨으로써 결국 그것이 '나의 괴로움'이 되는 것이다. 앞에서 비유로 들었던 분노의 경우와 같이, 스스로 분노를 키우고는 그렇게 스스로에 의해 키워진 분노에 다시 본인이 당하는 것과 같다. 한심하고 웃기는 일이지만 사실이 그

---

21) 인용문에서 '몸에 의한 느낌과 마음작용에 의한 느낌'이라고 말했다 해서, 이것이 신체kāyika와 마음작용cetasika이 서로 독립적으로 나누어져 있는 영역임을 전제하는 것은 아니다. 앞에서의 몸에서의 느낌이란, 몸과 마음에서 일으키는 일차적인 느낌을 말하는 것이고, 마음작용에 의한 느낌이란, 그 일차적인 느낌을 다시 개념화해서 몸과 마음에서의 마음작용을 통해서 일으키는 두 번째 느낌이라는 뜻일 뿐이다. 마음작용이라고 해서 몸이 배제된 마음의 작용을 말하는 것이 아니다. 애초부터 몸을 배제한 마음이나, 마음을 배제한 몸이라는 것은 존재하지도 않는다. 「seyyathāpi bhikkhave, purisaṃ sallena vijjheyya. tamenaṃ dutiyena sallena anuvedhaṃ vijjheyya. evañhi so, bhikkhave, puriso dvisallena vedanaṃ vedayati. evameva kho, bhikkhav, assutavā puthujjano dukkhāya vedanāya phuṭṭho samāno socati kilamati paridevati urattāḷiṃ kandati sammodhaṃ āpajjati. so dve vedanā vedayati kāyikañca cetasikañca.」(SN4/P.208)

러니 어쩔 수 없다. 한번 일어난 괴로움에다, 실체화된 괴로움까지를 우리들 스스로가 더하는 것이니, 이것이 마치 같은 곳을 화살에 두 번 연속해서 맞는 것과 같다고 붓다께서는 말씀하신 것이다. 두 번째 화살은, 자기가 맞은 화살을 자신이 뽑아서, 상처가 있는 그 자리에 자기가 다시 더 세게 찔러 넣는 것과 같다.

그런데 만약 고귀한 제자의 경우라면 어떨까? 즉 괴로운 느낌을 접촉했을 때, 그 느낌을 '괴로운 것'으로 실체화하지 않고 증오하지 않는 고귀한 제자라면, 처음에 접촉된 그 괴로운 느낌은 어떻게 될까? 저절로 없어질까? 이에 대해 붓다는 이렇게 말씀하셨다.

> 비구들이여, 그와 같이 들은 바 있는 고귀한 제자는 괴로운 느낌에 접촉되더라도 결코 근심하지 않고, 걱정하지 않고, 슬퍼하지 않고, 가슴을 치지 않고 실성하지 않는다. 그는 오직 한가지 느낌, 즉 몸에서의 느낌만을 느낄 뿐이다.[22)]

무슨 뜻이겠는가? 고귀한 제자는 몸과 마음으로부터 일어나 경험되는 통증과 같은 괴로운 느낌을 '괴로운 것'으로 실체화하지 않고, 실체화하지 않음으로써 증오할 대상을 만들지 않는다는 것이다. 하지만 그렇다고 접촉된 괴로운 느낌이 저절로 사라지는 것은 아니다. 단지 그 느낌이 조건에 의지해서 일어난 것이고, 그것

22) 여기서의 '몸에서의 느낌'이라는 것도 위의 주석과 마찬가지로 이해해야 한다. 즉 몸에서의 느낌이란, 몸과 마음을 통해서 일어난 첫 번째 느낌이라는 뜻이지, 마음을 배제한 육체만의 느낌, 이라는 뜻이 아니다. 「eevaṃeva kho bhikkhave, sutavā ariyasāvako dukkhāya vedanāya phuṭṭho samāmo na socati, na kilamati, na paridevati, na urattāḷim kandati, na sammohaṃ āpajjati. so ekaṃ vedanaṃ vedayati kāyikaṃ na cetasikaṃ.」(SN4/P.208)

을 싫어하거나 증오한다고 없어지는 것이 아님을 알기 때문에, 법을 아는 고귀한 제자는 접촉된 괴로운 느낌을 더 이상 확장시키지 않고 인연에 따라 일어나는 그 고통을 조용히 관찰하면서 견디는 것이다. 연로한 것이 원인이 되어 일어나는 몸의 고통이라면, 부처님인들 노년의 그 고통을 관찰하고 견디는 것 말고 무엇을 달리 할 수 있겠는가? 그러면 괴로움은 존재하지만, 거기에 '나의 괴로움'은 없는 것이다.

〈악기웻사나여! 그에게 일어난 행복한 저 느낌은 마음을 제압한 채 머물러 있으니, 몸의 수행이 되지 않은 탓이요, 또한 일어난 괴로운 느낌은 마음을 제압한 채 머물러 있으니, 마음의 수행이 되지 않은 탓입니다.〉

사람은 누구라도 괴로운 느낌이 일어날 만한 조건이 형성되면 괴로운 느낌에 접촉될 수밖에 없다. 그런데 왜 범부는 거기다 마음 작용을 통해 만들어진 이차적인 괴로움까지를 스스로 더해서 괴로움을 가중시키게 되는 것인지, 그것을 여기서 설명하고 있다.

들은 바 없는 범부가 자신에게서 일어난 행복한 느낌에 의해 접촉되면, 자신에게 접촉된 그 행복한 느낌을 '행복한 것'으로 실체화하고, 그것을 대상으로 삼아 갈망하게 되는 과정에 대해서는 이미 앞에서 설명되었다. 이 과정은 본문에서 필자가 '**행복을 갈망하는 자**'라고 번역한 단어인 'sukhasārāgī'를 분석해 보면 이해에 도움이 될 것이다. 이 단어는 '행복한'이라는 뜻의 형용사 '숙카(sukha)'에 '함께'라는 뜻의 '상(saṃ)'과 '갈망' '집착'이라는 뜻의 '라가(rāga)'가 더해진 단어다. 갈망하는 것은 마음의 주체적 의지(mano)에 해당된다. 그럼으로 이 단어는 마음의 주체적 의지인 갈망과 갈망의 대상인 실체화된 '행복'이 하나가 되었다는 것이다. 그래서 이를 '**행복한 느낌은 마음을 제압한 채 머물러 있습니다.**'라고 한 것이다.

행복한 느낌과 마찬가지로, 일어난 괴로운 느낌에 접촉된 자도, 자신에게 접촉된 괴로운 느낌을 '괴로운 것'으로 실체화하고, 그것을 대상으로 삼아 증오한다. 뭔가를 대상으로 삼는다는 것은 동시에 주체로서의 '나'를 전제하는 것이다. 그럼으로 괴로운 느낌을 대상으로 삼아 그것을 증오한다는 것은, 내 마음의 주체적 의지가 대상을 증오하는 것이다. 그럼으로 내 마음의 주체적 의지작용인 증오와 그 대상인 실체화된 '괴로움'이 하나가 되었다는 것이고, 이를 '**괴로운 느낌은 마음을 제압한 채 머물러 있습니다.**'라고 한 것이다. 즉 괴로운 느낌이나 행복한 느낌을 갈망하고 또는 증오하는 주체는 모두 자신의 마음의 의지이고, 갈망하고 증오하는 것이 자신의 마음의 의지이기 때문에, 행복한 느낌이나 괴로운 느낌에 의해 제압당하는 것도 자신의 마음의 의지인 것이다. 내 마음의 의지가 행복한 느낌이나 괴로운 느낌에 제압당했기 때문에, 그렇게 행복한 느낌에 제압당한 마음의 의지는 자연히 행복한 느낌을 갈망하게 되고, 괴로운 느낌에 제압당한 마음의 의지는 자연히 괴로운 느낌을 증오하게 되는 것이다.

그러면 행복한 느낌이 마음을 제압한 채 머물러 있게 되는 원인은 어디에 있는가? 본문에서는 그것을 **몸의 수행이 되지 않은 탓이요**, 라고 하고, 괴로운 느낌이 마음을 제압한 채 머물러 있게 되는 것은 **마음의 수행이 되지 않은 탓입니다**, 라고 했다. 여기서는 앞선 니간타 삿짜까와 마찬가지로, 몸의 수행과 마음의 수행을 나누어서 그것을 행복한 느낌에 마음이 제압당한 원인과 괴로운 느낌에 마음이 제압당한 원인으로 적고 있다. 이것은 아무리 생각해 봐도 이제까지의 논조와는 사뭇 다른, 잘못 전달된 내용으로 보인다.

빠알리본의 내용에 무언가 전달상의 오류가 있었던 것은 아닐까 하는 이런 필자의 의심은, 앞에서 언급했던 〈설일체유부〉 소전의 『수신경』의 해당되는 대목을 통해서도 확인할 수 있다. 『수신경』에서는 빠알리본의 이 대목에 해당되는 내용을 이렇게 전하고 있다.

> "아기니웨샤야나! 요컨대 어떤 사람이, 이와 같은 두 가지 길에서, 일어난 몸의 괴로운 느낌이 있어, 그 마음을 통제하고 굴복시키며, 일어난 몸의 행복한 느낌이 있어, 내심의 괴로운 느낌이 일어나고 더불어, 내심의 행복한 느낌이 일어나, 그 마음을 통제하고 굴복시키나니, 이런 사람을 내가 '아직 몸과 마음을 닦지 못한 자'라고 칭합니다. 이유가 무엇인가? 아기니웨샤야나! 몸의 수행이 되지 않고, 마음의 수행이 되지 않은 탓에, 일어난 몸의 괴로운 느낌이 있어, 그 마음을 통제하여 굴복시키고, 일어난 몸의 행복한 느낌이 있어, 내심의 괴로운 느낌이 일어나고 더불어, 내심의 행복한 느낌이 일어나, 그 마음을 통제하여 굴복시키니, 아기니웨샤야나! 그와 같이. 저것이 '몸과 마음의 수행이 아직 되지 않은 자'가 되는 것입니다.[23)]"

23) 『수심경』(PP.138~139) 「只要何人 火種居士啊 有如此兩介分支上生起的身體的苦受, 制服其心有生起的身體的樂受, 生起的內心的苦受(与)生起的內心的樂受, 制服其心, 此人我就稱之爲未修身与未修心者. 緣何故, 因未修身故, 火種居士啊, 因未修心故, 有生起的身體的苦受, 制服其心, 有生起的身體的樂受, 生起的內心的苦受(与)生起的內心的樂受, 制服其心, 如許 火種居士啊, 彼爲未修身与未修心者 / yasya kasya-

『수신경』에서는 이렇게, 괴로운 느낌이 마음을 제압하여 굴복시키는 것이나, 행복한 느낌이 마음을 제압하여 굴복시키는 것은 모두, '**몸의 수행이 되지 않고, 마음의 수행이 되지 않은 탓**'이라고 적고 있다. 행복한 느낌에 마음이 제압당하는 것은 몸의 수행이 되지 않은 탓이고, 괴로운 느낌에 마음이 제압당하는 것은 마음의 수행이 되지 않은 탓이다, 라는 현재의 빠알리본의 내용과는 확실히 표면적으로는 다르다.

하지만, 우리는 여기서, 삿짜까에서 붓다께서 몸의 수행에 대해 물으신 후에 '**그대가 몸의 수행에 대해서도 모르는데 어찌 그대가 마음의 수행에 대해 알겠습니까!**' 라고 하셨던 대목을 떠올려 볼 필요가 있다. 거기서 필자는, 본문에서는 '**법다운 몸의 수행**'에 대해서는 따로 설명되지 않았지만, 몸의 수행이 곧 마음의 수행이고, 마음의 수행이 곧 몸의 수행이다, 라는 것이 붓다께서 말씀하신 그 '**법다운 몸의 수행**'의 뜻이고, 따라서 붓다께서는 삿짜까에게 그 법다운 몸의 수행에 대해 물어보셨던 것이지만, 그것에 바르게 답하지 못하자, 그대가 몸의 수행에 대해서도 모르는데 어찌 마음의 수행에 대해선들 알겠습니까, 라고 하셨을 것이라는 견해를 말했었다. 그럼으로 붓다께서 '**법다운 몸의 수행**'에 이어서 삿짜까에게 '**그대가 몸의 수행에 대해서도 모르는데 어찌 그대가 다시 마음의**

---

cid aginiveśyayana evaṃ ubhayāṃgenotpannā kāyikī duḥkhā vedana cittaṃ pariyā-dāya tiṣṭhati. utpannā kāyikī sukhā vedanā utpannā caitasikī duḥhā vedanā utpannā caitasikī sukhā vedanā cittaṃ paryā dāya tiṣṭhati taṃ ahaṃ abhāvitakā yaṃ vadāmy abhāvitacittaṃ ca. tat kasya hetor abhāvitatvād agniveśyāyana kāyasy(ā) bhāvitatvā(cci) ttasyotpannā kāyikī duḥkhā vedanā cittaṃ paryādāya tiṣṭhati. utpannā kāyikī sukhā vedanā utpannā caitasikī duḥkhā vedanā utpannā caitasikī sukhā vedanā cittaṃ paryādāya tiṣṭhati iyatā agniveśyā(ṃ)yana bhāvitakāyaś ca bhavati abhāvitacittā ca.」
*류진 교수는 caitasikI를 '內心'으로, citta를 '心'으로 구분해서 번역하고 있다.

수행에 대해 알겠습니까!' 라고 하셨던 그 '**마음의 수행**'이란 것도, 앞의 법다운 몸의 수행과 마찬가지로, 마음의 수행이 곧 몸의 수행이며, 몸의 수행이 곧 마음의 수행인, 그 '**마음의 수행**'인 것이다.

그렇다면, 여기서 붓다께서 '**행복한 느낌이 마음을 제압한 채 머물러 있으니, 몸의 수행이 되지 않은 탓**'이라고 하신 것은, 그것이 삿짜까가 생각하는 그 '몸의 수행'이 되지 않았다는 뜻이 아니라, 붓다께서 말씀하셨던 그 '**법다운 몸의 수행**'이 되지 않았다는 것이 된다. 그럼으로 이것은 『수신경』에서 언급된 내용과도 어긋나지 않고 일치한다. 『수신경』에서, 행복한 느낌에 마음이 제압당하는 것은 '몸의 수행이 되지 않고 마음의 수행이 되지 않은 탓' 이다, 라고 했을 때의 그 '몸의 수행이 되지 않고 마음의 수행이 되지 않은 탓'이라고 한 것과, 빠알리본에서의 '**몸의 수행이 되지 않은 탓이다.**'라는 내용은 서로 어긋나지 않는다는 것이다. 왜냐하면 붓다께서 말씀하시는 몸의 수행은 곧바로 법다운 몸의 수행을 뜻하는 것이고 '법다운 몸의 수행'은 다시 '몸의 수행이 곧 마음의 수행이다.'라는 것이기 때문에 '법다운 몸의 수행'과 '법다운 마음의 수행'도 또한 서로 다르지 않은 것이다.[24)]

---

24) 아날나요스님은 본인의 저서 『A comparative Study of the Majjhima nikaya』 volume 1(*이하 CSM으로 표기함), P.233에서 「맛지마니까야 버전은 오히려 행복한 느낌을 몸의 계발에 연결시키고, 괴로운 느낌을 마음의 계발에 연결시키고 있다. The Majjhima nikaya version instead relates pleasant feelings to the development of the body and painful feelings to the development of the mind.」 라고 적고 있다. 즉 그는 빠알리 본문에서 붓다께서 말씀하신 '행복한 느낌이 마음을 제압한 채 머물러 있으니, 몸의 수행이 되지 않은 탓이다.'라는 대목에서의 그 '몸의 수행'이라는 것은 곧 '법다운 몸의 수행'이며 그것은 다시 '마음의 수행'이라고 하신 붓다의 정의를 놓쳤기 때문에 이와 같이 생각하게 된 것이다.

그럼으로 위의 문장은 경전의 전달상의 오류가 절대 아니다.[25] 단지 붓다께서 사용하신 용어와 삿짜까가 사용한 용어의 정의가 다름에도 불구하고, 필자가 그것을 같은 것으로 착각해서 이해하다보니 생긴 오해일 뿐이다. 붓다께서는 2-1장에서 이미 '**그대는 어떤 것이 몸의 수행이라고 들었습니까?**' 라고 물어보셨고, 또 삿짜까에게 '**그것은 거룩한 자의 율법에서는 몸의 수행이 아닙니다.**' 라고 분명히 삿짜까가 사용하는 용어와 자신이 사용할 용어가 서로 다른 것임을 확인하셨다. 그리고 '**그대가 몸의 수행에 대해서도 모르는데 어찌 다시 마음의 수행을 알겠습니까!**' 라고 하시면서, '몸의 수행'이라는 용어뿐만 아니라, 고귀한 자의 율법에서 사용되는 '마음의 수행'이라는 용어에 대해서도 삿짜까는 알지 못

---

25) 빠알리본의 이 대목이 전달상의 오류가 아닌지 의심스럽다는 주장은 CSM/PP.232~245에 언급되어져 있다. 여기서 아날나요스님은 산스끄리뜨 필사본과 빠알리본의 내용을 비교하면서 다음과 같이 적고 있다. 「그래서 (맛지마니까야)의 주석서에서는 몸에 대한 계발을 위빳사나를 대표하는 것으로 해석하고, 마음의 계발을 사마디를 대표하는 것으로 해석한다. 이런 (주석서의) 설명은 산스끄리트본의 단편들의 설명보다 솔직하지 못한 것처럼 보이고, 전달상의 잘못일 수 있는 것을 합리화하려는 시도일 수 있다고 보여진다. The commentary then glossses development of the body as representing insight and development of the mind as standing for concentration. This explantion seems straightforward than the presentation in ths Sanskrit fragment and could be attempting to make sense of what may be a transmission error」 이에 덧붙여서 아날나요스님은 주석에서도 빠알리본의 내용에 이렇게 의문을 제기했다.
「Note146: 맛지마니까야 제35경에서의 질문하는 문장의 도입부에서의 yassa kassaci는 이에 상응하는 tassa 혹은 taṃ aha vadamī로 이어지지 않기 때문에 약간 공중에 매달려 있는 듯하다. 산스끄리뜨 버젼에서 yasya kasyacid는 다음의 taṃ ahaṃ …… vadamy에 의해 이어지는 것과 다르다. 이것은 빠알리어 본의 대화의 교차점에서 전달 상의 오류가 발생했다는 인상을 주며, 이로 인해 몸의 수행과 마음의 수행에 대한 언급은 단지 한 가지 유형의 느낌에만 연결되어졌다. The expression 'yassa kassaci' at the beginning of the passage in question in MN 36 hangs a little in the air, as it does not lead on to a corresponding tassa or tam aha" vadami, unlike the Sanskrit version, where yasya kasyacid is followed by tam aham …… vadamy. This gives the impression that a transmission error occurred at this junction of the Pali discourse, whereby the references to the "development of the body" and the "development of the mind" were associated with one type of feeling only.」

할 것이라는 점도 밝히셨다. 그런데도 필자를 포함한 일부의 사람들은, 삿짜까가 사용한 용어와 붓다께서 사용한 용어가 서로 다르다는 점을 분명히 밝혔음에도, 그것을 잊어버리고 두 사람이 사용한 용어를 같은 뜻으로 받아들였기 때문에 벌어진 혼란이었던 것이다.

〈악기웻사나여! 이와 같은 양 측면 모두, 즉 몸의 수행이 되지 않은 탓에 일어난 행복한 느낌이 마음을 제압한 채 머물러 있고, 마음의 수행이 되지 않은 탓에 일어난 괴로운 느낌이 마음을 제압한 채 머물러 있는 자는, 누구라도 악기웻사나여! 이와 같이, 몸의 수행이 되지 않고 마음의 수행이 되지 않은 자인 것입니다.〉

이제는 위의 문장을 이해하는 데 독자들도 어려움이 없을 것이다.[26] 법다운 몸의 수행(몸의 수행이 곧 마음의 수행이고, 마음의 수행이 곧 몸의 수행이라는)이 되지 않은 탓에, 일어난 행복한 느낌이 마음을 제압하여, 마음의 의지와 갈망이 하나가 되어서 머물게 되니, 계속해서 행복한 느낌을 갈망하게 되는 것이고, 법다운 마음의 수행이 되지 않은 탓에, 일어난 괴로운 느낌이 마음을 제압하여, 마음의 의지와 증오가 하나가 되어서 머물게 되니, 계속해서 괴로운 느낌을

26) 사실, 필자는 이 문장을 이해하기 위해 거의 4개월 동안 애를 썼다. 도대체 경전의 내용이 뒤죽박죽이라는 생각이 들었고, 경전의 내용이 너무도 혼란스러웠다. 도표까지 그려가면서 봐도 혼란스럽기는 매한가지였다. 그러다가, 필자가 주석에서 언급한 아날나요스님의 논문을 읽어보고는, 아날나요스님의 의견대로, 이것은 경전의 오류가 분명하다고 결론 내렸었다. 아날나요스님처럼 똑똑한 사람이 한 말이니까 틀림없을 것이라고 스스로를 위안하면서 말이다. 그러나 그러다가도 또 다시, 상좌부 노스님들이 그렇게 점검도 하지 않고 소홀히 경전을 보전했을 리가 없을 것이라는 생각이 들어서 다시 들여다보고 …… 그러기를 거의 4개월 동안 거듭했던 것 같다. 해를 보지 못하는 것은 장님의 잘못이지 해의 잘못이 아니라는 어느 경전의 비유가 문득 생각나는 대목이다.

증오하게 되는 것이다. 그런 까닭에, 세상에는 몸의 수행은 되었지만 마음의 수행이 되지 않은 사람이 있다거나, 마음의 수행은 되었지만 몸의 수행이 되지 않은 자가 있다거나 하는 것이 아니라, 몸의 수행이 되지도 않고 마음의 수행도 되지 않은 자가 있는 것이고, 같은 방법으로, 몸의 수행이 되고 마음의 수행도 된 자가 있게 되는 것이라고 말씀하신 것이다.

여기서 또한 주의를 기울여야 할 대목이 하나 더 있다. 삿짜까는 앞에서 계속, 느낌을 몸에서 일어난 것과 마음에서 일어난 것을 나누어서 말해왔다. 예를 들어서, 1-2장에서 '**신체에서 일어난 괴로운 느낌에 접촉되어진 …… 마음작용으로 일어난 괴로운 느낌을 겪게 됩니다.**'라는 식으로 느낌을 몸에서 일어난 것과 마음에서 일어난 것으로 나누었다. 하지만 붓다는 한 번도 행복한 느낌이든, 괴로운 느낌이든, 그것을 몸이나 마음에 국한해서 말씀하지 않으셨다는 점이다. 예를 들어서 2-1장의 본문에서처럼 '**여기 들은 바가 없는 범부에게 행복한 느낌이 일어납니다.**'라고 하면서, 느낌이 몸에서 일어났다든지, 마음에서 일어났다든지 하는 말씀을 전혀 없으셨다. 그러나 본문의 주석에서 필자가 인용한 한 저서에서는 산스끄리뜨본 『수신경』의 내용을 빌어서 이 부분을 이렇게 설명하고 있다.

> 몸의 계발은 육체적 불편함이나 혹은 통증으로부터 기원한 느낌들과의 지속적인 균형을 유지하려는 능력을 대표한다는 것이고, 한편 마음의 계발은 정신적인 스트레스나 혹은 즐겁지 않은 경험으로부터 일어나는 느낌들에 대한 같은 능력에 관한 것이다. 그러나 맛지마니까야 버전은 오히려 행복한 느낌을 몸의 계발에 연결

시키고, 고통스러운 느낌을 마음의 계발에 연결시키고 있다.[27)]

즉, 이 저서에서는 붓다께서는 행복한 느낌을 몸에서 일어나는 것으로 배치했고(붓다께서, 행복한 느낌이 마음을 제압하는 것은 몸의 수행이 되지 않은 탓이다, 라고 하셨기 때문에), 괴로운 느낌을 마음에서 일어나는 것(괴로운 느낌이 마음을 제압하는 것은 마음의 수행이 되지 않은 탓이다, 라고 하셨기 때문에)으로 배치했다는 것이고, 이런 빠알리본의 내용은 산스끄리트본과는 배치가 서로 다르다는 것이다. 하지만 붓다는 애시 당초부터 그렇게 느낌을 몸이나 마음에 배치하지 않았다. 비록 빠알리 경전에서는 〈행복한 느낌 → 몸의 수행〉, 〈괴로운 느낌 → 마음의 수행〉이라는 형식으로 되어 있지만, 이것은 앞에서 확인했던 것과 마찬가지로, 붓다와 삿짜까가 사용한 몸의 수행과 마음이라는 용어가 서로 그 정의가 다르다는 것을 놓쳤기 때문에 일으킨 오해일 뿐이다. 붓다께서 말씀하신 〈행복한 느낌 → 몸의 수행〉에서의 그 '몸의 수행'이라는 용어나, 〈괴로운 느낌 → 마음의 수행〉에서의 그 '마음의 수행'이라는 용어는 내용이 서로 다르지 않다. 고귀한 자의 율법에 맞는, 법다운 몸의 수행은 그것이 곧 마음의 수행이고, 법다운 마음의 수행은 그것이 곧 몸의 수행이니, 그런 의미에서의 '몸의 수행'과 '마음의 수행'을 말씀하신 것이기 때문이다.

---

27) 「Judging from this presentation, development of the body stands for the ability to maintain balance with feelings origination from bodily discomfort or pain, while development of the mind refers to the same ability in regard to feelings that arise due to mentally stressful or unpleasant experiences. The Majjhima nikaya version instead relates pleasant feelings to the development of the body and painful feelings to the development of the mind.」(CSM/P.234)

붓다께서는 이처럼, 느낌이 몸에서 일어났다거나 마음에서 일어난다거나 하는 구분을 하지 않으셨다는 것은, 붓다께서 세상의 모든 것을 다 '느낌'으로 일원화하여 그것으로부터 세상을 이해하는 방식을 취했다는 뜻이다. 현대물리학에서는 20세기가 넘어서야 겨우 '측정하기 전에는 실재가 존재하지 않는다.'라는 주장을 양자역학의 이름으로 제시하기 시작했다는 것을 생각해 보면, 붓다께서 이미 2500년 전에 세상을 이해하는 방식으로 이 '느낌으로의 일원화'를 제시하였다는 것은 참으로 놀라운 일임과 동시에, 진리를 추구하는 수행자들에게는 역으로 엄청나게 고무적인 일이 아닐 수 없다.[28] 붓다께서는 이미 〈상윳따니까야〉에서, 사람에게 있어서 '세상의 모든 것'이란, 결국 내가 눈으로 사물을 보고, 귀로 소리를 듣고, 코로 냄새를 맡고, 혀로 맛을 보고 몸으로 감촉하고, 머리로 무언가를 생각하는 것 안에서의 '세상의 모든 것'이라고 말씀하신 그것이[29] 바로 물리학자들이 말하는 그 '측정'이다. 즉 내 자신의 감각기관을 통해 인식되지 않은 것은 그것이 어떤 것이든 나에게는 존재한다고 말할 수 없다는 것이다. 그렇게 보고 듣고 생각하는 것은 다 '느낌'을 근거로 해서 일어나는 것이다.

---

28) 붓다에 의해서 수행의 핵심으로 선정이 강조된 이유는, 선정이라는 특수한 심리적 상태에서라야 사물의 존재가 어떤 형태로 자신에게서 일어나고 사라지는 것인지가 이해될 수 있기 때문일 것인데, 과학자들이 오랜 세월 동안 연구하여 찾아낸 '존재'의 정체가, 온전히 붓다라는 한 인간의 수행에 의해 이미 이해된 전력이 만약 확인된다면, 누구라도 그런 수행을 잘 이행한 자라면, 존재의 정체를, 과학자들이 지난 수세기 동안 해왔던 것과 같은 길고 복잡한 연구과정을 거치지 않고도 충분히 이해할 수 있다는 뜻이기 때문이다.

29) 「비구들이여, 무엇이 세상의 모든 것인가? 눈과 형상, 귀와 소리, 코와 냄새, 혀와 맛, 몸과 감촉, 생각과 법이니, 이것이 세상의 모든 것이라고 나는 말하노라. kiñca bhikkhave sabbaṃ cakkhuṃ veva rūpā ca sotañca saddā ca ghānañca gandhā ca jivhā rasā ca kāyo ca phoṭṭhabbā ca mano ca dhammāca idaṃ vuccati bhikkhave sabbaṃ」(SN4/P.15)

023

붓다, 수행이 된 경우를 설명하시다

“악기웻사나여! 어떤 자가 몸의 수행이 되고 마음의 수행이 된 자입니까? 악기웻사나여! 여기 들은 바 있는 고귀한 제자들에게 행복한 느낌이 일어납니다. 행복한 느낌에 의해 접촉되어 있는 그는, 행복을 갈망하는 자가 되지 않고, 행복을 갈망하지 않음에 이릅니다. 그에게 저 행복한 느낌이 소멸됩니다. 행복한 느낌의 소멸로부터 괴로운 느낌이 일어납니다. 괴로운 느낌에 의해 접촉되어 있는 그는, 근심하지 않고 걱정하지 않고 슬퍼하지 않고 가슴을 치지 않고, 당황하지 않습니다. 악기웻사나여! 그에게 일어난 행복한 느낌이 마음을 제압한 채 머물러있지 않나니, 몸의 수행이 된 탓입니다. 일어난 괴로운 느낌이 마음을 제압한 채 머물러있지 않나니, 마음의 수행이 된 탓입니다. 악기웻사나여! 이와 같이 양 측면 모두, 즉 몸의 수행이 된 탓에 일어난 행복한 느낌이 마음을 제압한 채 머물러 있지 않고, 마음의 수행이 된 탓에 일어난 괴로운 느낌이 마음을 제압한 채 머물러 있지 않은 자는, 누구라도, 악기웻사나여! 이와 같이 몸의 수행이 되고 마음의 수행이 된 자인 것입니다.”

〈**여기 들은 바 있는 고귀한 제자들에게 행복한 느낌이 일어납니다. 행복한 느낌에 의해 접촉되어 있는 그는, 행복을 갈망하는 자가 되지 않고, 행복을 갈망하지 않음에 이릅니다.**〉

여기서부터는 법을 듣고, 들은 법을 잘 수행하는 고귀한 제자들의 경우를 설할 차례다. 고귀한 제자들의 경우를 설명하는 본문에서의 "**행복한 느낌에 의해 경험되어 있는 그는**"이라는 문장은, 이전의 범부를 예로 들었을 때의 설명인 "**행복한 느낌에 의해 경험되어 있는 그는**"이라는 문장과 동일하다. 즉 수행이 된 자이건 수행이 되지 않은 자이건 간에, 모두가 일단 조건에 따라서 행복한 느낌이 접촉을 통해서 일어난다는 것이다. 다시 말해서 수(→ 상→ 행→ 식)의 과정에서의 '식'의 과정까지는 의식을 가진 모든 인간이 다 동일하게 겪을 수밖에 없는 과정이라는 것이다. 따라서 수행이 끼어들 여지가 없는 부분이다. 단지 그렇게 일단 경험된 행복한 느낌을 다시 갈망하느냐, 하지 않느냐는 부분에서만 자신의 결정이 유효해지고, 따라서 비로소 개인의 수행력이 적용되는 단계다.

여기서, 법을 듣고 들은 법을 배우고 익힌 고귀한 제자들은, 비록 행복한 느낌에 접촉이 되더라도, 그것이 단지 조건에 의지해서 일어난 것이지, 그 느낌 자체에 행복이 내재된 것이 아닌 줄을 헤아려 앎으로써 그것을 '행복한 것'으로 실체화하지 않고, 실체화하지 않으니 대상으로 삼지 않고, 대상으로 삼지 않으니, 그것을 갈망하는 주체로서의 나를 따로 설정하지 않게 되고, 주체로서의 내가 따로 설정되지 않음으로 그 느낌이 '나의 것'이 되지 않고, 나의 것이 되지 않으니 그 느낌을 행복한 것으로써 갈망하지 않게 되는 것이다. 마치, 결혼을 하지 않으면, 저절로 자식이 없게 되고, 자식이 없으면 저절로 며느리도 없게 되고, 며느리가 없으면 저절로 손자도 없게 되는 것과 같이, 처음에 자신에게 경험되어진 행복한 느낌의 정체를 잘 헤아려 알고, 그것을 따라가지만 않으면, 일부러 없애려고 해서 없어지는 것이 아니라, 세상의 모든 악한 상태들이 다 이와 같이 저절로 일어나지 않게 되는 것이다. 〈상윳따니까야〉에서는 이와 같이 고귀한 제자가 자신에게 일어난 느낌을 어떻게 분명하게 아는 지를 다음과 같이 구체적으로 설명하고 있다.

> 행복한 느낌이 생겨나면 그는 이와 같이 인지한다.
> '나에게 행복한 느낌이 일어났다. 이것은 조건 지워진 것이지 절대적인 것이 아니다. 무엇에 의지해서 조건 지워졌는가? 이 몸에 의해 조건 지워졌다. 그런데 이 몸은 참으로 무상하고 형성되었고, 조건에 의해 생겨난 것이다. 이렇듯 무상하고 형성되었고 조건에 의해 생겨난 몸에 조건 지워진 이 행복한 느낌이 어찌 항상할 수 있겠는가?'
>
> 이렇게 그는 몸에 관하여 그리고 행복한 느낌에 관하여 무상을 관찰하고 사라짐을 관찰함에 머물고, 탐욕이 소진됨을 관찰함에 머물고, 소멸을 관찰함에 머물고, 놓아버림을 관찰함에 머문다. 그가 몸에 대해 그리고 행복한 느낌에 대해 무상을 관찰함에 머물고, 사라짐을 관찰함에 머물고, 탐욕의 소진됨을 관찰함에 머물고 소멸을 관찰함에 머물고, 놓아버림을 관찰함에 머물면, 몸에

대한 그리고 행복한 느낌에 대한 탐욕의 잠재성향이 사라진다.[30)]

필자가 위에서 '통찰하다(pajānati)'라는 표현을 썼는데, 이것은 저절로 그렇게 자신에게 경험된 행복한 느낌이 무상한 줄(諸行無常), 조건에 일어난 것이기 때문에 실체가 따로 없는 줄(諸法無我), 그것을 갈망하면 괴롭게 되는 줄(一切皆苦)을 인지하게 되는 것은 아니라는 뜻이기도 하다. 겉으로는 오히려 항상할 것 같고, 실체로서 있는 것 같고, 움켜쥐면 행복이 있을 것 같지만, 그런 현상 너머에 적용된 이치인 무상과 무아와 고통을 분명하게 꿰뚫어 보아야 하는 것이기 때문에 이를 '통찰하다.'라고 한 것이다. 그렇게 통찰된 이치를 통해서 자신에게, 무상한 몸을 조건으로해서 일어난 이 느낌이 어찌 항상할 수 있겠느냐고, 스스로가 스스로를 설득하면서, 그 느낌을 대상화하지 않으면 아무리 행복한 느낌이 경험되더라도 그 느낌을 거듭해서 갈망하지 않게 되는 것이라고 붓다는 지금 우리에게 말씀하시는 것이다.

〈저에게 저 행복한 느낌이 소멸됩니다. 행복한 느낌의 소멸로부터 괴로운 느낌이 일어납니다. 괴로운 느낌에 의해 접촉되어 있어도 그는, 근심하지 않고 걱정하지 않고

---

30) 「uppajjati sukhā vedanā so evaṃ pajānāti uppanna kho me ayaṃ sukha vedanā sā ca kho paṭicca no apaṭicca kim paṭicca imaṃ? eva kāyaṃ paṭicca ayaṃ kho pana kayo anicco saṅkhato paṭicca samuppanno aniccaṃ kho panan saṅkhataṃ paṭicca samuppannaṃ kāyaṃ paticca uppannā sukhā vedanā kuto niccā bhavissatīti. so kāye ca sukhāya ca vedanāya aniccānupassī viharati. vayānupassī viharati virāgāmupassī viharati. nirodhānupassī viharati. patinissaggānupassī viharati tassa kāye ca sukhāya ca vedanāya aniccānupassino viharato vayānupassino viharato virāgānupassino viharato nirodhānupassino viharato paṭinissaggānupassino viharato yo kāye ca sukhāya ca vedanāya rāgānusayo so pahīyati.」(SN4/PP.211~212)

슬퍼하지 않고 가슴을 치지 않고, 당황하지 않습니다.〉

행복한 느낌의 소멸은 괴로운 느낌의 발생과 함께, 어느 쪽이 먼저라고 할 것이 없이 동시에 일어나고 동시에 사라진다. 그렇게 조건에 의지해서 괴로운 느낌을 경험하게 되더라도, 그는 결코 근심하지 않게 되고, 슬퍼하지 않게 된다는 것이다. 괴로운 느낌을 대상으로 삼아, 그 괴로운 느낌의 '자신의 느낌'으로 만들지 않았기 때문이다. 이것이 바로 '수행'이고 이런 수행을 통해서 괴로움으로부터 벗어남, 즉 '해탈(解脫)'에 이르게 되는 것이다. 자신의 죽음을 한 유기체의 죽음으로 객관적으로 납득할 수 있는 자라면, 죽음은 여전히 죽음이지만, 그 죽음은 더 이상 그에게 '나의 죽음'이 아니니, 증오의 대상이 되지 않는다.

이것은 붓다께서 웨살리의 중각강당에 계실 적에 일이다. 아마 대중들이 많이 모여 살던 곳에는 당시에도 늘 환자들을 위한 간병실(gelaññа)이 따로 마련되었던 것 같다. 요즘 식으로 말하자면, 열반을 앞둔 노스님들을 위한 '열반당' 같은 개념이었을 것이다. 여기서 붓다께서는 참으로 정신이 번쩍 들만큼 서늘한 말씀을 비구들에게 하셨다.

> 비구들이여, 그와 같이 비구는 몸이 무너지는 느낌을 느끼면서는 '지금 나는 몸이 무너지는 느낌을 느낀다.'라고 분명히 알아차린다. 목숨이 끊어지는 느낌을 느끼면서는 '나는 지금 목숨이 끊어지는 느낌을 느낀다.'라고 분명히 알아차린다. 그리고 그는 '지금 곧 이 몸이 무너져 목숨이 끊어지면 즐길 것 없는 이 모든 느낌들도 또한 바로 이곳에서 싸늘하게 식어버릴 것이다.'라고 분명히

알아차린다.[31]

죽음이 임박한 그 순간에도 참다운 수행자는, 자신에게서 일어나고 자신에 의해 경험되어지는 그 두려운 느낌을 물러서지 말고 당당하게 맞서서 바르게 보고 분명히 알아차려야 한다는 것이다. 생명체로서의 죽음은 그것을 두려워하는 자에게나, 두려워하지 않는 자에게나 모두 동일하게 일어난다. 두려워한다고 이미 깊어진 병이 나아질 길이 없는 줄을 안다면, 그래서 죽음이 이미 예정된 것인 줄을 안다면, 죽을 병이면 죽는 것이고, 살 병이면 사는 것이니, 그렇게 죽음의 순간에도 당당하게 맞서서 분명하게 알아차리라는 것이다. 그래야만 그에게 죽음은 그냥 죽음이고, 두려워하거나 싫어할 대상이 아니게 된다는 것이다. 죽음의 느낌을 대상으로 삼아서 두려워하거나 싫어하면, 죽기도 전에 '지레' 죽는 것이다.

〈이와 같이 양 측면 모두, 즉 몸의 수행이 된 탓에 일어난 행복한 느낌이 마음을 제압한 채 머물지 않고, 마음의 수행이 된 탓에 일어난 괴로운 느낌이 마음을 제압한 채 머물지 않는 자는 누구라도, 악기웻사나여! 이와 같이, 몸의 수행이 되고 마음의 수행도 된 자인 것입니다.〉

이와 같이, 고귀한 제자는 행복한 느낌에 의해 접촉되더라도, 그 느낌을 대상으로 삼지 않고, 대상으로 삼지 않으니 행복한 느낌을 갈망할 주체가 생기지 않고, 갈망할 주체가 생기지 않으니 갈망할

31) 「evaṃ eva kho bhikkhave bhikkhu kāyapariyantikaṃ vedanaṃ vediyamāno kāyapariyantikaṃ vedanaṃ vediyāmīti pajānāti jīvitapariyantikaṃ vedanaṃ vediyamano jīvitapariyantikaṃ vedanaṃ vediyāmīti pajānāti kāyassa bhedā uddhaṃ jīvitapariyādānā iddheva sabbavedayitāni anabhinanditani sītibhavissantīti pajānātī iti.」(SN4/P.214)

대상도 없게 되는 것이다. 여기서 붓다에 의해 사용된 '**몸의 수행**' 이란 용어는 이미 2-1장에서 설명된 바와 같이 '**법다운(dhammika) 몸의 수행(kāyabhāvanā)**'을 말하는 것이니, 몸의 수행이 곧 마음의 수행이고, 마음의 수행이 곧 몸의 수행인 바로 그 '몸의 수행'인 것이다. 그럼으로 이 세상에는 몸의 수행과 마음의 수행이 되지 못한 자가 있거나, 아니면 몸의 수행과 마음의 수행이 된 자, 이렇게 수행의 입장에서는 오직 두 종류의 수행자만이 있게 되는 것이다.

우리는 이미 앞선 2-1장에서, 붓다께서 사용하신 '**몸의 수행**'이나 '**마음의 수행**'이라는 용어는 삿짜까가 사용한 용어와 서로 정의하는 바가 다르다는 것을 확인했고, 경전의 내용에 대해 혹시나 의심을 갖게 되는 경우가 있다면, 그것은 이렇게 서로 용어에 대한 정의가 다르다는 것을 잠시 착각한 경우에 해당될 것이라는 점도 언급했었다. 그런데 본문의 이 대목에 대한 상좌부 스님들의 주석서 내용은, 이것과 비슷한 종류의 의문을 다시 제기하게 만든다. 본문의 위의 문장에 해당되는 대목이 주석서에서는 이렇게 설명되고 있다.

> '일어난 행복한 느낌이 마음을 제압한 채 머물지 않으니, 몸의 수행이 된 탓이요, 일어난 괴로운 느낌이 마음을 제압한 채 머물지 않으니, 마음의 수행이 된 탓이다.'라는 문장에서, 여기서의 몸의 수행이란 위빳사나요, 마음의 수행이란 사마디다. 위빳사나는 행복의 반대고, 괴로움과 가깝다. 사미디는 괴로움의 반대고 행복과 가깝다.[32)]

32) 「uppannāpi sukhā vedana cittaṃ na pariyādāya tiṭṭhati. bhāvitattā kāyassa. uppannāpi dukkhā vedanā cittaṃ na pariyādāya tiṭṭhati, bhāvitattā cittassāti. ettha kāyabhāvanā vipassanā cittabhāvanā samādhi. vipassanā ca sukhassa paccanīka, dukkhassa āsannā.

즉 본문에서 붓다께서 사용하신 '몸의 수행'이란 구체적으로는 위빳사나를 말하는 것이고 '마음의 수행'이란 구체적으로 사마디를 말한다는 것이다. 그러면서 위빳사나(觀, vipassana)는 행복과 반대되는 것이고 괴로움과 가까운 것으로, 사마디(止 samādhi)는 거꾸로 괴로움과 반대되는 것이고 행복과 가까운 것으로 각각 그 성격을 규정하고 있다. 이건 또 무슨 수수께끼 같은 소린가? 왜 위빳사나를 행복과 반대되고, 괴로움과 가까운 것이라고 했으며, 사마디를 괴로움과 반대되고, 행복과 가까운 것이라고 했는가? 그 이유에 대해 주석서는 이렇게 설명하고 있다.

> 왜 그런가? 위빳사나를 확립하고서 앉아 있는 자에게서 시간이 지나면서, 거기서 화기(火氣)같은 것이 일어난다. 겨드랑이에서 땀이 흐르고, 머리에서부터 불덩어리 같은 것이 발생하면서 마음이 파괴되고, 부서지고, 괴로워한다.[33)]

즉, 위빳사나를 수행하기 위해 앉아있다 보면, 시간이 지날수록 몸에서 화기가 올라오고, 땀이 나고 머리에서 불덩어리 같은 것이 일어나면서 마음이 산란해지고, 그것 때문에 괴롭게 된다는 것이다. 그래서 위빳사나는 행복과 반대되고, 괴로움과 가깝다는 것이다. 그럼으로 주석서의 내용에 따르자면, 행복한 느낌이 마음을 제압한 채 머물게 되는 것은 몸의 수행이 되지 않은 탓이고, 그것이 구체적으로는 위빳사나 수행을 행하지 않은 탓이 될 것이다. 이어

---

samādhi dukkhassa paccamīko, sukhassa āsanno.」(MA2/P.286)

33) 「kathaṃ vipassanaṃ paṭṭhapetvā nisinnassa hi addhāne gacchante gacchante tattha tattha aggiuṭṭhānaṃ viya hoti. kacchehi sedā muccanti matthakato usumavaṭṭiuṭṭhānaṃ viya hoti iti. cittaṃ haññati vihaññati vipphandati.」(MA2/P.286)

서 주석서는, 경전에서 붓다께서 괴로운 느낌에 마음이 제압당하는 것을 마음의 수행이 되지 않은 탓이라고 하신 것에서의 그 '마음의 수행'을 왜 사마디 수행을 말하는 것이라고 했는지를 다음과 같이 설명하고 있다.

> 몸으로부터 일어나고 마음작용으로부터 일어난 괴로움에서, 저 괴로움을 중지시키고 선정에 든 자에게 있어서, 선정에 드는 순간에, 괴로움이 멀리 떠나고, 많은 행복이 나타난다. 이와 같이 사마디는 괴로움의 반대이고, 행복과 가깝다.[34)]

사마디 수행을 통해 선정에 들면, 선정에 드는 순간에 몸이나 마음작용에서 일어난 괴로운 느낌들이 사라지고 오히려 행복한 느낌이 나타남으로, 마음의 수행이란 곧 사마디 수행을 말하는 것이라고 한 것이다. 그럼으로 마찬가지로 주석서의 내용대로라면, 괴로운 느낌에 마음이 제압당하게 되는 것은 마음의 수행이 되지 않은 것이고, 구체적으로는 사마디 수행이 되지 않은 탓이 되는 것이다.

이와 같이 몸과 마음의 수행을 위빳사나 수행과 사마디 수행으로 각각 배대해서 설명하고 있는 주석서의 내용이, 필자의 생각으로는, 꼭 필요한 내용이라고 할 수는 없지만 그렇다고 부정할 만한 내용도 아닌 것 같다. 부정할 만한 내용이 아니라고 하는 이유는, 이러한 주석서의 설명이, 본경에서 삿짜까가 주장한 것처럼, 몸의 수행이 따로 가능하고, 마음의 수행이 따로 가능하지만, 두 가지 수

34) 「uppanne pana kāyike vā cetasike vā dukkhe taṃ dukkhaṃ vikkhambhetvā samāpattiṃ samāpannassa samāpattikhaṇe dukkhaṃ dūrāpagataṃ hoti, anappakaṃ sukhaṃ okkamati evaṃ samādhi dukkhassa paccnīko sukhassa āsanno」(MA2/P.286)

행을 겸해야 한다는 것이 아니라, 몸의 수행이 곧 마음의 수행이고, 마음의 수행이 곧 몸의 수행이라는 붓다의 수행에 대한 정의를 따른 것이라면, 그래서 위빳사나 수행이 곧 사마디 수행이고, 사마디 수행이 곧 위빳사나 수행이라는 뜻이라면, 그렇다면 딱히 부정할 만한 내용은 아니라는 여겨진다는 것이다.

그런 의미에서 본다면, 대승불교권에서 위빳사나 수행과 사마디 수행에 관련되어 자주 사용하는 '止觀雙修(지관쌍수)'나 '定慧雙修(정혜쌍수)'라는 용어에 대해서도 다시 확인해야 할 부분이 분명 있을 것이다. 이것이 만약, 사마디와 위빳사나 수행의 두 개의 수행영역이 서로 독립적으로 성립 가능한 영역이지만, 단지 그것을 겸으로 함께 닦아야 한다는 뜻이라면, 이것은 우리에 앞에서 보았던 대로 몸의 수행영역과 마음의 수행영역을 독립적으로 따로 존재하는 영역으로 전제했던 니간타 삿짜까의 주장과 다름이 없기 때문이다.

필자가 2-1장의 주석에서 언급한 『A Comparative study of Majjinama Nikaya』에서는, 빠알리 주석가들이 이처럼 위빳사나 수행을 몸의 수행에 배대하고, 사마디 수행을 마음의 수행에 배대한 내용이, 마치 경전의 오류를 합리화 시키려는 주석가들의 시도처럼 보인다면서, 주석서의 설명을 부정적으로 평가하고 있다.[35] 하지만, 이 저서의 평가는 삿짜까가 사용한 용어와 붓다께서 사용한 용어의 정의가 서로 다르다는 점을 간과함으로써 본경의 내용에 대해 의심하게 된 것이며, 주석서에 대한 그 저서에서의 부정적인 평가 역시 같은 오류를 배경으로 해서 내려진 평가가 아닌가 싶다.

---

35) 주석 78번 참조.

3장

붓다, 자신의 경험을 통해 수행의 의미를 설명하시다

031 삿짜까, 붓다께서 말씀하신 수행의 정의를 이해하지 못하다
032 붓다, 자신의 출가를 말씀하시다
033 붓다, 알라라 깔라마와의 선정수행 경험을 말씀하시다
034 붓다, 웃다까 라마뿟따와의 선정수행 경험을 말씀하시다

031

삿짜까, 붓다께서 설하신 수행의 정의를 이해하지 못하다

"저는 고따마 존자에 대해서 '참으로 고따마 존자께서는 몸의 수행이 되고 마음의 수행이 된 분이다.' 라는, 이와 같은 믿음을 가지고 있습니다."

"악기웻사나여! 그대가 한 그 말은 참으로 도발적이고 비난받을 만합니다. 그렇지만 나는 그대에게 말하겠습니다. 악기웻사나여! 내가 머리와 수염을 자르고 가사를 입고 집에서 집 없는 곳으로 출가한 이래로, 일어난 행복한 느낌이 마음을 제압한 채 머물거나, 혹은 일어난 괴로운 느낌이 마음을 제압한 채 머물러 있었을 것이다, 라는 것은 가당치 않습니다."

"정말로 고따마 존자에게는, 일어나서는 마음을 제압하게 되는 그와 같은 행복한 느낌이 일어난 적이 없었습니까? 정말로 고따마 존자에게는, 일어나서는 마음을 제압하게 되는 그와 같은 괴로운 느낌이 일어난 적이 없었습니까?"

"악기웻사나여! 어찌 없었겠습니까?"

<"저는 고따마 존자에 대해서 '참으로 고따마 존자께서

는 몸의 수행이 되고 마음의 수행이 된 분이다.' 라는, 이 와 같은 믿음을 가지고 있습니다." "악기웻사나여! 그대가 한 그 말은 참으로 도발적이고 비난받을 만합니다."〉

필자는 여기서의 삿짜까의 발언이 왜 붓다에게 비난받을 만한 말로 받아들여지게 되었는지가 처음에는 이해되지 않았었다. 표면적으로 보자면, 삿짜까의 발언은 그냥 이제까지의 붓다의 발언을 순순히 인정한다는 뜻으로 이해해도 무방해 보였기 때문이다. 그래서 무언가 삿짜까가 말한 내용은 평범한 것이지만 그 말을 하는 그의 태도나 다른 어떤 것에서 비아냥거리는 느낌을 풍겼다거나, 아니면 어떤 중의적인 표현을 사용했기 때문에 붓다께서 그의 발언을 꾸짖으셨던 것은 아닐까, 하는 생각도 했었다.[1] 그런데 삿짜까의 발언을 자세히 살펴보고 나니, 역시 붓다께서 삿짜까의 발언에 대해, 비난받을 만한 말을 한다고 하신 이유가 삿짜까의 발언 속에 들어 있었다는 것을 알 수 있었다. 삿짜까는 이렇게 말했던 것이다.

evaṃ pasanno ahaṃ bhoto gotamassa bhavañhi gotamo bhāvitakāyo ca hoti bhāvitacitto ca iti.

저는 이와 같은 믿음이 고따마 존자에게 있습니다. 고따마

---

1) CSM/P.234에서 저자인 아날나요스님은 다음과 같이 이 대목을 평가했다. 「맛지마니까야본에 의하자면, 삿짜까는 이런 점에서, 그가 붓다가 마음뿐만 아니라, 몸에 대해서도 계발되었음을 믿고 있다는 것을 주장했다. 이 주장에 대한 붓다의 답변은 이것이, 붓다가 삿짜까의 말을 건방진 것으로 알아들은 것으로서 봐서는, 어느 정도 비꼬는 듯한 매너로 말해진 것임이 틀림없다는 것을 가리킨다. According to the Majjhima-nikaya version, Saccaka at this point proclaimed that he believed the Buddha to be developed in body as well as in mind. The Buddha's reply to this proclamation indicates that it must have been made in a somewhat ironic manner, as he notes that Saccaka's words are offensive.」

존자께서는 참으로 몸의 수행과 마음의 수행이 되신 분이다, 라는.

여기서도 필자는, 앞에서와 마찬가지로 붓다와 삿짜까가 서로 다른 정의로서 몸의 수행과 마음의 수행이라는 용어를 사용했다는 점을 잠시 또 간과했었다. 삿짜까가 말하는 것은 이것이다. 고따마 존자가 이제까지 '법다운 몸의 수행과 마음의 수행'이라는 것에 대해 설명했지만 그것은 별다른 것이 아니라 결국은 자신이 이미 앞에서 바른 수행의 예로 설명한, 몸의 수행과 마음의 수행이 함께 행해지는 것과 다를 바가 없다는 것이다. 그럼으로 고따마 존자는 자신이 앞에서 이미 말했던 기준에 맞게 수행된 사람이고, 그래서 자신은 고따마 존자의 말을 통해서, 자신이 붓다에게 주장했던 수행의 기준이 옳은 기준이었다는 믿음을 거듭 가지게 되었다, 라고 말한 것이다.

그래서 붓다께서는, 그대가 말한 몸의 수행과 마음의 수행은, 내가 말하는 몸의 수행과 마음의 수행과 같지 않다고 말하지 않았습니까? 분명 그것을 알고 있었을 터인데도, 그대는 여전히 그것을 같은 것이라고 고집하고 또 그렇게 말하다니, 그대의 그런 태도와 발언이 얼마나 많은 성인들의 덕을 훼손하고 그들을 비난하는 것인지를 도대체 알고 하는 말입니까? 라고 꾸중하셨던 것이다.[2] 이

2) 「아삿자 우빠니야, 라는 것은 덕을 훼손하면서, 또한 비난하면서, 라는 뜻이다. āsajja upanīyāti guṇe ghaṭṭetvā ceva upanetvā ca.」(MA2/P.287) 주석서에서 말한 덕(德 gune)이란, 붓다 당신의 덕뿐만이 아니라, 앞에서의 언급하신 '고귀한 자의 율법'을 가르치신 그 '고귀한 자들의 덕'을 뜻하는 것이니, 결국 삿짜까가 훼손하고 비난했다는 것은 붓다의 덕뿐만 아니라 고귀한 율법을 남기시고 가르치신 그 고귀한 자들 모두의 덕을 훼손하고 그들을 비난하는 것이다, 라는 뜻으로 붓다께서는 이

미 '**고귀한 자의 율법**'을 언급하면서 성인의 올바른 가르침을 전했음에도 삿짜까처럼 자신의 견해에 대한 집착 때문에 고귀한 자의 가르침을 제멋대로 해석해서 받아들인다면, 장차 고귀한 자들의 가르침이 세상에서 사라지게 될 것임을 걱정해서 하신 말씀이다.

그런데 〈설일체유부〉 소전의 산스끄리뜨 필사본 『수신경』의 내용에서는 애초부터 빠알리본과 같이 삿짜까가 붓다에게 비난받을 만한 말을 하는 장면이 들어있지 않고, 삿짜까가 붓다에게, 당신의 제자들인 비구들은 다들 그렇게 몸의 수행과 마음의 수행을 하고 있느냐고 물은 다음에 다시, 고따마 존자께서도 그러면 몸의 수행과 마음의 수행을 잘 하고 있느냐고 묻는 장면이 있다.

> "고따마 존자시여, 비구들은 그러면 정말 몸의 수행과 마음의 수행을 이미 하고 있습니까?"
> "아기니웻사야나여, 여러 비구들은 그렇게 몸의 수행과 마음의 수행을 이미 하고 있습니다."
> "고따마 존자도 또한 정말 이미 몸의 수행과 마음의 수행을 하고 계십니까?"
> "아기니웻사야나여, 당연합니다. 모든 바른 말을 하는 자들은 이와 같이 말합니다. 저 자는 이미 몸의 수행과 마음의 수행을 닦은 자다. 그는 두 방면에서 수행을 완료했다, 라고, 이는 곧 모든 바른 말을 하는 자가 응당히 나에 대해 말 한 것입니다."[3)]

말씀을 하신 것으로 필자는 이해하고 있다.

3) 『수신경』(PP.142~143)
kin nu bho gautama bhikṣavo po bhāvitakaya viharanti bhāvitacittā ca?
難道 僑達摩先生啊 諸比丘 亦是已修身和已修心者否?
"고따마 존자시여, 비구들은 그러면 정말 몸의 수행과 마음의 수행을 이미 하고 빠알리본의 내용에 대해 의심을 가졌을 때는, 이 『수신경』의 내용이 빠알리본에 비해 훨씬 합리적이고 정당하다고 느껴졌었는데, 나중에 보니, 오히려 이 경의 내용에는 빠알리본의 내용을 왜곡한 측면이 있어 보인다. 즉, 붓다께서는 '**고귀한 자의 율법**'에 맞는 내용의 용어 즉, 법다운 몸의 수행과 법다운 마음의 수행으로서 이 용어들을 사용하셨는데 『수신경』에서는 이러한 붓다의 용어가, 이러한 고귀한 자의 율법에 근거하지 않고 오직 니간타 자신들의 잘못된 세계관에 의해서 만들어진 그들의 용어와 같은 의미를 지닌 것처럼, 그렇게 내용이 구성되었다는 것이다. 그럼으로써 『수신경』의 내용은, 수행을 몸의 수행과 마음이 수행으로 나눈, 그래서 몸과 마음을 둘로 나누어 몸과 마음을 서로 독립적인 실체로서 전제하는 니간타의 세계관을 붓다께서 그대로 인정한 것으로 오인할 만한 내용이 되고 말았다.

붓다께서 앞에서 말씀하신 '**법다운 몸의 수행과 마음의 수행**'이란 『수신경』에서 언급된 것처럼 붓다를 '몸의 수행과 마음의 수행을 이미 닦은 자'라고 누군가가 인정했다거나 또는 붓다가 '이미 두 방

있습니까?"
bhikṣavo nute agiveśyāyana bhāvitakāyāś ca viharanti bhāvitacittāś ca?
諸比丘今是 火種居士啊 已修身和已修心者
"화종거사여, 여러 비구들은 그렇게 몸의 수행과 마음의 수행을 이미 하고 있다."
kin nu bhavān api gautamo bhavitakayo bhavati bhāvitacittaś ca?
難道 僑達摩先生亦是已修身和已修心者否?
"고따마 선생도 또한 정말 이미 몸의 수행과 마음의 수행을 하고 계십니까?"
anuyukta iti maṃ tat samyagvadanto vadeyus.
当, 火種居士啊, 諸正語者如此說道 彼爲已修身和已修心者, 其在兩个分支上奉行修了 則諸正語者 應在說我
"화종거사여, 당연하다. 모든 바른 말을 하는 자들은 이와 같이 말한다. 저 자는 이미 몸의 수행과 마음의 수행을 닦은 자다. 그는 두 방면에서 수행을 완료했다고, 이는 곧 모든 바른 말을 하는 자가 응당히 나에 대해 말한 것이다."

면에서 수행을 완료'한 자로 인정받았다는 것으로는 설명되거나 충족되는 내용이 아니다. 게다가 이런 『수신경』의 내용은 붓다와 붓다의 제자들인 비구들은 니간타들과 달리, 몸의 수행과 마음의 수행을 제대로 완성한 자이고 제대로 수행하는 자들이다, 라는 것을 붓다 스스로 밝히는데 중점을 둔 문장이 되어버려서, 빠알리본의 내용에 비하자면 아무래도 궁색한 느낌을 지울 수 없다.

〈그렇지만 나는 그대에게 말하겠습니다. 악기웻사나여! 내가 머리와 수염을 자르고 가사를 입고 집에서 집 없는 곳으로 출가한 이래로, 일어난 행복한 느낌이 마음을 제압하면서 머물거나, 혹은 일어난 괴로운 느낌이 마음을 제압한 채로 머물러 있었을 것이다, 라는 것은 가당치 않습니다."〉

붓다께서는 언제 어떤 상황에서도 '붓다의 일'을 하신다. 세상에서의 붓다의 일이란 결국 법을 전하는 것 이외에 다른 것이 아니다. 삿짜까가 아무리 말귀를 알아듣지 못하고 여전히 자신이 견해만을 고집하는 범부의 짓을 하라도, 붓다께서는 자신의 일인 법을 전하는 일에 주저함이 없으시다. 그래서 말씀하신 것이다. '**그렇지만 나는 그대에게 말하겠습니다.**'[4)]

삿짜까가 여전히 알아듣지 못하는 것, 혹은 알아듣고도 자신의 견해에 대한 집착 때문에 받아들이지 않은 것은 붓다께서 말씀하신 '**법다운 몸의 수행과 마음의 수행**'이라는 용어에 대한 정의다.

4) 필자가 '그렇지만 나는 그대에게 말하겠습니다.'라고 번역한 문장은 'api ca te ahaṃ byākarissāmi'이다. 여기서 'api ca'를 필자는 '그렇지만'이라는 뜻으로 보고 위와 같이 번역했다.

붓다께서는 법다운 몸의 수행과 법다운 마음의 수행이 한 개인에게 어떻게 완성되는지를 이미 범부와 고귀한 제자를 예로 들어서 설명하셨다. 법다운 수행이냐 아니냐의 기준은, 일어난 느낌이 행복한 느낌이든지, 괴로운 느낌이든지, 그 느낌이 몸에서 일어난 것이든지 마음작용에서 일어난 것이든지, 그런 것들과 상관없이, 일어나고 경험된 어떠한 느낌이라도, 그 느낌이 자신의 마음을 제압하면서 머물게 하느냐 아니냐에 달려 있다는 것을 설명하셨던 것이다. 하지만 그렇게 구체적으로 예를 들어가며 설명되었음에도 불구하고 삿짜까는 법다운 수행의 의미와 그 과정을 여전히 이해하지 못했고, 그래서 엉뚱한 소리를 했던 것이다.

그래서 붓다께서는 자신의 수행을 예로 들면서 다시 이것을 설명하시려는 것이다. 자신이 처음 출가하여 수행자로서의 삶을 시작할 때부터 지금까지, 깨달음에 도달되기 전이나 깨달음에 도달된 이후거나, 한 번도 일어난 행복한 느낌에 의해 마음이 제압당한 적이 없었고, 일어난 괴로운 느낌에 의해 자신의 마음이 제압당한 적이 없었다는 것을 말씀하신다. 즉 진정한 의미의 수행, 고귀한 자들의 율법에서의 몸의 수행과 마음의 수행이란 바로 그런 것을 말하는 것이고, 그것은 단지 말로서만 전해지는 것이 아니라, 나 자신의 수행 기간 동안 직접 나 자신에게서 확립되었던 사실임을 말씀하신 것이다. 붓다께서는 그렇게 6년간에 걸쳐 행해진 자신의 수행 경험을, 일어난 느낌에 의해서 마음이 제압당했느냐, 제압당하지 않았느냐, 라는 단 한가지의 기준으로 정리하여 설명하고 계신 것이다.

〈"정말로 고따마 존자에게는, 일어나서는 마음을 제압하게 되는 그와 같은 행복한 느낌이 일어난 적이 없었습니까? 정말로 고따마 존자에게는, 일어나서는 마음을 제압하게 되는 그와 같은 괴로운 느낌이 일어난 적이 없었습니까?" "악기웻사나여! 어찌 없었겠습니까?"〉

이렇게까지 붓다께서 말씀하셨음에도 불구하고, 삿짜까는 여전히 헤매고 있었다. 붓다께서 말씀하신 바는, 출가한 이래로 어떠한 느낌에도 자신은 마음을 제압당한 적이 없었다는 것인데 삿짜까는 엉뚱하게, 즐겁고 괴로운 느낌이 일어난 적이 아예 없었다는 말이냐? 라는 질문을 하고 있으니 말이다.[5] 이것으로 붓다에 의해서

---

5) 초기불전연구원의 한글 번역서인 『맛지마니까야』(제2권 P.162)에는, 무언가의 착오겠지만 「정말 고따마 존자께는 이미 일어난 행복한 느낌이 마음을 제압하면서 머문 적이 없었다는 말입니까? 정말 고따마 존자께는 이미 일어난 괴로운 느낌이 몸을 제압하면서 머문 적이 없었다는 말입니까?」라고, 삿짜까가 질문하는 내용이, 느낌에 마음을 제압당한 적이 있었느냐 없었느냐를 물은 것으로 번역되어 있다. (초불의 『맛지마니까야』 2권 P.174 주석130)에서 "여기서부터 아래 §25까지 각 문단의 끝에 반복해서 나타나는 이 문장은 위 §11에서 삿짜까가 '정말 고따마 존자께서는 이미 일어난 괴로운 느낌이 몸을 제압하면서 머문 적이 없었다는 말입니까?'라고 질문 드린데 대한 세존의 대답이다"라고, 이 문장이 다시 같은 내용으로 언급되었다. 이것은 본문에서의 부정사 na가 머물다, 라는 의미의 동사 tiṭṭhati의 원망형 tiṭṭheyya를 부정하는 것으로 해석한 것인데, 이 부정사는 일어나다, 라는 뜻의 동사인 uppajjati를 부정하는 것으로 해석해야 문맥이 맞는다. 이렇게 번역이 되면, 뒤에 이어지는 붓다의 대답인 '어찌 없었겠습니까? kiñhi no siya'라는 것이, 난들 느낌에 마음을 제압당한 적이 왜 없었겠습니까, 라는 뜻이 되어버린다. 붓다께서 어찌 없었겠습니까? 하는 답은, 난들 왜 느낌이 일어난 적이 없었겠습니까? 느낌은 누구에게나 일어납니다.라는 뜻에서 한 말이 되어야 맞을 것이다. 또한 주석서에서 언급된 바도 이와 같다. 「어떻게 없을 수 있겠습니까? 악기웻사나여! 라는 대목은, 악기웻사나여, 어찌 없겠습니까? 참으로 있을 것입니다. (라는 뜻이다. 그러니) 그대는 그와 같이(느낌 자체가 일어난 적이 없었다는 식으로) 생각함이 있어서는 안됩니다. 참으로 나에게도 즐겁거나 괴로운 느낌이 일어날 것이지만, 또한 일어난 저것에게 나는 마음이 제압당하고 머무는 것을 용납하지 않습니다.(라는 뜻이다.) kiñhi no siyā, aggivessanāti, aggivessana kiṃ na bhavissati, bhavissat'eva mā evaṃ saññī hohi. uppajjiyeva me sukhapi dukkhapi vedana uppannāya pan'assā ahaṃ cittaṃ pariyādāya ṭhatuṃ na demi.」(MA2/P.287)

참고로 이 대목에 대한 일역과 빅쿠보디스님의 영역의 내용, 그리고 전재성 씨의 한글 번역본의 내용에는 필자의 번역과 같이, 삿짜까가 붓다에게, 행복한 느낌이나 괴로운 느낌이 일어난 적이 없었냐고 물은 것으로 되어 있다. 「고따마 존자에

이미 2장에서 설명되었던 내용을 삿짜까는 여전히 이해하지 못하고 있다는 것이 드러났다. 사람에게 느낌이 일어나는 과정과, 일어난 행복한 느낌을 갈망하거나 일어난 괴로운 느낌을 증오하게 되는 과정이 서로 다른 과정임을 삿짜까는 여전히 이해하지 못했던 것이고, 그런 까닭에 느낌이라는 것에 제압당하지 않는 것과 느낌이라는 것이 일어나지 않는 것의 차이를 삿짜까는 여전히 구분하지 못하고 있었던 것이다. 이유는 간단하다. 붓다께서는 이미 앞에서 느낌에 제압당하는 범부의 경우와 제압당하지 않는 고귀한 제자의 경우를 나누어서 친절하게 설명하셨지만, 그 '범부'가 자기 자신인줄을 알아차리지 못하는 삿짜까는 자신이 집착하는 견해에 따라 붓다의 말씀을 또한 '범부의 방식'으로 해석하고 있었기 때문이다.

그래서 붓다께서 '**어찌 없었겠습니까?**' 라고 답하신 것이다. 느낌은 그것이 행복한 느낌이든 괴로운 느낌이든, 느낌은 누구에게나 접촉을 통해서 일어나는 것이니 나에겐들 행복한 느낌이 어찌

게 실로 이미 일어난 행복한 느낌이 마음을 제압하여 있는 것과 같은, 그와 같은 행복한 느낌이 일어나지 않았고, 또한 고따마 존자에게 실로 이미 일어난 괴로운 느낌이 마음을 제압하여 있는 것과 같은, 그와 같은 괴로운 느낌이 일어나지 않았습니까? 卿瞿曇には實に已生の樂受が心を捕へて在るが如き,是の如き樂受は生ぜず 又卿瞿曇には實に已生の苦受が心を捕へて在るが如き苦受は生ぜざるや, と.」(Nan9/P.414)
「자신의 마음을 침범하고 머물 수 있는 그런 행복한 느낌으로서의 느낌이 일어난 적이 없었습니까? 자신의 마음을 침범하고 머물 수 있는 그런 괴로운 느낌으로서의 느낌이 일어난 적이 없습니까? Has there never arisen in Master Gotama a feeling so pleasant that it could invade his mind and remain? Has there never arisen in Master Gotama a feeling so painful that it could invade his mind and remain?」(MDB/P.335)
또 뭔가의 착오겠지만, 초기불전의 번역서에서는 빠알리본에서 '행복한 느낌이 마음을 제압하고, 괴로운 느낌이 마음을 제압하고'라고 번역되어야 할 대목인 'uppannā sukhā vedanā cittaṃ pariyadaya tiṭṭheyya …… uppannā dukkhā vedanā cittaṃ pariyādāya tiṭṭhaeyyāti.'라는 문장이 '행복한 느낌이 마음을 제압하고, 괴로운 느낌이 몸을 제압하고'라고 잘못 번역되어 있다.

일어나지 않았을 것이며, 괴로운 느낌이 어찌 일어나지 않았겠습니까? 수행자였던 시절에도, 그리고 깨달음을 완성한 이후에도, 나에게 행복한 느낌이 접촉을 통해서 일어났고, 괴로운 느낌이 접촉을 통해서 일어났고, 즐겁지도 괴롭지도 않은 느낌이 접촉을 통해서 일어났습니다, 라는 뜻으로 하신 대답이다. 이미 앞에서, 느낌이라는 것은 누구에게나 일어나는 것이지만, 그 느낌에 제압당하느냐, 제압당하지 않느냐에 따라 범부와 고귀한 제자의 길이 나뉘는 것이라고 설명했지만, 그래도 알아듣지 못하는 삿짜까를 위해, 어찌 나에겐들 느낌 자체가 일어나지 않았겠습니까? 라고 하시면서, 자신에게도 행복한 느낌이 일어났었고, 괴로운 느낌도 일어났었다는 것을 직접적으로 확인시켜주신 것이다.

032

붓다, 자신의 출가를 말씀하시다

악기웻사나여! 여기, 바른 깨달음 이전에, 아직 바른 깨달음이 성취되지 못한 보살이었던 나에게, 이런 것이 있었습니다. '가정을 가진 자의 삶이란 번잡하고 때가 낀 길이지만 출가한 자의 삶은 열려있다. 가정을 가진 자로 살면서, 언제나 완벽하고, 언제나 청정한, 마치 잘 연마된 조개껍질과 같은, 그런 청정한 수행을 실천하기란 쉽지 않다. 그러니 나는 이제 머리와 수염을 깎고 황색 가사를 입고, 집에서 집 없는 곳으로 출

가하리라.' 라고. 악기웻사나여! 그런 나는 그 후에, 젊어서 머리가 칠흑같이 검고, 부러워하는 젊음을 갖춘 인생의 초년기에, 부모가 원치 않아 눈물을 흘리며 통곡하심에도 불구하고, 머리와 수염을 깎고 황색 가사를 입고, 집에서 집 없는 곳으로 출가했습니다.

··

〈여기, 바른 깨달음 이전에, 아직 바른 깨달음이 성취되지 못한 보살이었던 나에게, 이런 것이 있었습니다. '가정을 가진 자의 삶이란 번잡하고 때가 낀 길이지만 출가한 자의 삶은 열려있다. 가정을 가진 자로 살면서, 언제나 완벽하고, 언제나 청정한, 마치 잘 연마된 조개껍질과 같은, 그런 청정한 수행을 실천하기란 쉽지 않다. 그러니 나는 이제 머리와 수염을 깎고 황색 가사를 입고, 집에서 집 없는 곳으로 출가하리라.' 라고〉

이렇게 자신에게도 행복한 느낌이 일어났었고 괴로운 느낌이 일어났었다는 것을 확인시켜준 붓다께서는, 곧바로 자신이 수행자 시절에 어떤 상황에서 자신에게 그 느낌이라는 것들이 접촉을 통해서 일어났었고, 그때 자신은 또 어떤 선택을 했었는지를 설명하기 시작하셨다. 말하자면 이것은 붓다께서는 지금 자신의 '법의 출처(source)'를 공개하고 계신 것이다. 누구에게나 공개되어 있으니 그대도 생각이 있거든, 이런 식으로 한 번 이 법을 실험해 보십시오! 이것이 붓다께서 법을 설하시는 방법이고, 이것이 바로 붓다께서 스스로 자신의 법을 '바로 여기서 볼 수 있는 것이고, 지체되지 않는 것이고, 와서 확인할 수 있는 것이고, 향상으로 이끄는 것이고, 지혜로운 자가 스스로 경험하는 것[6]이라고 묘사하셨던 그 내용이기도 하다. 붓다께서는 비록 삿짜까에게서 힘 빠지는 질문을 받으셨지만, 삿짜까를 비난함 없이, 어떠한 망설임 없이, 곧바로 이렇게 삿짜까를 일깨워주기 위해 '붓다의 일'인 법을 설하는 일을 시작하신 것이다.

그런데 생각해 보면, 사실 붓다에게 있어서 법을 설함에 망설임이 일어났던 적이 전혀 없었던 것은 아니다. 우루웰라의 보리수 나무 아래서 깨달음에 도달된 직후에, 붓다에게 법을 설함에 대한 망설임이 한 번 일어났었다고 스스로 말씀하신 적이 있었다. 하지만 인연 있는 중생을 위해, 자신은 평생토록 법을 설하리라, 라는 결심하신 이후로는 두 번 다시 붓다의 인생에서 법을 설하는 것에 대한 망설임을 보이신 적이 없으셨다. 〈율장〉 대품의 『제석천의 권청』에서는 당시 붓다의 그런 망설임에 대해 이렇게 적고 있다.

> 그때 세존께서 외딴 곳에서 홀로 선정에 드셨을 때에, 이와 같은 생각이 마음에 떠올랐다.
> '내가 깨달은 이 법은 심오하여 알기 어렵고, 깨닫기 또한 어려우며, 고요하고 뛰어나서, 추론할 수 없고, 미묘하기 때문에, 지혜로운 자들에게만 알려지는 것이다. 그러나 사람들은 감각적 쾌락에 대한 집착을 즐기고, 감각적 쾌락에 대한 집착을 기뻐하고, 감각적 쾌락에 대한 집착에 만족해함으로써, 이와 같은, 조건에 의지

---

6) 제38경 『마하탕하상캬 숫따』(MN1/P.265) 「이 법은, 바로 여기서 볼 수 있는 것이고, 지체되지 않는 것이고, 와서 확인하는 것이고, 향상으로 이끄는 것이고, 지혜로운 자가 스스로 경험해야 하는 것이라고, ayaṃ bhikkhave! dhammo akāliko, ehipassiko, opanayiko, paccattam veditabbo viññūhīti iti,」

해서 일어나는 발생의 이치인 이 연기법을 보기 어렵고, 이와 같은 모든 의도적 형성의 멈춤, 모든 집착의 포기, 갈애의 파괴, 사라짐, 소멸, 열반도 보기 어렵다. 내가 이 법을 가르쳐도 다른 사람들이 나를 이해하지 못한다면, 이것은 나에게 피곤한 일이 되고, 나에게 곤경이 될 것이다.[7]'

즉, 세상 사람들은 감각적 쾌락에 대한 집착이 이미 내재화 되어진 상태이기 때문에, 그들에게 연기법이나, 연기법에 의해 번뇌를 소멸하고 열반에 이르게 하는 수행의 과정을 아무리 설명하더라도 그들은 알아듣지 못할 것이다. 그러니 그들에게 법을 설하는 것은 결국 나만 피곤하게 만드는 일이 아니겠는가, 라는 생각을 처음에는 붓다께서도 분명히 하셨고, 그래서 붓다께서는 그저 조용히 자신의 깨달음 안에 머물면서 침묵하려고 하셨던 것이다. 그러나 붓다의 마음속에서 이런 생각들이 일어났고, 또 그렇게 마음에서 일어난 생각을 말씀으로 표현하시는 것을[8] 알아들은 어떤 한 인물이 있었다. 그는 붓다에게 다가와서 세 번에 걸쳐서 거듭 붓다께 간청했다. 세상에는 아직 탐욕에 물들지 않은 사람들도 분명히 있을

---

7) 『brahmāyācanakathā』(Vin1/PP.4~5) 「atha kho bhagavato rahogatassa paṭisallīnassa evaṃ cetaso parivitakko udapādi ;adhigato kho myāyaṃ dhammo gambhīro duddaso duranubodho santo paṇīto atakkāvacaro nipuṇo paṇḍitavedanīyo. ālayarāma kho panāyaṃ pajā ālayaratā ālayasammuditā. ālayarāmāya kho pana pajāya ālayaratāya ālayasammuditāya duddasaṃ idaṃ thānaṃ yaddidam idappaccayatā paccasamuppādo, idaṃpi kho thānaṃ suddasam yadidaṃ sabbasaṅkhārasamatho sabbūpadhipaṭinissaggo taṇhākkhayo virāgo nirodho nibbānaṃ. ahañceva kho pana dhammaṃ deseyyaṃ pare ca me na ājāneyyuṃ, so mamassa kilamatho, sā mamassa vihesāiti.」

8) Vin1/P.5 본문에서는 먼저 마음속에 그런 생각들이 떠오르고(udapādi), 그 다음은 그 내용이 게송의 형태로 나타났다.(paṭihāti)라고 적고 있다. 하지만 아마 게송의 부분은 붓다께서 마음속으로만 생각하셨던 내용이 아니라, 스스로 자신의 입을 통해서 누군가에게 말씀하셨을 것이고, 붓다의 마음속의 생각이 그 사람들에게 전해졌을 것이다.

것이니, 그들을 위해서라도 붓다께서는 설법을 포기하지 마시라고 말이다.

〈율장〉에서는 붓다에게 다가와 이렇게 간청한 인물을 '사함빠띠(sahampati)'라고 적고 있다. 그는 주석서 상에서, 가장 위대한 범천(mahābrahmā) 혹은, 가장 오래된 범천(jeṭṭhabrahmā)이라고도 일컬어지는 자이다. 사함빠띠에 대한 '위대한' 혹은 '가장 오래된'이라는 이런 표현들은 모두 그가 아주 권위 있는 신이라는 것을 나타내기 위해 일부러 사용된 표현들일 것이다. 사함빠띠에 대해서는 여러 가지 이야기들이 전해지고 있기는 하지만, 당시의 인도에서, 일반적으로 어떤 신이 사람들의 마음속에 자리 잡게 되는 과정과 동일하게, 사함빠띠라는 것도 그저 사바세계의(sahām) 주인(pati)이라는 개념으로서 먼저 상상되고 이름이 먼저 존재하다가, 나중에는 그러한 이름의 신으로 굳어진 경우가 될 것이다. 어차피 누구도 그런 신을 사람들 앞에 데리고 와서 존재를 입증할 수 없었을 것이기 때문에, 거꾸로 누구라도 필요하다면 그런 이름의 신을 마음대로 사용할 수 있었을 것이다.

예를 들어서, 위에서 인용한 〈율장〉의 내용이 원래는 단지 붓다께서 과거 시절을 회상하면서 당시의 자신에게 일어났던 생각들을 이야기 하는 도중에 전해진 것인데, 이 이야기를 전해들은 〈율장〉의 기록자들은 이것을 사람들에게 전달하기 위해서는 사함빠띠라는 권위 있는 신의 이름을 가탁하는 것이 필요하다고 생각했을 지도 모른다. 그래서 그들은 사함빠띠를 신으로 인정하는 당시의 사람들에게 붓다의 말씀을 효율적으로 전달하기 위해서, 붓다의 마음속에서 일어났던 생각들을 붓다와 사함빠띠의 대화라는, 뭔가 흥미를 불러일으킬 만한 형식으로 재구성했을 수도 있다. 그렇게 하더라도 그 내용이 의심스럽다면서, 사함빠띠를 불러와서 내가 직접 확인해 봐야겠다! 라고 주장할 사람은 어차피 없었을 테니까 말이다.

그런 존재로서의 사함빠띠는, 중생들 가운데도 틀림없이 붓다의 가르침을 알아들을 사람들도 있을 것이니, 부디 세존께서는 그들에게 법을 알아들을 기회를 주시라고 붓다에게 거듭 청하게 되었다고 하고, 결국 붓다께서도 다시 마음을 돌리시어 세상을 향해 법을 설하실 것을 결심하게 되었다고 〈율장〉의 기록은 전하고 있다. 그런 〈율장〉의 기록이 실제로 어떤 과정에서 일어난 것인지 확인할 길은 없지만 어쨌든 필자가 중요하게 생각하는 대목은, 붓다께서도 처음에는 법을 전하는 일에 망설였던 적이 있었음을 스스로 밝히셨다는 것이고, 그럼에도 불구하고 세상을 향해 법을 펼치시기로 결심하신 이후로는, 45년간 지속된 전법의 기간 동안, 오직 법을 설하시는 것에만 집중하시고, 법을 펼치심에 망설이셨던 적이 붓다에게는 단 한 차례도 없으셨다는 사실이다. 법을 전해들은 자들이 어떤 반응을 보이더라도 말이다. 어차피 법에 대한 이해는 듣는 자가 스스로 법을 경험해야만 가능한 것이고, 그렇게 법을 경험할 수 있게 만드는 조건들이라는 것이 붓다 자신의 가르침이나 기대만으로 충족되는 것이 아닌 줄을 아셨을 것이니, 이는 어쩌면 당연한 일일 것이다. 그래서 붓다의 가르침을 들은 자들 가운데는, 삿짜까처럼 엉뚱한 소리를 하는 자들도 있었고, 대놓고 붓다를 면전에서 비방하는 자들도 있었고, 심지어는 붓다를 살해하려는 자들까지도 있었지만, 그들의 어떠한 반응에도 기뻐하지도 않으시고, 또 낙담하지도 않으시며,[9] 오직 법을 펼치심에만 몰두하셨던 것이다. 이것은 참으로 붓다를 모범으로 삼아 살아가려는 불교 수행자라면 늘 유념해야 할 대목이 아닐까 싶다.

그러면 이제 본문을 보도록 하자. 붓다께서는 그렇게 어떠한 망설임도 없이, 삿짜까에게 자신의 수행자 시절의 이야기를 시작하시는데, 여기서 먼저 눈에 뜨이는 대목은 붓다 스스로 수행자 시절의 자신에 대해 '**아직 바른 깨달음이 성취되지 못한 보살이었던 나에게**'라고 말씀하신 곳이다. 빠알리 경장에서도 '보살'이라는 용어가 등장하는 곳은 적지 않다. 〈율장〉에서나 붓다의 전생담인 〈자따까〉에서도 보살이라는 용어는 등장하지만, 빠알리 삼장에서 사용된 모든 '**보살**(bodhisatta)'이라는 용어는 언제나 본문에서의 예처럼 '**아직 바른 깨달음이 성취되지 못한**' 수행자, 라는 뜻으로만 사용되었지, 대승불교에서처럼, 수행의 주체로서 언급된 그런 보살의 의미로 이 용어가 사용된 예는 없다.[10]

대승불교에서는 기존의 출가와 재가로서 수행자를 나누었던 기준 대신에, 도를 구하려는 마음을 일으키고 있는지(發菩提心) 아닌지를 수행자를 규정하는 기준을 삼았고, 그렇게 도를 구하려는 마

---

9) 제18경 『알라갓뚜빠마 숫따』(MN1/P.140) 붓다께서는 제자들에게 이렇게 말씀하셨다. 「만약 그대들을 또한 다른 이들이 매도하고 비난하고 비방하더라도, 그것에 대해 그대들에게 귀찮아함도, 씁쓸해함도, 낙담함도 있어서는 안 된다. …… 후하게 대접하고, 존중하고, 존경을 표하고, 잘 받든다고 하더라도 그것에 대해 그대들에게 희열이 행복이 마음의 우쭐함이 있어서도 안 된다.」

10) 이에 대해서는 빅쿠보디스님의 아래의 논문을 참조할 수 있다. 「Arahants, Bodhisattvas, and Buddhas」, Ven. Bhikkhu Bodhi(2010)/ http:accesstoinsight.org./lib./authors./bodhi./arahantsbodhisattvas.html.

음을 일으킨 자는 출가자이든 재가자이든 상관없이 모두 '보살'이라고 규정하고 있다. 그런데 이런 대승불교에서의 보살의 정의는 대승불교 시대에 와서 비로소 새롭게 만든 것이 아니었던 것 같다. 빠알리 경전에서 붓다에 의해서 언급된 '보살'이라는 용어에서도 이미 그런 정의가 적용되기 때문이다. 붓다께서는 자신이 아직 출가를 하지 않고, 단지 진리에 대해 이런 저런 것을 깊이 탐구하고 있었던 재가 시절의 자기 자신에 대해서도 '**보살이었던 나에게**'라고 칭하셨다. 본 경 이외에 다른 경전에서도 그런 사례는 나타난다.[11)]

그러면 아직 깨달음에 도달되지 못하였고, 그래서 법에 대해 알지 못했던 보살이 처음에 출가를 결심하면서 목표로 삼았던 것은 무엇이었을까? 본문에서는 처음에 보살이 출가를 결심했던 것은 '**청정한 수행을 실천하기**' 위해서, 라고 적고 있다. 여기서 '**청정한 수행**'이란 '브라흐마짜리야(brahmacariya)'를 번역한 것이다. 흔히 한역에서 범행梵行이라고 번역되는 것에서도 알 수 있듯이, 문자적으로는 '범천(brahma)을 따른다(cariya)'라는 정도의 의미다. 하지만 붓다 당시 이 '브라흐마짜리야'라는 단어는, 바라문교도들을 비롯해서 사회적으로 상위계층에 속했던 사람들이 젊은 시절에 스승 밑에서 『베다』와 같은 성전을 배우고 익히는 수행 기간을 뜻하는 용어였기 때문에,[12)] 아마도 수행자 보살도 당시에 사용되던 이 단어

---

11) 제26경 『아리야빠리예사나 숫따』(MN1/P.163) 「ahampi sudaṃ bhikkhave pubbe va sambodhā anaabhisambuddho bodhisatto va」

12) 四住期(사주기)의 첫 번째는 범행기(sk. brahmachariya)로, 학생으로 스승 밑에서 학업을 닦는 시기, 두 번째는 집에 머무는 시기(sk. gārhasthya)로서 가정을 꾸리고 생활하는 시기, 세 번째는 숲에 머무는 시기(sk. vānaprastha)로서 출가하여 숲 속에서 홀로 머물며 수행하는 시기, 네 번째는 유행기(sk. saṃnyāsin)로서, 인생 말년

를 '바른 수행' 혹은 '청정한 수행'이라는 의미로 받아들여 사용했을 것으로 보인다.

보살이 이처럼 자신이 출가를 결심하게 된 이유를 '**청정한 수행을 실천하기**' 위해서 였다고 말하고 있지만, 그 청정한 수행의 실천이라는 것이 구체적으로 무엇을 목표로 한 실천이며, 그 목표가 또 어떤 배경에서 자신에게 확립되어졌는지는 이 문장 안에서 설명되지 않았다. 아래의 경문은 〈맛지마니까야〉 제26경의 내용으로, 붓다께서 자신이 아직 출가하기 이전의 보살이었을 때, 자신에게 어떤 생각들이 일어났었는지를 제자들에게 말씀해 주시는 장면이다. 이를 통해서 우리는, 보살이 어떻게 해서 청정한 수행의 실천을 목표로 삼아 출가를 결심하게 되었고, 보살이 목표로 삼은 그 '청정한 수행의 실천'이라는 것이 과연 어떠한 배경과 과정을 통해서 그에게 정립되었는지를 짐작할 수 있을 것이다.

> 비구들이여, 이전에, 아직 바른 깨달음이 성취되지 못한 보살이었던 나는, 스스로도 생겨남에 묶여있으면서도 생겨남에 묶여 있는 것을 추구했고, 스스로 늙음에 묶여있으면서 늙음에 묶여 있는 것을 추구했고 …… 병듦 …… 죽음 …… 슬픔 …… 번뇌에 묶여 있으면서도 번뇌에 묶여있는 것을 추구했다. 비구들이여, 그 때 나에게 이와 같은 것이 있었다. '왜 나는 스스로도 생겨남에 묶여있으면서도 생겨남에 묶여있는 것을 추구하고 …… 병듦 …… 죽음 …… 슬픔 …… 번뇌에 묶여있으면서 번뇌에 묶여있는 것을 추구하는가?' 라고. 그러자 나에게 다시 이것이 있었다. '스스

에 한 곳에 머물지 않고 이곳저곳을 다니면서 수행하는 시기다.

로 생겨남에 묶여 있지만 생겨남에 묶여 있는 것의 재난을 알아차리고, 생겨남에 묶여 있지 않은 위없는 안온함인 열반을 추구하고 …… 늙음 …… 병듦 …… 죽음 …… 슬픔 …… 번뇌에 묶여 있지만 번뇌에 묶여 있는 것의 재난을 알아차리고 번뇌에 묶여 있지 않은 위없는 안온함인 열반을 추구하는 것이 어떨까?' 라고 …… 비구들이여, 이러한 나는 그 후에, 아직 젊고 머리가 칠흑같이 검은 시절에 …… 출가하였다.[13]

〈앙굿따라니까야〉에는 다시 이런 내용이 들어있다.

"나에게 이런 생각이 있었다. '참으로 들은 바 없는 범부는, 자기도 늙어가는 존재이고 늙음을 극복하지 못한 존재이면서도, 다른 사람이 늙어가는 것을 보면서 자기 자신도 늙기 마련이라는 것을 잊은 채, 당황하고 부끄러워하고 혐오한다. 자신도 또한 늙어가는 존재이고, 늙음을 극복하지 못한 존재이면서도 (범부들처럼, 나 자신도 그런 존재라는 사실을 잊은 채[14]) 또한 다른 사람이 늙어가는 것을 보고는 당황하고 부끄러워하고 혐오한다면, 이것은 나에게 적절하지 않을 것이다.'라고. 이렇게 내가 숙고함으로써 젊음에 대한

13) 제26경 『아리야빠리예사나 숫따』(MN1/P.163) 「ahaṃ pi sudaṃ bhikkhave pubbe va sambodha anabhisambuddho bodhisatto va, samāno attana jatidhammo samano jatidhammañ ñeva pariyesami...agārasma anagāriyaṃ pabbajiṃ.」

14) 필자가 번역한 '참으로 자신을 간과한 채로'라는 대목은 「attānaṃ yeva atisitvā.」라는 문장인데, 4번째와 5번째 줄에 보살 자신을 언급한 대목에서는 이 문장이 빠졌다. 하지만 여기서 사용된 문장의 동사는 범부의 경우를 언급할 때와 달리 원망법 어미로 끝난다.(걱정하고 피한다. → 걱정할 것이고, 피할 것이다.) 이것은, 보살 자신의 경우를 말할 때 빠진 '참으로 자신을 간과한 채로'라는 문장의 내용이 원인이 되어, 즉 보살 자신도 자신이 늙음을 극복하지 못한 존재라는 사실을 자각하지 못하고 간과한다면, 범부들과 마찬가지로, 자신도 다른 이들의 늙음을 보고, 병듦을 보고, 죽음을 보고는 싫어하고 부끄러워하고, 혐오하게 될 것이다, 라고 한 것이므로 이 문장이 중간에 생략된 것으로 봐야 할 것이다.

자부심이 완전히 사라졌다 …… 건강에 대한 자부심이 …… 삶에 대한 자부심이 완전히 사라졌다."[15]

이 경전의 내용은 출가 이전부터 보살에게는 이미 인생에 있어서의 '세 가지(tayo) 자부심들(madā)'이 사라졌음을 설한 것이다. 세 가지 자부심이란, 언제까지나 '젊음'이 지속될 것이라는 근거 없는 자부심, 언제까지나 '건강'이 지속될 것이라는 자부심, 언제까지나 '삶'이 지속될 것이라는 자부심이다. 이런 세 가지 자부심들이 이미 자신에게서 완전히 사라졌다는 것인데, 이것은 역으로, 늙음과 병듦과 죽음이 더 이상 자신에게 피할 수 없는 것임을 자각했다는 뜻이기도 할 것이다. 이렇게 두 경전에 언급된 내용을 통해서 우리는 보살이 출가해서 '**청정한 수행을 실천**'하리라고 결심하게 된 이유가, 결국 늙고 병들고 죽는 것으로부터 발생한 모든 현실적인 슬픔과 번뇌, 소위 생・노・병・사・우비・고뇌(生・老・病・死・憂悲・苦惱)라고 하는 것으로부터 벗어나기 위해서였다고 정리할 수 있을 것이다.

보살의 그런 출가의 결심은, 괴로움에 구조적으로 노출된 인간이 바로 자기 자신이라는 자각으로부터 비롯되었다. 자신이 괴로움으로부터 벗어날 수 없도록 구조 지어진 존재라는 것을 자각한 보살은, 그런 구조 속에서는 자기 자신이 아무리 선한 것을 추구하더라도 그것이 절대로 완전하고 영원히 선한 것일 수 없다는 것을

15) 『수쿠말라 숫따』(AN1/P.145) 「…… assutavā kho puthujjano attanaa jaradhammo samano jaraṃ anatitio paraṃ jiṇṇaṃ disva aṭṭiyati harayati jigucchati attānaṃ yeva asisitiva. āhaṃ pi kho'mhi jaradhammo jaraṃ anatiti, ahaṃ ceva kho pana jarādhammo samano jaraṃ anatiti paraṃ jiṇṇaṃ disva aṭṭiyeyyaṃ jarayeyyaṃ jiguccheyyaṃ」

알았기 때문에, 세상에 대한 모든 욕망을 스스로 포기하기에 이른다. 즉 세상에서 자신이 무언가를 성취해서 얻으려는 욕구 자체를 포기하게 되었다는 것이다.[16] 아마도 보살은 그러한 욕구의 포기가 해탈을 성취하는 데 얼마나 중요한 조건이 되는지를 당시에는 그렇게 절감하지 못했을지도 모른다. 하지만 〈맛지마니까야〉 제 22경에서, 수행자에게 있어서의 '욕구의 포기'는 붓다에 의해서 다시 이렇게 강조되었다.

"비구들이여! 이와 같이 보면서, 배운 바 있는 고귀한 제자는, 색(色)에서 얻으려는 욕구를 포기하고, 수(受)에서 얻으려는 욕구를 포기하고, 상(想)에서 얻으려는 욕구를 포기하고, 행(行)들에서 얻으려는 욕구를 포기하고, 식(識)에서 얻으려고 하는 욕구를 포기한다. 얻으려고 하는 욕구를 포기하니 욕망이 퇴색한다. 욕망의 퇴색을 통해 해탈하고, 해탈될 때 '해탈되었다.'라는 앎이 있다."[17]

괴로움에서 벗어날 수 없는 그 구조를 이해하고, 그 구조 속에 자신이 속해있음을 자각함으로써, 장차 해탈의 중요한 조건이 되

---

16) 필자가 '얻으려는 욕구를 포기하다'라고 번역한 단어는 빠알리어의 '닙빈다띠 nibbindati'라는 것으로, 이는 흔히 한역에서는 '厭離(염리)' 혹은 厭惡(염오)라고 번역된다. 그리고 이것을 다시 한글로 풀이하자면 '싫어하여 떠난다'라는 내용이 되는데, 사실 이 단어는 한글에서의 좋아한다, 싫어한다, 라는 의미라기보다는, 좋아서 집착하거나 싫어서 거부하려는 그 욕구 자체를 스스로 포기한다는 뜻에 가깝다. 산스끄리뜨어의 '니르바나nirvāna'라는 단어가, 부정접두사 nir와 '욕망'을 뜻하는 vana가 만나서, 욕망의 소멸, 적멸, 이라는 뜻으로 풀이되는 것처럼, 이 닙빈다띠도, 그렇게 '욕구하다, 즐겨하다vindati'라는 단어에 부정접두사가 ni가 붙어서 '욕구의 소멸'이라는 뜻이 된 것이다. 그럼으로 이것은 '厭離(염리)'라고 번역하는 것보다는 좀 번잡하기는 하겠지만 '얻으려는 욕구를 포기하다'라고 번역하는 것이 더 적당하다고 여겨진다.

17) 제18경 『알라갓뚜빠마 숫따』(M1/P.139) 「evaṃ passaṃ bhikkhave! sutavā ariyasāvako rūpasmiṃ nibbindati, vedanāya nibbindati, saññāya nibbindati, saṅkhāresu nibbindati, viññāṇasmiṃ nibbindati. nibbindaṃ virajjati, virāgā vimuccati,」

는 '얻으려는 욕구의 포기'는 이미 이렇게 보살에게 온전히 형성되었던 것이다. 그리고 이런 괴로움으로 이어질 수밖에 없는 구조에 대한 자각 여부에 따라, 늙고 병들고 죽고 슬퍼하고 괴로워하는 삶을 사는 세상의 모든 사람들 가운데 그 괴로움으로부터 벗어나려고 출가를 결심하게 되는 자가 있는가 하면, 그런 괴로움에서 벗어나지 못하고 괴로운 삶을 영원히 반복하는 자들이 있게 되는 것이다. 또한 이러한 내용을 통해서 더욱 분명히 드러난 점이라면, 붓다는 처음부터 붓다가 아니라, 태어나고 늙고 병들고 죽는, 모든 인간들과 똑같은 생물학적 조건에서 출발했지만, 단지 스스로 괴로움을 자신의 것으로 분명하게 자각하고 그로부터 벗어나는 길을 찾아 출가하여 힘써 수행한 결과로써 붓다가 되었다는 것이고, 붓다 스스로도 그 점을 분명히 강조해서 우리에게 드러내 보이셨다는 것이다. 앞에서 말한 바대로, 붓다께서는 언제나 스스로 경험한 '법의 출처'를 대중들에게 공개하고자 하셨던 것이다.

훗날 보살에서 붓다가 되고 난 이후 다섯 비구들을 향해 처음 법을 설하실 적에[18] 붓다께서 설법의 내용 가운데 중심으로 삼았던 것이 무엇이었는지를 생각해 보자. '네 가지 고귀한 진리(cattāri ariyasccānī)'였다. 첫 번째는, 바르게 이해해야 할 고귀한 진리로서, 괴로움에 대한 철저한 자각이고(苦聖諦), 두 번째는, 바르게 포기되어져야 할 고귀한 진리로서, 괴로움의 발생의 원인인 갈애이고(集聖諦), 세 번째는 바르게 체득되어져야 할 고귀한 진리로서, 괴로움의 소멸이고(滅聖諦), 네 번째는 바르게 실천되어야 할 고귀한 진리로서 괴로움의 소멸로 이끄는 여덟 가지 바른 길이었다(道聖諦). 그

18) 『담마짝깝빠왓따나 숫따(초전법륜경)』(SN5/PP.420~424)

네 가지 고귀한 진리 가운데 첫 번째 항목이 바로 '괴로움에 대한 철저한 자각'이었으니, 깨달음을 얻은 이후에도, 깨달음을 얻기 이전에도, 붓다에게는 이처럼 언제나 이 '괴로움'이 가장 중요한 주제였던 것이다. 이렇듯 보살은, 자기 자신이 괴로움으로부터 결코 벗어날 수 없는 존재라는 사실을 자각했고, 그런 자각으로부터, 세상에서 무언가를 얻으려고 하는 욕구를 스스로 포기하기에 이르면서 결국 자연스럽게 출가를 결심하게 된 것이다.

〈그런 나는 그 후에, 아직 젊고 머리가 칠흑같이 검고, 축복받은 젊음을 갖춘 인생의 초년기에, 부모가 원치 않아 눈물을 흘리며 통곡하심에도 불구하고, 머리와 수염을 깎고 황색 가사를 입고, 집에서 집 없는 곳으로 출가했습니다.〉

그렇게 자신이 추구하는 목표가 분명해진 보살은, 그 목표를 가장 효율적으로 성취하기 위해서는 출가를 할 수밖에 없다는 판단을 하게 되었고, 드디어 가족과 친지를 떠나 출가를 결행하게 된다. 그때 보살의 나이는, 이론이 없는 것은 아니지만,[19)] 이미 알려진

19) 구마라집이 번역한 『大智度論』(T25/P.80)에서는 「내 나이 19세에 출가하여 불도를 배웠으니, 내가 출가한 이래로 50년이 지났다. 我年一十九 出家學佛道 我出家已來 已過五十歲」라고 적고 있지만, 이것은 붓다의 수명인 80세를 두고 계산하자면 서로 맞지 않음으로 아마도 잘못 기록한 것으로 보인다.
『마하빠리닛반나 숫따』(DN1/P.149)에는, 붓다의 마지막 제자라고 알려진 수밧다에게 붓다 스스로 자신의 출가 시기에 대해 이렇게 말씀하신 대목이 들어있다. 「수밧다여, 나는 29살 나이에 출가 했고, 50년이 넘는 세월 동안, 무언가 선한 것을 궁구하며 살아왔다. ekūnatiṃso vayasā subhadda, yaṃ pabbajiṃ kiṃkusalānuesī vassāni paññāsasamādhikāni」
하지만 後漢 축대력과 강맹상이 번역한(AD 197) 『수행본기경』(T3/P.467)에서도 다음과 같이 보살이 19세에 출가하였다고 기록하고 있음으로, 아마 부파에 따라서는 보살이 19세에 출가했다는 설도 존재했었던 것으로 보인다. 「이때 태자가 왕궁으로 돌아와 생각하기를, 도를 생각하고 청정하려면 재가자로서는 적당치 않다. 마땅히 산림에 머물면서 깊이 연구하고 선정을 행해야 한다.라고 하여, 19

대로 29세로 보는 것이 합당할 것이다. 그리고 자식을 낳고 키우는 세속의 여자들이 들으면 결코 좋아할 만한 얘기가 아니겠지만 〈설일체유부〉 소전의 율장 기록에는, 태자비로부터 태몽을 꾸었다는 말을 듣고 태자가 출가를 결심했다는 내용도 들어있다.[20] 어쨌든 보살이 그렇게 29세가 되어서야 비로소 출가를 했다는 것은, 출가하기 이전부터 삶의 문제에 천착했던 기간이 결코 짧지 않았다는 것을 의미한다. 그 기간 동안 보살이 천착했던 주제들은 6년간에 걸친 출가수행의 기간에도 늘 일관된 수행의 주제가 되었는데, 이것은 깨달음을 얻은 이후 붓다에 의해 설해진 모든 법문이, 처음 보살에게 출가의 동기가 되었던 그 '자각된 괴로움'으로부터 벗어나기 위한 해탈과 열반을 지향점으로 삼고 있다는 것을 통해서 충분히 알 수 있다.

『불본행집경』[21]이라는 붓다의 전기에 의하자면, 보살은 출가를

세가 되는 4월 7일에 출가하기를 서원하였다. 밤이 지나 새벽별이 떠오를 때에 …… 是時太子 還宮思惟 念道清淨 不宜在家 當處山林 研精行禪 至年十九 四月七日 誓欲出家 至夜半後 明星出時」

20) 〈설일체유부〉소전의 율장으로 알려진 『根本說一切有部毘奈耶破僧事』는 당나라 의정義淨에 의해 번역된 것으로 승가의 규율을 어긴 일들에(破僧健度) 대해 언급해 놓았다. 이 한역본의 저본이 되는 『sanghabhedavastu』가 산스끄리뜨 필사본으로도 발견되어 『THE GILGIT MANUSCRIPT OF THE SAGHABHEDAVASTU』라는 제목으로 1977년에 출간되었다.(*이하 본문에서는 이 한역 경전은 『파승사』로, 산스끄리뜨본은 『상가베다와스뚜』로 표기한다.) 이 한역본 『파승사』에서는 태자비가 태몽을 꾸었다고 말하자, 좋은 말로 꿈 풀이를 하여 태자비를 안심시키고는, 그날 밤으로 출가를 결심하고 결행하게 되었다고 적고 있다. 어쩌면 머뭇거리던 태자로 하여금 출가를 결심하게 만든 원인이 태자비의 임신 소식이었을지도 모르겠다. 「爾時大世主夫人. 於其夜中見四種夢 …… 爾時菩薩發心欲出」(T24/P.115)

21) 『불본행집경』(T3/P.733) 수隨나라 사나발다 역(AD561~591)(이 경은 간다라 출신의 승려 jñānagupta에 의해 번역된 총 3부 60장의 한역경전으로, 붓다의 전기 중에서 가장 사실적이고 풍부한 내용을 지닌 문헌으로 평가받고 있다.) 경의 마지막 장 발문에는, 「或問曰當何名此經. 答曰. 摩訶僧祇師. 名爲大事 薩婆多師. 名此經爲大莊嚴 迦葉維師. 名爲佛生因緣 曇無德師. 名爲釋迦牟尼佛本行. 尼沙塞師. 名爲毘尼藏根本」라는 기록이 있는데, 혹자는 이 기록에서의 마하승기사(대중부)에서는 이 경의 이

결심한 당일 밤에 시종 한 사람만을 데리고 까삘라왓투의 성을 나와 '라마촌'이라는 곳을 향해 밤새 말을 타고 갔다고 한다. 라마촌은 아마 까삘라왓투의 동쪽, 웨살리(비야리)로 가는 길목이었을 것이다. 새벽녘에 도달한 곳은 목적지인 라마촌에서 그리 멀지 않은 곳에 있던 '미니가'라는 촌락이었고, 그곳에서 멀리 떨어지지 않은 곳에 한 수행자들의 숲이 있었다고 한다. 보살은 그 숲이 '발가바'라는 선인[22]이 살고 있는 곳이고, 또 이전부터 많은 선인들이 수행하던 장소임을 알고는 그 자리에서 머리와 수염을 자르고 가사로 갈아입고는, 동행했던 시종에게 자신이 입었던 옷가지와 몸에 지녔던 패물들을 왕궁으로 들려 보냈다고 한다. 그럼으로 『불본행집경』의 내용에 따르자면, 보살이 처음 삭발염의를 하고 수행 여정을

름을 '대사大事'라고 한다는 내용 때문에, 설출세부(說出世部, lokottaravāda) 소전의 '마하와수뚜(大事)'와 이 『불본행집경』을 동일한 내용이라고 주장하기도 한다. 하지만 서로 비슷한 내용이 있기는 하지만 한역 『불본행집경』과 대중부의 '마하와스뚜'는 서로 다른 경로에서 전해지던 다른 경전으로 봐야 할 것이다. 한역 『불본행집경』 외에 산스끄리뜨본 '마하와스뚜'는 『The Mahavastu』라는 제목으로 volume1부터 3권까지의 산스끄리뜨어와 영어 대역본이 1952년에 출간되었고, 이 책의 전문은 인터넷 사이트인 www.sacred-texts.com에 공개되어 있다. 이 경전에서는 다음과 같은 보살의 출가 당일의 행적이 기록되어 있다.(*이하 본문에서는 『The Mahavastu』는 『마하와스뚜』로 표기한다.) 「한밤중서부터 반나절을 가서 새벽별이 돋을 때까지 12유순을 갔다. 마하승기사들은 말을 타고 반나절을 갔으니 12유순의 거리라고 하고, 다른 사람들은 한밤중서부터 새벽까지 100유순을 갔다고도 한다. 그렇게 한 촌락에 도달했으니, 이름이 '미니가'였다. 해가 뜰 무렵에는 '발가바'라는 선인이 거처하는 곳에 도달했는데, 그곳에 도착하고 나서, 시종인 차익에게 묻기를 '그대 차익이여, 이곳은 어디인가?' 하니, 이때 시종인 차익이 태자에게 말하기를 '태자시여, 이곳은 라마촌으로부터 멀리 않은 곳입니다.'라고 했다. 태자가 그 숲을 보고는 곧 선인이 머무는 장소로 갔다. 從夜半行. 至明星出. 行十二由旬 摩訶僧祇師 如是言馬半夜行. 十二由旬. 或復諸師作如是言. 從夜半起. 至明星出. 行百由旬. 至一聚落. 名彌尼迦. 至日出時. 到跋伽婆仙人居處. 到彼處已. 問車匿言. 謂汝車匿. 此何處所. 爾時車匿報太子言. 大聖太子. 此之處所. 去羅摩村. 勢不遙遠 爾時太子見此樹林. 乃往仙人所居之處」

22) 한역경전에서의 '仙人(선인)'이라고 호칭은 당시 선정수행이나 고행을 하는 수행자들을 중국의 도교 수행자로 格義(격의)해서 번역한 것으로 보이며, 일반적으로 바라문의 은둔 수행자들을 가리킬 때 사용된다. '발가바' 선인은 고행수행자로 알려져 있으며, 기록에 따라서는 보살이 처음 만난 수행자로 그의 이름이 따로 언급된 곳도 있다.

시작한 장소는, 까삘라왓투에서 동쪽 방향인 웨살리 쪽으로 밤새 말을 타고 가서 새벽에 도달한 거리[23]에 있으며 '라마촌'이라고 알려져 있던 마을에서 멀지 않은 곳에 위치한 한 수행자들의 숲, 이곳이 될 것이다.

033

붓다, 알라라 깔라마와의 선정수행 경험을 말씀하시다

그와 같이 출가하여 무언가 유익한 것을 구하고, 위없이 평화롭고 고귀한 경지를 찾아다니던 나는 알라라 깔라마가 있는 곳으로 갔습니다. 가서는 알라라 깔라마에게 이렇게 말했습니다. '깔라마 존자시여! 나는 이곳의 법과 율에서 청정한 수행을 실천하고 싶습니다.' 라고. 이와 같이 말하자, 악기웻사나여! 알라라 깔라마는 나에게 이렇게 말했습니다. '머무십시오. 존자여! 이 법은, 지혜로운 자라면 오래지 않아 자기 스승의 경지를 스스로 철저한 지혜로써 경험하고, 구족하여 머물 수 있는 법입니다.' 라고. 악기웻사나여! 그래서 나는 오래지 않아 그 법을 다 배웠습니다. 악기웻

23) 경전에서는 이를 '十二由旬'이라고 적고 있다. 1유순(yojana)은 소가 끄는 수레로 하루 안에 갈 수 있는 거리라고 한다. 현재의 거리로는 약 8km, 10.8km, 13.2km 등으로, 사람마다 주장하는 바가 일정치 않다.

사나여! 그런 나는 입술을 떼는 대로, 따라하는 대로, 지혜로운 말과 장로가 할 법한 말을 했습니다. 그래서 나는 '나는 알고, 본다.' 라고 선언했고, 다른 사람들도 그렇게 말했습니다. 악기웻사나여! 그런 내게 이런 생각이 들었습니다. '알라라 깔라마는 이 법을 단순히 믿음만으로, 스스로 철저한 지혜로써 경험하고 구족하여 머문다고 선언한 것이 아니라, 알라라 깔라마는 이 법을 정말로 알고 볼 것이다.' 라고. 악기웻사나여! 그래서 나는 알라라 깔라마가 있는 곳으로 갔습니다. 가서는 알라라 깔라마에게 이렇게 말했습니다. '깔라마 존자시여! 참으로 어떻게 해서, 이 법을 스스로 철저한 지혜로써 경험하고 구족하여 머문다고 선언하신 것입니까?' 악기웻사나여! 이렇게 말하자, 알라라 깔라마는 '무소유처'를 말했습니다. 악기웻사나여! 그런 나에게 이런 생각이 들었습니다. '알라라 깔라마에게만 믿음이 있는 것이 아니라 나에게도 믿음이 있다. 알라라 깔라마에게만 정진이 있는 것이 아니라 나에게도 정진이 있다. 알라라 깔라마에게만 관찰함이 있는 것이 아니라 나에게도 관찰함이 있다. 알라라 깔라마에게만 선정이 있는 것이 아니라 나에게도 선정이 있다. 알라라 깔라마에게만 통찰지가 있는 것이 아니라 나에게도 통찰지가 있다. 참으로 나도 알라라 깔라마가 스스로 철저한 지혜로써 경험하고 구족하여 머문다고 말한 그 법을 경험하기 위해서 노력하리라.' 라고. 악기웻사나여! 그런 나는 오래지 않아 즉시에 그 법을 스스로 철저한 지혜로써 경험하고 구족하여 머물렀습니다. 악기웻사나여! 그리고 나는 알라라 깔라마가 있는 곳으로 갔습니다. 가서는 알라라 깔라마에게 이렇게 말했습니다.

'깔라마 존자시여! 이렇게 해서, 이 법을 스스로 철저한 지혜로써 경험하고 구족하여 머문다고 선언한 것입니까?'

'존자시여! 나는 그렇게 해서, 그 법을 스스로 철저한 지혜로써 경험하고 구족하여 머문다고 선언한 것입니다.'

'존자시여! 나도 그렇게 해서, 이 법을 스스로 철저한 지혜로써 경험하고 구족하여 머뭅니다.'

'존자시여, 존자와 같은 분이 우리의 동료 수행자가 되는 것은 참으로 우리에게 이득이고 큰 축복입니다. 이와 같이 내가 스스로 철저한 지혜로써 경험하고 구족하여 머문다고 선언한 이 법을, 존자도 스스로 철저한 지혜로써 경험하고 구족하여 머뭅니다. 존자가 스스로 철저한 지혜로써 경험하고 구족하여 머무는 법을, 나도 또한 스스로 철저한 지혜로써 경험하고 구족하여 머문다고 선언합니다. 이렇게 내가 아는 이 법을 존자가 알고, 존자가 아는 그 법을 내가 압니다. 존자가 그렇듯이 나도 그러하고, 내가 그렇듯이 존자도 그러합니다. 자, 오십시오, 존자시여! 둘이 있으면서 이 무리를 지도해 나갑시다.' 악기웻사나여! 이와 같이 알라라 깔라마는 나의 스승이었으면서도 제자인 나를 자신과 동등한 위치에 놓고, 나를 크게 공경했습니다. 악기웻사나여! 그런 나에게 이런 생각이 들었습니다. '이 법은, 얻으려는 마음을 포기하도록 이끌지 못하고, 탐욕으로부터 멀어짐으로 이끌지 못하고, 소멸로 이끌지 못하고, 고요함으로 이끌지 못하고, 철저한 지혜로 이끌지 못하고, 바른 깨달음으로 이끌지 못하고, 열반으로 이끌지 못하고, 단지 무소유처로의 재생일 뿐이다.' 라고. 악기웻사나여! 그래서 나는 그 법에 만족하지 않고, 그 법을 얻으려는 마음을 포기하고, 떠났습니다.

〈그와 같이 출가하여 무언가 유익한 것을 구하고, 위없이 평화롭고 고귀한 경지를 찾아다니던 나는 알라라 깔라마가 있는 곳으로 갔습니다.〉

그렇게 출가하여 수행에 유익한 무언가를 구하여 다니던 보살은 '알라라 깔라마'라는 수행자를 찾아가게 된다. 그에게서 유익한 무엇인가를 얻을 수 있으리라고 생각했기 때문일 것인데, 본문에서는 그것을 '**위없이 평화롭고 고귀한 경지**'라고 적고 있다. 주석서에서는 다시 이를 '괴로움으로부터의 해탈'을 의미한다고 해설하고 있다.[24] 그럼으로 보살은 '알라라 깔라마'라는 수행자로부터 그 '해탈의 길'을 배울 수 있을 것이라고 기대하며 그를 찾아간 것이다. 하지만 불전의 기록을 종합해 보면, 보살이 처음 까삘라왓투를

24) 「위없는 평화로운 경지, 라는 것은, 최상의 평화라고 간주되는 뛰어난 상태, 열반을 추구하고 있는, 이라는 뜻이다. anuttaraṃ santivarapadanti uttamaṃ santisaṅkhātaṃ varapadaṃ nibbānaṃ pariyesamānoti attho」(MA2/P.287)

떠나면서부터 알라라 깔라마에 대한 정보를 가지고 있었던 것은 아닌 듯하다.

빠알리본에 나타난 보살의 수행 과정에는 보살이 만났던 수행자로 오직 알라라 깔라마와 웃다까 라마뿟따, 두 사람만이 소개되어 있다. 하지만 '**위없이 평화롭고 고귀한 경지를 찾아다니던**'이라는 본문의 문장에서도 알 수 있듯이, 보살은 자신의 수행에 어떤 식으로든 유익함을 줄 수 있는 수행자들을 이리저리 찾아다니던 중이었음으로[25] 이미 그 과정에서 여러 수행자들을 만났을 것이고, 두 사람에 대한 정보도 그들과의 교류를 통해서 얻게 되었을 것으로 짐작된다. 예를 들어서 『불본행집경』에 소개된 바와 같이, 보살은 알라라 깔라마를 찾아가기 전에 '발가파' 선인과 그를 따르는 수많은 고행자 무리들과 이미 만났었다. 그들의 수행법을 직접 따라 해보기도 하고, 토론을 벌이기도 했지만 '스승으로 삼을만한 자'라는 기준으로 보자면, 보살이 만났던 많은 수행자들 가운데 알라라 깔라마와 웃다까 라마뿟따만이 오직 그 기준에 걸맞다고 여겨졌기 때문에, 나중에 붓다에 의해서 단지 그 두 사람만이 언급되었을 것이다.

이와는 좀 다른 관점에서 붓다의 스승에 대해 언급해 놓은 경전이 후대의 『밀린다팡하』인데, 여기서는 붓다에게 총 다섯 차례에 걸쳐 스승들이 있었음을 그리스의 메난드로스왕에게 설명하는

25) 『불본행집경』(T3/P.752) 「나는 이것을 알고 나서 바른 길을 찾아 여기저기 유행하고 있습니다. 그러나 마치 어떤 사람이 광야를 다님에 도반을 잃고 갈 곳을 몰라 마음이 모든 것에 미혹해지고 인도자를 만나지 못하여 인도자를 찾아 여기저기 유행하는 것처럼, 나도 또한 그러합니다. 我知是已. 尋求正路. 處處遊行. 猶如有人行於曠野. 失伴迷路. 心惑諸方. 不得導師. 以求導故. 處處遊行. 今我亦然」

나가세나 비구의 발언이 등장한다. 이에 따르자면, 붓다의 첫 번째 스승은 고따마 태자가 처음 태어났을 때 그의 관상을 보러왔던 라마, 다자, 락카나, 만띠, 얀냐, 수야마, 수보자, 일곱 명의 현자들이며, 두 번째 스승은 정반왕의 요청에 따라 어린 태자에게 『베다』와 문법 등을 가르쳤던 가정교사들이며, 세 번째 스승은 태자로 하여금 어린 시절을 잘 보내고, 나중에 출가를 결심하도록 태자의 주변에서 적절한 환경을 만들어 주었던 신들이며, 네 번째와 다섯 번째 스승은, 태자가 출가한 이후에 만났던 알라라 깔라마와 라마의 아들(혹은 스승)인 웃다까라고 설명하고 있다.[26]

서양의 불교학자들 가운데는 보살이 출가 이후에 알라라와 웃다까라는 두 명의 스승을 만났다는 것 자체를 허구로 보는 사람들도 있지만, 상좌부의 빠알리 경전과 다른 부파 소전의 문헌에도 두 명의 스승에 관한 이야기가 폭넓게 발견되기 때문에, 현재는 거의 정설로 받아들여지고 있는 모양이다.[27] 그리고 이와는 별도로 '보살'

26) 『The milindapañho』(PTS/P.236) 「ye te mahārāja aṭṭha brāhamaṇā jātamatte bodhisatte lakkhaṇānī pariganhiṃsu, seyyathidaṃ rāmo dhajo lakkhaṇo mantī yaññо suyamo subhojo sudatto……」 산스끄리뜨본 『Buddhacarita-cowell』과 한역 『불소행찬』에서는 태자의 탄생 직후에 룸비니 근처 숲에서 수행하던 한 바라문이 태자의 미래에 대해 예언한 것과, 왕궁으로 돌아온 후에 찾아온 아시타 선인이 태자에 대해 예언한 것이 언급되었지만 『밀린다팡하』에서와 같은 일곱 명의 현자의 예언 이야기는 나타나지 않는다. 『밀린다팡하』에서 첫 번째 스승 가운데 하나로 언급된 '라마'가 웃다까의 아버지(혹은 스승)인 그 '라마'인지에 대해서는 확인되지 않지만, 동일인물일 가능성이 아주 없는 것은 아니라고 필자는 생각한다.

27) 보살이 수행 중에 이들 두 명의 스승을 만났었다는 이야기 자체를 허구로 치부하는 학자들은 예를 들어서 Andre Bareau, Johannes Bronkhorst 그리고 Tilmann Vetter 같은 학자들이다. 그들의 주장은, 알라라와 웃다까가 궁극의 해탈처라고 주장한 '무소유처'와 '비상비비상처'라는 경지가 외도의 수행법에 의지한 것이고 궁극의 해탈처가 아니라는 점을 부각시키기 위해서 경전의 편집자들이 일부러 두 스승과의 일화를 집어넣었을 수도 있다는 것이다. 그러나 이들의 주장을 비판하는 Alexander Wynne 같은 학자에 의하자면, 그들이 붓다가 자신의 깨달음을 이해할 사람을 찾는 과정에서 두 사람의 이름만 등장하고, 별도로 두 사

에게 두 사람의 스승이 있었다는 것을 인정한다고 하더라도 그것이 '붓다'에게는 두 명의 스승이 있었다고 확대해서 말할 수 있는 것이냐, 하는 문제를 제기하는 학자들도 있다. 이것은 알라라와 웃다까 두 사람을 떠나 홀로 수행하여 정각에 도달된 직후에, 붓다께서 이전에 함께 수행하던 다섯 비구를 찾아 바라나시로 향하던 도중에 아지위까인 '우빠까'라는 자를 만났고, 그와 나눈 대화로부터[28] 제기된 문제다. 우빠까는 붓다에게 물었다. '그대의 스승은 누구입니까?' 그러자 붓다는 '스스로 최상의 지혜를 통해 알았으니, 누구를 스승이라 하겠습니까? 나에게는 스승이 없고, 그 비슷한 것도 없습니다.'라고 하면서 자신의 깨달음에는 따로 스승이 없다는 것을 분명히 말씀하셨다. 하지만 이것이 두 사람의 스승 이야기가 허구임을 입증하는 것은 아니라고 필자는 생각한다.

비록 두 사람 모두에게 만족하지 못하고 그들을 떠나왔지만 보살은 두 사람을 스승으로 삼아 수행했던 것은 사실일 것이고, 아마 보살도 당시에는 분명 그들을 스승으로 여겼을 것이다. 하지만 '모

람 밑에서 수행한 이야기는 언급되지 않은 化地部(화지부) 소전의 율장인 『mahīśāsaka vinaya』의 내용을 근거로 이런 주장을 하는 것일 뿐이며, 두 스승과의 일화가 역사적인 사실임을 입증할 만한 문헌들이 더 많다고 주장하고 있다. 『The Origin of Buddhist Meditation』, Alexander Wynne, PP.8~9.

28) 제26경 『아리야빠리예사나 숫따』(MN1/PP.170~171) 「아지위까인 우빠까가 가야와 보리수 중간쯤에서 길을 가던 나를 보고 이렇게 물었다. '…… 그대는 누구를 스승으로 삼아 출가했습니까? 그대의 스승은 누구입니까? 아니면 그대는 누구의 가르침을 따릅니까?' 비구들이여, 이렇게 말할 때, 나는 아지위까인 우빠까에게 이렇게 게송으로 답하였다. '나는 모든 것에서 승리하였고, 모든 것을 압니다…… 스스로 최상의 지혜를 통해 알았으니 누구를 스승이라 하겠습니까?' 라고. addasā kho maṃ bhikkhavo upako ājiviko antarā ca gayaṃ antarā ca bodhiṃ addhānamaggapaṭipannaṃ disvāna maṃ etad avoca... kaṃ si tvaṃ āvuso uddissa pabbajito, ko vā te satthā, kassa vā tvaṃ dhammaṃ rocesīti. evaṃ vutte ahaṃ bhikkhave upakaṃ ājīvikaṃ gāthāhi ajjhabhāsiṃ. sabbābhibhū sabbavidū'haṃ asmi... sayaṃ abhiññaya kaṃuddiseyyaṃ na me ācariyo atthi.」

든 것에서 승리하고, 모든 것을 안다.'라고 선언할 때의 그 깨달은 자로서의 붓다에게도 두 사람이 스승이었느냐, 라고 묻는다면 그것은 또 별개의 문제일 것이다. 보살이 붓다가 되었을 때, 붓다 속에 이전의 보살이 남아있거나 보살의 연장이 붓다가 아니기 때문이다. 씨앗에서 싹이 나고, 싹이 커다란 나무로 자라지만, 나무 가운데 씨앗이 그대로 남아있거나, 씨앗이 그대로 커져서 나무가 된 것이 아닌 것과 같다. 알라라와 웃다까, 그리고 수행의 과정에서 만났던 여러 수행자들, 그들을 통해서 접하게 된 인류의 기나긴 지성의 결과물들은 분명 보살을 붓다로 만들게 한 인연들이었을 것이지만, 그런 인연들을 모조리 그대로 모아놨다고 해서 그것으로 붓다가 저절로 되는 것은 아니듯이, 보살에서 붓다로의 전환도 그런 연기적 이치에 따라 전변(轉變)된 것이기 때문에, 알라라와 웃다까는 보살의 스승일 수는 있지만, 깨달음 그 자체인 붓다의 스승이라고는 말할 수 없다, 라는 것이 필자의 생각이다.[29)]

---

29) 그러면 이와 같이, 자신에게는 따로 스승이 없다고 선언한 붓다의 말을 들은 우빠까의 반응은 어떠했을까? 같은 『아리야빠리에사나 숫따』에서는, 붓다의 이러한 자신만만한 선언을 들은 우빠까는 이렇게 답한 것으로 나타난다. 「yathā kho tvaṃ āvuso, paṭijānāsi, arahasi anaantajino'ti.」 이 대목은 두 가지 해석이 가능하다. 하나는 '존자여, 그대는 스스로 인정하는 바와 같이, 참으로 무한을 정복한 자라고 할 만합니다.' 그리고 다른 해석은 '존자여, 그대는 참으로 무한을 정복한 자라 할 만하다고 그렇게 스스로 인정하고 있군요.' 붓다의 주장을 인정하는 내용으로의 전자의 번역은 빅쿠보디스님과 대림스님의 번역과 같고, 붓다의 주장을 인정하지 않는 내용으로의 후자의 번역은 남전대장경의 번역(Nan9/P.209)과 전재성 씨의 번역과 같다. 그런데 사실 우빠까는, 길에서 우연히 만난 한 젊고 잘 생긴 수행자를 보고 다분히 의례적으로, 스승이 누구냐고 물었던 것으로 보이는데, 젊은 수행자가 다짜고짜 '나는 모든 것에서 승리한 자요, 모든 것을 아는 자다.'라고 선언하니, 그 말을 우빠까가 무슨 근거로 쉽게 믿을 수 있었을까 싶다. 어떤 사람은 이런 우빠까의 반응을 두고, 면전에서 깨달은 자가 있음을 알아차리지 못하는 실수를 저질렀다고 말하기도 하지만, 깨달음은 모습에 있지 않고, 말에 있지 않고, 오직 스스로의 경험에 의해 안다는 붓다 자신의 발언을 감안한다면, 우빠까가 만약 스스로의 경험에 의하지 않고 그저 잠시 동안 파악한 붓다의 외형적 모습이나 말의 내용을 통해서 그가 단박에 붓다인 줄을 알았다고 하더라도 그것 역시 맞지 않는 것이다. 결국 그것은 그가 붓다를 알아보지 못했던

알라라 깔라마는, 보살이 나중에 깨달음을 성취한 이후, 자신이 성취한 법을 이해할 만한 자로서 맨 먼저 그와 웃다까 라마뿟따가 떠올랐다는[30] 붓다 자신의 말씀으로부터 보더라도, 수행자로서 알라라 깔라마와 웃다까 라마뿟따에 대한 붓다의 평가는 비록 보살 시절에 그들의 가르침에 만족하지 못하고 떠나오긴 했지만 상당히 호의적이었던 것 같다. 그리고 다음 장에서 다시 살펴볼 것이지만, 두 수행자에 대한 보살의 호감은, 단순히 두 사람에 대한 어떤 인상에서만 비롯된 것은 아닌 듯하다. 그들과의 교류를 통해서 어떤 방식으로든 보살은 분명히 영향을 받았을 것이고, 따라서 후일 붓다께서 자신만의 법체계를 확립하는 데도 두 사람을 통해 접하게 된 인도전통의 가르침이 끼친 영향력은 결코 적지 않았을 것이라고 필자는 생각한다. 원인 없이 일어나는 결과 없듯이, 붓다의 깨달음 또한 그런 연속된 인류의 사유의 긴 역사 속에서 비판적인 계승과 종합의 과정을 거치면서 완성되었을 것이고, 붓다의 깨달음이 그런 과정 속에서 탄생한 것이라고 해서 붓다의 위대성이 감해지는 것도 아닐 것이다.[31]

것과 같은 방식에 의지한 것이기 때문이다. 주석서에서는 붓다께서 스승이 없다는 말에 대한 세인들의 의심을 예상하였는지, 스승이 없다고 한 것은 출세간의 법에 관한 한, 스승이 없다는 뜻이다, 라는 해명이 실려 있다.(MA2/P.189) 하지만, 어쨌든 당시의 우빠까는 붓다의 이런 선언을 믿지 않았을 것이라고 필자는 생각하여, 해당 경문은 후자의 뜻으로 번역하는 것이 옳다고 생각한다. 물론, 자신이 깨달은 바에는 따로 스승이 없다는 붓다의 발언이야 의심의 여지없이 당연한 것이라고 생각하지만 말이다.

30) Vin 1/P.7

31) 근대초기부터 인도의 사상을 처음 연구하기 시작한 서양의 학자들 가운데는 불교와 자이나교를 염세주의 종교의 표본처럼 여기는 사람들이 적지 않다. 불교와 자이나교가 인도전통의 상캬철학에 영향을 받았을 것이라는 그들 초기학자들의 연구와 주장에는 필자도 기본적으로는 동의하지만, 아래와 같이, 불교를 염세주의적인 종교로 오해하고 있는 그들의 관점까지 동의하는 것은 아니다. 『The Philosophy of Ancient India』 by Richard Garbe(Chicago, 1897), P.11. 「상캬철학은 대략적으로 모든 면에서, 금생은 단지 괴로움뿐이라는 사유로부터 시작되고, 항상 그런 사유로 회귀하는, 철학적으로 꾸며진 두 개의 종교, 자이니즘과 불교의

〈맛지마니까야〉의 주석서에서는 '알라라'라는 그의 이름은 '디가삥갈로(dīghapiṅgalo)'에서 온 것이라고 설명하고 있는데,[32] 이것이 그의 외모를 묘사한 것인지(키가 크고dīgha 피부, 혹은 눈동자가 황갈색 piṅgalo이라는) 어떤지는 확실치 않다.

알라라에 대한 불전의 기록들 중에서 서로 일치하는 것이라고는, 그가 따로 스승이 없이 홀로 선정수행을 했다는 것뿐이다. 그가 도달했다는 선정의 상태에 대해서도, 〈상좌부〉의 빠알리본과 〈설일체유부〉의 『수신경』 그리고 『불소행찬』에서는 '무소유처(無所有處)', 『불본행집경』에서는 '무변허공(無邊虛空)', 『방광대장엄경』에서는 '무소유처정(無所有處定)', 설일체유부 소전의 『파승사』에서는 '무상정(無相定)', 『불설보요경』에서는 '무용허공삼매(無用虛空三昧)'라고 각기 적고 있다.[33]

기초를 제공했다. The Samkhya system supplied, in all main out lines, the foundations of Jinism and Buddhism, two philosophically embellished religions, which start from the idea that this life is nothing but suffering, and always revert to that thought.」

32) 「yena āḷaro kālāmoti ettha āḷāroti tassa nāmaṃ dīghapiṅglo kireso」(MA2/P.171)

33) 『불본행집경』(T3/P.755) 「있는 모든 대상들을 다 분별하되 무변한 허공이라 하여, 이와 같이 일체의 대상이 있는 곳마다 명료하게 분별하여 무변공을 얻고 나면, 곧 수승한 곳을 증득하리라. 所有諸物悉皆分別 無邊虛空 得如是等一切色處 明瞭分別 無邊空已 即證勝處」
『방광대장엄경』(T3/P.578) 「차례로 비사리성에 가니 성 밖에 신선이 있더라, 이름이 아라라이며, 삼백 명의 제자들과 함께 있으면서 항상 제자들에게 무소유처정을 설하였다. 次第至毘舍離城 城傍有仙 名阿羅邏 與三百弟子俱 常爲弟子說 無所有處定.」
『파승사』(T24/P.119) 「보살이 물어 가로되, 큰 선인은 어떤 법과를 얻었습니까? 하니 대선인이 답하여 가로되, 그대 교달마여, 나는 무상정을 얻었습니다. 菩薩問曰. 大仙得何法果. 仙人報曰. 仁者喬答摩. 我得無想定.」
『불설보요경』(T3/P.510) 西晉(AD 265~317) 축법호 역. 「가라무제가 있는 곳으로 가서는 그에게 묻기를, 누가 스승이며 어떤 법을 받았는가? 하니 답하여 가로되, 스승이 없다. 자연히 그 법이 자랐다. 다시 그에게 물어 가로되, 그것으로부터 무엇을 얻었는가? 하니, 답하여 가로되, 무용허공삼매를 얻었노라. 詣歌羅無提 所問之曰 誰爲師主從何受法 答曰 無師 自然暢地 又問暢之 何所獲乎 答曰 獲無用虛空三昧.」

그럼으로 보살이 출가하여 처음 알라라를 만나기까지의 과정을 기존의 불전의 기록들을 통해서 정리하자면 다음과 같다. 보살은 처음 까삘라왓투를 떠나 출가수행을 시작할 때부터 알라라 깔라마나 웃다까 라마뿟따의 존재에 대해 알았던 것 같지는 않다. 앞에서 언급한 〈설일체유부〉 소전 율장의 내용처럼, 우선 고향에서 멀리 떨어져 있고, 또 당시에 출가사문들을 잘 대접하는 곳으로 알려진 웨살리와 라자가하 쪽으로 먼저 여정의 방향을 잡았을 것이다. 웨살리 근처에서 비로소 삭발염의를 하고, 동행했던 시자를 고향으로 돌려보내고 나서, 홀로 여러 수행자들을 만나보고 또 그들의 수행을 직접 경험해 보기 시작했을 것이다. 하지만 그들이 하는 수행에 만족하지 못한 보살은 곧 다시 자신에게 도움을 줄 수 있는 수행자를 수소문했을 것이다. 그리고 그런 수소문을 통해서 알라라 깔라마와 웃다까 라마뿟따를 알게 되었고 차례로 그들을 찾아가게 되었을 것이다.

한역 불전이나 산스끄리뜨본에서도 빠알리 본문과 같이, 보살이 그 두 스승 밑에서 수행한 이후에 다른 수행자를 만나서 그들에게 무언가를 배웠다는 기록은 없다. 이것은 보살 스스로가 장차 어떤 방법으로 수행해야 할 것인가, 하는 문제에서는, 적어도 자신이 이전부터 알던 수행 방법이나, 출가 이후에 두 스승을 포함해서 여러 수행자들과의 교류를 통해서 알게 되었거나 혹은 확인하게 된 수행 방법만으로도 이미 충분하다고 여겼기 때문일 것이다.[34] 이것은

34) 빠알리 경전의 내용으로 보자면, 결국 보살에 의해서 채택된 수행 방법은 자신이 어린 시절에 스스로 경험했던 호흡명상을 통한 선정이었다. 두 스승으로부터 무소유처와 비상비비상처, 라는 무색계 선정에 대한 수행을 해보기도 하였고, 단식이나 호흡의 통제 등의 고행도 해보았지만, 결국 보살을 깨달음에 이르

본문에서 붓다 스스로 밝히신 두 스승과의 교류 이후에 자신이 행했던 여러 가지 형태의 고행과 선정수행의 과정을 통해서도 확인할 수 있다. 사실, 보살이 당시에 넘치도록 많은 수행자들 가운데 홀로 위없이 바른 깨달음에 도달된 것은(물론 붓다말고도 궁극의 깨달음을 얻었다고 스스로 주장한 자들은 예나 지금이나 여전히 많지만), 그가 어떤 '특별한 수행법'을 썼기 때문이 아니라, 이미 여러 수행자들이 행하던 공개적이고 일반적인 수행법을 실천하면서, 단지 거기서 '특별한 결론'을 이끌어 냈기 때문이라고 필자는 생각한다.

그러면, 자신의 법은 현명한 자라면 누구라도 오래지 않아 자신이 얻은 것과 같은 경지를 얻게 된다고 말함으로써, 자신의 법과 수행이 수행자 모두에게 이미 공개된 것이었음을 밝힌 그 알라라 깔라마의 법과 수행이란 어떤 것이었을까? 그런데 보살이 스스로 '**나의 스승인 알라라 깔라마**(aāļāro kālāmo ācariyo me samāno)'라고 불렀을 정도로 보살이 신임했던 알라라 깔라마였지만, 그의 행적이나 그가 주장한 법과 수행에 대해서는 사람들에게 거의 알려진 바가 없다. 그것은 아마도 후대의 경전 편집자들이나 불전의 기록자들에게 알라라 깔라마는 단지 보살의 불완전한 스승, 정도로밖에 인식되지 않았기 때문에 그가 어떤 법을 주장했고 어떤 수행을 통해 그 법들

게 한 수행 방법은 어린 시절 보살 스스로가 경험했던 사선정 체계의 수행방식이었다, 라는 것이 본경을 위시한 나머지 보살의 수행담이 담긴 대부분의 빠알리 경전들에서 드러내고 있는 일관된 내용이다. 붓다의 열반 이후에, 사선정 체계를 불교의 전통적인 수행 방법으로 확정하려는 집단과, 바라문 계통의 무색계 선정을 불교의 사선정보다 우위에 두고자 했던 집단이 불교 내부에서 서로 충돌하고 있었음은 암시하는 내용들이 『마하빠리닛빤나 숫따』를 비롯한 많은 경전에서 나타나고 있기 때문에, 이런 경전의 구성 또한 사선정체계를 붓다의 정통적인 수행 방법으로 확정지으려는 어떤 집단의 의도가 반영된 것으로 볼 수 있을 것이다. 이에 대해서는 다음 장에서 다시 살펴보기로 하겠다.

을 체득했다고 했는지에 대해 굳이 알 필요가 없다고 여겼기 때문이었을 지도 모른다. 그래서 빠알리 본문에서처럼, 알라라에 대해 알려진 이야기라고는 그저 알라라보다 붓다가 돋보이는 경우에만 한정되었다.[35] 그런데 다행스럽게 비교적 이른 시기인 AD 2세기 초의 인물인 마명(馬鳴, aśvaghosa)의 저작 가운데 『붓다짜리따』라는 붓다의 전기(傳記)가 있고[36], 그 전기 가운데, 보살이 알라라 깔라마와 주고받은 대화의 내용이 비교적 자세하게 언급되어져 있음으로 이를 통해서 알라라 깔라마와 웃다까 라마뿟따가 주장하고 행하던 법 이론과 수행 방법을 대략적이나마 추측할 수 있다.

물론 붓다의 전기라는 것이 기본적으로는 모두 후대의 편집일 수밖에 없고, 따라서 후대에 완성된 불교의 이론체계에 따라 당시의 장면들이 재구성되거나 재해석되었을 가능성이 높기는 하다. 하지만 불교에 관련된 모든 기록들의 가치는 전적으로 그 기록들

---

35) 제16경 『마하빠리닙반나 숫따』(DN2/P.133)에는 말년의 붓다와 알라라 깔라마의 제자라고 하는 '뿟꾸사'라는 자 사이에 있었던 일화가 등장한다. 이 뿟꾸사는 붓다에게 자신의 스승인 알라라 깔라마의 수행력을 소개하면서, 알라라 깔라마는 한번 선정에 들면, 바로 옆으로 500대의 수레가 시끄럽게 지나가더라도 아무것도 보지 못하고 아무것도 듣지 못할 정도로 깊은 선정의 상태에 머문다는 것을 자랑했다. 그러자 붓다께서는, 폭우가 쏟아지고 천둥 번개가 심하게 쳐서 여기저기 들판의 소들이 번개에 맞아서 죽게 된 난장판의 상황과 그것을 비교하면서, 자신은 알라라 깔라마가 처했던 상황보다 더한 그런 상황에서도 선정에 들었고, 선정에 들어서는 아무것도 보지 못하고 아무것도 듣지 못했던 경험이 있노라고 말씀하셨다. 하지만 이 일화의 내용이라는 것이 별로 신임을 주는 것도 아니거니와, 만약 이 일화가 사실이었다고 하더라도, 이 내용으로부터는 막연하게 알라라 깔라마가 선정수행을 하던 자였다는 것 외에는 달리 그가 구체적으로 어떤 종류의 수행을 했었는지를 짐작 할 수 있는 것은 없다.

36) aśvaghosa(마명馬鳴)는 쿠산왕조의 Kanishka 1세(즉위연대 AD128~150) 때 시인이며 극작가로 먼저 알려졌던 인물로, 나중에 설일체유부의 뿐야야사punyayaśa의 제자가 되었다고 한다. 까니쉬까왕의 조언자의 역할을 한 것으로 알려져 있으며 붓다의 전기인 『buddhacarita』를 저술했다. 『The Cambridge History of Iran』 by A.D.H. Bivar, PP.205~207

이 역사적 사실에 부합하느냐 아니냐에 따라서 결정될 수 없다는 것이 평소의 필자의 생각이다. 대부분 연대가 특정되지 않은 불전의 기록들에서, 그 내용의 역사적 사실 여부를 확정하는 그 과정의 모호성은 차치하더라도, 독자들로 하여금 불법을 바르게 이해하도록 이끌어 주는가, 아닌가가 기록된 내용의 사실 여부보다 불교에 관련된 모든 기록들의 우선하는 가치이어야 한다고 생각하기 때문이다. 그런 의미에서 저자인 마명이 직접, 자신은 신뢰할 만한 문헌에 근거한 이야기만을 취하여 글을 지었으며, 이를 통해서 사람들이 구제되는 것을 목표로 하였노라고 스스로 저술의 취지를 진술하였고,[37] 후대의 학자들 역시 그의 진술에 대해 일정 부분 신임을[38] 보여주고 있음으로 『붓다짜리따』나 『불소행찬』은 단순히 붓다를 찬탄하기 위한 허무맹랑한 문학작품 정도로 치부될 것이 아니며, 충분히 참고할 만한 가치가 있는 문헌이라고 생각한다. 그럼으로 다음 단락에서부터는 마명의 『붓다짜리따』와 이에 대한 한역 대역경인 『불소행찬』, 그리고 그밖에 〈자따까〉와 〈율장〉에서의 붓다의 행적들을 모아 편집한 또 다른 한역 불전 『불본행집경』의 내용을 참고로 해서, 빠알리 본문의 내용에서 간략하게만 언급된 보살과 알라라와의 대화 내용에 대해 좀 더 자세하게 살펴보기로 하겠다.

---

37) 『불소행찬』(T4/P.52) 제28頌 「내가 (이 글을 지음에) 일관되게 행한 부분은, 스스로의 견해를 내세우지 아니하고, 또한 명리를 위하지도 아니하고, 불경의 말씀을 따라 모든 세간을 구제하고자 하는 것이었다. 始終之所行 不自顯知見 亦不求名利 隨順佛經說 以濟諸世間」

38) '아슈바고샤'에 대한 전기는 그의 저서인 『붓다짜리따』를 영역한 Johnston의 앞의 책 『Buddhacarita - Johnston』의 Instruction 부분에 자세하게 언급되어져 있다. PP.14~55

〈가서는 알라라 깔라마에게 이렇게 말했습니다. '깔라마 존자시여! 나는 이곳의 법과 율에서 청정한 수행을 실천하고 싶습니다.' 라고. 이와 같이 말하자, 악기웻사나여! 알라라 깔라마는 나에게 이렇게 말했습니다. '머무십시오. 존자시여! 이 법은, 지혜로운 자라면 오래지 않아 자기 스승의 경지를 스스로, 철저한 지혜로써 경험하고, 구족하여 머물 수 있는 법입니다.' 라고. 〉

보살은 그렇게 알라라가 자신의 여러 제자들과 함께 수행하고 있는 곳으로 그를 찾아갔다. 찾아가서는 그의 문하에서 수행하기를 청했다.[39] 여기서 '당신의 법과 율에서'라고 한 것은 알라가가 주장하는 법의 이론(法)과 그가 제자들에게 제시한 법 수행의 규범(律)이나 방법을 말한 것으로 생각하면 될 것이다. 그러자 알라라는 보살에게, 자신이 얻었고 그래서 자신이 제자들에게 가르치고 있는 법은, 지혜로운 자라면 누구라도 오랜 수행을 거치지 않아도 스

---

39) 『방광대장엄경』(T3/P.578) 「차례로 비사리성에 도착하나 성 옆에 선인이 있었다. 이름이 아라라, 라고 하며 300명의 제자들과 함께 있으면서 항상 제자들에게 무소유처정에 대해 설하였다. 내가 그때 아라라에게 물어 말하기를 '당신이 증득한 법은 어떻게 해야 얻을 수 있습니까? 지금 수행하고 싶으니 원컨데 나를 위해서 설해주소서.'하니 선인이 말하기를 '구담이여, 내가 증득한 법은 심히 깊고 미묘합니다. 만약 스스로 배우고자 하는 자가 있다면 마땅히 그를 위해 설하여 배우고 익히게 하겠습니다. 만약 맑은 신심을 지닌 선남자가 나의 가르침을 받는다면, 모두가 무소유처의 미묘한 선정을 얻게 될 것입니다.' 次第至毘舍離城 城傍有仙 名阿羅邏 與三百弟子俱 常爲弟子說 無所有處定 …… 我於爾時問阿羅羅言 汝所證法何得成乎 今慾修行 願爲我說 仙言 瞿曇 我所證法 審深微妙 若能學者當爲宣說 令得修習 若有淸信善男子 受我教者 皆得成就無所有處微妙之定」
『파승사』(T24/P.119) 「마주보고 합창공경하고는 자리에 앉아 그 선인에게 물어 가로되 '그대의 스승은 누구십니까? 저는 함께 범행을 닦고자 합니다.'하니, 그 선인이 답하여 가로되 '교답마 존자여, 저는 아는 존자가 따로 없습니다. 그대가 배우고자 한다면 뜻대로 해도 장애됨이 없을 것입니다.' 보살이 다시 물어 가로되 '대선인은 어떤 수행의 과를 얻었습니까?' 하니 선인이 답하여 가로되 '교답마 존자여, 나는 무상정을 얻었습니다.' 合掌恭敬相對而坐. 問彼仙曰. 汝師是誰. 我欲共學梵行. 彼仙報曰. 仁者喬答摩. 我無尊者. 汝欲學者隨意無礙. 菩薩問曰. 大仙得何法果. 仙人報曰. 仁者喬答摩. 我得無想定.」

승이 얻을 것과 동일한 경지에 이르게 될 것이라고 소개하면서 보살의 입실을 기쁘게 허락했다.

그런데 여기서 알라라가 스스로 자신의 법을 설명한 내용 중에 '**스스로 철저한 지혜로써, 경험하고, 구족하여 머물 수 있는**'이라는 문장은 빠알리 경전에 자주 등장하는 관용적인 표현이다. 이것은 법이 한 수행자에게 확립되어 가는 과정을 묘사한 것으로 필자는 이해하고 있다. 이 문장은 앞의 단어와 뒤의 단어가 서로 원인과 결과로서 연결된다. 법의 이치를 스스로 철저하고 지혜롭게 살펴보고,[40] 그렇게 지혜롭게 살펴보는 것이 원인이 되어 스스로 경험하게 되고, 스스로 경험하게 됨으로써 법이 당사자에게 구족된 채로(확립된 채로), 머물 수(유지될 수)있다는 것이다.[41] 그런데 필자의 생각으로는, 이런 표현은 본문에서는 알라라도 말하고, 이 말을 받아서 다시 보살이 한 것으로 되어 있지만, 알라라가 실제로 이런 표현을 사용한 것은 아닌 것 같고, 당시의 상황을 회상하면서 붓다께서 이렇게 자신의 표현법을 사용하신 것이 아닐까 싶다. 〈설일체유부〉 소전의 산스끄리뜨 필사본 『수신경』의 내용에서는 이 표

---

40) 여기서 명사의 도구격으로 사용된 '철저한 지혜로써abhiññā'라는 것은 '철저한 지혜'라고 명사화할 만한 어떤 고정된 상태가 따로 있기 때문에 이 단어를 사용한 것이 아니라, 늘 철저하게 바르게 보고, 바르게 알고, 하는 과정을 일러 '철저한 지혜'라고 한다는 뜻으로 사용되었다.

41) sayaṃ(부사) abhiññā(여성명사의 도구격) sacchikatvā(연속체) upasmpajja(연속체) viharati(동사) 앞의 부사인 sayaṃ(스스로)는 뒤의 모든 단어에 적용되고, 연속체들은 그러한 상태가 지속되는 한, 이라는 뜻을 나타냄으로, 법을 스스로 철저하고 바르게 이해함으로써, 이해하는 한, 이해되는 동안에, 그것이 원인이 되어, 스스로 법을 경험하게 되고, 스스로 경험하게 되는 한, 경험하게 되는 동안에, 그 법이 자신에게 스스로에 의해 확립되어지고, 확립되어지는 상태가 당사자의 자발적 의지에 의해서 지속적으로 이어진다는 뜻으로 풀이된다. 마지막의 viharati라는 동사는 기본적으로는 '머물다'라는 뜻을 가지고 있지만, 그것은 자발적 의지에 의해서 그 상태를 지속적으로 유지하는 것을 뜻하기도 한다. 그래서 비구들이 자발적인 의지에 의해서 모여 사는 곳을 '위하라vihara'라고 부른다.

현이 알라라가 사용한 것이 아니라 보살이 사용했던 것으로만 나타나고,[42] 기존의 붓다의 전기들에 나오는 내용에서는, 함께 수행해도 좋다, 우리에게는 전혀 방해가 되지 않는다, 당신 같은 분이라면 오래지 않아 금방 원하는 바를 얻게 될 것이다, 라는 정도의 내용 이외에, 위와 같은 표현은 등장하지 않는다.[43]

또한 본문에서는 보살이 자신이 알라라 밑에서 수행을 하고자 찾아온 이유를 알라라에게 직접 말한 대목은 언급이 되지 않았지만 『불소행찬』에서는 알라라의 환대와 격려에 기뻐한 보살이 알라라에게 자신이 무엇을 위해 출가하였고, 수행의 목표가 무엇인지에 대해 다음과 같이 알라라에게 분명하게 말한 것으로 나타난다.

> 이제 저를 연민히 여겨 받아들여주셨으니, 감히 마음속에 의심나는 바를 묻고자 합니다. 태어나고 늙고 병들고 죽는 괴로움을 어떻게 하여야 면할 수 있겠습니까?[44]

『불본행집경』에서도 보살은 알라라에게 자신이 무엇을 구하기 위해 출가했는지를 다음과 같이 분명하게 말한 것으로 기록하고 있다.

---

42) 앞에서 인용한 류진 교수의 『禪定與苦修』(P.147) 「저에게 이와 같이 말했다. '가라라 선생은 (그) 신통지로써 제법을 스스로 경험함이 어떤 경지에서 허락되는가?' 于是如此說道, 歌羅羅先生以(其)神通智 證諸法几許 taṃ enaṃ evaṃ vadāmi: kiyanto bhavatā arāḍena dharmmā(ḥ) svayaṃ abhijñayā sākṣātkṛtāḥ」
43) 주석 119의 내용 참조
44) 『불소행찬』(T4/P.22) 「今已蒙哀許 敢問心所疑 生老病死患 云何而可免」
『Buddhacarita - Cowell』(P.147) 「Wilt thou therefore deign to tell me that secret, if thou thinkest it should be told, whereby thy servant may be delivered from old age, death, and disease. tasmādarhasi tadvaktuṃ vaktavyaṃ yadi manyase jarāmaraṇarogebhyo yathāyaṃ parimucyate.」

'존경하는 스승이시여, 저는 이 세간 중생들이 생로병사에 묶여서 스스로 벗어날 수 없다는 것을 보았으니, 그래서 지금 이렇게 정진하는 마음을 일으킨 것입니다.'[45)]

이렇듯, 보살은 출가 이전부터 마음속에 담고 있었던 문제, 즉 생로병사로부터 일어나는 모든 구체적인 괴로움으로부터 벗어나는 길, 그것을 찾기 위해 이곳저곳을 다니며 온갖 수행자들을 만났지만 결국 뜻하는 바를 얻지 못하다가, 이제 알라라를 만났고, 처음으로 그를 자신의 목표를 충족해 줄 수 있는 스승으로 여기게 된 것이다. 이전에 보살이 만났던 수행자들은 모두 '무언가'가 되기 위해서 수행을 하는 자들이었다. 제석천이 되고 싶어서, 혹은 대범천왕이 되고 싶어서, 아니면 다른 무언가가 되고 싶어서 수행을 한다는 것이었다. 그러니 세상에서 더 이상 무언가가 되려는 마음을 포기한 보살에게 그들이 눈에 찰 리가 없었다. 그런데 알라라는 달랐다. 그는 수행의 목적을 생로병사의 괴로움으로부터 벗어나는 것에 두고 있는 것처럼 보였기 때문이다. (물론 두 사람이 서로 대화를 하면서 비록 서로 같은 말을 사용했지만 서로가 전제하는 바가 다르고 따라서 사용된 용어의 정의도 서로 다르다는 것을 깨닫기 이전이기 때문에 그렇게 보였을 것이다.) 그러니 보살이 그를 스승으로 여기지 않을 수가 없었을 것이다. 『불소행찬』에서는 알라라가 보살에게 자신의 법을 다 설명하고 나서 이렇게 말했다고 전하고 있다.

만약 이 네 가지 법을 안다면, 능히 태어남, 늙음, 죽음으로부터

---

45) 『불본행집경』(T3/P.753) 「尊者大師. 我以見此世間衆生. 以爲生老病死纏縛. 不能自出. 今發如是精勤之心」

벗어날 수 있으니, 태어남과 늙음과 죽음이 이미 다 했다면, 다함이 없는 곳에 도달하게 될 것입니다. 세간의 바라문들은 모두 다 이런 가르침에 의지해서 청정한 수행을 실천하고, 또한 남에게도 가르치는 것입니다.[46]

〈악기웻사나여! 그래서 나는 오래지 않아 그 법을 다 배웠습니다. 악기웻사나여! 그런 나는 입술을 떼는 대로, 따라하는 대로, 지혜로운 말과 장로가 하는 말을 했습니다. 그래서 나는 '나는 알고, 본다.'라고 선언했고 다른 사람들도 그렇게 말했습니다. 악기웻사나여! 그런 나에게 이런 생각이 들었습니다. '알라라 깔라마는 이 법을 단순히 믿음만으로, 스스로 철저한 지혜로써 경험하고 구족하여 머문다고 선언한 것이 아니라, 알라라 깔라마는 이 법을 정말로 알고 볼 것이다.'라고. 악기웻사나여! 그래서 나는 알라라 깔라마가 있는 곳으로 갔습니다. 가서는 알라라 깔라마에게 이렇게 말했습니다. '깔라마 존자시여! 참으로 어떻게 해서, 이 법을 스스로 철저한 지혜로써 경험하고 구족하여 머문다고 선언한 것입니까?' 악기웻사나여, 이렇게 말하자, 알라라 깔라마는 '무소유처'를 말했습니다.〉

알라라가 보살에게 입실을 허락하면서, 자신이 터득하고 자신이 가르치는 법은 현명한 자라면 오래지 않아 스승이 이룬 경지를 함께 얻게 될 것이라고 했는데, 그 말대로, 보살은 오래지 않아 '그

46) 『불소행찬』(T4/P.23) 「若知此四法 能離生老死 生老死旣盡 逮得無盡處 世間婆羅門 皆悉依此義 修行於梵行 亦爲人廣說」

법을 다 배웠습니다.'라고 했다.[47] 아마 여기서 보살이 말한 '그 법'이란 법의 이론을 말하는 것이 될 것이다. 그래서 보살은 이제 자신이 배운 법의 이론을 다른 자들에게 설명하기 위해 입술을 떼는 대로, 말로 설명하는 대로, 보살이 하는 말이 그대로 스승인 알라라와 같은 지혜로운 말이 되고, 마치 오래 수행한 장로처럼 확신에 찬 말을 하게 되었다고, 보살 자신도 그렇고, 주변사람들도 다 그렇게 보살을 인정하게 되었다.[48]

하지만 보살은, 그런 자기 자신에게 결코 만족할 수가 없었다. 자신은 알라라가 말한 법의 이론을 다 배웠고, 이제 누구에게나 다 그 법을 설명할 수 있게 되었다. 그래서 자신도 그렇고, 다른 사람들도 다 자기를 두고 '**알고, 보는 자**'라고 인정한다. 하지만, 괴로움으로부터의 해탈은 여전히 자신에게서 이루어지지 않았다. 알라라가 말한 그 법이라는 것은, 괴로움의 해탈에 이르지 못한 당사자

47) 「그 법을, 이라고 한 것은, 저것이taṃ 저들의nesaṃ 宗義가samaya 담긴 경전을 tantiṃ 말한다. 다 배웠다는 것은, 듣고서 받아 지녔다는 것이다. dhammanti, taṃ nesaṃ samayatantiṃ. pariyāpuṇinti sutvāva uggaṇhiṃ. pariyāpuṇinti, sutvā va uggaṇhiṃ」(MA2/P.171)

48) 본문에서 입술을 떼자마자, 라고 필자가 번역한 'oṭṭhapahatamattena'라는 복합어는 oṭṭha+pahata+matta+ena로 분석되는 것으로, 『장로게theragāthā』에 한 번 나타난 것을 제외하고는 본경에서만 유일하게 사용되었다. '따라하자마자'라고 번역한 'lapitalāpanamattena'는 AN1/P.165에 '일컫다, 부르다'라는 뜻으로 사용된 용례가 나타난다. 보살이 스승인 알라라에게서 배운 법들을 다 익혀서, 누군가 다른 사람이 보살에게 법에 대해 물으면 법을 설명하기 위해 보살이 입을 열어 설명하는 그대로 스승의 법과 같은 법이 말해졌다는 뜻으로 필자는 이해하고 있다. 주석서에서의 해설은 다음과 같다 MA2/P.171 「oṭṭhapahatamattena(입술을 떼자마자), 라는 것은 (스승에 의해) 말해진 것을 위해, 입술을 떼자마자, 차례로 행하고, 입술을 움직이자마자, 라는 뜻이다. lapitalāpanamattena(따라하자마자), 라는 것은 말해준 것을 위해, 따라하자마자, (라는 뜻이고) ñāṇavādanti(지혜로운 말), 이란, 나는 안다, 라고 하는 말이고, theravādanti(장로의 말)이란, 나 장로가 여기 있다, 라고 확신에 차서 하는 말이다. oṭṭhapahatamattenāti tena vuttassa paṭiggahanatthaṃ oṭṭhapaharaṇamattena; aparāparaṃ katvā oṭṭhasañcaraṇamattakenāti attho. lapitalāpanamattenāti tena lapitassa paṭilāpanamattakena. ñāṇavādanti jānāmīti vādaṃ. theravādanti thirabhāvavādaṃ, thero ahametthāti etam vacanaṃ.」

에게는 아무런 의미가 없는데도, 사람들은 자신을 '알고, 보는 자'라고 인정하고 있으니 말이다. 그렇다면 무엇이 잘못된 것일까? 혹시 알라라가 자신에게 거짓을 말한 것은 아닐까? 실재로는 이 법을 지혜로써 경험하고 구족하지 못했으면서도 단지 스스로 그렇게 구족했다고 착각하고 있는 것은 아닐까? 그런 것이 아니라면, 그가 가르쳐준 이 법의 이론을 알고, 보기 위해 무언가 '특별한 수행 방법'을 사용했던 것일까? 방법이 달랐기 때문에 자신이 그와 똑같은 법의 이론을 배웠음에도 괴로움으로부터 해탈을 얻지 못하고, 그는 그 법을 통해서 해탈을 얻게 된 것은 아닐까? 아마 보살은 그렇게 생각했을 것이다. 그래서 보살은 스스로에게 이렇게 말한 것이다. '**알라라 깔라마는 이 법을 단순히 믿음만으로, 스스로 철저한 지혜로써 경험하고 구족하여 머문다고 말한 것이 아니라, 참으로 알라라 깔라마는 이 법을 알고 볼 것이다.**'라고.

앞에서도 이미 언급한 바와 같이, 본 경전뿐만 아니라 보살의 수행 과정이 언급된 모든 빠알리 경전에는 알라라에게 보살이 배웠다는 '그 법'의 내용에 대해 설명해 놓은 곳이 없다. 『불설보요경』, 『파승사』, 『방광대장엄경』 등의 한역 불전에는 알라라의 법에 대해 약간씩의 설명이 붙기는 했지만 그 법의 내용을 짐작할 만한 정도는 아니다. 하지만 마명(馬鳴)의 저술로 알려진 『붓다짜리따』와 그것의 한문 대역경인 『불소행찬』, 그리고 또 다른 불전인 『불본행집경』에는 보살이 알라라로부터 배웠다는 그 법이 어떤 내용의 법이었는지를 짐작하게 해주는 내용이 보살과 알라라의 대화 형식으로 잘 나타나 있다.[49] 물론 『붓다짜리따』와 『불소행찬』이 여타의 전기(傳記)보다 비교적 이른 시기에 성립된 것이고, 전기의 작가 스스로가 최대한 자신의 견해를 배제하고 오직 경전의 말씀을 참고로 했다고는 하지만[50] 작가가 참고했다는 문헌들 역시 후대의 것들이기 때문에, 객관적 사실로서 온전히 신뢰할 수 있는 내용들은 아닐 것이다. 하지만 우리가 알라라가 보살에게 가르쳤던 법에 관련된 내용들을 이들 전기 이외에서는 찾아볼 수 없는 상황이고, 그 내용을 기록한 자의 의도와 방법을 신뢰할 수 있다면, 거기에 언급된 '내용'을 통해서 보살이 알라라에게 배웠다는 법이 어떤 것이었는지를 짐작해 보는 것이 최선의 선택일 것이다. 그렇게 해서, 본문에 나와 있듯이, 이미 알라라의 법에 익숙해졌다는 보살이 다시 알라라를 찾아가서 무엇을 물었기에 알라라가 '무소유처'에 대해 말했던 것이며, 알라라의 법에 만족하지 못하고 그의 곁을 떠나게 된 당시의 보살의 관점은 어떤 것이었는지를 역으로 짐작할 수 있게 된다면, 그것이 후일 붓다가 성취한 깨달음과 어떻게 연결되었는지를 통해서 붓다의 깨달음을 이해하는 단초가 될 수도 있을 것

49) 두 한역 불전에 상응하는 산스끄리뜨본 중에서 〈설출세부〉소전의 산스끄리뜨본 『마하와스뚜mahavastu』에는 『불본행집경』과 비슷한 내용이 언급된 곳이 있음으로 이를 비교해서 살펴볼 수는 있다. 하지만 『불본행집경』과 『마하와수뚜』는 편집 목적이나 출전이 서로 다르고, 『마하와수뚜』에는 우리가 참고로 하려는 알라라 깔라마나 웃다까 라마뿟따와 관련된 내용도 빠알리본에서 언급된 정도만 언급되어 있지 한역본 『불본행집경』처럼 자세하게 언급된 부분은 없다. 단 『불소행찬』의 경우에는 관련본인 『Buddhacarita』의 PP.146~157까지, 보살이 알라라를 찾아가서 대화를 나누는 내용이 실려 있는데, 보살에게 전하는 알라라의 법과, 알라라의 법에 대한 보살의 평가 부분은 한역본의 양과 일치한다. 한역 『방광대장엄경』과 상응경인 『laīitavistara』에는 이 부분과 관련된 기술이 따로 없다.

50) 마명의 『불소행찬』의 저술 후기에는 스스로 이 전기는 '불경의 말씀을 따랐다 隨順佛經說'라고 적고 있다.(T3/P.54) 아울러 존스톤은 자신의 저서에서, 붓다짜리따의 내용 가운데, 게송 1번에서 게송 20번까지 즉, 붓다께서 기원정사를 헌납 받았을 때까지의 기록은 작자인 마명이 〈자타까〉의 주석서인 『니다나까타』에서의 구성을 참고했을 것으로 추정하고 있다. 『Buddhacarita - Johnston』 Introduction P40「The general framework of the plot is apparently dependent on two sources. Canto 1~20 give a continuous narrative of the Buddha's life and mission up to the dedication of the Jetavana vihara and thus cover the exact period of the story of the 'present' in the Pali nidānakathā; ~」

이다.

그럼으로 지금부터는 이들 전기들의 내용을 통해서 1) 보살이 알라라로부터 배웠다는 그 법 이론의 내용은 어떤 것이었으며, 다시 2) 그 법을 체득하기 위한 수행 방법으로 알라라가 제시한 것은 어떤 것이었는지, 그리고 최종적으로, 3) 보살은 어떠한 관점을 가지고 있었기에, 알라라가 제시한 법 이론과 수행 방법에 대해 모두 만족하지 못하고 결국 그의 곁을 떠나게 되었는지를 살펴볼 것이다.

1) 보살이 알라라로부터 배웠다는 법 이론은 무엇이었는가?

생로병사의 괴로움으로부터 벗어날 수 있는 길을 물은 보살에게, 알라라는 자신이 주장하는 법을 설했고, 그 내용은 『붓다짜리따』와 한역 『불소행찬』에 소개되어 있다. 그런데 이 불전에 소개된 알라라의 법은, 결론부터 미리 말하자면, 이론적으로는 인도의 정통 육파철학(六派哲學) 가운데 하나인 상캬(sāmkya)철학의 형이상학적 주장과 기본적으로 닮아있고, 실천적인 면에서는 역시 육파철학 가운데 하나이며 상캬철학과 긴밀하게 연결된 요가철학의 주장과 닮아있다. 이들 불전에는 보살에게 자신의 법을 설명하고 난 알라라가, 자신의 법과 같은 법을 실천하여 이미 해탈을 얻은 자가 있노라고 하면서 '가비라 선인(迦毘羅仙人)과 그 제자 권속'을 언급한 내용이 나오는데,[51] 거기서 언급된 '가비라 선인'이 곧 상캬학파

51) 『불소행찬』(T4/P.22) 「가비라 선인과 제자 권속들이 이 나의 요긴한 뜻을 배우고 익혀서 해탈을 얻었으니, 저 가비라는 지금의 파도파제prajapati다. 迦毘羅仙人及弟子眷屬 於此我要義 修學得解脫 彼迦毘羅者 今波闍波提」『Buddhacarita- Cowell』

의 개조라고 알려진 까삘라(kapila)다. 그럼으로 자신이 보살에게 전수해준 법이 상캬학파의 개조인 까삘라의 법과 다르지 않음을 이렇게 알라라 스스로가 밝혔다는 것이다.

그런데 사실 지금 우리가 알고자 하는 것은, 4세기 이후에나 학파로서 정립된 상캬학파의 이론체계가[52] 아니다. 우리가 알고자 하는 바는, 처음 보살이 알라라를 찾아가서 간절하게 물었던 "태어나고 늙고 병들고 죽는 괴로움을 어떻게 하여야 면할 수 있겠습니까?"라는 질문처럼, 생로병사에서 일어나는 괴로움으로부터 해탈하게 하는 법의 이론과 그 수행 방법에 대한 당시의 알라라의 가르침이 어떤 것이었는지, 그리고 보살은 어떤 관점을 가지고 있었기 때문에 알라라의 그 가르침이 보살 자신을 괴로움으로부터 해탈하게 하지 못한다고 판단하고 결국 그의 곁을 떠나게 되었는지, 소위 알라라의 '해탈론'에 대해 우리가 알고자 하는 것이다. 이것은 앞에서도 언급했다시피, 깨달음을 성취하기 이전에 보살이 가졌던 해탈에 관한 관점을 이해함으로써, 그 관점이 붓다 자신의 깨달음과 어떻게 연결되었는지를 알고, 다시 그것을 통해 붓다를 해탈로

(P.148) 「Kapila with his disciple became the illuminated - such is the tradition, and he, as the illuminated, with his son is now called here Prajapati.」『Hinduism: An alphabetical Guide』, Roshen Dalai(India, 2010), P.194. 이 책의 내용에 따르면, 까삘라는 여러 바라문 문헌에 때로는 비쉬누의 환생으로 언급되거나, 창조의 신인 쁘라자빠띠의 환생으로 언급되었다고 적고 있다. 아마 『불소행찬』에서는 이것 때문에 '저 가비라는 지금의 파도파제prajapati다'라고 적은 것 같다. 『방광대장엄경』에는 '가비라 선인'에 대한 언급이 따로 없고, 『불본행집경』에는 『불소행찬』과 비슷한 내용이 언급되어져 있다.

52) 라다끄리슈난은 앞에서 인용한 한글 번역서(P.366)에서 다음과 같이 적고 있다. 「비록 우리에게 전해지는 상키야의 저술들은 불교의 발생보다 후기이며, 따라서 불교학설의 영향을 받았다고 볼 수도 있을 것이다. 그러나 상키야의 개념들 자체는 붓다보다 앞선다고 보아야 하며, 불교를 상키야의 원천으로 간주하는 것은 불가능하다.」

이끈 깨달음의 내용을 이해하는 단초를 얻고자 함에서다. 그렇다면 산스끄리뜨본 『붓다짜리따』와 한역본인 『불소행찬』에 언급된 알라라의 해탈론의 내용은 어떤 것이었을까? 먼저 알라라의 가르침은 중생(衆生)[53]을 다음과 같이 정의하면서 시작된다.

> 근본원인(勝因, 性, prakṛit), 변화(變, vikāra), 태어남, 죽음, 늙음, 이 다섯 가지로 중생(衆生, sattva)이 됩니다.[54]

일단 『붓다짜리따』에서는 알라라가 중생을 정의하는 대목에서 '뿌라끄리띠'라는 용어가 사용되었다. 알라라의 발언에 사용된 이 '뿌라끄리띠'라는 용어는 후대에 상캬철학의 정의에 의하자면, 세상 모든 만물의 발생과 소멸에 관여하는 '근본적인 원인'을 지칭한다. 어원적으로 'prakṛit'는 '맨 처음, 근본'[55]이라는 의미를 지닌 단어인데, 상캬철학에서는 이것이 어떤 실재에 대한 과학적인 용어가 아니라 소위 '형이상학적 개념'에 속한 용어로 사용되고 있다. 만약 일상적으로 경험되는 세상의 모든 다양한 대상들의 발생과

53) 『상캬까리까』에서는 만물의 근본 원인인 뿌라끄리띠prakṛit의 세 가지 구성 요소(guṇa)로서 삿뜨와sattva, 라마스rajas, 따마스tamas가 제시되는데, 여기서의 삿뜨와는 사람의 인식 속에서 대상을 구체화하는 것, 감각이나 마음속에서 의식적으로 대상을 구체화해 나아가려는 속성을 지니고 있다고 주장되기 때문에, 이것은 '존재'로 이해되기도 한다. 『불소행찬』에서는 그래서 『Buddhacarita - Cowell』에서의 'sattva'라는 단어를 '衆生'이라고 번역하고 있다. 『불소행찬』(T4/P.22), 『Buddhacarita - Cowell』(P.148 12.17)

54) 『불소행찬』(T4/P.22) 「성품과 전변과 태어남과 늙음과 죽음, 이 다섯 가지로 중생이 된다. 性變生老死 此五爲衆生」 『Buddhacarita - Cowell』(P.148) 「prakṛtiśca vikāraśca janmamṛtyurjaraiva ca/ tattāvatsattvamityuktaṃ sthirasattva parehi naḥ.// 12.17. "The evolvent" and "the evolute," birth, old age, and death, — know that this has been called the reality by us; do thou receive our words, O thou who art stedfast in thy nature.」

55) 『Sanskrit English Dictionary』(P.654) 「making or placing before of at first. the original or primary substance.」 『sanskrit dictionary for spoken』 「producers or primary essences which evolve the whole visible world」

소멸에는 분명 어떤 '근본적인 원인'이 있었을 것이라고 믿는 사람들이 있었다면, 그 '근본적인 원인'은 논리적으로, 그 근본적인 원인을 발생시키는 또 다른 원인이 없어야 '근본적인' 것이 될 수 있다고 그들은 생각했을 것이다. 그럼으로 그 '근본적인 원인'은 모든 것의 원인이 되지만, 그것 자체를 일으키는 원인이 없이 존재하는 그런 궁극적인 원인이어야 할 것이다. 뿐만 아니라 그 근본적인 원인은 이전부터의 모든 대상의 발생에 관여된 것이기 위해서는 새로 생겨난 것이 아니라 처음부터 지금까지 계속 이어지는 영속적인 어떤 것이며, 그 본질 자체는 드러나지 않지만 경험되는 모든 대상들에게 편재(遍在)되어져 있는 아주 미세한 어떤 '영향력' 같은 것이라고 그들은 생각했을 것이다. 알라라가 사용한, 그리고 후대의 상캬철학에서 주장하는 '뿌라끄리띠'라는 것은, 그런 사유의 과정에서 궁리된 형이상학적 개념으로 필자는 이해하고 있다.[56] 한역 『불소행찬』에서는 이 용어가 '性(성)'으로 번역되었다.

상캬철학에서는 또한 이 쁘라끄리띠에 상대되는 것으로서 '뿌루사(puruṣa)'라는 개념이 제시된다. 이것은 우리가 앞에서 살펴봤던 니간타들의 '영혼(jīva)'과 '비영혼(ajīva)'의 구분과 거의 흡사한 것으로, 니간타들이 말하는 영혼이 곧 뿌루사에 해당되고, 비영혼으로 분류되는 것이 뿌라끄리띠에 해당될 것이다.[57] 하지만 『붓다짜

56) 한역 『상캬까리까』의 한역 주석본인 『金七十論』에서도 이 쁘라끄리띠라는 단어는 '性'으로 번역된다. 이 외에도 쁘라끄리띠는 여러 가지 다른 이름으로도 문헌들에서 쓰이기도 하는데, 가장 근원이 되는 원인이라는 뜻에서 pradāna(勝因)라고 하거나, 아직 모습으로 드러나지 않았다는 의미에서는 avyakta(未顯現者)라는 등으로 쓰이기도 한다. 산스끄리뜨본 『붓다짜리따』를 영역한 Cowell은, 이로부터 모든 것이 전개된다는 의미로, 쁘라끄리띠를 'The evolvent(evolvement)'로 번역하고 있다.

57) 니간타(자이나교도)들이 주장하는 비 영혼에는 法(움직임)과 非法(정지), 공간, 뿟갈

리따』에 실린 알라라의 발언 가운데 이 뿌루사, 라는 단어는 등장하지 않고, 단지 '아뜨만(ātman)'이라는 용어만이 등장한다. 그리고 『불소행찬』에서는 이것을 '我(아)'라고 번역하고 있다. 알라라는 다시 그 자아에 대해 이렇게 보살에게 설명했다.

> 性(성, prakṛit)이 바뀌어 변한 것을 因(인, kṣetra)이라 하고, 인을 아는 것을 我(아, ātman)라고 합니다. [58)]

『불소행찬』에서 '因(인)'이라고 번역한 것은 '끄세뜨라(sk. kṣetra)'를 말하는 것으로, 이것은 모든 공덕과 부덕의 결과가 지어지는 장소라는 의미로 '밭' 혹은 '몸'으로 번역되는 단어다. 그럼으로 우리의 공덕이나 부덕이 지어지는 장소인 몸은, 만물의 근본원인인 뿌라끄리띠가 바뀌어 변한 것에 지나지 않는다는 것이니 이것이 곧 '전변설'이다. 그리고 그렇게 몸이 뿌라끄리띠가 변하여 된 것인 줄을 아는 것을(kṣetra-jñana) 아뜨만, 즉 '我(아)'라고 한다는 것이다. 상캬철학에서는 뿌루사와 뿌라끄리띠의 결합을, 눈은 잘 보이지만 걸을 수 없는 자(뿌루사)를 목에 태우고, 걸을 수는 있지만 눈이 먼

라(미세한 물질)이 있다. 『諦義證得經』(PP.407~408) 「jīva ajīvakayā dharma adharma ākaśa pudgalāḥ 法, 非法, 虛空, 補特伽羅 是非命的身, 這此與命都是實體」 상캬철학에서는 시간과 공간까지도 뿌라끄리띠의 형태라고 주장한다. 라자끄리슈난의 앞의 한글 번역서 3권(P.403)에서 재인용.

58) 한역본인 『불소행찬』의 이 대목은 산스끄리뜨본 『붓다짜리따』의 내용과 차이가 있다. 『붓다짜리따』에서는 『Buddhacarita - Cowell』(P.149) 「There is also a something which bears the name ksetrajna, fromits knowledge of this field, and those who investigate the sould call the soul ksetrajna. asya kṣetrasya vijñānāt kṣetrajṇa iti saṃjña ca kṣetrajña iti cātmānaṃ katha yaṃty ātmaciṃtakāḥ.//12.20 같은 대목에 대한 Johnston의 번역은 다음과 같다. 『Buddhacarita-Johnston』(P.169) 「And that which is conscious is called the knower of the field, because of knows this field. And those who meditate on the Atman say that the Atman is the knower of the field.」, 『불소행찬』(T4/P.22) 「성품이 전변하여 인이 되고, 인을 아는 자가 자아이다. 性轉變爲因 知因者爲我」

자(쁘라끄리띠)가 길을 떠나는 것으로 비유한다. 그처럼 뿌루사는 의도나 행위의 능력이 없는 '순수한 인식'으로 정의되고 있다. 그런 점은 니간타들의 주장하는 지와(jīva)라는 개념과도 거의 흡사하다. 알라라는 중생이 괴로움의 윤회 속에서 벗어나지 못하는 이유를 다음과 같이 보살에게 설명한다.

> 어리석음과 업력, 그리고 애욕은 윤회의 원인으로 알려져 있습니다. 이 세 가지에 머물러 있는 자는 '중생'에서 벗어날 수 없습니다.[59)]

> 어리석은 자, 무지와 연결된 다섯 가지 욕망과 연결된 자는, 태어남에서 태어남으로 윤회의 순환을, 가장 큰 고통의 순환을 통과합니다.[60)]

그리고 다시 이 윤회에서 벗어나는 길에 대해 다음과 같이 설명한다.

---

59) 『불소행찬』(T4/P.22) 「어리석음과 업과 애욕 때문에 이것으로 전륜이 되는 것이다. 만약 이 삼종에 머문다면 이 중생을 벗어나지 못한다. 愚癡業愛欲 是說爲轉輪 若住此三種 是衆生不離」 『Buddhacarita - Cowell』(P.148) 「23) Wrong knowledge, the power of the act and desire are to be known as the causes of the cycle of existence. The individual person, which abides in these three, does not pass beyond that 'being'/ ajñānaṃ karma tṛṣṇā ca jñeyāḥ saṃsārahetavaḥ sthito'smiṃs tritaye jantus tat sattvaṃ nātivartate.」

60) 『불소행찬』(T4/P.22) 「이 어리석은 범부는 오욕을 계착하네, 생사가 크나큰 괴로움의 근본이니 오도에서 태어남을 반복한다네. 此愚癡凡夫 計著於五欲 生死大苦本 輪轉五道生」 『Buddhacarita - Cowell』(P.151) 「37) The fool, conjoined with this five jointed ignorance, passess on from birth to birth through the cycle of transmigration which for the greatest, part is, suffering./ anayāvidyayā bālaḥ saṃyuktaḥ paṃca parvayā saṃsāre duḥkhabhūuyiṣṭhe janmasv abhiniṣicyate// 12.37」

거기서 해탈을 원하는 자라면 네 가지 법을 알아야 합니다.
알아차림과 알아차리지 못함, 드러남과 드러나지 않음입니다.[61)]

그렇게 몸을 아는 자(sk. kṣetrajñno)가 이 네 가지 법을 올바르게 안다면,
나고 죽음을 능히 벗어나고, 영원한 세상에 도달할 수 있습니다.[62)]

이렇게 말하고 난 알라라는, 세상의 모든 바라문들은 다 이러한 교리에 의지해서 범행(梵行)을 닦고 또 사람들을 가르친다고 하면서[63)] 보살에게 자신의 법 이론을 설명해 마쳤다. 그런데 다음 장에서 보살이 왜 알라라의 법에 만족하지 못하고 그의 곁을 떠나게 되었는지 그 이유를 찾아보는 과정에서 다시 언급하겠지만, 알라라가 말하는 해탈의 주체는 그의 표현에 따르자면 '몸을 아는 자

---

61) 『불소행찬』(T4/P.23)「謂彼正思惟 四法向解脫 黠慧與愚闇 顯現不顯現」
『Buddhacarita - Cowell』(P.151)「40) In that matter, O prince! desiring salvation, the man of right knowledge should know the group of four, the intelligent, that which lacks intelligence, the seen and the unseen./ tatra samyan matir vidyān mokṣakāma catuṣṭayaṃ / protibuddhāprabuddhau ca vyaktaṃ avyaktaṃ eva ce. 12.40」

62) 『불소행찬』(T4/P.23)「若知此四法 能離生老死 生老死旣盡 逮得無盡處」
『Buddhacarita - Cowell』(P.151)「41) For when the knower of the field properly discriminates these four, it abandons the rushing torrent of birth and death, and obtains the everlasting sphere./ yathāvad etad vijñnāya kṣetrajñno hi catuṣṭayaṃ. ārjavaṃ javataṃ hitv prāpnoti padaṃ akṣaraṃ」

63) 『불소행찬』(T4/P.23)「세간의 바라문들은 모두 다 이 뜻에 의지해서 범행을 닦고 또한 다른 사람들을 위해서 널리 설합니다. 世間婆羅門 皆悉依此義修行於梵行 亦爲人廣說」
『Buddhacarita - Cowell』(P.151)1「42) For this purpose the Brahmans in the world, who follow the doctrine of the supreme Absolute, practise here the Brahman - course and instruct the Brahamans in it./ ityarthaṃ brāhmaṇā loke parama brahmavādinaḥ / brahmacaryaṃ caraṃtīha brāhmaṇān vāsayaṃti ca// 12. 42」

(kṣetrajñno)'이고, 이것이 곧 '아뜨만(ātmana)' 혹은 '뿌루사(puruṣa)'다. 그렇게 몸이 쁘라끄리띠가 전변하여 만들어진 것임을 아는 그 주체가 네 가지 법을 올바르게 안다면, 그는 윤회에서 벗어나 '영원한 세상(akṣara pada)'에 태어난다는 것이다. 이것은 니간타들이, 고행을 통해서 순수 인식인 지와(jīva)에 쌓인 과거의 악업을 털어내면 지와의 본래면목이 회복된다는 주장과 다르지 않고, 거울에 쌓인 먼지를 제거하면 거울의 본래면목이 드러난다는 『육조단경』에서의 신수대사의 주장과도 다르지 않다. 그러니 비록 자아에 대한 명칭은 바뀌었을지라도, 알라라의 견해 역시 기존의 독립적인 실체로서의 자아에 대한 인간의 뿌리 깊은 집착에서는 결국 한 걸음도 벗어나지 못했다는 것이고,[64] 어쩌면 그래서 더욱, 자아에 대한 집착들은 단지 인간의 상념(想念)에 지나지 않는다고 간파하신 붓다의 통찰력이 더욱 빛을 발하게 된 것인지도 모르겠다. 현장법사가 번역한 『금강경』에는 자아에 대한 당시 사람들의 다양한 집착들이 붓다에 의해서 단지 상(想)이라는 이름으로 다음과 같이 언급되어져 있다.

> 만약에 모든 보살마하살들이 응당히 이와 같은 상을 일으키면 보살마하살이라 말하지 못하리니, 유정(有情)이라는 상, 명자(命者)라는 상, 사부(士夫)라는 상, 보특가라(補特伽羅)라는 상, 의생(意生)이

64) 필자가 위에서 여러 차례 인용했던 라다끄리슈난의 저서에도 인도인들이 가지고 있는 자아에 대한 집착의 정서를 읽을 수 있다. 『Indian Philosophy Vol 2』(P.271) 「모든 인간은 흔히 '영혼'이라는 이름이 부여되는 자기 결정의 원리를 지닌다. 엄격한 의미에서 '영혼'은 생명을 지니는 모든 존재들에 속해 있으며, 다양한 영혼들은 근본적으로 그 본질에서 동일하다. All organic beings have a principle of self determination, to which the name of 'soul' is generally given. In the strict sense of the word 'soul' belongs to every being that has life in it, and the different souls are fundamentally identical in nature.」

라는 상, 마납파(摩納婆)라는 상, 작자(作者)라는 상, 수자(受者)라는 상이 그러하니라.[65]

이렇게 『붓다짜리따』와 『불소행찬』의 내용 가운데, 보살이 알라라에게서 배우고 익혔다는 알라라의 법 이론에 대해 살펴보았다. 다음은 빠알리본에 나타난 보살이 알라라에게 했던 두 번째 질문인 '**참으로 어떻게 해서, 이 법을 스스로 철저한 지혜로써 경험하고 구족하여 머문다고 말한 것입니까?**' 라는 내용에 대해 살펴보기로 하겠다.

2) 보살이 깔라마 존자를 찾아가서 무엇을 물었기에 알라라가 '무소유처'를 말했는가?

본문에 나타난 보살의 두 번째 질문은 이런 뜻이었을 것이다. 깔라마 존자는 단순히 믿음만으로 앞에서 자신에게 말한 그 법을 안다고 말한 것은 아닌 것 같은데, 도대체 깔라마 존자는 어떤 수행의 방법을 통해서, 어느 정도까지의 수행을 했기에 그런 법들을 이해하고 증득하고 구족한 것이고, 또한 자신 있게 해탈의 길로써 그 법을 이해하고 증득하고 구족하는 것이 가능하다고 자신에게 말한 것일까? 라고. 물론 보살이 이렇게 묻게 된 배경에는, 보살 자기 자신도 알라라가 가르쳐준 법 이론을 모두 익히고 다 이해했다고 생각했는데, 왜 자신은 알라라의 말처럼 괴로움으로부터 해탈했다는 생각이 들지 않고, 여전히 괴로움으로부터 벗어나지 못

65) 『능단금강반야바라밀다경』(T7/P.980) 현장스님의 번역 가운데 有情은 sattva를, 命者는 jīva를, 士夫는 puruṣa를, 補特伽羅는 pudgala을, 摩納婆는 mānava를 각각 번역한 것이리라.

하고 있는가, 라는 것에 대한 의문이 작용했을 것이다. 그럼으로 첫 번째 질문이 알라라가 말하는 그 해탈의 법은 어떤 것인가? 라고 그 법의 내용에 대해 물은 것이었다면, 이 두 번째 질문은, 알라라가 말한 그 해탈의 법은 어떻게 해야 증득되는가? 라고, 그 증득의 방법에 대해 물은 것이다. 그런데 필자에게는, 이 두 가지 질문이 일어나는 과정 사이에는 어떤 인식론적 반성 같은 것이 보살에게 있었지 않았을까, 하는 생각이 든다.

즉, 보살은 처음에 자신이 알라라 깔라마가 말한 그 법의 내용을 완전히 이해했다고 생각했을 것이다. 그래서 본문에서 표현했듯이 스스로 '**나는 알고, 본다.**'라고 선언했을 것이다. 그런데도 여전히 자신은 깔라마 존자처럼 '이 법은 참으로 궁극의 해탈을 위한 법이다!' 라는 생각이 들지 않았다. 본문에서는 그 다음에 보살에게 어떠한 변화가 있었는지에 대해 따로 언급하지 않았지만, 깔라마 존자가 말한 해탈의 법을 완전히 이해했음에도 불구하고 여전히 자기 자신은 해탈했다고 느끼지 못했던 이유는, 스스로 깔라마 존자가 말한 그 법을 그렇게 '**나는 알고, 본다.**'라고 생각했던 자신에게 하나의 잘못된 전제가 깔려 있었기 때문임을 보살은 알아차렸을 것이다. 깔라마 존자가 스스로 '이것은 해탈을 위한 법이다.'라고 하면서 그 법을 자신에게 가르쳐 주었는데, 만약 그가 거짓을 말한 것이 아니라면, 자신도 또한, 입을 떼는 대로, 마치 그 법에 익숙한 장로들처럼 그 법에 대해 충분히 설명해 줄 수 있을 만큼 익혔기 때문에, 당연히 그의 말대로 보살 자신도 그 법을 '이것은 해탈을 위한 법이다.'라고 느껴야 당연하다고 보살은 생각했던 것이다. 그러나 이것은 법을 받아들이는 자가 누구냐에 관계없이, 누구에게나 똑같은 내용으로 이해되어지는 '객관적인 법'이 있을 것이라는 잘못된 전제였고, 그런 잘못된 전제가 자신에게 깔려있었다는 것을 보살은 알아차렸을 것이다.

그래서, 그렇다면 도대체 깔라마 존자는 어떤 상태에 도달해 있기 때문에 스스로 이 법을 '해탈의 법'이라고 받아들이게 된 것일까? 라고 생각한 보살은, 깔라마 존자에게 이렇게 물었던 것이다. **'깔라마 존자시여! 참으로 어떻게 해서, 이 법을 스스로 철저한 지혜로써 경험하고 구족하여 머문다고 말한 것입니까?'** 라고.[66] 『불소행찬』에서의 보살의 질문은 빠알리 본문에서의 질문보다 좀 더 구체적이다.

> '어떤 것이 방편이 되며, 구경에는 어느 곳에 이릅니까? 어떻게 범행을 실천하며 다시 응당 얼마나 시간이 지나야 합니까? 무슨 까닭으로 범행을 실천해야 하는 것이며, 법은 응당 어디까지 이릅니까? 이와 같은 모든 긴요한 뜻을 저를 위해서 다 설해주소서.'[67]

---

66) 본문은 빠알리본의 'kittāvatā no, āvuso kālāma……'를 번역한 것인데, 여기서 kittāvatā는 부사로서, PED에서는 다음과 같이 설명하고 있다. 「kittavatā(adv.) to what extent? how far? in what respect? K' nu kho mah purisa hoti " in what respect is a man a great?」 즉, 이 단어는 어느 정도까지, 혹은 얼마나 멀리, 어느 면에서, 라고 번역될 수 있다는 것이다. 그러나 필자는 본문에서의 같이 이 부사를 '어떻게 해서'라고 그 실천 방법에 대해 물은 것으로 번역하였다. 이것은 그 뒤에 보살이 알라라를 찾아가서 자신이 경험한 상태를 확인하는 과정에서 사용된 단어 '이렇게 해서'에 해당되는 'ettāvatā'라는 단어와 쌍을 이루는 것이기 때문에, 법에 도달하는 실천 방법에 대해 물은 것으로 본 것이다,

67) 『불소행찬』(T4/P.23) 「太子聞斯說 復問阿羅藍 云何爲方便 究竟至何所 行何等梵行 復應齊幾時 何故修梵行 法應至何所 如是諸要義 爲我具足說」
『Buddhacarita - Cowell』(P.152) 「Wilt thou please to explain to me how, how far, and where this life of sacred study is to be led, and the limit of this course of life?/ brahmacaryaṃ idaṃ caryaṃ yatha yāvacca yatra ca/ dharmasyāsya ca paryaṃ taṃ bhavān vyākhyātumarhati // 12.44」

이런 보살의 질문에 대해 알라라는 자신은 '무소유처'에 도달했기 때문이라고 말했다고 한다. 그럼으로 알라라가 '무소유처'에 도달했기 때문이라고 답했다는 것은, 자신은 무소유처라는 궁극의 해탈처에 이르렀기 때문에, 즉 선정수행의 과정을 차례로 거쳐서 무소유처라는 경지에 도달한 '상태'이기 때문에, 스스로 자신이 말한 그 법들을 증득하게 된 것이고, 그래서 다른 사람들에게도, 그렇게 수행을 하여 그 경지에 이르게 되면 법의 증득이 가능하고, 괴로움으로부터 해탈하게 된다고 말한 것이라는 뜻이 될 것이다.

그런데, 알라라가 보살의 물음에 대한 답으로써, 자신은 무소유처에 도달했다고 했다면, 먼저 이런 의문이 있을 수 있다. 과연 보살은 알라라가 말한 '무소유처(ākiñcaññayata)'라는 용어나 용어에 대한 개념, 그리고 그것들이 현재 우리가 접하는 불교경전에 등장하는 것처럼, 색계의 사선정과 무색계의 사선정으로 순서가 매겨져 있는 것 가운데 하나였다는 것을, 보살은 처음부터 알고 있었을까, 하는 것이다. 필자의 견해를 미리 말하자면, 보살은 '무소유처'라는 말의 의미는 알고 있었을지는 몰라도, 알라라가 말하는 그 경계가 무색계의 선정의 네 단계 중에 세 번째 단계를 지칭하는 용어였다는 것을 알고 있었던 것은 아닐 것이다. 그리고 그것은 무소유처를 궁극의 해탈처라고 주장했다는 알라라도 마찬가지였을 것이다. 만약 그런 선정의 체계를 서로가 처음부터 알고 있었다면, 무색계 선정의 네 단계 중에서 무소유처가 세 번째 단계인데, 알라라가 그것을 굳이 궁극의 해탈처라고 주장했을 리도 없고, 보살도 그런 알라라의 주장을 그대로 받아들이지 못했을 것이기 때문이다.

게다가, 다음 단락에 나오는 것처럼, 알라라가 말한 그 '무소유처'라는 선정의 경지를 체험하고 난 보살이, 자신이 체험한 선정의 경지를 알라라에게 가서 확인하는 과정에서 '**깔라마 존자여! 이렇게 해서, 이 법을 스스로 철저한 지혜로써 경험하고 구족하여 머문다고 선언한 것입니까?**' 라고, 알라라에게 자신이 경험한 것을 설명하면서 그것이 알라라가 말하는 그 선정의 경지인지를 확인했다는 것은, 보살은 처음부터 알라라가 말한 그 경지를 (명칭이 무엇이 되었든 간에) 궁극의 해탈처라고 믿었고, 오직 자신의 해탈을 위해 그가 말한 선정의 상태에 도달하려고 애썼다는 것을 말해주는 것이니만큼, 알라라가 주장한 '무소유처'라는 선정의 경지가 무색계 선정의 세 번째 단계였다는 것을 보살이 알고 있었던 것은 아니라고 필자는 생각한다. 그리고 보살이 알라라와 웃다까가 궁극의 해탈처라고 주장한 경지에 각각 도달하였지만 그것이 모두 해탈처가 아님을 알고는 실망했다는 경전의 내용도, 보살이 애초에 두 사람이 주장한 선정의 경지를 궁극의 해탈처라고 진실로 믿고 그것에 도달하기 위해 애썼기 때문에 일어난 실망일 터이니,[68] 이 또한

---

(68) 이것에 대해서는 앞의 Alexsander Wynn의 저서(PP.21~22)에서도 필자와 같은 견해가 피력되었다. 「어쨌든, 보살이 두 스승들을 찾아갔다는 것과 관련된 모든 종파에서의 기록들에서, 보살은 그가 처음에 노력한 명상의 목표가 무엇인지를 알았던 것임에 틀림없다. 그리고 그런 설명은 만약 보살이 그가 상상했던 것을 위해 노력한 것이 열반이었을 때만 그것이 의미가 있다. 그 이야기는 그래서 보살이 해탈할 수 있는 스승들의 목표를 생각했었다는 것을 의미한다. 마명보살은 확실히 그 스승들은 해탈하기 위한 그들의 목표를 염두에 두었다고 생각했다…… 그리고 그의 실망은, 그가 해탈을 위해 노력했었다고 생각했음을 보여준다. However in all sectarian accounts of the Bodhisatta's visits to the two teachers, it is clear that the Bodhisatta knows what meditative goal he is striving for in the beginning, and the account only makes sense if the Bodhisatta is striving after what he inagined was liberation. the narritive inplies, then, that the Bodhisatta thought that the teachers' goals to be liberating. Asvaghosa certainly thought the teachers considerded their goals to be liberation…… And his disappointment shows that he thought he was striving after liberation.」

보살이 처음부터 무색계 선정의 체계를 알고 있었던 것이 아님을 보여주는 증거가 될 것이다.

그럼으로 이를 종합해 보자면, 알라라가 보살에게 궁극의 해탈처라고 주장했다는 '무소유처'와 웃다까가 말한 '비상비비상처'라는 용어가 당시에 두 사람의 입을 통해서 실제로 언급되었을 수도 있지만, 다른 빠알리 경전에서 언급된 것이나 주석서에서 설명하는 것처럼, 그 용어들이 완결된 무색계 사선정의 체계 속에 속하는 것으로서의 그 '무소유처'와 '비상비비상처'를 지칭한 것이 아니라, 각자가 스스로 궁극의 해탈처라고 확신하고 있었던 선정의 경지에 대한 그들 나름대로의 별칭[69] 정도로 볼 수 있을 것이다.

이렇게 해도 의문은 여전히 남는다. 예를 들어서, 본문에 나와 있는 '무소유처'와 '비상비비상처'라는 용어가 그러면 과연 언제부터 무색계 사선정의 체계 속에 편입되어 사용되기 시작했으며, 그것들은 어떤 과정을 통해서 일어나는 경계이며, 또 기존의 색계의 사선정과 합해져서 여덟 가지 단계, 혹은 '상수멸정'까지 더해진 소위 '구차제정(九次第定)'이라는 것은 언제부터, 어떤 배경에서 만들어져서 언급되기 시작한 것인지, 이런 의문들에 대해서는 보살이 사선정을 체험하는 내용의 제6장에서 다시 상세히 살펴보기로 하겠다.

---

69) 앞서 인용한 Alexsander Wynn의 저서(P.21)에서도 저자는 이 두 선정의 단계에 대한 명칭을 해탈의 별칭으로 짐작하고 있다.「알라라 깔라마와 웃다까 라마뿟따에 의해 사용된 이 용어들은 그들의 명상의 목표들을 해탈의 별칭으로 이름 지은 것일 수도 있다. It is likely that the terms used by Alara Kalama and Uddaka Ramaputta to name their meditative goals were epithets of liberation.」

그리고 본문에서는 '**이렇게 말하자, 알라라 깔라마는 무소유처를 말했습니다.**'라고 알라라의 답변을 간략하게 소개하고 말았지만 『붓다짜리따』와 『불소행찬』에 나타난 알라라의 답변은 꽤 길다. 이를 정리하자면 다음과 같다. 우선 해탈을 구하는 자는 누구라도 무소유처의 선정에 이르기 전에 다음과 같은 준비 단계를 거쳐야 한다고 알라라는 말하고 있다.

1) 모든 (출가자의) 위의를 고루 갖추고 바른 계를 지킬 것.
2) 홀로 한적한 곳에 즐겨 거주하면서 열심히 모든 경론들을 배우고 익힐 것.
3) 모든 감관들을 잘 제어하여 고요함에서 마음을 편안히 할 것.[70]

그런 다음에, 초선정에서부터 사선정까지, 그리고 공무변처로부터 무소유처까지 도달되는 과정을 알라라는 차례로 설명하고 있다. 그런데 여기서 알라라가 묘사하는 초선정에서 사선정에 이르는 각 단계에 대한 설명은 빠알리 경전에서의 정형화된 설명과 크게 다르지 않다. 예를 들어서 초선정에 대한 알라라의 『붓다짜리따』에서의 설명과 기존의 빠알리 경전에서의 그것을 비교해 보자면 다음과 같다.[71]

---

70) 『불소행찬』(T4/P.23) 「初離俗出家 依倚於乞食 廣集諸威儀 奉持於正戒 少欲知足止 精麤任所得 樂獨修閑居 勤習諸經論 見貪欲怖畏 及離欲清涼 攝諸根聚落 安心於寂默」

71) 문장 상의 차이점이라면, 『붓다짜리따』에서는 빠알리경에서 말하는 '사유와 갖추고(有尋, savitakkaṃ sk.vitarkavat)'는 언급되었지만 '숙고를 갖추고(有伺, savicāraṃ)'라는 문장이 빠졌다는 것이다. 하지만 『붓다짜리따』의 49송 이후에 이어지는 50송과 51송의 내용을 합쳐서 보면 내용상의 큰 차이는 보이지 않는다. 『Buddhacarita - Cowell』(P.152) 「Then he reaches the first stage of contemplation,

(『붓다짜리따』) 그리고 그는 욕망에서 벗어났고, 불건전함 등으로부터도 벗어나서, 구분과 숙고가 포함된 첫 번째 선정에 도달합니다.

(빠알리경전) 감각적 쾌락의 욕망을 버리고 악하고 건전하지 못한 상태들을 떠나서, 사유를 갖추고 숙고를 갖추고, 멀리 벗어남으로부터 발생한 희열과 행복을 갖춘, 첫 번째 선정에 머문다.

몇 가지 문장 상의 차이 이외에 또 다른 점이라면, 알라라의 설명에는 각각의 선정의 단계에 그 선정을 이룬 자가 태어나는 세상을 인도 신화의 세계관에 맞추어서 다음과 같이 언급하고 있다는 것이다.

이미 초선의 행복과 각관의 마음을 얻고는, 기특하다는 생각을 일으켜 어리석은 마음에 그 행복을 탐착한다면, 마음은 멀리 벗어남으로부터 발생한 행복에 의지하게 되고, 목숨이 끝나면 梵天(범천)에 나게 된다.[72]

---

which is separated from desires, evil intentions and the like, and arises from discrimination and which involves reasoning. atho viviktaṃ kāmebhyo vyāpādādibhya eva ca. vivekajamavapnoti pūrva dhyānaṃ vitarkavat // 12.49」

『Buddhacarita - Johnston』(P.175)「49. Then he wins the first trance, which is dissociated from the loves, malevolence and the like, which is born of discrimination and which includes thought」

* 한역 『불소행찬』은 산스끄리뜨본 『붓다짜리따』의 내용과 차이가 있다. 『불소행찬』(T4/ P.23)「離欲惡不善 欲界諸煩惱 遠離生喜樂 得初覺觀禪」

72) 『불소행찬』(T4/P.23)「旣得初禪樂 及與覺觀心 而生奇特想 愚癡心樂著 心依遠離樂 命終生梵天」『Buddha carita - Cowell』(P.153)「And having obtained this ecetatic contemplation, and reasoning on various objects, the childish mind is carried away by the possession of the new unknown ecstasy. With a tranquility of this kind which disdains desire of dislike, he reaches the world of Brahman, decived by the delight. tacca dhyānaṃ sukhaṃ prāpya tattadeva vitarkayan apūrva

즉 초선정에 이른 자는 색계 중의 가장 낮은 단계인 범천(梵天, brahmāloka)에 태어나고, 두 번째 선정에 이른 자는 색계의 두 번째인 광음천(光音天, ābhāsvaraloka)에, 세 번째 선정에 이른 자는 색계의 세 번째인 변정천(徧淨天, śubhakṛtsnaloka)에, 네 번째 선정에 이른 자는 색계의 네 번째인 광과천(廣果天, bṛhatphalaloka)에 각각 태어난다는 것이다.

하지만 알라라도, 초선정을 이룬 자가 범천에 태어나는 것은 멀리 벗어남으로부터 발생한 행복을 집착하는 '어리석은 마음'으로 인한 것이라고 말함으로써, 각각의 과보처에 태어나는 것은 수행의 결과로서 중간에 경험되는 희열이나 행복한 느낌에 만족하여 궁극의 해탈처를 구하려는 마음을 일으키지 못하기 때문임을 밝히고 있으니, 붓다께서 나중에 비구들에게 사선정을 설명하는 내용과 비교해보더라도 그런 점에서는 크게 다른 점이 없다. 그리고 또 하나 비교해볼만한 내용은 세 번째 선정에 대한 묘사다. 빠알리 경전에 나타나는 정형화된 세 번째 선정에 대한 기술은 다음과 같다.

> 희열이 사라짐으로써, 냉철하게 마음 챙기며 잘 알아차리고, 몸으로 행복을 느끼며, 저 고귀한 자들이 '냉철하게 관찰함[73]이 확립되어 행복하게 머문다.'라고 묘사한 제3선을 구족하여 머물렀다.[74]

---

sukhalābhena hriyate bāliśo janaḥ // śamenaivaṃ vidhenāyaṃ kāmadveṣavigarhiṇā brahmalokaṃ avāpnoti paritoṣeṇa vaṃvitaḥ // 12,51」

73) 빠알리어의 'sati'는 한국어로는 '마음 챙김' 혹은 '마음 주시'와 영어로는 'mindfulness' 한역과 일본어역에서는 '念'으로 번역되지만, 본문에서 이 번역을 대입해본 결과, 필자는 이것을 '관찰' 혹은 '관찰함'으로 번역하는 것이 가장 적합하다고 판단되어 이 번역어를 사용했다.

여기서는 '고귀한 자들이(ariyā), 묘사하다(ācikkhanti)'라는 표현이 들어 있다. 그런데 『붓다짜리따』에서 알라라가 말하는 세 번째 선정에 대한 설명에도 이 문장이 들어있을까?

> 그의 마음이 이 희열과 행복으로부터 벗어난 자는, 희열에서 벗어나 즐겁게 세 번째 선정에 도달한다.[75]

없다. 그럼으로 보살이 성도 이후에, 자신과 같이 아직 깨달음을 완성하지 못한 보살의 입장이었을 비구들에게 선정수행을 가르치시면서 세 번째 선정을 설명할 때 사용하신 그 '고귀한 자들이 묘사했다.'라는 표현은, 자신이 보살이었을 당시부터 접해왔던 당시의 알라라를 위시한 인도 전통의 여러 선정수행의 스승들을 가리키는 것이 될 것이며, 그들을 '고귀한 자'라고 칭했던 것으로부터도 짐작할 수 있듯이, 보살은 단지 알라라의 '자아의 전제'를 받아들이지 않았던 것이지, 수행 방법으로서의 알라라가 말한 무소유처를 포함한 그 선정의 체계 그 자체를 거부한 것이 아니었음을 알 수 있다.

그리고 만약 우리가 이 『붓다짜리따』의 내용을 사실로서 받아들인다면, 초선정으로부터 사선정에 이르는 네 단계의 선정체계 역시 불교의 성립 이전부터 이미 외부에서 행해지고 있었던 것이

---

74) 제4경 『바야베라와 숫따』(MN1/P.22) 「bhikkhu pītiyā ca virāgā upekhako ca viharati sato ca sampajāno. sukhañca kāyena paṭisaṃvedeti. yantaṃ ariyā ācikkhanti. upekhako satimā sukhavihārī ti tatiyaṃ jhānaṃ upasampajja viharati.」

75) 『Buddhacarita - Cowell』(P.153) 「But he who separates his mind from this pleasure and ecstasy, reaches the third stage of contemplation ecstatic but without pleasure./ yastu prītisukhāttasmād vivecayati mānasaṃ. tṛtīyaṃ labhate dhyānaṃ sukhaṃ prītivivarjitaṃ.// 12.54」
『불소행찬』(T4/P.23) 「方便離喜樂 增修第三禪」

됨으로 『붓다짜리따』의 내용이 불교의 사선정 체계가 일단 붓다의 창작이 아니라 외부로부터 차용된 것이라는 증거가 될 수도 있을 것이다. 이와 반대로, 색계 사선정의 선정수행 체계를 불교의 독자적인 것이라고 주장하는 사람들은, 본경에도 등장하지만, 보살이 어린 시절 잠부나무 아래서 스스로 초선을 경험했다는 경전의 내용을 그 증거로 삼고 있다. 하지만 필자는, 사선정 체계는 누구에 의해 처음에 이것이 시작되었느냐를 따질 성질의 것도 아니고, 전혀 그럴 필요도 없는 것이라고 생각한다. 아닌 말로, 요즘은 카톨릭에서도 명상을 배우고 가르치는 마당에, 그것이 불교 고유의 수행 방법이라는 것을 주장한다고 해서 그것이 무슨 도움이 되겠는가, 정작 불교도들이 그 선정수행을 제대로 하지도 않으면서 말이다. 그럼으로 이것은 그저 누구라도 제대로 수행해서 그 결과를 얻는 사람이 주인일 뿐이고, 붓다 역시 그런 생각을 가지고 계셨을 것을 믿는다.

알라라는 다시, 수행자가 이와 같은 색계의 사선정을 넘어서 무색계의 공무변처와 식무변처를 거쳐서 무소유처에까지 이르는 과정을 다음과 같이 추가로 설명하고 있다.[76)]

> 저 사선정에서 나와, 몸이 있다는 것의 허물을 보고는
> 더욱 정진하여 지혜를 닦고 사선정에서 벗어납니다.
> 더욱 정진하여 방편을 써서 색계에서의 욕망을 제거합니다.
> 그리하여 자기 몸의 모든 곳에서 점차로 공(空)을 닦게 되고

76) 『불소행찬』(T4/P.192) 「於彼禪定起 見有身爲過 增進修智慧 厭離第四禪 決定增進求 方便除色欲 始自身諸竅 漸次修虛解 終則堅固分 悉成於空觀 略空觀境界 進觀無量識 善於內寂靜 離我及我所 觀察無所有 是無所有處」

종래에는 수행이 견고하게 된 것 만큼 공관(空觀)을 이룹니다.
다시 공관의 경계를 없애면, 나아가 식(識)이 무량하다는 것을 보게 됩니다.
내부적으로 지극히 고요함을 간직하면서,
나를 여의고 내 것을 여의어서 무소유(無所有)를 관찰하게 되면,
이것을 무소유처(無所有處)라고 말합니다.

참고로 또 다른 한역 불전인 『불본행집경』에는 위의 무색계정에 대한 설명이 다음과 같이 언급되어져 있다.

그 사람이 이렇게 모든 선정의 단계를 마치고 나서, 더 뛰어난 경지를 찾아 이 마음을 일으키는 것이니, 앞에서 말한 바와 같이 모든 욕망을 버리고, 거친 색신(色身)을 버리기 때문에, 얻으려는 욕구를 포기하는 마음을 낼 수 있는 것입니다. 그때 곧 몸 가운데 있는 바가 모두 허공과 같아 끝이 없다고 분별하니, 저 일체의 색(色)의 상(相)과 또한 색의 상 안의 나무 등과 같은 것들의 있는 바 모든 대상들을 다 끝이 없고 허공과 같다고 분별합니다. 이와 같이 일체의 색처(色處)를 명료하게 분별하여 끝이 없이 공(空)하다고 알면, 곧 수승한 곳을 증득하게 됩니다.[77]

그러고 나서, 이 무소유처가 최종적인 해탈처, 라는 것을 다음과 같이 강조하여 설명하고 있다.

---

77) 『불본행집경』(T3/P.754)「彼人如是捨諸禪已. 進求勝處. 而發此心. 如前所說. 捨諸欲事. 如是捨離麤色身故. 發厭離心. 彼時卽得身中所有虛空無邊分別. 於此一切色相. 又色相內. 及樹木等. 所有諸物悉皆分別. 無邊虛空. 得如是等一切色處. 明了分別. 無邊空已. 卽證勝處.」

그리하여 문자풀[78]이 껍질과 줄기를 여의고
들새가 새장을 벗어난 것처럼,
모든 경계를 멀리 벗어나나니,
해탈하는 것도 또한 그러합니다.
이것이 최상의 브라흐마이니,
변하지 않고 영원하며, 차별이 없습니다.
지혜로운 자는 응당히 알아야 합니다.
이것이 진정한 해탈이라는 것을.[79]

이렇게 알라라는, 출가하여 계율을 준수하고, 자신이 주장하는 법의 이론을 익히고, 선정을 닦아, 최종적으로 무소유처에 이르게 되는 것이 해탈을 실천하는 방법임을 보살에게 설하였다. 하지만, 알라라가 최종적인 해탈처라고 주장하는 이 무소유처의 단계는 결국 보살에 의해서 알라라와 같은 경지가 체득되었지만, 보살은 자신이 체득한 그 단계가 알라라가 말한 그 단계인지를 확인하고는, 그 단계를 해탈처로 받아들여지지 않게 되었다. 그리고 이로 인하여 결국 알라라의 가르침에 더 이상 기대하지 않고 그의 곁을 떠나게 되었는데, 이것은 다음 장, 보살이 알라라의 견해를 비판하는 대

78) 문자(muñja)는 우리나라의 강아지풀처럼 길가에 많이 나는 흔한 갈대 종류의 풀로, 예전에는 이를 여러 겹으로 꼬아서 소의 코뚜레로 사용하기도 했다고 한다. 〈자따까〉 가운데 이 풀이 언급된 곳이 있는데, 본문에서처럼, 이 풀 한줄기를 여러 개의 풀줄기 가운데서 뽑아내면, 다시는 그 껍질과 줄기 속으로 집어넣을 수 없다는 것을 비유하는 장면에서 인용되었다. 『The jātaka; Or Stories of the Buddha's Former Births』 by Edward Byles Cowell. P539「He was wishing to make the queen turn back, and he saw some muñja grass near the road, so he cut a stalk of it, and said to her, "See, Sivali, this stalk cannot be joined again, so our intercourse can never be joined again."」

79) 『불소행찬』(T4/P.192)「文闍皮骨離 野鳥離樊籠 遠離於境界 解脫亦復然 是上婆羅門 離形常不盡 慧者應當知 是爲眞解脫」

목에서 다시 확인될 것이다.

〈악기웻사나여! 그런 나에게 이런 생각이 들었습니다. '알라라 깔라마에게만 믿음이 있는 것이 아니라 나에게도 믿음이 있다. 알라라 깔라마에게만 정진이 있는 것이 아니라 나에게도 정진이 있다. 알라라 깔라마에게만 마음주시가 있는 것이 아니라 나에게도 마음주시가 있다. 알라라 깔라마에게만 선정이 있는 것이 아니라 나에게도 선정이 있다. 알라라 깔라마에게만 통찰지가 있는 것이 아니라 나에게도 통찰지가 있다. 참으로 나도 알라라 깔라마가 스스로 철저한 지혜로써 경험하고 구족하여 머문다고 선언한 그 법을 경험하기 위해서 노력하리라.' 라고. 악기웻사나여! 그런 나는 오래지 않아 즉시에 그 법을 스스로 철저한 지혜로써 경험하고 구족하여 머물렀습니다. 악기웻사나여! 그러자 나는 알라라 깔라마가 있는 곳으로 갔습니다. 가서는 알라라 깔라마에게 이렇게 말했습니다.〉

알라라에게, 당신이 해탈의 법이라고 말한 그 법은 어떤 방식의 수행으로 어느 정도까지 해야 그 법에 의해 해탈에 이를 수 있겠느냐고 물었던 보살은, 알라라로부터 무소유처에 이르기까지의 선정 수행을 그 답으로써 듣게 되었다. 그래서 '그것이 알라라에게 가능한 수행이라면, 나에게도 가능하지 않겠는가!' 라고 하면서 스스로 자신을 독려했다는 것이다. 여기서 보살이 언급한 믿음, 정진, 관찰, 선정, 통찰지의 다섯 가지 항목들은 나중에 붓다에 의해서 '해탈을 돕는 다섯 가지 힘'이라는 의미에서 오력(五力)으로 정리되어 사용된 것인데, 이것은 요가학파의 경전인 파탄잘리의 『요가수뜨라(yogasutra)』에도 거의 같은 내용이 언급되어져 있다.[80] 아마 이런 용어들이 보살에 의해 특별한 설명 없이 사용되었다는 것은, 선정 수행이 당시에 전통적인 바라문 수행자들 뿐만 아니라 니간타들과 같은 일부의 사문들에게도 일반적인 수행법으로 이미 널리 정착이 되어져 있었음을 뜻하는 것이 아닐까 싶다. 어쨌든, 보살은 알라라 만이 그런 선정의 구성요소들을 가지고 있는 것이 아니고, 나 자신도 선정에 이를 수 있는 그런 요소들을 다 갖추고 있을 것인데, 어찌 나라고 알라라가 궁극의 해탈처라고 말한 그 무소유처의 상태에 이르지 못할 것인가, 라고 하면서 그렇게 분발해서 수행을 진행했고, 그런 수행의 결과로서 결국 알라라가 해탈처라고 주장한 그 무소유처라는 성정의 상태에 도달했다고 보살은 스스로 확신하게 되었다. 그래서 곧바로 자신이 도달한 선정의 상태를 알라라를 찾

80) 『The Yoga Sutras of Patanjali』 by Chales Johnston(1912). 「33. (믿음 - 평화로운 상태에 도달할 수 있다는 믿음) By sympathy with the happy, compassion for the sorrowful, delight in the holy, disregard of the unholy, the psychic nature moves to gracious peace. 34. (믿음 - 호흡의 통제를 통해 평화로운 선정의 상태에 도달할 수 있다는 믿음) Or peace may be reached by the even sending forth and control of the life-breath. 35. (마음주시 - 굳건하고 지속적인 대상에 대한 마음 적용) Faithful, persistent application to any object, if completely attained, will bind the mind to steadiness. 36. As also will a joyful, radiant spirit. 37. (정진 - 자기 방종의 제거) Or the purging of self-indulgence from the psychic nature. 38.(통찰지 - 지각에 대한 숙고) Or a pondering on the perceptions gained in dreams and dreamless sleep 39.(선정 - 가장 소중한 것을 명상적으로 잘 품음) Or meditative brooding on what is dearest to the heart. 40. Thus he masters all, from the atom to the Infinite.」 이 경전은 다음의 웹사이트에 공개되어 있다. www.sacred-texts.com/hin/ysp/ 이 번역본 이외에도 인도 출신의 Swami Vivekananda(1863~1902)에 의해 번역되고 주석이 붙은 『Patanjali Yoga Sutras』(PP.37~44)에서도 이 내용을 확인할 수 있다.

참고로, 같은 이야기가 담겨 있는 〈맛지마니까야〉 제26경인 『아리야빠리예사나 숫따』의 한문 대역경인 『羅摩經』(T1/P.776)에서는, 빠알리본에서 알라라가 다섯 가지 항목을 모두 가졌다고 쓰고 있는 것과는 다르게, 알라라는 이들 가운데 念과 定을 제외한 단지 信, 精進, 慧의 세 가지만 갖추고 있다고 번역하고 있다. 아마 이때부터 벌써 보살과 외도를 같은 능력을 가진 것으로 묘사할 수 없다고 주장하는 무리들이 경전의 내용을 좌지우지할 만큼 득세했던 것이 아닐까 싶다.

아가서 확인하기에 이른 것이다.

〈'깔라마 존자시여! 당신은 이렇게 해서, 이 법을 스스로 철저한 지혜로써 경험하고 구족하여 머문다고 선언한 것입니까?' '존자여! 나도 그렇게 해서, 이 법을 스스로 철저한 지혜로써 경험하고 구족하여 머문다고 선언한 것입니다.' '존자여! 나도 그렇게 해서, 이 법을 스스로 철저한 지혜로써 경험하고 구족하여 머뭅니다.'〉

이것은 보살이 자신이 도달한 선정의 상태를 알라라에게 확인하고 있는 장면이다. 즉 보살은 알라라가 궁극의 해탈처라고 자신 있게 말했던 그 '**무소유처**'라는 선정의 상태에 자신도 도달했다고 판단했기 때문에, 그것을 알라라에게 와서 확인하고 있는 것이다. '당신이 말한 무소유처,' 라는 상태가 '이렇게 해서' 도달되는, 이런 상태가 맞습니까? 라고. 이것은 이미 앞에서 보살이 알라라를 찾아가서 물었던 '**깔라마 존자시여! 당신은 참으로 어떻게 해서 이 법을 스스로 철저한 지혜로써 경험하고 구족하여 머문다고 말한 것입니까?**' 라는 대목에서의 그 '**어떻게 해서**'라는 단어와 쌍을 이루는 것이다. 그러자 알라라는 '맞습니다. 내가 말한 무소유처, 라는 선정의 상태는 당신이 지금 말한 바와 같이 그렇게 해서 도달한, 그런 내용의 것입니다.'라고 답했고, 보살은 다시 '알라라 당신이 도달했다는 그 무소유처의 상태를 당신과 같은 방법으로 나도 그렇게 해서, 그런 내용의 것을 체득하여 도달했습니다.'라고 확인하게 된 것이다. 여기서 필자가 사용한 '**이렇게 해서**'와 '**그렇게 해서**'라고 달리 번역한 단어는 같은 불변화사인 빠알리어의 'ettāvatā'라는 단어를 문맥에 맞추어서 서로 다르게 번역한 것으로,[81] 이 단어는 방법과 한정의 뜻을 함께 가지고 있다.

이 문장은[82] 단지 보살이 자신이 체득한 선정의 상태가 알라라가 말한 그 상태인지를 확인했고, 확인한 결과 두 사람이 도달한 선정의 상태가 서로 다르지 않았다, 라는 점을 드러내기 위한 것이기 때문에, 두 사람의 대화가 '이렇게 해서, 저렇게 해서'라는 말로만 표현되었다. 하지만 실재로는 어떤 의미 있는 동작이나 비유의 말들이 두 사람 사이에 더 사용되었을 것이다. 이러한 예는 빠알리 경전에 자주 등장한다.[83]

〈'존자시여! 존자와 같은 분이 우리의 동료 수행자가 되는 것은 참으로 우리에게 이득이고 큰 축복입니다. 이와 같이 내가 스스로 철저한 지혜로써 경험하고 구족하

---

81) 'ettāvatā'는 '이런 정도로' 혹은 '이런 방식으로' '이렇게 해서' 등으로 번역될 수 있는 不變化詞로, etta에 소유를 나타내는 접미사 vat가 합쳐진 것으로 분석된다. 방법과etta 한정vata의 의미를 함께 지닌 단어다. 문맥에 따라서 '이렇게 해서, 이런 정도로, 이런 내용으로' 혹은 '그렇게 해서, 그런 정도로, 그런 내용으로'라고 서로 다르게 번역되어질 수도 있다. 이런 사례는 연기법을 설명하면서 자주 사용되는 정형구 'imasmiṃ sati idaṃ hoti'라는 문장에서도 볼 수 있다. 이 문장은 흔히 '이것이 있을 때, 저것이 있다.'라고 번역되는데, 이때에 '이것'과 '저것'으로 다르게 번역된 것도 모두 같은 지시대명사 idam의 처소격과 주격이다. 이에 대한 자세한 설명은 필자의 저서 『마하탕하상카야 숫따』 4-1장을 참고할 수 있다.

82) 보살이 자신이 도달한 선정의 단계를 알라라에게 확인하는 이 장면은 『붓다짜리따』와 한역의 『불소행찬』에는 나타나지 않고, 오히려 빠알리 본문에서만 언급되었다.

83) 예를 들어서 『마두삔디까 숫따』(MN1/P.109)에서 '어떻게 해서 붓다께서는 세상에서 누구와도 다투지 않고 존재한다…… 라고 말씀하신 것입니까?' 라고 묻는 비구들에게 붓다께서는 '비구들이여, 이러이러한 이유로 인하여, 빠빤짜에 의한 상에서의 정의가 사람에게 일어난다. 그런데 만약에 그곳에서…… '라고 말씀하신 경우도 이런 예에 속할 것이다. 강조하거나 밝히고자 하는 내용인 '빠빤짜에 의한 상에서의 정의가 사람에게 일어난다.'는 부분만을 드러내고, 그 이전의 과정들은 '이러이러한 연유로yatonidānaṃ'라는 단어를 써서 생략한 것이다.

여 머문다고 선언한 그 법을, 존자도 스스로 철저한 지혜로써 경험하고 구족하여 머뭅니다. 존자가 스스로 철저한 지혜로써 경험하고 구족하여 머무는 법을, 나도 또한 스스로 철저한 지혜로써 경험하고 구족하여 머문다고 선언합니다. 이렇게 내가 아는 그 법을 존자가 알고, 존자가 아는 그 법을 내가 압니다. 존자가 그렇듯이 나도 그러하고, 내가 그렇듯이 존자도 그러합니다. 자, 이리 오십시요, 존자시여! 둘이 있으면서 이 무리를 지도해 나갑시다.' 악기웻사나여! 이와 같이 알라라 깔라마는 나의 스승이었으면서도 제자인 나를 자신과 동등한 위치에 놓고, 나를 크게 공경했습니다. 악기웻사나여! 그런 나에게 이런 생각이 들었습니다. '이 법은, 얻으려는 욕구를 포기하도록 이끌지 못하고, 탐욕으로부터 멀어짐으로 이끌지 못하고 소멸로 이끌지 못하고, 고요함으로 이끌지 못하고, 철저한 지혜로 이끌지 못하고, 바른 깨달음으로 이끌지 못하고, 열반으로 이끌지 못하고, 단지 무소유처로의 재생일 뿐이다.'라고. 악기웻사나여! 그래서 나는 그 법에 만족하지 않고, 그 법을 얻으려는 마음을 포기하고, 떠났습니다.〉

그렇게 보살이 경험한 선정의 경지가 자신과 다르지 않음을 확인한 알라라는, 보살에게 함께 이 무리를 지도해 나가자고 청하게 된 것이다. 하지만 보살은 알라라의 청을 받아들일 수 없었다. 그가 말한 법 이론과 수행의 결과로는 결코 자신이 추구하는 해탈에 이르지 못한다는 것을 확인했기 때문이다. 알라라가 보살에게 자신과 함께 하기를 청했다는 것은, 보살이 이미 자신이 궁극의 해탈처라고 생각한 그 목표에 도달했다고 생각했다는 것이다. 그래서 알라라는 보살의 반응에 대해 의아하게 생각했을 것이다. 그는 보살이 말한 '해탈'이라는 것과 알라라 자신이 생각한 목표가 말은 같지만, 내용이 서로 다르다는 것을 알지 못했기 때문이다.

보살은 알라라의 법은 '얻으려는 욕구를 포기하도록 이끌지 못하는' 법이라고 평가했다. 그리고 이어지는 보살의 설명에서 사용된 해탈에 이르지 못하게 되는 이유들은, 모두 순차적이며, 따라서 서로 연기적으로 연결되어진 것이다. 첫 번째, 알라라의 법은 얻으려는 욕구를 포기하도록 이끌지 못한다. 두 번째, 얻으려는 욕구를 포기하도록 이끌지 못함으로써 탐욕으로부터 멀어짐으로 이끌지 못한다. 세 번째, 탐욕으로부터 멀어짐으로 이끌지 못함으로써 괴로움의 소멸로 이끌지 못하고, 네 번째, 괴로움의 소멸로 이끌지 못함으로써 고요함으로도 이끌지 못하고, 다섯 번째, 고요함으로 이끌지 못함으로써 철저한 지혜로 이끌지 못하고, 여섯 번째, 철저한 지혜로 이끌지 못함으로써 바른 깨달음으로 이끌지 못하고, 일곱 번째, 바른 깨달음으로 이끌지 못함으로써 결국, 이 법은 열반으로 이끌지 못한다. 앞의 여섯 가지가 원인이라면 뒤의 한 가지, 즉 열반으로 이끌지 못한다는 것이 그 결과가 된다.

3) 보살은 어떠한 관점을 가지고 있었기에, 알라라가 제시한 법 이론과 수행의 결과에 만족하지 못하고 결국 그의 곁을 떠나게 되었는가?

보살은 이렇게 생각했을 것이다. 만약 어떠한 가르침이든, 그 가르침이 진정 열반으로 이끄는 가르침이 되기 위해서는 먼저 그 가르침을 듣는 자를 '얻으려는 욕구의 포기'로 이끄는 것이어야 한다. '얻으려는 욕구의 포기' 이것은 이미 앞선 3-1장에서 살펴본 대로, 한역에서 '염리(厭離)'라고 번역되는 것으로, 보살이 스스로 출가를 결심하게 된 이유를 설명하는 과정에서 보살에 의해 이미 스스로 밝혔던 부분이다. 이것은 자기 자신과 세상의 역학관계에 대한 정확한 인식으로부터 비로소 일어난다. 갈애(渴愛, taṇhā)로 구성되고 갈애로써 구동(驅動)되는 자기 자신과, 그런 자신에 의해 얻으려는 대상으로 드러나는 세상의 모든 것들, 이런 역학관계 속에서의 한계를 정확하게 통찰한 자에게, 자기 자신과 세상에 대한 '염리'가 비로소 일어난다. 이제 더 이상 이곳에서 무언가를 얻거나 이루려는 마음을 스스로 포기하는 것이다.

그렇게 얻으려는 욕구를 스스로 포기하는 자에게 비로소 탐욕은 서서히 그 빛을 잃게 된다. 탐욕의 주체가 이미 주체로서의 역할을 포기했기 때문이다. 탐욕의 소멸로부터 괴로움이 소멸된다. 이미 얻으려는 마음이 없으니, 얻으려는 마음으로부터 발생하는 괴로움들 가운데 이미 일어난 괴로움은 소멸하고, 아직 일어나지 않은 괴로움은 다시는 일어나지 않는다. 괴로움의 소멸은 고요한 마음으로 이어지고, 마음이 고요하니 법대로 잘 살펴보고 알아차림이 가능해진다. 들려지고, 보여지고, 생각되어지는 모든 것들이 무상한 줄을 스스로 살펴보아 알아차리며, 조건에 의지해서 일어난 것인 줄을 스스로 살펴보아 알아차리니, 이것이 곧 철저한 지혜다. 그렇게 지혜롭게 자기 자신과 세상을 살펴봄으로써 바른 깨달음이 일어난다. 깨달음은 지혜를 통해 일어나는 것이다. 조건에 의지해서 일어난 것이므로 무상한 줄을, 연기되어진 것이므로 실체가 없는 줄을, 스스로 살펴보아 알아차리는 것, 이것이 깨달음이다. 그런 깨달음이 살아있는 동안에 자신의 삶을 완성하는 것이니, 이것이 곧 해탈이다.

그런데 보살이 생각하기에, 알라라의 가르침은 이것을 목표로 하지 않는다는 것이다. 그의 가르침은 이미 자신이 출가 이전부터 생각했던 그 '얻으려는 욕구의 포기'로 이끌지 못한다. 알라라가 비록 자신이 궁극의 해탈처라고 주장한 선정의 경지에 올랐지만, 그가 말하는 그 '무소유처'라는 것도 보살이 보기에는 여전히 '얻으려는 욕구'의 범위 안에 있는 것이었다. 하지만 어째서 보살이 알라라의 가르침을 '얻으려는 욕구의 포기'로 이끌지 못하는 그런 가르침이라고 판단했는지에 대한 설명은 빠알리본에는 자세하게 언급되지 않았다. 그렇다면 『붓다짜리따』와 한역 『불소행찬』의 내용은 어떤지 살펴보자. 보살은, 제자인 자신에게 존경을 표하면서 무리에 남아서 함께 제자들을 가르치자고 권하는 알라라에게 이렇게 대답했다.

> 당신의 수승한 지혜, 미묘하고 깊고 세밀한 뜻을 들었으나,
> 나는 이것은 '몸을 아는 자'를 포기하도록 우리를 이끌지 못함으로써,
> 구경의 길로 이끌지 못한다고 생각합니다.[84)]

84) 『Buddhacarita-Cowell』(P.155) 「I have heard this thy doctrine, subtil, and pre eminently auspicious, but I hold that it can not be final, because it does not teach us how to abandon this soul itself in the various bodies. śrutaṃ jñanaṃ idaṃ sūkṣmaṃ parathḥ parataḥ śivaṃ/ kṣetrajñasya(or kṣetreṣvasyā) parityāgād avaimy etad naniṣṭhikaṃ//12.69」 『Buddhacarita - Johnston』(P.178) 「I have listened to this

여기서 보살이 말한 '몸을 아는 자'라는 것은, 이미 앞의 『불소행찬』에서 상캬철학의 법 이론을 살펴보면서 확인된 바와 같이,[85] 근본원인(性, 뿌라끄리띠)으로부터 전변된 몸(因, 끄세뜨라)을 아는 주체, 즉 자아(知因, 끄세뜨라즈야나, 아뜨만, 혹은 뿌루사)를 말하는 것이다. 그럼으로 보살이 알라라의 법을 '**얻으려는 욕구를 포기하도록 이끌지 못하는**' 법이라고 판단하게 된 근거는, 알라라가 말하는 법이 이미 독립적인 자아의 존재를 전제하고 있었기 때문이었다. 그래서 보살은 알라라의 법에 대해 이렇게 평가했다.

> 근본적 원인이 전변한 것인 '몸'을 아는 자가 해탈한다고는 하나
> 내가 보건데 (이것은) 생기는 법이요, 종자(種子)와 같은 법입니다.[86]
> 자아가 청정해지는 것이 해탈이라고 말하지만,
> 만약 우리가 인과 연을 만난다면 다시 태어남에 속박됩니다.[87]

---

doctrine of yours, which grown more subtile and auspicious in its successive stages, but I consider it not to lead to final beatitude, since the field knower is not abandoned.」『불소행찬』(T4/P.23)「聞汝勝智慧 微妙深細義 於知因不捨 則非究竟道」

85) 『불소행찬』(T4/P.22)「性轉變爲因 知因者爲我」

86) 이 문장의 산스끄리뜨본에 대한 Cowell과 Johnston의 해석은 필자의 번역과 다르다. 필자는 위의 본문의 번역문과 같이, 뿌라끄리띠가 전변해서 된 몸이 있고, 그 몸을 아는 자인 아뜨만, 혹은 뿌루사가 해탈의 주체라고 그대는 말하지만, 내가 볼 때, 그렇게 독립된 주체가 있게 되면, 그것은 결국 무언가가 다시 생기게 되는 법이라, 마치 종자에서 싹이 나고 반복되는 종자와 같은 법이다.라는 뜻으로 번역했다. 『불소행찬』(T4/P.23)「性轉變知因 說言解脫者 我觀是生法 亦爲種子法」『Buddhacarita - Cowell』(P.156)「For I consider that the embodied soul, though freed from the evolutes and the evolvents, is still subject to the condition of birth and has the condition of a seed./ vikāraprakṛtibhyo hi kṣetrajñaṃ muktam, apyahaṃ manye presavadharmāṇaṃ vījadharmāṇameva ca. 12.70」『Buddhacarita - Johnston』(P.178)「For I am of opinion that the field knower, although liberated from the primary and secondary constituents, still possesses the quality of giving birth and also of being a seed.」

87) 『불소행찬』(T4/P.23)「汝謂我淸淨 則是眞解脫 若遇因緣會 則應還復縛」*이 대목

비판의 핵심은 결국 이것이었다. 알라라의 주장처럼, 해탈되어질 그 무엇이 독립적으로 존재한다면, 즉 해탈의 주체가 있게 된다면, 그것은 마치 종자(씨앗)가 때를 만나지 못했을 때는 다만 씨앗의 형태로 존재하지만, 적당한 주변의 조건이 갖추어지면 싹이 나고 성장하게 되는 것과 같다. 즉 자아가 주변의 조건이 갖추어지지 않았을 때는 자아가 드러나지 않아 마치 해탈한 것 같지만, 인식의 대상이 생기면서 인식의 주체로서의 자아라는 생각이 다시 일어나면 결국은 다시 생로병사의 괴로움을 받는 주체인 자아가 드러나게 되는 것이다. 그렇기 때문에 비록 무소유처에 도달하면 모든 괴로움으로부터 해탈한다고 알라라는 주장하지만, 그것은 그저 생로병사의 괴로움이 마치 겨울에 땅속에 남아있는 씨앗처럼 잠시 멈춰있는 것뿐이지, 때가 되면 그 씨앗에서 싹이 나고 자라듯이 다시 괴로움이 일어날 것이니, 자아를 전제하는 알라라의 법은 그렇게 씨앗처럼 반복되는 '종자와 같은 법(vija-dharma)'이지, 괴로움으로부터 영원히 벗어나는 궁극의 해탈법이 될 수 없다는 것이다. 여기서 인용한 앞의 게송이 알라라의 법을 종자법이라고 정의한다는 것이라면, 뒤의 게송은 그렇게 정의한 이유를 설명한 것이 될 것이다. 보살은 이를 다시 구체적으로 다음과 같이 설명한다.

에서는 Cowell의 산스끄리뜨 저본과 달리 Johnston의 저본에서는 별개의 2개의 다른 게송을 첨가하고 있으며, 이 문장은 Cowell의 저서 P.156 주석2에 소개되어 있다.(첨가된 2개의 게송은 *로 표시한다) 『Buddhacarita - Cowell』(P.156) 「Even though the pure soul is declared to be liberated. yet as long as the soul remains there can be no absolute abandonment of it. /viśuddho yadyapi hyātmā nirmukta iti kalpyat. *(bhūyaḥ pratyayasadhhāvādamuktaḥ sa bhaviśyati // ṛtubhūmyaṃbuvirahādyathā bījaṃ na rohati/ rohati pratyayaistaistaistadvatso'pi mato mama // yatkarmājñānatṛṣṇānāṃ tyāgānmokṣaśca kalpyate.) atyaṃtastat parityāgaḥ satyātmani na vidyate.// 12.71」 『Buddhacarita - Johnston』(P.178) 「For although the soul by reason of its purity is conceived as being liberated, it will again become bound from the continued existence of the causal conditions.」

마치 씨앗이 지수화풍의 인연
만나지 못하면 발아하지 못하지만,
조건을 만나면 다시 살아나는 것과 같이,
무지와 업인과 애욕을 버리면 해탈이라 이름 하지만,
중생에게 '나'라는 것 존재하는 한
궁극의 해탈은 이루지 못합니다.[88)]

보살은, 알라라가 말하는 그 '몸을 아는 자' 즉 독립적인 자아가 존재한다는 것이 어떻게 논리적으로 맞지 않는지에 대해서는 다음과 같이 설명하고 있다.

또한 '몸을 아는 자'는 몸을 벗어나서도
아는 능력이 남아있는 것입니까, 아니면 아는 능력이 없어지는 것입니까?
만약 아는 능력이 남아있다고 한다면
응당히 알아야 할 대상도 있을 것이요,
알아야 할 대상이 있다면,

---

88) 『불소행찬』(T4/PP.23~24) 「猶如彼種子 時地水火風 離散生理乖 遇緣種復生 無知業因愛 捨則名解者 存我諸衆生 無畢竟解脫」 *Cowell이 사용한 산스끄리뜨 저본에서는 『불소행찬』에서의 이 대목이 나타나지 않고, 단지 Johnston의 저본에서만 아래와 같은 내용으로 번역되었다. 추가된 산스끄리뜨 게송은 Cowell의 저서 P.156 주석 2번에 언급되어져 있다. 『Buddhacarita - Johnston』(P.179) 「72 Just as a seed does not grow for want of the proper season, soil, or water, but does grow when these causal conditions are present, such I deem to be the case of the soul. 73 And as for the statement that liberation is deemed to come by severance from the powre of the act, from ignorance and from desire, there is no complete severance from them so long as the soul persists./ bhūyaḥ pratyayasadhhāvādamuktaḥ sa bhaviśyati// ṛtubhūmyaṃbuvirahādyathā bījaṃ na rohati/ rohati pratyayaistaistaistadvatso'pi mato mama// yatkarmājñānatṛṣṇānāṃ tyāgānmokṣaśca kalpyate.」

그것은 곧 해탈이 아닌 것입니다.
만약 아는 능력이 없어진다면,
나라는 것이 있다한들 그게 무슨 소용이 있습니까?
나라는 것은 곧 나무토막이나 벽과 같은 것인데.[89)]

즉, 그 자아라는 것이 알라라의 말처럼, 독립적으로 존재하는 것이라면, 그래서 몸을 벗어나서도, 즉 죽어서도 자아라는 것이 존재하는 것이라면, 그렇게 존재하는 그 자아는 대상을 인식하는 능력이 있다고 할 것인가. 아니면 없다고 할 것인가, 라고 물은 것이다. 만약 몸을 벗어나서도 자아에게 인식의 능력이 존재하는 것이라고 한다면, 인식의 역학관계에 따라 인식되는 대상과 주체가 있어야 할 것이고, 만약 그렇게 인식되는 대상과 주체가 존재한다면, 인식의 과정에서 발생하는 집착, 집착으로부터 발생하는 괴로움이 다시 일어나는 것이기 때문에, 몸을 벗어난 자아가 인식능력이 있다고 하면 그것은 영원히 해탈할 수 없는 법이 되는 것이다.

---

89) 『불소행찬』(T4/P.24) 「又知因離身 或知或無知 若言有知者 則應有所知 若有所知者 則非爲解脫 若言無知者 我則無所用 離我而有知 我卽同木石」 『Buddhacarita - Cowell』(P.157) 「78. 'The body-knower (the soul) which is unembodied, must be either knowing or unknowing; if it is knowing, there must be some object to be known, and if there is this object, it is not liberated. 79. 'Or if the soul is declared to be unknowing, then of what use to you is this imagined soul? Even without such a soul, the existence of the absence of knowledge is notorious as, for instance, in a log of wood or a wall. /kṣetrajño viśarīraśca jño vā syādajña evavā/ yadi jño jñeyamasyāsti jñeye sati na mucyate// athājña iti sīddho vaḥ kalpitena kimātmanā vināpi hyātmanājñānaṃ prasiddhaṃ kāṣṭhakuḍyavat//」 『Buddhacarita - Johnston』(PP.180~181) 「80. And the knower of thc field, when without a body, must be either knowing or unknowing. If it is knowing, there is something for it to know, and if there is something for it to know, it is not liberated. Or if your teaching is that it is unknowing, what then is the use of inventing the existence of a soul? For even without a soul the existence of the quality of not knowing is well established as in the case of a log or a wall.」

이번에는 반대로, 죽은 이후에도 독립적으로 존재한다는 그 자아에게 만약 인식능력이 없다고 한다면 또 어떻게 되는가? 인식능력이 없으면 바닥에 뒹구는 나무토막이나 길가의 담벼락처럼 아무런 작용도 하지 못할 것이니, 아무런 작용도 못하는 자아가 어떻게 해탈을 이루겠는가? 하는 것이다. 그럼으로 몸을 벗어나서 독립적으로 존재하는 자아라는 것은, 도저히 성립할 수 없는 이론이라는 것이 바로 당시의 보살의 견해였던 것이고, 이것이 빠알리 본문에 나타난 '**단지 무소유처에 재생할 뿐인 법**'이라는 보살의 알라라의 법에 대한 평가였던 것이다.[90]

여기서 재생(再生, upapatti)이라는 것은 어의적으로는 다시 태어남, 바뀌어 태어남을 뜻하지만, 그렇다고 육체적으로 죽고 나서 다시 새롭게 태어나는 것을 가리키는 것은 아니다. 기존의 수행자가 수행 끝에 무소유처라고 불리는 정신의 영역에 도달했다면, 그 수행자의 사유형태는 그가 경험한 무소유처의 영역에 걸맞는 사유형태로 변한다는 것이고, 그렇게 사유형태가 변했기 때문에, 이를 무소유처에 재생한다, 혹은 전생(轉生)한다고 표현하는 것이다.[91] 여기

90) 우리는 앞에서, 알라라가 말하는 해탈의 법이라는 것이 구체적으로 어떤 내용의 것인지를 빠알리 경전의 내용이 아닌 『붓다짜리따』와 같은 붓다의 전기傳記의 내용을 통해서 구성해 보았었다. 그러면서도 과연 전기의 내용이 어느 정도 경전의 내용과 부합하는지에 대한 확신은 사실 없었다. 하지만 본문과 같이 '이 법은 얻으려는 욕구를 포기하도록 이끌지 못하고 …… 단지 무소유처로의 재생일 뿐이다.'라는 보살의 알라라의 법과 율에 대한 평가가 드러나는 경우에는, 우리가 앞에서 빠알리 경전에는 없는 내용들을 전기들의 내용을 통해서 구성했던 알라라의 법과 율의 내용에, 빠알리 경전에 드러난 그 평가의 내용을 역으로 대조해 봄으로써, 우리가 앞에서 참고로 했던 전기들의 내용에 대한 평가가 가능해진다. 그런 대조의 결과를 필자는 긍정적으로 생각한다. 결론적으로 『붓다짜리따』에 언급된 알라라의 법의 내용은 보살의 알라라의 법에 대한 평가에 들어맞는 내용이므로 『붓다짜리따』의 내용을 통해서 알라라의 법과 율의 내용을 구성하는 것에는 크게 문제 될 것이 없었다는 것이다.

91) 우빠빳띠upapatti라는 명사는 upapajjati라는 동사에서 파생된 명사로, 한역에서는

서 보살이 이처럼 알라라의 법을 '재생하는 법'이라고 비판한 것은, 무소유처라는 것이 수행의 결과로서 얻어지는 세계이고, 무언가가 얻어진다는 것은 얻는 주체인 자아가 전제되었다는 것이니, 그렇게 자아가 전제된다면 그것은 결코 해탈의 법이 될 수 없다고 판단했기 때문이다.

이것이 이른바 꿰뚫어 본다는 '통찰(洞察)'의 힘일 것이다. 알라라의 온갖 현란한 수사(修辭)와 중첩되는 논리적 비약 속에서도, 어느 하나의 이론이라도, 이전부터 내려오던 전통이라고 해서, 혹은 자신이 스승이 한 말이라고 해서, 혹은 자신이 궁리해서 얻어낸 결과라고 해서, 등등의 이유로 인해서 허투로 받아들이는 일 없이, 스스로에게 일어난 견해조차 철저하게 객관화시켜서 확인하고, 스스로 몸을 통해 점검하면서, 그 핵심을 놓치지 않는 것, 이런 것이 바로 통찰의 힘일 것이며, 이런 통찰력을 통해서 보살은 알라라의 법이 자아를 전제하기 때문에 겉으로는 아무리 그럴 듯하게 들리더라도, 논리적으로든 실질적으로든 이것은 궁극의 해탈법이 될 수 없다고, 이처럼 분명하고 냉철하게 분석해 냈던 것이다.[92] 이러한

再生 이외에 轉生이라고도 번역된다. 불교에서 재생이나 전생을 위의 본문에서 언급한 것과 같이 이해하는 것은 불교의 세계관에 의한 것으로, 후대의 불교의 세계관은 세상을 삼계로 나눈다. 즉 욕망을 기준으로 하여 보여지는 세상인 欲界, 형태를 기준으로 하여 보여지는 세상인 色界, 형태를 벗어난 것을 기준으로 하여 보여지는 세상인 無色界가 그것이다. 중생들은 비록 같은 공간과 같은 시간대에 함께 살고 있지만, 각각의 중생들이 자신이 욕구하는 바가 감각적 욕망에 의한 것이라면, 그 감각적 욕구에 의지해서 구성되는 그 세상에서 사는 자가 되고, 형태에 의지해서 구성되는 그 세상에서 사는 자가 되고, 무색계에 의지해서 구성되는 그 세상에서 제각각이 산다는 것이다. 우리의 속담에 '개 눈에는 똥밖에 안 보이고, 부처 눈에는 부처 밖에 안 보인다.'라는 것처럼, 우리는 제각각 자신의 살아온 업에 따라 형성된 관점을 가진 채로, 세상을 자신의 관점으로 해석하면서 같은 시공간에서 서로 끝없이 겹쳐지면서(重重無盡) 그렇게 살고 있다고 보는 것이 불교의 관점이기 때문에, 전생, 혹은 재생이라는 개념도 그런 방식으로 풀이되는 것이다.

통찰의 사례는 본문에서 삿짜까로부터 아지위까들의 몸에 대한 수행의 사례를 듣고는, 그것은 단지 그들이 몸의 부피를 불렸다가 줄였다가 하는 것에 지나지 않는다고 삿짜까가 말하는 몸의 수행을 한마디로 정의하셨던 것에서도 우리는 이미 확인했었다.

이렇게 해서 보살은 보살 자신이 스스로 스승이라고 인정했던 첫 번째 인물인 알라라 깔라마의 이론과 수행 방법을 스스로 경험하였고, 거기서 더 이상 자신이 목표로 하는 생로병사로부터 영원히 벗어나는 해탈의 길을 찾지 못하였기 때문에 결국 아쉬운 마음을 뒤로 하고 그의 곁을 떠날 수밖에 없었던 것이다.

034

붓다, 웃다까 라마뿟따와의 선정수행 경험을 말씀하시다

악기웻사나여, 그와 같이 무언가 유익한 것을 구하고,

---

92) 이런 통찰을 잘 설명하고 있는 경전은 〈앙굿따라니까야〉의 『깔라마숫따』일 것이다. 아마 붓다께서는 평소에 자신이 누군가의 견해를 받아들였던 방식을 그대로 깔라마들에게 다시 말씀하신 것으로 보인다. 「그대 깔라마들이여! 거듭 들어서 얻어진 지식이라 해서, 전통이 그러하다고 해서, 소문에 그렇다고 해서, 성전에 써 있다고 해서, 추측이 그렇다고 해서, 일반적 원칙에 의한 것이라 해서, 그럴싸한 추리에 의한 것이라 해서, 곰곰이 궁리해낸 견해이기에 그것에 대해 갖게 되는 편견 때문에, 다른 사람의 그럴듯한 능력 때문에, 혹은 '이 사문은 우리의 스승이시다'라는 생각 때문에, 그대로 따르지는 말라 / etha tumhe kālāmā mā anussavena mā paramparāya mā itikirāya mā piṭakasampadānena mā takkahetu/ mā nayahetu/ mā ākāraparivitakkena mā diṭṭhinijjhānakkhantiyā mā bhavyarūpatāya mā samaṇo no garū ti」 (AN 1/PP.188~193)

위없이 평화롭고 고귀한 경지를 찾아다니던 나는, 웃다까 라마뿟따가 있는 곳으로 갔습니다. 가서는 웃다까 라마뿟따에게 이렇게 말했습니다.

'존자시여! 나는 이곳의 법과 율에서 청정한 수행을 실천하고 싶습니다.' 라고. 이와 같이 말하자, 악기웻사나여! 웃다까 라마뿟따는 나에게 이렇게 말했습니다.

'머무십시오. 존자시여! 이 법은, 지혜로운 자라면 오래지 않아 자기 스승의 경지를 스스로, 철저한 지혜로써 경험하고, 구족하여 머물 수 있는 법입니다.' 라고. 악기웻사나여! 그래서 나는 오래지 않아 그 법을 다 배웠습니다. 악기웻사나여! 그런 나는 입술을 떼는 대로, 따라하는 대로, 지혜로운 말과 장로가 하는 말을 했습니다. 그래서 나는 '나는 알고, 본다.' 라고 선언했고, 다른 사람들도 그렇게 말했습니다. 악기웻사나여! 그런 내게 이런 생각이 들었습니다. '라마께서는 이 법을 단순히 믿음만으로, 스스로 철저한 지혜로써 경험하고, 구족하여 머문다고 선언했던 것이 아니라, 라마께서는 이 법을 정말로 알고 보았을 것이다.' 라고. 악기웻사나여! 그래서 나는 웃다까 라마뿟따가 있는 곳으로 갔습니다. 가서는 웃다까 라마뿟따에게 이렇게 말했습니다.

'존자시여! 라마께서는 참으로 어떻게 해서, 이 법을 스스로, 철저한 지혜로써 경험하고 구족하여 머문다고 선언하셨습니까?' 악기웻사나여! 이렇게 말하자, 웃다까 라마뿟따는 '비상비비상처'를 말했습니다. 악기웻사나여! 그런 나에게 이런 생각이 들었습니다. '라마에게만 믿음이 있는 것이 아니라 나에게도 믿음이 있다. 라마에게만 정진이 있는 것이 아니라 나에게도 정진이 있다. 라마에게만 관찰함이 있는 것이 아니라 나에게도 관찰함이 있다. 라마에게만 선정이 있는 것이 아니라 나에게도 선정이 있다. 라마에게만 통찰지가 있는 것이 아니라 나에게도 통찰지가 있다. 참으로 나도 라마가 스스로 철저한 지혜로써 경험하고 구족하여 머문다고 선언한 그 법을 경험하기 위해서 노력하리라.' 라고. 악기웻사나여! 그런 나는 오래지 않아 즉시에 그 법을 스스로 철저한 지혜로써 경험하고 구족하여 머물렀습니다. 악기웻사나여! 그러자 나는 웃다까 라마뿟따가 있는 곳으로 갔습니다. 가서는 웃다까 라마뿟따에게 이렇게 말했습니다.

'존자시여! 라마께서는 이렇게 해서, 이 법을 스스로 철저한 지혜로써 경험하고 구족하여 머문다고 선언했습니까?'

'존자여! 라마께서는 그렇게 해서, 이 법을 스스로 철저한 지혜로써 경험하고 구족하여 머문다고 선언했습니다.'

'존자여! 나도 또한 그렇게 해서, 이 법을 스스로 철저한 지혜로써 경험하고 구족하여 머뭅니다.'

'존자시여! 존자와 같은 분이 우리의 수행 동료가 되는 것은 참으로 우리에게 이득이고 큰 축복입니다. 이와 같이 라마께서 스스로 철저한 지혜로써 경험하고 구족하여 머문다고 선언한 그 법을, 존자도 스스로 철저한 지혜로써 경험하고 구족하여 머뭅니다. 존자가 스스로 철저한 지혜로써 경험하고 구족하여 머무는 법을, 라마께서도 또한 스스로 철저한 지혜로써 경험하고 구족하여 머문다고 선언했습니다. 이렇게 라마께서 알던 그 법을 존자가 알고, 존자가 아는 그 법을 라마께서 알았습니다. 존자가 그렇듯이 라마께서도 그러했고, 라마께서 그랬듯이 존자도 그러합니다. 자, 오십시오, 존자시여! 그대가 이 무리를 이끌어 주십시오.'

악기웻사나여! 이와 같이 나의 수행 동료였던 웃다까 라마뿟따는 나를 스승의 위치에 올려놓고 나를 크게 공경했습니다. 악기웻사나여! 그런 나에게 이런 생각이 들었습니다. '이 법은, 얻으려는 마음을 포기하도록 이끌지 못하고, 탐욕으로부터 멀어짐으로 이끌지 못하고 소멸로 이끌지 못하고, 고요함으로 이끌지 못하고, 철저한 지혜로 이끌지 못하고, 바른 깨달음으로 이끌지 못하고, 열반으로 이끌지 못하고, 단지 비상비비상처에 다시 태어나게 할 뿐이다.' 라고. 악기웻사나여! 그래서 나는 그 법에 만족하지 않고, 그 법을 얻으려는 마음을 포기하고, 떠났습니다.

〈악기웻사나여, 그와 같이 무언가 유익한 것을 찾아다니던 나는, 위없이 평화롭고 고귀한 경지를 찾아 웃다까 라마뿟따가 있는 곳으로 갔습니다.〉

알라라 깔라마의 가르침에 만족하지 못하여 그의 곁을 떠나게 된 보살은 또 다시 '**위없이 평화롭고 고귀한 경지**'를 찾아 유행하였고, 그러다가 웃다까 라마뿟따라는 수행자가 있는 곳을 수소문해 찾아가게 된다.[93] 웃다까 라마뿟따는 그의 성인 라마뿟따(rāma-putta)에서 알 수 있듯이 라마의 아들 혹은 제자로 추정된다. 본문에서는 보살이 라마의 아들(혹은 제자)인 웃다까를 찾아간 과정에 대해 따로 설명하고 있지는 않지만, 보살은 출가 이전부터 명성을 들어왔던 '라마'에 대해 수소문했을 것이고, 수소문해본 결과, 라마는 이미 세상을 떠났지만 라마 대신에 웃다까가 여전히 라마의 뒤를 이어서 제자들을 가르치고 있다는 것을 알게 되었을 것이다. 그래서 보살은 그 웃다까가 700명의 제자들과 함께 머물고 있다는 마가다국의 수도 '라자가하'를 찾게 되었고, 웃다까의 지도 아래, 보살이 이전 알라라 깔라마에게서 배웠던 것처럼 라마의 법 이론과 수행 방법을 배우게 된다.

'라마'에 대해서도 알려진 바가 없지만, 라마의 제자 혹은 아들이라는 웃다까라는 인물에 대해서도 알려진 바는 그리 많지 않다. 웃다까의 주장이 언급된 곳은 〈상윳따니까야〉의 『웃다까 숫따』라는 짧은 경전인데, 여기서 붓다께서는 웃다까의 발언을 비구들에

---

93) '웃다까 라마뿟따rāmaputta'는 '라마의 아들인 웃다까'라고 해석하는 것이 일반적이기는 하지만 '뿟따'라는 단어가 반드시 혈연적인 아들을 뜻하지는 않는다. 예를 들어서 본문에 등장하는 '삿짜까 니간타뿟다'라는 이름은, 삿짜까의 아버지도 삿짜까와 마찬가지로 자인교를 수행하는 니간타였기 때문에, 그에 따라 '니간타의 후손 삿짜까'라고 불렸던 것이지, 니간타라는 이름을 가진 자의 아들인 삿짜까, 라는 뜻은 아니다. 물론 붓다의 제자인 '사리뿟따'처럼 사리, 라는 성을 쓰는 어머니의 아들, 이라는 뜻으로 '뿟다'라는 단어가 사용되는 것이 일반적이기는 하다. 그럼으로 웃다까와 라마가 혈연적으로 부자지간인 것인지, 아니면 스승과 제자의 관계인지는 확실치 않다.

게 소개하면서, 그의 발언에 대해 이렇게 비판하셨다.

> 비구들이여! 또한 저 웃다까 라마뿟따는 지혜의 달인이 아니면서도 지혜의 달인이라고 말하고, 일체의 승자가 아니면서도 일체의 승자라고 말하고, 종기의 뿌리를 뿌리 뽑지 못했으면서도 나의 종기의 뿌리는 뿌리 뽑혔다고 말한다.[94)]

이미 앞에서도 언급한대로, 붓다께서는 완전한 해탈의 법에 도달된 후에 맨 먼저 자신이 깨달은 법을 이해할 만한 자로 알라라 깔라마와 웃다까 라마뿟따를 떠올리셨다고 했다. 그만큼 두 사람의 수행력이나 지력에 대한 붓다 자신의 신임이 여타의 수행자와 비교해서 높았기 때문이었을 터인데, 정작 위의 『웃다까 숫따』에 등장하는 붓다의 웃다까에 대한 평가를 보면, 별로 그렇지도 않은 것 같다.

이 밖에 웃다까의 이름이 등장하는 또 하나의 경전은 〈앙굿따라 니까야〉의 『왓사까라 숫따』다. 이 경전은 붓다께서 성도 이후 라자가하에 머무실 적에, 마가다국의 대신인 왓사까라 바라문이 붓다를 찾아와서, 진실한 사람이 진실하지 못한 사람을 알아 볼 수 있느냐는 주제를 가지고 붓다와 대화하는 내용이다. 이 대화 가운데 바라문은, 마가다국의 엘레야왕과 측근 대신들이 라마뿟따에게 경의를 표했던 것을 예로 들면서 웃다까 라마뿟따의 이름을 언급

---

94) 『웃다까 숫따』(SN4/P.83) 「taṃ kho panetaṃ bhikkhave, uddako rāmaputto avedagū yeva samāno vedagusmīti bhāsati, asabbajī yeva samāno sabbajismīti bhāsati. apalikhitaṃ yeva gaṇḍamūlaṃ palikhitaṃ me gaṇḍamūlan ti bhāsati.」

한 것이다.[95] 그런데 보살은 깨달음을 이룬 직후에 두 스승이었던 알라라와 웃다까가 이미 세상을 떠났다는 것을 알았다고 했기 때문에,[96] 이 내용에 의지하자면, 붓다께서 보살로서 라자가하에서 웃다까와 함께 수행했던 시절과 웃다까를 곁을 떠나 홀로 수행을 하던 시절을 제외하고는, 따로 붓다로서 웃다까를 만날 만한 시간은 없었을 것이다. 그럼으로 『웃다까 숫따』나 『왓사까라 숫따』에 등장하는 웃다까의 발언이나 그와 관련된 일들은 붓다께서 성도하신 직후, 즉 웃다까가 죽은 지 얼마 지나지 않아서 수행자들이나 대신들이 여전히 웃다까를 기억하고 있었던 어느 시점에, 그들과 붓다께서 주고받았던 대화의 내용을 기억한 것이 될 것이다.

그리고 이전의 알라라의 경우와는 다른 표현들이 웃다까와 관련된 본문에 나타난다. 보살은 자신이 도달한 비상비비상처라는 선정의 상태에 대해 물으면서, 라마가 도달한 경계가 이러했습니까? 라고 물었지, 웃다까 당신이 도달한 경계가 이러합니까? 라고 묻지 않았던 것이나, 보살이 스승이 제시한 경지를 직접 체험한 것을 확인한 후에 보살에게 '**존자시여! 둘이 있으면서 이 무리를 지도해 나갑시다.**'라고 보살에게 권했던 알라라의 경우와는 다르게 '**존자여! 그대가 이 무리를 이끌어 주십시오.**'라고 웃다까가 말한 대목들이 그러한다. 그래서 이런 것 등을 이유로 해서, 웃다까가 비

---

95) 『왓사까라 숫따』(AN2/PP.180~181) 여기서는 '라마뿟따'라고만 이름이 나오지만, 주석서에서는 이것이 '웃다까 라마뿟따'라고 설명하고 있다. 「samaṇe rāmaputteti uddaka rāmaputte」(Mp3/P.164)

96) 〈율장〉(Vin 1/P.7)의 기록에 따르면, 보살은 성도한 이후 4주 동안 법을 관찰한 뒤에, 범천의 청으로 세상을 향해 법을 펼치실 것을 결심하시고, 두 사람을 떠올렸지만, 알라라 깔라마는 일주일 전에, 그리고 웃다까는 바로 전날 세상을 떠났다는 것을 알게 되었다고 적고 있다. 비슷한 내용이 〈맛지마니까야〉(MN1/P.169)의 여러 경에 나타난다.

록 자신의 아버지(혹은 스승)의 제자들을 대신해서 이끌고 있었지만, 실제로는 라마가 도달한 정도의 수행의 단계에 이르지는 못했을 것이라고 짐작하는 사람들이 많다.[97] 웃다까 라마뿟따와 라마는 서로 다른 사람이고, 웃다까는 자신의 아버지, 혹은 스승이었던 라마가 체험한 비상비비상처라는 경지를 직접 체험하지는 못했을 것이다, 라는 것은 단순히 문장의 내용만을 통해서도 충분히 납득되어질 수 있다. 하지만, 만약 보살이, 웃다까는 라마가 도달한 선정의 상태를 직접 체험하지는 못했을 것이라는 것을 미리 파악하고 있었다면, 보살은 자신이 체험한 경지를 왜 굳이 스스로 체험해 보지도 못한 웃다까에게 확인하려고 했을까, 하는 의문은 여전히 남는다. 그것이 단지 경전의 효율적인 암송을 위해 문장이 정형화된 탓에, 알라라의 경우처럼 웃다까에게도 보살이 자신이 수행한 경지를 물어본 것처럼 된 것뿐인지, 아니면 어떤 다른 이유가 있었던 것인지에 대해서는 좀 더 따져봐야 할 것 같다.

〈'존자여! 라마께서는 참으로 어떻게 해서, 이 법을 스스로, 철저한 지혜로써 경험하고 구족하여 머문다고 선언하셨습니까?' 악기웻사나여! 이렇게 말하자, 웃다까 라마뿟따는 '비상비비상처'를 말했습니다.〉

앞의 3-2장에서 우리는 『붓다짜리따』와 『불소행찬』이라는 불전의 내용을 통해서, 알라라 깔라마가 주장하는 그의 법 이론을 간략

97) 앞에서 인용한 Alexander Wynne의 저서(PP.12~13) 「But there is a subtle difference between the two accounts, a difference that lends plausibility to the notion that the teachers were historical figures. It is quite obvious that it was not Uddaka Ramaputta who had attained the sphere of 'neither perception nor non-perception' but Rama, his father or spiritual teacher.」

하게나마 살펴볼 수 있었고, 실천 방법으로 그가 제시한 선정의 단계가 '무소유처'라는 것도 살펴보았었다. 그러나 웃다까에 대한 이들 불전의 기록은 알라라의 경우만큼 자세하지 않다. 『붓다짜리따』에서는 단지 웃다까가 궁극의 해탈처라고 주장하는 '비상비비상처'에 대해서만 간략하게 다음과 같이 언급되었다.

> 그는 더 높은 경지를 듣고자 웃다까 선인이 있는 곳으로 갔으나 그 또한 자아(自我)의 존재에 빠져있었다.[98)]

> 웃다까 선인은 상과 상 아님의 허물을 알고는
> 상도 아니고 상 아님도 아닌 것에 의해 특징지어진
> 무소유처를 뛰어넘는 길을 찾았다.[99)]

> 상과 상 아님의 상태들은 각자 미세한 조건에서
> 대상을 가지고 있기 때문에,[100)]

---

98) 『Buddhacarita - Cowell』(P.158) 「Seeking to know the true distinction, he went to the hermitage of Udraka, but he gained no clear understanding from his treatment of the soul. viśeṣamatha śuśrūṣur udrakasyā śramaṃ yahau ātmagrāhāc ca tasyāpi jagṛhe na sa darśanaṃ//12.82」 『Buddhacarita - Johnston』(P.181) 「84* Thereon in his desire to hear something higher he proceeded to the hermitage of Udraka, but he did not accept his system, because it too involved the tenet of the soul's existence.」

99) 『Buddhacarita - Cowell』(P.158) 「For the sage Udraka, having learned the inherent imperfections of the name and the thing named, took refuge in a theory beyond Nihilism, which maintained a name and a non-name./ saṃjñasaṃjñitva yordoṣaṃ jñātvā hi munirudrakaḥ ākiṃcinyāt paraṃ lebhe saṃjñāsaṃjñātmikāṃ gatim.//12.83」 『Buddhacarita - Johnston』(P.181) 「For the sage Udraka, knowing the defects of consciousness and unconsciousness, found beyond the way of nothingness a way which was characterized by neither consciousness nor un conscionsness.」

100) Johnston은 이 문장이 너무 축약되어 있다고 하면서 자신의 번역 노트를 따로 적고 있다.(P.182 주석 86번) 『불소행찬』에서는 순서가 다르긴 하지만 '雖觀細微境'이라고 번역한 문장이 이 대목에 해당될 것이다.

그는 그 상도 아니고 상 아님도 아닌 것이
그것을 뛰어넘는다고 생각하고는
즉시 그의 마음을 정해버렸다.[101)]
하지만 비록 그 목표에 도달하더라도
반드시 이 세상으로 돌아오게 된다.[102)]

한역 『불소행찬』의 내용은 산스끄리뜨본 『붓다짜리따』의 내용과는 문장의 순서와 내용이 조금 다르긴 하지만, 다음과 같이 번역되어 있다.

울타 선인이 있는 곳으로 갔으나
그 또한 자아가 있다는 계측하였다.
비록 미세한 경계를 관찰하여
상과 상 아님의 허물을 보고는
상과 비상을 떠나 머무르나,
다시 벗어날 길이 없다.
중생으로써 그곳에 이르게 된다 해도,

---

101) 『Buddhacarita - Cowell』(P.158) 「84. And since even a name and a non-name were substrata, however subtil, he went even further still and found his restlessness set at rest in the idea that there is no named and no un-named./ yasmāccālaṃbane sūkṣme saṃjñāsaṃjñe tathaḥ paraṃ nāsaṃjñī naiva saṃjñīti tasmāttatra gataspṛhaḥ//12.84」 『Buddhacarita - Johnston』(P.182) 「And since the conscious and unconscious states have each an object in a subtile condition, therefore he thought that beyond them was the state neither unconsciousness nor consciousness and fixed his desires thereon」

102) 『Buddhacarita - Cowell』(P.158) 「But because, even when it has reached this goal it yet returns again to the world /yasmācca tamapi prāpya punarāvartate jagat 12.86(12.88)」 『Buddhacarita - Johnston』(P.182) 「And since a man returns again to the world, even after reaching that point」

반드시 다시 물러나게 되어 있다.[103)]

〈악기웻사나여! 그래서 나는 그 법에 만족하지 않고, 그 법을 얻으려는 마음을 포기하고, 떠났습니다.〉

한역 『불소행찬』의 내용 가운데에서는 '상과 상 아님의 허물을 보고는(見想不想過), 상과 비상을 떠나 머무르나.(離想非想住) 다시 벗어날 길이 없다.(更無有出塗)'라는 것이 말하자면 라마의 '비상비비상처'에 대한 보살의 평가인 것이다. 라마의 수행법이라는 것도 앞의 알라라 깔라마의 법과 똑같이 자아(自我)가 있음을 전제하는 상태에서의 수행법이고, 그렇게 자아가 전제되는 한, 수행자가 아무리 비상비비상처라는 깊은 선정의 상태에 이른다 하더라도, 그 선정에서 나와서는 이미 전제된 자아로 인하여 다시 세상의 괴로움을 반복해서 받게 될 것이다. 그럼으로 라마의 법도 알라라의 법과 마찬가지로, 완전한 해탈의 법이 될 수 없다고 보살은 판단했고, 그래서 결국 그의 곁을 떠나게 된다.

---

103) 『불소행찬』(T4/P.24) 「往詣鬱陀仙 彼亦計有我 雖觀細微境 見想不想過 離想非想住 更無有出塗 以衆生至彼 必當還退轉 菩薩求出故 復捨鬱陀仙」

4장

보살, 수행에 대한 발상의 전환을 세 가지 비유로써 정리하다

041

첫 번째 비유

"악기웻사나여! 무언가 유익한 것을 구하고 위없이 평화로운 경지를 찾아다니던 나는, 마가다 지역을 차례로 유행하다가 우루웰라의 세나니마을에 이르렀습니다. 그곳에서 아름다운 대지와 편안한 숲, 유유히 흐르는 맑은 강과 아름답게 펼쳐진 강변, 근처에서 탁발할 수 있는 마을을 보았습니다. 악기웻사나여! 그런 나에게 이런 생각이 들었습니다. '참으로 대지는 아름답고, 숲은 편안하다. 유유히 흐르는 강은 맑고, 잘 펼쳐진 강변도 아름답다. 또한 근처에는 탁발할 수 있는 마을이 있으니, 이곳은 정진을 원하는 선남자가 정진하기에는 참으로 적당한 곳이구나.' 악기웻사나여! 또한 참으로 나에게, 이전에 들어본 적이 없고 자발적인 세 가지 비유가 떠올랐습니다. 악기웻사나여! 예를 들어서, 젖고 습기 찬 나무토막이 물에 잠겨 있는데, 거기서 어떤 사람이 부시막대를 가지고 와서는 '불씨를 만들어서 불을 지펴야겠다!' 라고 한다면, 악기웻사나여! 이를 어떻게 생각합니까? 그 사람은 물에 잠겨있는 그 젖고 습기 찬 나무토막에다 부시막대를 비벼서 불씨를 만들고 불을 지피는 것이 가능하겠습니까?"

"아닙니다. 고따마 존자시여! 왜냐하면 그것은 젖고 습기 찬 나무토막이고 게다가 물에 잠겨 있기 때문입니다. 그럼으로 그 사람은 결국 지치고 짜증이 나게 될 것입니다."

"그렇습니다. 악기웻사나여! 참으로 '어떤 사문들이든 바라문들이든지, 만약 몸에서의 감각적 쾌락들로부터 격리되지 않고, 저들 감각적 쾌락들에서, 쾌락에 대한 욕구, 애정, 홀림, 갈망, 열기가 내부적으로 잘 제거되지 못하고 가라앉혀지지 않고 머물러 있는 자들이라면, 그들 존중받는 사문들이나 바라문들이 설령 격렬하고, 괴롭고, 혹독하고, 사무치고, 힘든 느낌들을 경험하더라도 앎과 봄의 위없는 바른 깨달음을 얻을 수 없고, 그들 존중받는 사문들이나 바라문들이 설령 격렬하고, 괴롭고, 혹독하고, 사무치고, 힘든 느낌들을 경험하지 않더라도, 그들은 앎과 봄의 위없는 바른 깨달음을 얻을 수 없습니다.' 악기웻사나여! 이것이 나에게 떠오른, 이전에 들어본 적이 없고 자발적인 첫 번째 비유입니다."

〈무언가 유익한 것을 구하고 위없이 평화로운 경지를 찾아다니던 나는, 마가다 지역을 차례로 유행하다가 우루웰라의 세나니마을에 이르렀습니다. 그곳에서 아름다운 대지와 편안한 숲, 유유히 흐르는 맑은 강과 아름답게 펼쳐진 강변, 근처에서 탁발할 수 있는 마을

을 보았습니다.〉

비록 알라라 깔라마와 웃다까 라마뿟다의 가르침에 만족하지 못하고 결국 그들의 곁을 떠나왔지만 '**위없이 평화로운 경지를 찾아다니던**' 보살의 구도행각은 그 뒤로도 쉼없이 이어졌다. 본문에서 '**마가다 지역을 차례로 유행하다가**'라는 것은, 웃다까가 있던 마가다국의 수도 라자가하의 왕사성 근처에서부터 시작해서 가야의 우루웰라까지, 현재의 기준으로 보면 약 70킬로미터 정도의 거리를 보살이 차례로 유행했다는 것이다. 본경을 포함해서 보살의 수행담이 실려 있는 모든 빠알리 경전들에서는 이 기간 동안의 보살의 행적에 대해 따로 언급하고 있지 않지만, 대부분의 불전(佛傳)들은 이 기간 동안 보살이 마가다국의 젊은 빔비사라왕과 만났던 일을 공통적으로 기록하고 있다.[1] 이것은 아마도, 자신들의 스승인 붓다께서 이미 수행자 시절부터 대국인 마가다국의 왕과 만났고, 서로 존경과 신뢰의 관계를 유지하고 있었다는 것을 당시의 불교도들은 오래도록 자랑스럽게 여겨왔었고, 그래서 그 이야기가 불교도들 사이에 널리 알려져 있었음을 뜻하는 것이 아닐까 싶다.

빔비사라왕이 보살과 만났던 시기는 붓다의 생존 연대를 어느 기록에 의지하느냐에 따라 달라지겠지만, 학자에 따라서는 15세 어린 나이에 이미 왕위에 올랐던 빔비사라는 아마 붓다보다 5살 정도

---

1) 단지, 보살이 빔비사라왕을 만난 시기에 대해서는 『붓다짜리따』와 『불소행찬』 에서는 보살이 알라라를 만나기 위해서 라자가하로 갔을 때, 알라라보다 먼저 빔비사라왕을 만난 것으로 적고 있는 것에 반해 『랄리따위스따라』와 『불본행집경』에서는 알라라와 웃다까의 곁을 떠난 이후에 라자가하에서 보살이 빔비사라왕을 만난 것으로 적고 있는 부분이 다르다. 그리고 『마하와스뚜』와 『방광대장엄경』에서는 다시 이와 다르게, 알라라의 곁을 떠나 라자가하로 왔을 때, 그곳에서 보살이 빔비사라왕을 만났고 그 이후에 다시 같은 라자가하에 있던 웃다까를 만난 것으로 기록하고 있다.

어렸을 것이고, 그가 마가다국에서 수행하던 29세의 보살을 만났을 때는 그의 나이 또한 24세 정도로 젊었을 때였을 것으로 추정하기도 한다.[2] 이렇게 젊은 시절부터 보살과 맺어진 인연으로 인해 빔비사라왕은 나중에 붓다의 가르침을 깊이 신행하던 불제자가 되었지만, 말년에는 자신의 아들에 의해 왕위를 찬탈당하고 결국 감옥에서 죽게 되는 비극의 주인공이 되었던 인물이기도 하다. 빔비사라왕과 그 아들 아자타삿뚜 사이에 벌어졌던 정치적 암투와 증오, 그리고 그런 정치적 암투와 증오를 부추겼던 데와닷따를 위시한 일부 정치승들의 권력욕, 그리고 오랜 인연을 바탕으로 한 빔비사라왕과 붓다와의 우정에 관한 이야기는 사람들에게 흥미와 교훈을 줄 만한 소재로 중히 여겨져 오랫동안 불가에 전해져 왔으며, 5세기 중국에서 번역된 대승경전『관무량수경』의 소재가 되기도 하였다.

보살이 마가다국을 유행하는 동안에 마가다국의 빔비사라왕을 만난 것을 제외하고 불전에 기록된 행적으로는, 그가 가야의 우르웰라에 도착하기 전에 상두산(象頭山, gayāśirṣa)이라는 곳에 머물면서 수행을 했다는 것이 될 것이다. 나중에 붓다께서는 이 상두산에 머물면서 많은 비구들에게 법문을 설하신 적이 있는데 그 내용이 〈상윳따니까야〉에 남아있는『아디따빠리야야 숫따』이다.[3] 그리고 대부분의 불전들은 빠알리경전과 달리 보살이 우르웰라가 아닌,

---

2) 막스뮬러는『mahavaṃsa』의 기록을 바탕으로 붓다의 재세기간을 BCE 557~477로 보고, 다음과 같이 수행자 시절의 붓다와 빔비사라왕이 만난 연대를 측정하고 있다.『The Dhammapada and Sutta Nipata』Max Muller published 2013 by Routledge. P.18「537~485 Bimbisāra, founder of rāgagriha, 5years younger than buddha, was 15 when crowned, 30, or 31 when he met Buddha in B.C. 522」

3)「한때 세존께서 가야의 상두산에 천 명의 비구와 함께 계시었다.ekaṃ samayaṃ bhagavā gayāyaṃ viharati gayāsīse saddhiṃ bhikkhusahassena.」(SN4/P.19)

이 상두산에 머물면서 수행하던 동안에 '**세 가지 비유**'를 생각했었다고 기록하고 있다.[4] 이 상두산은 가끔 현재의 보드가야 '전정각산(前正覺山)'이라고 하는 곳과 혼돈되는데, 상두산은 전정각산보다 더 크고 정상에 꽤 넓은 공터가 있는 곳으로, 현장법사의 『대당서역기』에 묘사된 전정각산과는 다른 곳이다.[5]

---

4) 이곳은 현재 지명으로 가야의 'Brahmayoni hill'로 불리는 곳으로 보드가야로 가는 길목의 작은 돌산이다. 『대당서역기』에서 현장법사는, 이곳을 당시에 현지사람들이 '신령스런 산(靈山)'이라고 불렀다고 전하는데, 그것은 현재의 지명인 '브라흐마요니'라는 지명과 같은 뜻이다. 그리고 보살이 이곳에 머무른 동안에 세 가지 비유를 생각했다는 기록은 『랄리따위스따라』와 『불본행집경』, 그리고 『마하와스뚜』 『방광대장엄경』 등 대부분의 불전에 동일하게 나타난다.
『랄리따위스따라』(P.185) 「Monks, afterward the Bodhisattva proceeded through Magadha and eventually arrived at Gaya. At the peak of Mount Gaya, the Bodhisattva stayed in order to apply himself to strenuous practice. As he was staying there, three parables that he had never previously heard or thought of came to his mind.」
『불본행집경』(T3/P.764) 「이때 보살은 반다파산의 숲에서 나와 조용히 걸어 가야성으로 향하였다. 그곳에 도착해서는 가야시라사(수나라 말로 상두산)에 올랐다. 신심을 거두고 모든 악함을 제거하려고 함이었다. 산에 오르고 나서는 평평한 곳을 찾아서 정리하고는 한 나무 아래에 짚방석을 깔고 앉았다. 그때 보살에게 내심으로 세 가지 비유가 생각났다. 爾時菩薩. 從般茶婆山林而出. 安庠徒步. 向伽耶城. 旣到彼已. 登上伽耶尸梨沙山(隋言象頭). 欲攝身心. 滅除諸惡. 上彼山已. 選平整處. 在一樹下. 鋪草而坐. 是時菩薩. 內心思惟三種譬喩」
『마하와스뚜』(P.117) 「내가 가야시르사 산에 머무는 동안에, 나에게 세 가지 비유가 떠올랐다. While I stayed on Mountain Gayasirsa, there were revealed to me the three similes」
『방광대장엄경』(T3/P.580) 「이때 보살이 왕사성을 나와서 다섯 수행자들과 함께 차례로 니련선하가 있는 곳을 향해 유행하다가 가야산에 이르러 산 정상에 있는 한 나무 아래 풀을 깔고 앉아 사유하였다. 爾時菩薩出王舍城 與五跋陀羅 次第遊歷 向尼連河 次伽耶山 於山頂上 在 一樹下 敷草而坐 作是思惟」
『불소행찬』(4/P.112) 「다시 수승하고 묘한 도를 구하여 나아가 가도산에 올랐다. 성의 이름은 고행림이라 하는데, 다섯 비구가 먼저 머물고 있다가 보살을 본 다섯 비구는…… 更求勝妙道 進登伽闍山 城名苦行林 五比丘先住 見彼五比丘」

5) 현장법사가 묘사한 바에 따르자면, 전정각산은 보살이 6년간의 수행에서도 정각을 이루지 못하자, 마지막으로 사력을 다해 수행할 만한 곳을 찾다가 우루웰라 언덕 동쪽에 있는 작은 돌산을 자신의 마지막 수행처로 삼으려고 올라가 살펴보았지만, 그곳이 정각을 이룰 만한 곳이 아니라고 여겨져 다시 우루웰라의 언덕으로 가서 마지막 수행을 하게 되었다는 것이니, 현재 일반에 알려져 있듯이 전정각산에서 보살이 6년을 고행했다는 말은 맞지 않는 표현이다.
『대당서역기』(T51/P.915) 「성의 서남쪽으로 5~6리를 가면 가야산에 이른다. 계곡이 심히 깊고 험하여 준봉이 위험하다. 인도에서는 이를 '신령스런 산'이라고 칭한 보살이 행각의 끝에 도착했다는 마가다국의 '**우루웰라**(uruvalā)'라는 장소는 현재의 보드가야 대탑이 있는 곳인 '네란자라(nerañjarā)' 강변지역을 말하는 것이고 '**세나니마을**(senānigama)'이란 보살에게 유미죽을 공양한 수자타라는 처자가 살던 근처 마을의 이름이다.[6] 본문에 '**탁발할 수 있는 마을**'이라고 표현된 곳이 아마 이 세나니마을을 가리키는 것으로 짐작된다. 그리고 빠알리 경전에서는 따로 언급되지 않았지만, 보살이 웃다까의 곁을 떠나올 때 웃다까 밑에서 함께 수행하던 사람들 가운데 다섯 명의 수행자들, 즉 보살이 성도한 이후에 처음 승가를 구성하게 되었던 바로 그 '다섯 비구'들이 보살을 따라서 함께 왔다는 불전의 기록들

다. …… 산 정상에는 탑이 있는데 높이가 백여 척이나 된다. 무우왕이 건립했다. 신령스런 기운이 은밀히 흐르고 신비한 빛이 때때로 비치는데, 예전에 여래께서 이곳에서 무운경 등을 설하셨다…… 가야의 가섭 존자가 불을 섬기던 곳에서 동쪽을 큰 강을 건너면 발라급보리산(*이것은 아마도 Pra-Bodhi를 음사한 것일 것이다), 이라는 곳에 도달한다.(이는 당나라 말로 前正覺山이다. 여래께서 장차 정각을 이루려고 하실 무렵, 먼저 이 산에 올랐다. 때문에 이를 전정각산이라고 한 것이다.) 여래께서 열심히 6년 동안 수행하여도 정각을 이루지 못하다가, 후에 고행을 버리고 우유죽을 받으셨을 때다. 그곳에서 동북 쪽으로 유행하시다 이 산을 보시고는 이곳에서 정각을 이룰 생각에 동북 쪽 언덕으로 해서 올라 정상에 이르렀다. 그러자 땅이 흔들리고 산도 기울고 흔들렸다. 산신이 황망히 보살에게 고하기를, 이산은 정각을 이룰 만한 복터가 아닙니다, 라고 하였다. 城西南五六里至伽耶山. 溪谷杳冥峯巖危險. 印度國俗稱曰靈山…… 山頂上有石窣堵波. 高百餘尺. 無憂王之所建也. 靈鑒潛被神光時燭. 昔如來於此演說寶雲等經…… 伽耶迦葉波事火東渡大河至鉢羅笈菩提山(唐言前正覺山. 如來將證正覺. 先登此山. 故云前正覺也). 如來勤求六歲未成正覺. 後捨苦行示受乳糜. 行自東北遊目此山. 有懷幽寂欲證正覺. 自東北岡. 登以至頂. 地旣震動山又傾搖. 山神惶懼告菩薩曰. 此山者非成正覺之福地也.」

6) '우루웰라'는 넓은uru 모래언덕vela이라는 뜻이고 '세나니가마'라는 단어에는 두 가지 뜻이 있다고 주석서에서는 설명하고 있다. 세나니가마에 대해서 필자는 주석서의 후자의 설명에 따랐다.「여기서 '우루웰라'라고 하는 것은 넓은 모래언덕이니, 넓게 모래들이 쌓여있다는 뜻이다.…… 세나니가모, 라는 것은 장군촌, 이라는 것이다. 처음에 겁이 시작될 때, 이곳에 세나니(장군)가 있었다. 그래서 이곳을 세나-니가모(장군촌)라고 불렀다. (다른 설은) 세나니의 마을이라고도 한다. 세나니라는 이름은 수자타의 아비이니, 그의 마을이라는 뜻이다. ettha uruvelāti mahāvelā mahāvālikarāsīti attho …… senānigamoti senaya nigamo. paṭhamakappikanaṃ ira tasmiṃ thāne senāniveso ahosi. tasmā so padeso senānigamoti vuccati. senani gāmoti pi pāṭho. senānī nama sujataya pitā, tassa gāmoti attho.」(MA2 PP.172~173)

이 있다.[7] 다섯 비구들이 보살과 합류하게 된 시점과 배경에 대해서는 불전마다 조금씩 내용이 다르기는 하지만[8], 다섯 명의 비구들이 모두 보살과 같은 까삘라왓투 출신이고, 보살이 웃다까의 곁은 떠나 마가다 지역에서 유행할 때도 함께 있었다는 것에서는 대부분 일치한다. 물론 보살은 다섯 명의 비구들과 함께 있을 때나, 그

---

7) 『상가베다와스뚜』(P.99) 「tappovanādhyācaraṇaṃ ākīrṇavihāratā ca nālaṃ amṛtādhigamāya. yannv ahaṃ pañcopasthāyakān gṛhītvā pariṣiṣṭān preṣayeyan iti. tena mātṛpakṣād dvau gṛhītau pitṛpakṣāt trayaḥ:」의 내용에 의하자면, 그 다섯 비구들은 태자가 스승이나 동료도 없이 홀로 고행을 한다는 소문을 들은 부왕인 정반왕이 태자를 보호하기 위해서 보낸 자국의 젊은이들이라고 한다. 처음에는 500명의 많은 젊은이들이 왔지만 보살은 그 가운데 모계 쪽 친척 2명과 부계 쪽 친척 3명만을 남기고 다 돌려보냈다고 한다. 그래서 다섯 명의 수행자들이 보살과 함께 하게 되었다는 것이다.
『파승사』(T24/P.118) 「보살이 이때 산림을 유행하였다. 이때 정반왕이 보살을 걱정하여 사람을 보내서 길목을 찾아보고 있을 만한 산속을 뒤지게 하였다. 태자가 수달 선인의 곁을 떠나 시자도 없이 홀로 산속을 헤맨다는 소식을 듣고는 곧바로 젊은이들 300명을 보내 태자를 시봉하게 하였다. 그리고 천시성의 왕도 그 소문을 듣고는 다시 200명의 젊은이들을 보내 태자를 시봉하게 하였다. 이와 같이 하여 500명의 시자들에게 둘러싸여 숲 속에서 마음 내키는 곳으로 유행하였다. 이때 보살이 문득 생각하기를, 나는 지금 숲 속에서 조용히 머물고 싶은데, 저 많은 사람들에 둘러싸여 감로의 법을 구할 수가 없으니, 내가 마땅히 시자 5명만 남기고 나머지는 돌려보는 것이 좋겠다. 라고 하고는, 모계 쪽 친척 중에서 2인을 남겨두고, 부계 쪽 친척 중에서 3인을 남겨두었다. 이에 5인은 보살을 시봉하였고 나머지는 각자 있던 곳으로 돌아갔다. 이때 보살은 이들 5인과 함께 가야성의 남쪽 오류빈라의 서쪽 나야니마을로 가서, 니련선하의 사방 언덕에서 유행하였다. 菩薩爾時遊行山林. 時淨飯王憶念菩薩. 令使尋訪相望道路. 在所山林悉皆知處. 旣聞太子辭彼水獺無有侍者獨行山林. 卽差童子三百人往侍太子. 天示城王旣聞是事. 復差二百童子往侍太子. 如是五百童子圍繞菩薩. 於諸山林隨意遊觀. 爾時菩薩便作是念. 我今欲於林間靜住. 不可令其多人圍繞而求甘露. 然我應留侍者五人. 餘者放還. 是時菩薩. 於母宗親中而留兩人. 於父宗親中而留三人. 而此五人承事菩薩. 餘者各令還國. 爾時菩薩. 與此五人圍繞. 往伽耶城南. 詣烏留頻螺西那耶尼聚落. 四邊遊行於尼連禪河邊」
『랄리따위스따라』(P.185) 그 밖의 다른 불전들에서도 이들 다섯 비구들에 대해 언급하고 있다. 「비구들이여, 그때 라자가하에서 보살이 원하는 만큼 머물렀다가, 다섯 명의 수행동료들과 함께 마가다국에서 유행하기 위해서 그곳을 떠나왔다. Monks, by that point the Bodhisattva had remained in Rājagṛha for as long as he wanted, and now he left together with the five ascetic companions in order to wander through the kingdom of Magadha」

8) 『Buddhacarita Cowell』(P.159) 『붓다짜리따』에서는 다른 불전과는 달리, 보살이 가야의 고행림에 도달했을 때, 이미 그곳에는 다섯 비구들이 모여서 수행을 하고 있었다고 적고 있다. 「Then he saw five mendicants who had come there before him. tatpūrvaṃ paṃcemdriavaśoddhatān」

들이 떠났을 때나 늘 무리와 떨어진 곳의 나무 밑에 홀로 앉아 수행을 하던 방식에는 변함이 없었을 것이지만, 적어도 우루웰라 근처의 고행림(苦行林)에서는 서로 지근거리에 있으면서 다섯 명의 비구들과 함께 수행을 했었을 것이다.[9)]

〈'참으로 대지는 아름답고, 숲은 편안하다. 유유히 흐르는 강은 맑고, 잘 펼쳐진 강변도 아름답다. 또한 근처에는 탁발할 수 있는 마을이 있으니, 이곳은 정진을 원하는 선남자가 정진하기에는 참으로 적당한 곳이구나.'〉

우루웰라에 도착하여 주변을 둘러 본 보살은 우루웰라의 아름다운 풍광을 보고는 위와 같이 말했다. 아마도 이곳이라면 대장부가 목숨을 걸고 최후의 수행을 할 만한 장소라고 생각했을 것이다. 실지로 보살이 6년에 걸쳐 수행을 행한 곳이며, 위없는 깨달음에 도달한 곳이기도 한 우루웰라는 그만큼 아름다웠고, 그러한 우루웰라의 아름다운 풍광은 힘든 수행으로 지친 보살의 마음을 편안하게 만들었을 것이다. 아마 이전에 한 번도 들어 본 적이 없는 **'세 가지 비유'**라는 새로운 사유가 보살에게 일어날 수 있었던 것도 우루웰라의 아름다운 풍광이 주는 편안함이 하나의 원인이 되었을지도 모른다. 보살은 그렇게 편안한 마음으로 자신이 행했던 지난날의 수행을 천천히 하나하나 뒤돌아 살펴보았을 것이다. 두 스승 밑에서의 수행은 도대체 무엇이 잘못된 것이었을까? 누구보다 열

---

9) 『대당서역기』(T51/P.917) 「목지린타mocarim 연못에서 동쪽 숲 가운데 정사가 있는데, 붓다의 야윈 모습의 상이 있다. 그 옆에 경행하는 곳이 있다. 길이는 70걸음 정도 된다. 남북으로 각각 비발라나무가 있다. 옛부터 속가에 전해지기를, 어린아이가 병이 나면 그 불상에 기름을 바르면 차도가 있었다고 한다. 이곳이 보살이 고행했던 숲이다. 目支隣陀龍池東林中精舍有佛羸瘦之像. 其側有經行之所. 長七十餘步. 南北各有卑鉢羅樹. 故今土俗. 諸有嬰疾香油塗像. 多蒙除差. 是菩薩修苦行處」

심히 수행했건만 여전히 깨달음의 길에 들어서지 못한 자신을 되돌아보며 보살은 원인을 찾으려고 했을 것이고, 그렇게 냉철하게 자신의 수행을 되돌아 살펴보던 보살에게 불현듯 '**세 가지 비유**'가 떠올랐을 것이다.

〈악기웻사나여! 또한 그런 나에게, 이전에 들어본 적이 없고 자발적인 세 가지 비유가 떠올랐습니다.〉

필자는 이전부터 보살의 수행에 관련해서 생각해 왔던 것이 하나 있다. 그것은 보살의 6년간의 수행 과정에서 틀림없이 '발상의 전환'이라고 부를 만한 어떤 계기가 보살에게 실제로 일어났을 것이며, 그 계기는 아마도 위없는 깨달음의 증득으로 이어지는 어떤 특정한 수행 방법이 보살에게 채택되면서 드러났을 것이라는 생각이었다. 그리던 차에, 본문에 등장하는 보살의 수행 과정에서의 이 '**세 가지 비유**'를 읽고는 이것이 바로 그런 발상의 전환[10]을 비유한 것이라고 생각하게 되었다.

본경에 등장하는 세 가지 비유의 내용을 미리 간략하게 정리하자면 다음과 같다. 만약 누군가 불을 피우려는 사람이 있다고 했을 때, 그가 물속에 잠겨있고 속이 젖은 나무토막에다가는 아무리 열심히 부시막대를 문질러도 불씨를 만들 수가 없다. 이처럼 위없는

10) 대림스님은 『맛지마니까야』 제1권의 서문에서, 보살이 선정과 고행의 방법을 모두 버리고 나서 어린 시절의 초선정의 경험을 떠올리는 장면에 대해 「'이것이 깨달음을 위한 길이다.' 이것은 세존의 삶에 있어서, 아니 인도뿐 아니라 인류의 수행전통에 있어서 가장 중요한 발상의 대전환이라고 역자는 파악한다.」라고 적고 있다. 즉 대림스님도 붓다의 수행 과정에서 이른바 발상의 대전환이 일어났다고 판단하지만, 그것은 초선정의 재발견을 통해서 일어났다고 본 것이지 필자와 같이 '세 가지 비유'를 발상의 전환에 대한 비유로 생각하진 않았던 것 같다.

깨달음을 추구하는 수행자가 외부적으로 감각적 쾌락으로부터 스스로를 잘 격리시키지 못하고, 내부적으로 쾌락에 대한 욕구 등을 잘 제거하고 잘 가라앉히지 못했다면, 그가 위없는 깨달음을 증득하기 위해 수행을 하는 과정에서 어떠한 힘든 느낌을 경험하건, 하지 않건 간에, 그는 원하는 깨달음에는 도달하지 못한다는 것이다. 또한 그 나무토막이 비록 물가에서 벗어난 땅 위에 놓여 있지만 속이 여전히 젖어 있는 것이라면, 그렇게 속이 젖은 나무토막에다 아무리 힘들여서 부시막대를 문질러도 그 또한 불씨를 만들 수 없다. 하지만 만약 불을 피우려는 자가, 잘 건조된 나무토막을 물가로부터도 멀리 떨어진 마른 땅에 놔두고 부시막대를 열심히 문지른다면 그는 곧 불씨를 만들고 불을 피울 수 있다. 그처럼, 쾌락에 대한 욕구를 안팎으로 잘 통제한 수행자라면, 그가 깨달음을 증득하기 위해 수행을 하는 과정에서 힘든 느낌을 경험하건, 힘든 경험하지 않건 간에, 그는 결국 위없는 깨달음에 도달할 수 있다는 것이다.

이 비유는 이미 2장에서 붓다께서 삿짜까에게 설명하신 '**고귀한 자의 율법**'에 따른 '**수행**'의 정의와 내용상으로 맥을 같이 한다. 수행이 된 자와 수행이 되지 않은 자란, 그가 얼마나 힘든 수행을 했느냐 하지 않았느냐, 로 정해지는 것이 아니라, 그가 외부적으로 감각적 쾌락으로부터 잘 격리되고, 내부적으로 쾌락에 대한 욕구 등을 잘 제거하고 잘 가라앉혔느냐, 못했느냐, 로 정해진다는 것이기 때문이다.

그리고 이렇게 수행이란 무엇인가, 를 설명하는 비유 속에 소위 '수행에 관한 발상의 전환'이라고 부를 만한 내용이 포함되어져 있다고 필자는 생각했다. 수행자가 외부적으로 감각적 쾌락의 대상들로부터 격리되는 것과, 내부적으로 쾌락에 대한 욕구 등이 제거되고 가라앉혀지는 것에 의해서 앎과 봄의 위없는 바른 깨달음의 증득이 가능하다고 말함으로써 '깨달음'이라는 것이 저기 어딘가 내 밖에 완성된 형태로 존재하는 것을 내가 찾아가는 것이 아니라, 내 안에서 깨달음이 발생할 만한 나 자신의 안팎의 조건들이 갖추어짐으로써, 그것들이 내 안에서 연기적인 과정을 거쳐서 발생하는 것임을 드러낸 것이 그것이다. 보살이 스스로 목표로 삼았던 것은 '**앎과 봄의 위없는 바른 깨달음**'이었다.[11] 하지만 그것은 그것을 목표로 삼고 그것을 얻기 위해 노력한다고 해서 얻어지는 것이 아니라, 쾌락들로부터의 격리, 쾌락에 대한 욕구 등의 제거와 가라앉힘이 나에게 구족되었을 때, 그때 비로소 나의 노력이 그런 조건들과 만나, 내 안에서 앎과 봄의 위없는 바른 깨달음의 증득이 일어나는 것임을 자각했다는 것이니, 이는 즉 '깨달음의 연기성'에 대한 자각이 보살에게 일어났다는 것이고, 그것을 세 가지 비유를 통해서 나타낸 것이라고, 필자는 생각했다.

---

11) 빠알리본에서의 본문인 「ñāṇāya dassanāya anuttarāya sambodhāya」는 모두 여격(與格, dative)인데, 대림스님의 한글 번역과 빅쿠보디스님의 영어 번역에서는 이것을 각각 「지와 견과 위없는 깨달음」 그리고 「knowledge and vision and supreme enlightenment」라고 세 개의 항목을 각각 병렬식으로 나열해서 번역했고, 전재성 씨는 「앎과 봄, 바르고 원만한 깨달음」이라고 번역했다. 주석서에서는 이를 「냐나야 닷사나야 아눗따라야 삼보다야는, 모두 출세간의 길을 말하는 것이다.」라고 설명하고 있다. 「ñāṇāya dassanāya anuttarāya sambodhāyāti sabbaṃ lokuttaramaggavevacanameva.」(MA1/P.286) 하지만 필자는 이 문장을 '앎과 봄의 위없는 바른 깨달음'이라고 번역했다. 문장 상으로 소유격이 사용되지는 않았지만 이 문장을, 앎과 봄에 대한, 혹은 앎과 봄에 관한 위없는 깨달음, 이라는 뜻으로 필자가 이해했기 때문이다. 본문의 6-1장에서도 이와 비슷한 문장이 등장하는데 「고귀한 자들에게 어울리는 앎과 봄을(증득하지 못하고 있다) 과연 바른 깨달음을 위한 다른 길은 없는 걸까? alaṃ-ariya-ñāṇa-dassana-visesaṃ siyā nu kho añño maggo bodhāyāti」라고 하여, 여기서도 '앎과 봄'을 '바른 깨달음'의 내용으로 사용했다고 필자는 생각한다.

그러면 이제 본경의 핵심 주제인 '수행'에 관련된 '**세 가지 비유**'의 내용을 살펴보도록 하자. 붓다께서는 먼저 당시에 자신에게 떠올랐던 이 세 가지 비유를 스스로 정의하면서 '**이전에 들어 본 적이 없는**(pubbe assutapubbā)'이라는 표현과 함께 '아낫짜리야(anacchariyā)'라는 단어를 사용하셨다.[12] 이 단어의 해석은 어간(語幹)을 무엇으로 보느냐와, 앞의 접두사를 어떤 뜻으로 보느냐에 따라 두 가지로 나눠진다. 하나는 '즉시에' 혹은 '자발적으로'라고 번역되는 것이고, 다른 하나는 '놀라운' '불가사의한'이라고 번역되는 것이다. 대림스님과 전재성 씨는 이를 '즉시'와 '놀라운'이라고 각각 번역하고 있고 〈남전대장경〉에서의 일본어 번역은 후자와 같이 '경탄할 수밖에 없는'이라고 번역하고 있다. 빅쿠보디스님의 〈맛지마니까야〉 영역본에서는 이 단어가 '자발적으로(spontaneously)'라고 번역되었지만 〈상윳다니까야〉에서는 같은 단어가 후자와 같이 '놀랄 만한(astounding)'이라는 번역으로 바뀌었다.[13] 필자는 이 단어를

---

12) 『PED』(P.9) 「acchariya(adj.-nt.) buddhaghosa: accharā yogganti accharaṃ paharituṃ yuttan ti attho. DA I.43] wonderful, surprising, strange, marvellous」

13) 필자가 '자발적으로'이라고 번역한 단어인 '안아짜리야anacchariyā'는 통상적으로 'a(n)+acchariyā'로 분석된다. 아짜리야는 어간을 무엇으로 보느냐에 따라 뜻이 달라질 수 있는데, 통상적으로는 어간을 acchariya= wonderful, marvellous로 보는 경우와 accara=moment로 보는 경우가 있다. 그리고 앞에 붙은 'a'를 부정접두사로 본다면 이 단어는 '특별하지 않은, 혹은 놀랍지 않은'이라는 뜻과 '즉시에, 자발적으로'라는 뜻으로 번역될 수 있을 것이다. 하지만 전자의 경우는 그렇게 번역을 하면 앞뒤 단어의 뜻이 서로 어긋난다. 그래서 이 단어에 대한 해석을 놓고 빅쿠보디스님은 자신의 〈상윳다니까야〉의 영어 번역본인 『The Connected Discourses of the Buddha: A New translation of the Samyutta Nikaya』 P431 Note 365에서 상세한 주석을 달아 놓았다. 이에 따르자면, 이 'anacchariyā'에서의 'a'를 부정접두사가 아닌, 확장, 넘어선(beyond), 이라는 의미의 접두사로 보고, 이를 놀랄만한, 이라고 풀이하는 경우도 있다. 이런 번역은 어원이 불분명하다는 문제점이 있기는 하지만, 대안이 없기 때문에 자신은 통례적으로 이 단어를 '놀랄 만한'이라는 의미의 'astounding'으로 번역한다고 적고 있다. 이를 '즉시에'라고 번역하는 경우는 acchariyā의 어간을 accara(moment)로 보는 것이다. 〈맛지마니까야〉 제26경의 주석서에서 붓다고사는 'anacchariyā'를 'anu-acchariyā'라고 설명하

'세 가지 비유'를 꾸미는 형용사로 보고 이를 **'자발적인'**이라고 번역했는데, 이유를 설명하자면 이렇다.

필자가 보기에는, 보살이 여기서 이 세 가지 비유를 정의하면서 앞에서 사용했던 **'이전에 들어본 적이 없는'**이라는 표현은 이 세 가지 비유가, 보살이 어떤 사문이나 어떤 바라문들로부터도 들어본 적이 없는, 즉 보살이 알고 있던 기존의 모든 사유방식에서 벗어난 것임을 밝히기 위한 것이고, 이 '아낫짜리야'는 그렇다고 해서 〈베다〉에서 자주 나타나듯이, 그것이 어떤 신들로부터 계시를 받은 것도 아님을 밝히려는 의도에서 사용된 단어일 수 있다. 그럼으로 이 세 가지 비유는, 기존의 어떠한 사유방식과도 같지 않은 것이지만, 그렇다고 해서 그것이 어떤 신적 계시를 통해서 얻어진 것이 아니라 보살 스스로의 내부에서, 전적으로 자신의 사유체계 안에서 연기적 이치에 따라 그렇게 발생한 것임을 이 **'이전에 들어본 적이 없는'**이라는 문장과 **'자발적인'**이라는 단어를 통해서 보살은 설명하고 있다는 것으로 필자는 이해했다. 따라서 여기서의 '아낫짜리야'는 **'자발적인'**이라고 해석하는 것이 적합하다고 본 것이다.[14)]

고 있다. (「anacchariyāti anuacchariyā」MA2 P.174) 하지만 이것이 무엇을 설명하는지는 정확히 알 수가 없다. 빅쿠보디스님은 〈맛지마니까야〉의 번역에서는 이 단어를 'spontaneously' 즉 '자발적으로'이라고 번역했었다. 그밖에 〈南傳大藏經〉의 『薩遮迦大經』에서는 이를 '경탄할 수밖에 없는'이라는 뜻으로 「驚歎すべき」라고 번역하고 있다.(Nan9/P.423)

14) 이에 대해서는 Ven. Sujato의 아래의 글을 참고할 만할 것이다.
https://discourse.suttacentral.net/t/a-note-on-anacchariya/3505
Ven. Sujato는 또한 본문의 문장을 이렇게 번역하고 있다. 「그리고 이들 초자연적으로 영감을 받을 것도 아니고, 과거에 배운 것도 아닌 세 가지 예제들이 나에게 일어났다. And then these three examples, which were neither supernaturally inspired, nor learned before in the past, occurred to me.」 https://suttacentral.net/mn36/en/sujato

이렇듯, 붓다 스스로에 의해서, 이전에 누구도 생각해 본적이 없었던 전혀 새로운 방식의 사유임이 강조된 이 '**세 가지 비유**'는, 본경 이외에 보살의 수행 과정이 언급되어져 있는 같은 〈맛지마니까야〉 제26경에는 등장하지 않지만, 제85경과 제100경에는 등장한다. 빠알리경전 이외에 『랄리따위스따라』에도 빠알리본과 거의 같은 내용이 같은 위치에 실려 있다. 그밖에 설출세부(說出世部) 소전으로 알려진 『마하와스뚜』에는 빠알리본과 내용에 있어서는 약간의 차이가 있지만 빠알리본과 같은 위치에 이 세 가지 비유가 실려 있다. 그리고 필자가 앞에서 인용했던 〈설일체유부〉 소전의 산스끄리뜨 필사본인 『수신경』과 『상가베다와스뚜』, 그리고 이에 대한 한역본 『파승사』에서도 이 세 가지 비유가 실려 있는데, 단지 배치된 문장의 위치가 빠알리본과는 다르고 내용에서도 차이가 보인다.[15] 하지만 막상 필자가 3장에서 자주 인용했던 『붓다짜리따』와 『불소행찬』에서는 이 세 가지 비유가 전혀 언급되지 않았다. 참고로, 본경과 같이 '세 가지 비유'의 구성은 아니지만 '젖은 나무와 마른 나무'를 통한 비유는 〈맛지마니까야〉의 제119경과 제126경에

---

15) 『상가베다와스뚜』(P.104), 한역 『파승사』(T24/P.120)에서는 세 가지 비유의 내용은 빠알리본이나 『방광대장엄경』 『불본행집경』처럼 되어 있지 않고, 첫째는 물속에 있는 젖은 나무와 젖은 부시목으로의 비유, 둘째는, 물가에 있지만 젖은 나무와 마른 부시목으로의 비유, 세 번째는 말라있지만 습기가 있는 해안에 놓인 나무와 마른 부시목으로의 비유로 구성되어, 세 가지 비유 모두가 불을 피우지 못하는 경우를 설명하고 있다. 「菩薩於是時中不曾聽聞. 心中自生三種譬喩辯才. 所言三者. 一者濕木有潤從水而出火鑽亦濕. 有人遠來求火. 以濕火鑽鑽彼濕木欲使生火. 火無出法. 若有沙門婆羅門. 身雖離欲心猶愛染. 耽欲耽愛著欲處欲悅欲件欲. 有如是等常在心中. 彼諸人等. 縱苦其身受諸極苦忍諸酸毒受如此受. 非正智非正見. 不能得於無上正道. 二者濕木有潤在於水邊. 有人遠來求火. 以乾火鑽鑽其潤木. 雖欲得火火無然法. 如是沙門婆羅門. 身雖離欲心猶愛染. 於諸欲中. 耽欲愛欲著欲處欲悅欲件欲. 有如是過常在身心. 縱苦其身受於極苦忍諸酸毒. 受如此受. 非正智非正見. 不能至於無上正道. 三者朽爛之木無有津潤在於濕岸. 有人求火. 雖以火鑽鑽之火無然法. 如是沙門婆羅門. 身雖離欲心猶愛染受於苦受. 非正智非正見. 不能得於無上正道. 菩薩爾時悟此喩已.」

도 등장하지만 이것은 본경의 주제와 직접적으로 관련이 없다.

그런데 이 세 가지 비유가 언급된 〈상좌부〉의 빠알리경 세 곳과, 〈설출세부〉 소전으로 알려진 『마하와스뚜』, 그리고 〈대승부〉의 내용이 많이 포함된 『랄리따위스따라』 그리고 한역 『불본행집경』과 『방광대장엄경』에서는 모두 이 비유의 이야기가 보살이 우루웰라에 도착해서 고행을 시작하기 전에 배치된 것에 반해 〈설일체유부〉 소전의 『수신경』에서는 6년간의 고행이 끝난 다음에, 그리고 같은 〈설일체유부〉 소전의 『상가베다와스뚜』 그리고 이것의 한역인 『파승사』에는 우루웰라에서 고행을 하던 중간에 배치되어져 있다. 이를 정리하면 아래와 같다.

표1 〈세 가지 비유가 언급된 문헌의 내용 비교〉

경전 명	비유의 위치	身心의 구분	비유의 내용 비교
MN 36경 마하삿짜까 숫따	고행 이전	구별하지 않음	1비유: 정각을 증득하지 못함 2비유: 정각을 증득하지 못함 3비유: 정각을 증득함
MN 85경 보디라자꾸마라 숫따	고행 이전	구별하지 않음	36경과 동일
MN 100경 상가라와 숫따	고행 이전	구별하지 않음	36경과 동일

saṅghabhedavastu 상가베다와스뚜	고행 중간	구별함	1비유: 정각을 증득하지 못함 2비유: 정각을 증득하지 못함 3비유: 정각을 증득하지 못함
mahāvastu 마하와스뚜	고행 이전	구별함	1비유: 정각을 증득하지 못함 2비유: 정각을 증득하지 못함 3비유: 정각을 증득함
latitavistara 랄리따위스따라	고행 이전	구별하지 않음	1비유: 정각을 증득하지 못함 2비유: 정각을 증득하지 못함 3비유: 정각을 증득함
kayābhāvanāsutra 수신경	고행 이후	구별함	1비유: 정각을 증득하지 못함 2비유: 정각을 증득하지 못함 3비유: 정각을 증득함
根本說一切有部毘奈耶破僧事 (파승사)	고행 중간	구별함	1비유: 정각을 증득하지 못함 2비유: 정각을 증득하지 못함 3비유: 정각을 증득하지 못함
佛本行集經 (불본행집경)	고행 이전	구별함	1비유: 정각을 증득하지 못함 2비유: 정각을 증득하지 못함 3비유: 정각을 증득함
方廣大莊嚴經 (방광대장엄경)	고행 이전	구별하지 않음	1비유: 정각을 증득하지 못함 2비유: 정각을 증득하지 못함 3비유: 정각을 증득함

그렇다면 왜 빠알리본과 다르게, 비유의 이야기가 고행 이후에 배치된 문헌들이 있게 된 것일까? 이것은 빠알리본에 나타난 세 가지 비유의 내용 가운데 어떤 부분을 빠알리본의 의도와 다르게 이해한 사람들이 있었기 때문일 것이라고 필자는 생각한다. 그 '어떤 부분'이라는 것은 본문에 나타난 '**그들 존중받는 사문들이나 바라문들이 설령 격렬하고, 괴롭고, 혹독하고, 사무치고, 힘든 느낌들을 경험하더라도**'라는 부분일 것이다. 누군가는 비유 가운데 등장하는 이 문장을 보살이 우루웰라에 도착한 이후에 행한 '6년간의 고행'을 뜻하는 것으로 이해했을 것이고, 그런 이해의 관점에서 빠알리본의 문장 구성을 보았을 때, 이 세 가지 비유가 빠알리본에서처럼 보살이 우루웰라에서 고행을 시작하기 전에 배치된 것은 분명 오류라고 그들은 의심했을 것이다. 왜냐하면, 그 '누군가'의 관점에서 보자면, 빠알리본의 문장 구성은 보살이 고행을 해보기도 전에 이미 고행에 대한 어떤 가치 판단을 가지고 있는 것처럼 보였을 것이기 때문이다.

이런 의심은 빅쿠보디스님의 번역서에서나[16], 필자가 앞선 장에서 인용했던 아날나요스님의 저서에서도 확인되었다.[17] 뿐만 아니

---

16) 빅쿠보디스님은 제36경의 번역서 주석에서 다음과 같이 이 세 가지 비유의 배치에 대해 언급해 놓았다. 「깨달음에 도달하기 위해서 그러한 고행이 필요 없다는 결론에 도달한 이후에도, 보살이 스스로 고행을 행하는 것을 보여준다는 아래의 문장들은 좀 혼란스럽다. 이 일치하지 않는 개념들의 나열은 경전의 이야기 순서가 뒤죽박죽이 되었다는 의심을 불러일으킨다. It is puzzling that in the following paragraphs the bodhisatta is shown engaging in self mortification after he had here come to the conclusion that such practices are useless for the attatinment of enlightenment. This dissonant juxtaposition of ideas raises a suspicion that the narrative sequence of the sutta has become jumbled.」(MDB/P.1229, Note 387)

17) 마하삿짜까 숫따에서의 세 가지 비유와 마찬가지로, 필수적으로 깨달음은 고행을 요구하는 것이 아님을 암시한다. 마하삿짜까 숫따가 그것들을 보살의 고행 이전에 배치한 것은 혼란스럽다. 만약 보살이 그것들을(고행) 착수하기 전에 이

라, 붓다고사의 주석서의 내용에 의하자면 붓다고사 역시 비유에서 언급된 '**힘든 느낌을 경험**'한다는 표현을 보살이 우루웰라에 도착해서 행한 '6년간의 고행'을 뜻하는 것으로 이해했었던 같다.[18] 그리고 〈설일체유부〉 소전으로 알려진 『상가베다와스뚜』에서는 마치 이런 모순을 해결하려는 듯이, 이 비유의 이야기가 언급되기 전에 보살이 이미 고행을 실행하였고, 비유 다음에 다시 같은 고행이 반복된 것으로 기술되었다. 이것은 어쨌든 고행을 경험하기도 전에 고행에 대한 어떤 가치평가가 보살에게 미리 전제되어져 있었다는 빠알리경전의 내용이 불합리하다고 여겼던 사람들이 있었다는 것이고, 그렇게 생각한 사람들에 의해 이 비유의 이야기가 보살의 고행 중간이나, 고행 이후로 그 위치가 바뀌어졌을 가능성을

미 깨달음에는 고행이 필요 없다는 것을 이미 알았다면, 아마도 그에게 그것들을 시작하기 위한 어떤 이유가 전적으로 있어야 했을 것이다. As the three similes in the Mahasaccaka-sutta imply that awakening does not necessarily require austerities, it is puzzling that the Mahasaccaka-sutta places them before the bodhisattva's ascetic practices. If the bodhisattva had already realized that austerities are not necessary for awakening before undertaking them, there would have been little reason for him to engage in them at all.」(CDM/P.235)

18) 왜 보살은 고행이 깨달음의 증득에 도움이 되지 않는 줄을 알면서도 고행을 했는가에 대한 붓다고사의 해명을 빅쿠보디스님은 그의 번역서 주석에서 다음과 같이 언급했다. 「그럼에도 불구하고 주석서에서는 (경전에서) 주어진 순서를 받아들이면서, 보살이 왜 고행이 없이도 깨달음을 성취할 수 있는데도 고행을 행했는지에 대해 자문하고 그에 대해 자답했다. 답은 이렇다. 첫 번째, 그는 먼저, 그 자신의 정진력을 세상에 보이기 위해서 그렇게 했다. 왜냐하면, 용맹한 정진이 그에게 희열을 주었기 때문이다. 그리고 두 번째는, 후대사람들을 위한 자비심의 발로로서, 그 자신이 깨달음을 성취하는 데 적용되었던 것과 똑같은 결심과 함께 하는 그런 노력을 그들이 하도록 격려하기 위함이다. "Nevertheless MS accepts the sequence as given and raises the question why the bodhisatta undertook the practice of austerities if he could have attained Buddhahood without doing so. It answers: He did so, first, in order to show his own exertion to the world, because the quality of invincible energy gave him joy; and second, out of compassion for later generations, by inspiring them to strive with the same determination that he applied to the attainment of enlightenment.」(MDB/P.1229) 「kiṃ pana bhagavā dukkaraṃ akatvā buddho bhavituṃ na samatthoti, katvapi akatvāpi samatthova. atha kasma akāsīti, sadevakassa lokassa attano parakkanmaṃ dassessami. so ca maṃ vīriyanimmathanaguṇo hasessati iti.」(MA2/P.288)

짐작하게 한다.

그런데 문제는, 설령 비유의 내용을 그 '누군가'의 방식대로 이해하고, 그런 이해를 바탕으로 세 가지 비유의 이야기가 보살이 고행을 끝낸 다음에 배치된 『수신경』의 문장 구성을 따른다고 하더라도, 문제가 말끔하게 해결되지 않는다는 데 있다. 세 가지 비유를 『수신경』의 구성처럼 고행을 끝낸 다음에(본문에서는 6-1장이 시작되기 전에) 다시 배치한다고 하더라도, 이어지는 빠알리 본문의 내용과 세 가지 비유와의 사이에 여전히 문맥상 부자연스러운 부분이 남아있기 때문이다.[19)]

이러한 이유로 인해 필자는 본경에서의 이 세 가지 비유의 위치에 대해 오랫동안 고민했었지만, 고민 끝에 내린 결론은 이렇다. 빠알리경에서의 '**괴롭고 힘든 느낌을 경험**'한다는 표현은, 보살이 우루웰라에 도착해서 행한 '6년간의 고행'을 뜻하는 것은 아니라는 것이다. 비유의 내용으로 설명하자면, 불을 피우기 위해서 부시막대를 나무토막에 올려놓고 열심히 비벼대다 보면, 어느 순간에 이르러서 '아이고, 힘들어 죽겠다!' 라고 느껴질 때, 그때 느껴지는 것이 바로 본문에서 언급된 '**격렬하고, 괴롭고…… 힘든 느낌을 경**

---

19) 세 가지 비유에서의 '힘든 느낌을 경험'한다는 것이 곧 보살의 '6년간의 고행'을 말하는 것이기 때문에 이 비유의 내용이 보살이 고행을 끝낸 지점에 배치된 『수신경』의 내용에서, 괴로운 경험은, 감각적 쾌락에 대한 욕구가 해결되지 않는 수행자는 고행을 하건 하지 않건 간에 깨달음을 얻을 수 없고, 욕구가 해결된 수행자라면 그가 고행을 하건 하지 않건 간에 깨달음을 얻을 수 있다는 것인데, 그렇게 결론을 내려놓고 다시 '그러나 나는 이렇게 괴롭고 하기 어려운 것을 통해서도 인간의 법을 초월해서 고귀한 자들에게 어울리는 앎과 봄을 증득하지 못하고 있다. 과연 깨달음을 위한 다른 길은 없는 걸까?' 라고 자문하는 것은 문맥이 맞지 않는다.

험'한다는 표현의 뜻이다. 그럼으로 이 표현은 위없는 깨달음을 증득하기 위해 열심히 정진하던 중에 경험하게 되는 한 과정으로써의 힘든 경험을 말하는 것이지, 이것이 보살이 우루웰라에 도착한 이후에 행한 '6년간의 고행' 전체를 뜻하는 것은 아니라고 생각한다. 따라서 이 세 가지 비유가 6년간의 고행이 시작되기 전에 배치된 빠알리경의 문장 구성에 전혀 문제될 것이 없다는 것이 필자의 판단이다. 그렇게 판단한 근거에 대해서는 해당되는 본문에서 다시 자세히 설명해 보겠다.

〈"악기웻사나여! 예를 들어서, 젖고 습기 찬 나무토막이 물에 잠겨 있는데, 거기서 어떤 사람이 부시막대를 가지고 와서는 '불씨를 만들어서 불을 지펴야겠다!' 라고 한다면, 악기웻사나여! 이를 어떻게 생각합니까? 그 사람은 물에 잠겨있는 그 젖고 습기 찬 나무토막에다 부시막대를 비벼서 불씨를 만들고 불을 지피는 것이 가능하겠습니까?"

"아닙니다. 고따마 존자시여! 왜냐하면 그것은 젖고 습기 있는 나무토막이고 게다가 물에 잠겨 있기 때문입니다. 그럼으로 그 사람은 결국 지치고 짜증이 나게 될 것입니다."〉

이제 비유의 내용을 살펴보자. 붓다는 첫 번째 비유에서, 물웅덩이 같은 곳에 잠겨 있어서 잔뜩 물기를 머금고 있는 나무토막에다 부시막대를[20] 올려놓고, 그것을 열심히 마찰시켜서 불씨를 만들고

20) uttara+araṇī 전재성 씨는 이를 '좋은 부시목'으로 번역했다. 아마 uttara를 '좋은'의 의미로 본 것 같다. 빅쿠보디스님은 이에 반해 uttara를 '위upper'의 뜻으로 보고 'an upper fire-stick'으로 번역했다. 불을 피울 나무토막을 아래에 두고, 그 표

불을 지피려는 사람이 있다면, 그가 과연 불을 지필 수 있겠는가?'라고 비유를 들어 삿짜까에게 물었다. 비유를 통한 이런 질문에 대해 삿짜까는 '아닙니다.'라고 하며 그것이 불가능한 이유를 설명했다.

〈그렇습니다. 악기웻사나여! 참으로 어떤 사문들이든 바라문들이든지 만약 몸에서의 감각적 쾌락들로부터 격리되지 않고, 저들 감각적 쾌락들에서, 쾌락에 대한 욕구, 애정, 홀림, 갈망, 열기가 내부적으로 잘 제거되지 못하고 가라앉혀지지 않고 머물러 있는 자들이라면,〉

삿짜까의 답변을 들으신 붓다께서는, 이어서 비유된 바의 뜻을 차례로 삿짜까에게 설명하셨다. 첫 번째 비유에서 '물에 잠겨있는'이라는 것은 수행자가 '몸에서의 감각적 쾌락들로부터 격리되지 않고'라는 것을 비유한 것이고, 다음에 '젖고 습기 찬 나무토막'은 수행자의 '감각적 쾌락들에서, 내부적으로 쾌락에 대한 욕구 애정 홀림 갈망 열기가 잘 제거되지 않고 잘 가라앉혀지지 않은' 상태를 비유한 것이다. 그리고 '부시막대를 비벼서'라는 것은 원하는 바를 얻기 위해서 열심히 정진(精進)하는 것을 비유한 것이다. '힘든 느낌들을 경험'한다는 것은 그렇게 열심히 정진하는 가운데 겪게 되는 하나의 과정을 비유한 것이다. 다음의 '불씨를 만들어서 불을 지피려는' 자는 부지런한 수행을 통해서 '앎과 봄의 위없는 바른 깨달음을 얻으려는' 자를 비유한 것이다.[21]

면을 마찰시켜서 불꽃을 일으키는 부시막대를 연상하면, 빅쿠보디스님의 번역이 더 합당한 것 같다.

21) 붓다고사의 주석서에서는 이 비유의 각 항목들을 다음과 같이 설명하고 있다. 「'젖은 나무토막allaṃ kaṭṭhaṃ'이라는 것은 젖은 무화과 나무토막이고, '습기 있는

그럼으로, 수행을 통해서 앎과 봄의 위없는 바른 깨달음을 얻으려는 자 가운데, 만약 외부적으로 감각적 쾌락들로부터 격리되지 않고, 내부적으로 쾌락들에서 쾌락에 대한 욕구와 애정과 홀림과 갈망과 열기가 제거되지 못하고 가라앉혀지지도 않은 자가 있다면, 그가 아무리 열심히 힘들여서 정진을 행한들, 그 정진만으로 과연 그가 원하는 앎과 봄의 위없는 정각에 도달할 수 있겠는가? 라고 물었던 것이고, 그럴 수 없다고 삿짜까가 답했던 것이다.

첫 번째 비유에서의 첫 번째 문장은 '**몸에서의 감각적 쾌락들로부터 격리되지 않고**'라는 내용이다. 이것은 두 번째 문장인 '**감각적 쾌락들에서, 쾌락에 대한 욕구, 애정, 홀림, 갈망, 열기가 내부적으로 잘 제거되지 못하고 가라앉혀지지 않고 머물러**'라는 내용과 더불어, 수행자에게 위없는 깨달음이 성취되기 위해 갖추어져야 할 두 가지 조건을 나타낸 것이다. 이 두 가지 조건들이 수행자에게 잘 갖추어졌을 때, 여기에 수행자의 정진이 더해지면서 비로소 위없는 깨달음의 그 자신에게서 성취되는 것이기 때문이다.

이 첫 번째 문장에서 필자는 '**몸에서의**'라는 단어만을 사용했지만,[22] 빠알리어의 판본에 따라서는 '몸과 마음에서의(kāyena ca cittena

---

sasnehan'이라는 것은 sakhīra(*이 단어는 의미가 불명하지만, sasneha라는 단어를 sa+sineha의 결합으로 본다면 이것은 '습기가 함께 한'이라는 뜻이므로, 둘 다 습기가 있다는 뜻의 단어인 것으로 짐작된다. 참고로 세 번째 비유의 같은 위치에서 사용된 'koḷapo'는 '마른'이라는 뜻을 가진 명사로 나타난다.)이고, '감각적 욕망으로부터kāmehī'라는 것은 감각적 욕망의 대상들로부터, 라는 것이고 '격리되지 않고avūpakaṭṭhā'라는 것은 멀리 벗어나지 못하고, 라는 것이다. allaṃ kaṭṭhan ti allaṃ udumbarakaṭṭhaṃ, sasnehanti sakhīraṃ. kāmehī ti vatthukāmehi. avūpakaṭṭhā ti anapagataā,」(MA2/P.286)

22) PTS본에서는 「ye hi keci samaṇā vā brāhmaṇā vā kāyena c'eva kāmehi avūpakaṭṭhā viharanti,」(MN1/P.241) kāyena 다음에 c'eva라는 단어가 나오는데, 이것이 kāyena ca eva cittena ca라는 되어 있는 BBS(CST4)본에서의 내용처럼 '몸'과 '마음'이라는

ca)'라고 두 개의 단어가 함께 사용된 곳이 있고 **'몸에서의(kāyena)'** 라는 단어 하나만 사용된 곳이 있다. 그래서 번역하는 사람들도 제각기 자신이 옳다고 생각하는 바에 따라 두 단어가 모두 사용된 판본을 따르거나, 아니면 **'몸에서의'**라는 단어만 사용된 판본의 내용을 따라서 번역하고 있다.[23] 필자는 일단 PTS본을 저본으로 삼았기 때문에 **'몸에서의'**라는 단어만이 사용된 PTS본(스리랑카 싱할라어본인 SBJ본도 동일하다)의 내용을 따라서 위와 같이 **'몸에서의'**라고 번역했다. 사실 이런 판본의 차이는 의미상으로는 서로 다를 것이 없다고 필자는 생각하는데, 단지 감각적 쾌락에 대한 욕망이라는 것이 몸에서 발생한 것과 마음에서 발생한 것이 서로 다르다고 보는 쪽에서, 첫 번째 문장은 '몸'에 관한 것이고 두 번째 문장은 '마음'에 관한 것이기 때문에, 앞의 첫 번째 문장에서는 '몸과 마음에서의'라고 하면 앞뒤가 맞지 않다고 주장하기 때문에 비롯된 시비다.[24]

두 단어가 병렬로 나타날 때라면, 이 c'eva를 ca+eva라고 읽어도 되겠지만, 그렇지 않고 PTS본처럼 '몸kāyena' 하나만 사용될 때는 굳이 ca라는 단어가 필요 없다. 그래서 필자는 이 PTS본의 c'eva를 ca+eva가 아니라, ce+eva로 보고 '만약'이라고 번역했다.

23) PTS본과 SBJ본에서는 세 번의 비유에 모두 '몸으로kāyena'만 되어 있고 '마음으로cittena'라는 단어가 없다. 「ye hi keci samaṇā vā brāhmaṇā vā kāyena c'eva kāmehi avūpakaṭṭhā viharanti」(MN1/P.241) 하지만 미얀마 BBS(CST4)본(*Chatta saṅgāyana ṭipataka version4.0 Langoon)에서는 세 번의 비유 모두에 '몸으로'와 '마음으로'가 들어있다. 「samaṇā vā brāhmaṇā vā kāyena c'eva cittena ca kāmehi」

24) 빅쿠보디스님의 영역 초판본에는 세 가지 비유 모두에 「those recluses and brahmins who still do not live bodily and mentally withdrawn from sensual pleasures,」라고 번역했지만, 재판본에서는 다시 「those recluses and brahamins who still do not live bodily withdrawn from sensual pleasures……」라고 하여, PTS본에 따라 '몸으로'라는 단어만 있는 것으로 해석하고 있다. 그리고 자신의 번역서 주석(MDB/P.1229)에서 두 번째 비유에서의 문장을 설명하면서 해명하기를 「PTS본에서의 avūpakaṭṭho라는 것은 확실히 오류다. 초판본에서 필자는 이 문장을 BBS본에 기초해서 해석했었다. 그것은 '몸으로부터, 마음으로부터'라고 되어 있었다. 그러나 PTS와 SBJ본에는 '마음으로부터'가 빠져있다. 그리고 이것은 그들이 감각적 쾌락을 그들에게서 가라앉히지 못했을 때, 어떻게 감각적 쾌

하지만 본문의 제2장의 '**고귀한 자의**(ariyassa) **율법**(vinaya)'에 의한 몸의 수행과 마음의 수행에 대한 붓다의 정의를 따르자면, 감각적 쾌락을 몸에서 일어나는 것과 마음에서 일어나는 것으로 나누는 것은 적절하지 않아 보인다. 따라서 첫 번째 문장에 '몸과 마음에서의'라고 하여 두 단어가 모두 들어있는 미얀마의 BBS본과 '**몸에서의**'라는 단어만 사용된 PTS본이 내용상으로는 서로 다르지 않다고 생각한다. 이런 오해의 소지를 없애기 위해서라면, BBS본과 같이 '몸과 마음에서의'라는 표현이 '**몸에서의**'라는 표현만 들어있는 PTS본이 보다 더 적절할 수도 있겠지만, 둘이 서로 다르지 않다는 것을 언급하기 위해서라도 필자는 일단 PTS본의 내용을 따르기로 했다. 어차피 지금 고귀한 자의 율법의 정의에 입각해서 용어를 사용하고 계신 붓다의 입장에서 보자면, 붓다께서 '**몸에서의**'라고 말한다 해도 그것이 마음을 배제한 몸만을 뜻하는 것이 아닐 것이기 때문이다.[25)]

락들로부터 정신적으로 떨어져 있는 것처럼 묘사할 수 있는 지에 대해 이해하기 어려웠다. 그래서 나는 PTS본과 SBJ본을 따르기로 했다. / PTS is certainly mistaken in reading here avūpakaṭṭho, 'not withdrawn' In the first edition I translated this passage on the basis of BBS, which has kāyena c'eva cittena ca. But PTS and SBJ omit cittena, and it seems difficult to understand how these ascetics can be described as 'mentally withdrawn' from sensual pleasures when they have not stilled sensual desire within themselves. I therefore follow PTS and SBJ」 즉, 빅쿠보디스님은 BBS에서처럼, 첫 번째 문장에 '몸과 마음으로부터'라는 단어가 사용된다면 'vūpakaṭṭho'라는 단어가 '정신적으로 떨어져 있는mentally withdrawn from sensual pleasures'것을 묘사한 것이 됨으로 이는 잘못이라는 것이다. 즉 첫 번째 문장에서 '격리'되는 것은 몸에서의 격리를 말한다고 빅쿠보디스님은 본 것이다.

* 참고) PTS본(Pali Text Society, 1877~1927, London) BBS본(Burmese Buddhasāsana samiti edition, 1957, Rangoon) SBJ본(Sinhala Buddha jayantripiāka, 1960~1983, Colombo) 또한 〈남전대장경〉 Nan9/P.421에서도 PTS본에 따라서 「沙門或婆羅門にても, 身及諸欲より離れず」라고 하여 '身'만을 번역하고 있다. 하지만 대림스님과 전재성 씨의 한글 번역본에는 모두 두 단어가 포함된 판본을 채용하여 번역하고 있다. 대림스님은 두 단어가 모두 들어있는 쪽이 '문맥상으로 더 적합하다고 판단'했다고 적고 있다.

그리고 필자는 '**몸에서의**(kāyena)'라는 빠알리어 단어와 '**감각적 쾌락들로부터**(kāmehi)'라는 단어에 모두 같은 탈격(ablative)이 사용된 것으로 보았다. 이것은 곧 '**감각적 쾌락들**'이 몸(과 마음)에서 벗어난 곳에 따로 있는 것이 아니라, 몸(과 마음)에서 함께 일어난 것임을 드러내기 위한 문법적 장치라고 보여 진다.[26] 그럼으로 '**몸에서의 감각적 쾌락들로부터 격리되지 않고**(kāyena c'eva kāmehi avūpakaṭṭhā)'라는 첫 번째 문장은, 만약 어떤 수행자가 몸과 마음에 외부적으로 주어진 감각적 쾌락을 부추길 만한 대상들을 주의를 기울여 경계하지 않고, 자발적으로 대상들로부터 자신을 격리시키지 않는다면, 이라는 뜻으로 필자는 이해하고 있다. 예를 들자면 수행하는 비구가 번잡한 마을에 살면서 온갖 자극적인 것들에 스스로를 노출시킨 경우가 될 것이다.

이처럼 '**몸에서의 감각적 쾌락들로부터 격리되지 않고**'라는 문장을, 마음이 배제된 몸에서의 감각적 쾌락에 대해 말한 것이 아니라, 몸과 마음에 '외부적으로' 주어진 쾌락의 대상들로부터 격리되지 않은, 이라는 뜻으로 필자가 해석하는 데는, 다음에 등장하는 '**감각적 쾌락에서, 쾌락에 대한 욕구. 애정, 홀림, 갈망, 열기가**

---

25) 이런 관점에서 보자면, 빅쿠보디스님이 주석에서 말한 내용은(주석 236) 붓다의 그 '고귀한 자들의 율법'에서의 정의를 빅쿠보디스님이 적용시키지 않은 것으로 보인다.

26) kāya+ena(남성명사. 단수. 탈격 or 도구격) kāma+ehi(남성 or 중성명사. 복수. 탈격 or 도구격) 또한 필자가 '감각적 쾌락'이라고 번역한 '까마kāma'는 욕망하는 주체의 입장에서는 '감각적 욕망'으로 번역될 수 있고, 욕망되어지는 대상의 입장에서는 '감각적 쾌락'이라고 번역될 수 있겠지만, 욕망의 주체와 욕망되어지는 대상이 모두 자신에게서 일어나는 것으로 서로 다른 것이 아니기 때문에 이를 한 단어로 번역하기도 쉽지 않다. 부연해서 번역하자며 '감각적 쾌락의 대상들에 대한 욕망' 정도로 번역할 수 있을 것인데, 본문에서는 이 가운데 '감각적 쾌락'이라는 번역어를 선택해서 쓰기로 하겠다.

내부적으로 잘 제거되지 못하고'라는 두 번째 문장에서 사용된 이 '**내부적으로**(內部的, ajjhattaṃ)'라는 단어가 하나의 힌트가 되었다. 즉 첫 번째 '몸에서의 감각적 쾌락들로부터 격리되지 않고'라는 문장 속에는, 뒤의 '**감각적 쾌락들에서, 쾌락에 대한 욕구…… 열기가 내부적으로 잘 제거되지 못하고**'라는 두 번째 문장에서의 '**내부적으로**'라는 단어와 상대되는 '외부적으로'라는 의미가, 실제로는 사용되지 않았지만 이미 포함되어 있을 것으로 본 것이다.

이 '**감각적 쾌락들로부터 격리**'라는 문장을 감각적 쾌락에 대한 '외부적 격리'라고 풀이하는 데는 〈맛지마니까야〉 제4경인 『두려움과 공포에 대한 경』의 내용이 혹시 참고가 될지도 모르겠다. 붓다께서는 이 경에서, 예전 자신이 보살로서 수행하던 시절에, 숲 속 외딴 곳에서 홀로 수행하면서 경험했던 바를 한 바라문에게 다음과 같이 설명하셨다.

> 바라문이여! 그때 나에게 이와 같은 생각이 있었습니다. '어떤 사문이든 바라문이든, 몸에서의 행위를 청정하게 하지 않고, 숲이나 밀림의 독거 수행처소로 가면, 몸의 행위를 청정하게 하지 않은 것이 원인이 되어, 그 사문이나 바라문들은 악하고 유익하지 않은 두려움과 공포를 일으킬 것이다.'라고.[27]

이 경에는 이 뒤로도 입으로 짓는 행위(口業)의 청정함과 마음으

---

27) 제4경 『바야베라와 숫따』「tassa mayayaṃ brāhmaṇa! etad ahosi. 'ye kho keci samaṇā vā brāhmaṇā vā aparisuddhakāyakammanta araññe vanapatthāni pantāni senāsanāni patisevanti, aparisuddhakāyakaṃmanta sandosahetu have te bhonto samaṇabrāhmaṇā akūsalaṃ bhayabheravaṃ avhayanti,」(MN1/P.17)

로 짓는 행위(意業)의 청정함까지를 언급하고 있음으로, 이런 것들이 말하자면 '**감각적 쾌락들로부터 격리**'를 말하는 것이라고 할 수 있을 것이다. 따라서 첫 번째 비유에서의 '**몸에서의 감각적 쾌락들로부터 격리되지 않고**'라는 첫 번째 문장과, 뒤에 나오는 '**감각적 쾌락들에서, 쾌락에 대한 욕구, 애정, 홀림, 갈망, 열기가 내부적으로 잘 제거되지 못하고 가라앉혀지지 않고**'라는 두 번째 문장은 각각 몸과 마음에서 일어나는 상황을 묘사한 것이 아니라, 몸과 마음의 '외부'에서, 그리고 몸과 마음의 '내부'에서 일어나는 상황을 묘사한 것이라고 이해해야 한다는 것이다.[28] 그렇지 않고 만약 이 둘을 각각 몸과 마음의 독립된 영역에서 일어나는 상황으로 이해하게 되면, 내부적으로 감각적 쾌락들에서 쾌락에 대한 욕구나 애정 등을 제거하고 가라앉히는 것을 몸이 배제된 '마음'이 해야할 일로 분류하게 된다. 이것은 세 가지 비유 가운데, 첫 번째 비유보다는 다음 단락에 등장하는 두 번째 비유의 내용에서 보다 그 잘못이 선명하게 드러난다. 만약 이런 식의 분류에 따르면, 두 번째 비유의 첫 번째와 두 번째 문장은 '몸은 감각적 쾌락의 대상들로부터 격리되었지만, 마음으로는 여전히 벗어나지 못했다.'라는 뜻이 되고 만다.[29] 붓다께서 두 번째 문장에서 '마음'이라는 단어

28) 붓다고사의 주석서에서는 이 두 문장을 다음과 같이 설명하고 있다. 「마치 젖어서 습기 찬 무화과 나무토막과 같이, 오염원인 감각적 쾌락에 의해서, 감각적 쾌락의 대상으로부터 포기되지 못한 자들이고, '물에 잠겨있는udaka pakkhittabhāvo'이라는 것은, 오염원인 감각적 쾌락에 의해 젖어있는 것과 같다는 것이다. allaṃ sakhīraṃ udumbarakaṭṭhaṃ viya hi kilesakāmena vatthukāmato anissaṭapuggalā. udaka pakkhittabhāvo viya kilesakāmena tintatā.」(MA2/P.287) 즉, 물에 잠겨있다는 비유는 쾌락의 대상에 노출된 상황이고, 습기가 남아있다는 비유는 거기서 쾌락에 대한 욕구의 제거가 이루어지지 않은 상황이라고 풀이하고 있다.

29) 빅쿠보디스님이 위의 주석(주석 240)에서 언급한 것처럼 '감각적 쾌락에 대한 욕구……'라는 문장에 대해 '이것은 그들이 감각적 쾌락을 그들에게서 가라앉히지 못했을 때, 어떻게 감각적 쾌락들로부터 정신적으로 떨어져 있는 것처럼 묘사할 수 있는 지에 대해 이해하기 어려웠다.'라고 말한 것은 감각적 쾌락의 대상으

대신에 굳이 '**내부적으로**'라는 단어를 사용한 것도 필시 그렇게 몸과 마음을 별개의 영역을 구분하는 오류를 방지하기 위한 의도였을 것으로 필자는 생각한다. 붓다께서 사용하신 '**내부적**'이라는 말은 몸이 배제된 마음만을 뜻하는 것이 아니다. 외부도 내부도 모두 몸과 마음이다.

그러나 필자의 생각과는 다르게, 몸과 마음을 별개의 영역으로 나누어 이 세 가지 비유를 풀이한 문헌들이 꽤 많다.[30)] 예를 들어서 〈설일체유부〉 소전의 『수신경』과 『방광대장엄경』에서의 두 번째 비유는 다음과 같은 묘사되어 있다.(위의 표1을 참조할 것)

> 일부의 사문이나 바라문들은 몸에서는 애욕을 멀리하나, 마음에서는 그러지 못한다. 애욕 가운데 저들 애욕에 대한 욕락(欲樂), 애욕에 대한 애염(愛染), 애욕에 대한 환희(歡喜), 애욕에 대한 집착(執着), 애욕에 대한 탐구(探求)와 애욕의 악독(惡毒)이 있어서, 그 마음을 제압한다.[31)]

로부터 외부적으로 격리되는 것과 내부적으로 쾌락에 대한 욕구 등을 제거하는 것을 같은 상황으로 보았기 때문일 것이다.

30) 『랄리따위스뜨라』(PP.185~186) 「첫 번째로 그는 생각했다. 일부의 사문이나 바라문들, 그들의 마음과 몸을 그들의 욕망의 대상들로부터 떼어낼 수 없는 자들은…… 두 번째로 그는 계속 생각했다. 일부의 사문이나 바라문들, 자신들의 마음과 몸을 자신들의 욕망의 대상으로부터 떼어낼 수 없는 자들은, First he thought. There are some monks and priests who are unable to separate their mind and body from the objects of their desire…… Second, he continued to think, There ar also monks and priests who have separated their mind and body from the objects of their desire.」 산스끄리뜨 원문의 내용은 아래와 같은 사이트에서 확인할 수 있다. 『Lalitavistara』 https://suttacentral.net/skt/lal17

31) 빠알리본에서는 감각적 '감각적 욕망들에서의 욕구kāmacchando'로부터 총 다섯 가지의 항목을 언급했지만 『수신경』(P.209)에서는 여섯 가지 항목이 언급되었다. 「kāmeṣu kāmacchandaḥ kāmasnehaḥ kāmapremaḥ kāmālayaḥ kamaniyantiḥ kāmavyāpādī 婆羅門身體和內心沒有遠離愛欲 …… 對愛欲的欲樂, 對愛欲的愛染, 對愛欲的歡喜, 對愛欲的貪着, 對愛欲的探求 和 愛欲的惡毒」

> 일부의 사문이나 바라문들은 몸은 제어하여 탐욕을 행하지는 않지만, 경계 가운데 마음은 오히려 애욕을 집착한다.[32)]

이런 사례는 산스끄리뜨본『마하와스뚜』에서도 찾아진다. 여기서는 두 번째 비유를 이렇게 설명하고 있다.

> 모든 사문이나 바라문들, 그들의 몸들은 감각적 쾌락들로부터 물러나 있지만 그러나 그들의 마음은 그러지 못하고, 그들의 생각들은……[33)]

이렇게 여러 문헌들에서 이 두 문장의 뜻을 몸과 마음으로 구분해서 설명하고 있기는 하지만, 필자의 생각은 여전히 다르다. 첫 번째 비유에서의 두 번째 문장인 '**감각적 쾌락들에서, 쾌락에 대한 욕구, 애정, 홀림, 갈망, 열기가 내부적으로 잘 제거되지 못하고 가라앉혀지지 않고 머물러 있는 자들이라면**'이라는 문장은, 위에서 인용한 문헌들의 내용처럼 단지 몸이 배제된 '마음'에서만 일어난 상황을 묘사한 것이 아니라, 몸과 마음의 '**내부적으로**' 일어난 상황을 묘사한 것이라고 이해해야 한다는 것이다. 이것은 이미 2장에서 나타난 수행에 대한 붓다의 정의와 세 가지 비유 가운데 두 번째 비유의 내용을 연결해서 살펴보면 그 이유가 더 선명해질 것이다. 두 번째 비유의 내용은, (삿짜까가 말한 것처럼) 몸의 수행

---

32) 『방광대장엄경』(T3/P.580)「世間若沙門. 若婆羅門. 制御於身不行貪欲. 於境界中心猶愛著」

33) 『마하와스뚜』(P.118)「all the worthy recluses and brahmans who live with their bodies withdrawn from the pleasures of sense, but not so their minds, and whose thoughts of them……」

은 되어 있지만 마음의 수행이 되지 못한 사람을 말하는 것이 아니라, (고귀한 자의 율법에서의 정의에 따라) 몸의 수행도 되지 않고 마음의 수행도 되지 않은 경우를 말하는 것이다. 그런 정의에 따르자면 본문에 등장하는 세 가지 비유 가운데 첫 번째 비유와 두 번째 비유가 모두 몸의 수행도 되지 않고 마음의 수행도 되지 않은 경우에 해당된다.

단지, 첫 번째 비유와 두 번째 비유의 차이점이라고 한다면, 첫 번째 비유에 등장하는 앞의 '**물에 잠겨있는**'이라는 비유가 몸과 마음에서 일어나는 감각적 쾌락의 대상들로부터 멀리하기 위해 스스로 쾌락의 대상들로부터 격리시키지 못한 상태를 말하는 것이라면, 두 번째 비유에 등장하는 '**물가에서 멀리 떨어진 땅바닥에 놓여있는**'이란, 외부적으로 주어진 쾌락의 대상들로부터 격리되었고, 라는 차이가 될 것이다. 그럼으로 이 '**격리되지 않고**(avūpakaṭṭho)'라는 형용사가 가리키는 것은, 감각적 쾌락을 부추길 만한 외부적 조건들로부터 자신을 격리시키지 못한 상황을 묘사한 것으로 이해할 수 있다.

〈그들 존중받는 사문들이나 바라문들이 설령 격렬하고, 괴롭고, 혹독하고, 사무치고, 힘든 느낌들을 경험하더라도 앎과 봄의 위없는 바른 깨달음을 얻을 수 없고, 그들 존중받는 사문들이나 바라문들이 설령 격렬하고, 괴롭고, 혹독하고, 사무치고, 힘든 느낌들을 경험하지 않더라도, 그들은 앎과 봄과 위없는 바른 깨달음을 얻을 수 없습니다.〉

다음은 첫 번째 비유에서의 세 번째 '**그들 사문들이나 바라문들이 설령 격렬하고, 괴롭고, 혹독하고, 사무치고, 힘든 느낌들을 경험하더라도 앎과 봄의 위없는 바른 깨달음을 얻을 수 없고 …… 힘든 느낌들을 경험하지 않더라도, 그들은 앎과 봄의 위없는 바른 깨달음을 얻을 수 없습니다.**'라는 문장이다. 앞에서 언급한 것처럼, 본문에서 이 세 가지 비유가 고행 이전에 배치된 것에 문제가 있다고 생각하는 사람들은 바로 이 문장의 내용을 보살이 우루웰라에 도착한 이후에 행한 '6년간의 고행' 전체를 뜻하는 것으로 생각하고 있었기 때문에 일어난 문제였던 것이다. 그러면 과연 이 문장이 과연 보살이 우루웰라에 도착한 이후에 행한 '6년간의 고행' 전체를 뜻하는 것인지를 한 번 점검해 보자.

여기서 수행자가 괴롭고 힘든 느낌을 경험한다고 말한 것은, 위없는 깨달음을 증득하기 위해 정진하는 과정에서 겪게 되는 '**힘든 느낌의 경험**'을 말하는 것으로, 본문에서의 '**격렬하고, 혹독하고, 사무치고, 힘든 느낌**'이라는 표현들을 보면 알 수 있듯이, 이것은 부시막대를 비벼대다가 어느 시점이 되면, 더 빨리! 더 빨리! 라고 하면서 문지르는 과정에서 경험되는 힘든 느낌을 비유한 것뿐이다. 그런데 이런 '힘든 느낌의 경험'은 6년 동안 내내 느껴지는 것이 아니다. 불을 피우려고 부시막대를 나무토막 위에 올려놓고, 처음에는 천천히 문지르다가 점점 더 속도가 붙게 되면, 어느 순간에 이르러 '아이고, 힘들어 죽겠다!' 라는 순간이 있게 되듯이, 그와 같이 이 '힘든 느낌을 경험'한다는 표현은, 위없는 깨달음을 증득하기 위해 열심히 정진하던 수행자가, 어느 시점에 이르러서는 겪게 되는 정진의 한 과정을 말하는 것이다. 그럼으로 이 문장을 보살이 우루웰라에 도착한 이후로 행한 '6년간의 고행' 전체를 뜻하는 것으로 한정해서 이해하면 결국 비유의 내용을 이해하는데 왜곡이 생길 수밖에 없다.

이 문장에서 말한 '**힘든 느낌을 경험**'한다는 표현은, 보살이 우루웰라에 도착한 이후 행한 6년간의 고행을 통해서 나온 것이 아니라, 우루웰라에 도착하기 전, 알라라와 웃다까 밑에서 정진하던 경험을 통해 나온 것이라고 필자는 생각한다. 그때는 비록 이 비유에서처럼 '**힘든 느낌을 경험**'했다는 표현은 없었지만 '**알라라 깔라마에게만 정진이 있는 것이 아니라, 나에게도 정진이 있다.**'라고 하면서 그가 궁극의 목표라고 말했던 무소유처에 도달하기 위해 열심히 노력했던 것이니, 그는 이미 그렇게 정진하던 중간에 어느 시점부터는 비유에서 말하는 그 '**힘든 느낌을 경험**'했을 것이다. 이렇게 이 비유에서 언급된 '**힘든 느낌을 경험**'한다는 표현은 보살이 행한 '6년간의 고행' 전체를 뜻하는 것이 아니라, 두 스승 밑에서의 선정수행을 포함해서, 깨달음을 얻기 위해 보살이 열심히 정진하던 중간에, 어느 시점에 이르러 하나의 과정으로 겪게 되는 경험을 뜻한다고 보기 때문에, 이를 근거로 해서 필자는 세 가지 비유가 고행 이전에 배치된 본경을 포함한 빠알리경전의 문장 구성에 아무런 문제가 없다고 생각하게 된 것이다.

또 하나, 이 비유의 설명 가운데 나오는 '**힘든 느낌을 경험해도…… 힘든 느낌을 경험하지 않아도**'라는 내용장에 대해서도 살펴봐야 한다. 이 세 가지 비유의 내용이 언급된 문헌들 가운데, 세 곳의 빠알리 경전을 제외한 나머지 문헌들에서는 본문에 나오는 이 내용이 아래와 같이 다 제각각 다르게 나타나 있다.

표 2 '세 가지 비유'에서 苦의 경험 여부와 正覺 증득의 관계 언급 비교

경전 명	비유 위치	苦의 경험 여부와 正覺 증득의 관계 언급
MN 36경 마하삿짜까 숫따	고행 이전	1비유: 苦를 경험해도, 하지 않아도 정각을 증득하지 못한다. 2비유: 苦를 경험해도, 하지 않아도 정각을 증득하지 못한다. 3비유: 苦를 경험해도, 하지 않아도 정각을 증득할 수 있다.
MN 85경 보디라자꾸마라 숫따	고행 이전	36경과 동일
MN 100경 상가라와 숫따	고행 이전	36경과 동일
saṅghabhedavastu 상가베다와스뚜	고행 중간	1비유: 苦를 경험해도 정각을 증득할 수 없다. 2비유: 苦를 경험해도 정각을 증득할 수 없다. 3비유: 苦를 경험해도 정각을 증득할 수 없다.
mahāvastu 마하와스뚜	고행 이전	1비유: 苦를 경험해도 정각을 증득할 수 없다. 2비유: 苦를 경험해도 정각을 증득할 수 없다. 3비유: 苦를 경험하면 정각을 증득할 수 있다.

latitavistara 랄리따위스따라	고행 이전	1비유: 苦를 경험해도 정각을 증득할 수 없다. 2비유: 苦를 경험해도 정각을 증득할 수 없다. 3비유: 苦를 경험해도 정각을 증득할 수 있다.
kayābhāvanāsutra 수신경	고행 이후	1비유: 苦를 경험해도 정각을 증득할 수 없다. 2비유: 苦를 경험해도 정각을 증득할 수 없다. 3비유: 苦를 경험하지 않고도 정각을 증득할 수 있다.
根本說一切有部 毘奈耶破僧事 (파승사)	고행 중간	1비유: 苦를 경험해도 정각을 증득할 수 없다. 2비유: 苦를 경험해도 정각을 증득할 수 없다. 3비유: 苦를 경험해도 정각을 증득할 수 없다.
佛本行集經 (불본행집경)	고행 이전	1비유: 苦를 경험해도, 하지 않아도 정각을 증득할 수 없다 2비유: 苦를 경험해도, 하지 않아도 정각을 증득할 수 없다. 3비유: 마음이 기쁘고 즐거워 정각을 증득할 수 있다.
方廣大莊嚴經 (방광대장엄경)	고행 이전	1비유: 苦를 경험해도 정각을 증득할 수 없다. 2비유: 苦를 경험해도 정각을 증득할 수 없다. 3비유: 苦를 경험해도 정각을 증득할 수 있다.

이 가운데 세 번째 비유에서, 힘든 느낌을 경험해도, 경험하지 않아도 정각을 증득할 수 있다고 기술된 것은 3개의 빠알리경 외에는 없는데, 이것은 '**힘든 느낌을 경험**'한다는 표현을 그들도 보살이 행한 6년간의 고행이나, 수행 전반을 뜻하는 것으로 받아들였기 때문이라고 필자는 생각한다. 그러나 그렇게 '힘든 느낌을 경험'한다는 표현을 수행 중에 일어나는 한 과정으로 보지 않고 '수행 전반'을 뜻하거나, 혹은 '6년간의 고행'을 뜻하는 것으로 생각했던 사람들은, 빠알리본의 세 번째 비유에서의 '**힘든 느낌을 경험해도…… 경험하지 않더라고 그들은 앎과 봄의 위없는 바른 깨달음을 얻을 수 있다.**'라는 문장에서 틀림없이 혼란을 느꼈을 것이다.[34] 그들의 생각대로 '힘든 느낌을 경험'한다는 표현이 '수행 전반'을 뜻하는 것이었다면, 빠알리본에서의 세 번째 문장은, 부시막대를 전혀 문지르지 않아도 마른 나무에서는 저절로 불꽃이 일어나는 것처럼 되어버리고, 수행을 전혀 하지 않아도 위없는 깨달음을 얻을 수 있다는 뜻이 되어버리기 때문이다. 따라서 빠알리본을 제외한 나머지 문헌들에서 빠알리본에서의 이 세 번째 비유의 내용이 빠알리본의 내용과 제각기 다르게 나타난 것은, 이처럼 자신들이 느꼈던 그런 혼란을 자신들이 이해하는 내용으로 비유의 내용을 바꾸거나 아니면 비유의 위치를 바꿈으로써 해결하려고 했기 때문이라고 생각한다.

34) 한역『불본행집경』은 첫 번째와 두 번째 비유의 내용에서는 빠알리본처럼 '고뇌를 경험해도, 경험하지 않아도'라는 식의 표현이 사용되었지만, 세 번째 비유에서는 단지 '마음의 희열과 행복이 있어 능히 알고 능히 보고 상인법을 얻고 무외처를 증득한다.'라고만 적고 있다. 이것은 '고뇌를 경험한다'는 표현을 보살이 깨달음을 얻기 위해 행하는 모든 수행 '수행 전반'을 뜻한다고 보았기 때문일 것이다. 「彼等沙門. 及婆羅門. 恒受苦惱 ……不受苦惱. 雖不受意. 不喜不樂 …… 心中喜樂. 能知能見得上仁法證無畏處.」(T3/P.754)

그러면 이제 첫 번째 비유의 전체 내용을 정리해 보자. 위없는 깨달음을 얻고자 수행하는 수행자가, 만약 감각적 쾌락의 대상들로부터 마음이 제압당하는 것을 막기 위해서 스스로를 그 대상들로부터 격리시키지 못하고, 내부적으로 감각적 쾌락들에 대한 욕구나 애정 등을 스스로 제거하거나 가라앉히지 못했다면, 그는 수행 과정에서 설령 어떠한 '힘든 느낌을 경험'하더라고 위없는 깨달음을 얻을 수 없다. 왜 그런가? 그는 외부적으로 쾌락들로부터 격리되지 않았고 욕구 등을 제거하거나 가라앉히지 못했기 때문에, 자신이 경험한 그 '힘든 느낌'에 마음을 제압당할 것이기 때문이다. (물론 여기서 필자가 사용한 '마음을 제압당한다.'라는 표현은, 몸과 별개인 마음이 있어서, 그 별개인 마음이 제압당한다는 뜻이 아니라, 몸이고 마음인 그 '마음'이 제압당한다, 라는 뜻에서의 표현이다.) 그렇게 몸이고 동시에 마음이기도 한 그 마음이, 감각적 쾌락들에 대한 욕구, 애정, 홀림, 갈망, 열기에 의해 주체적 의지가 제압당하고, 그의 주체적 의지가 그렇게 제압당한 상태로는 설령 아무리 깨달음을 위해 수행하는 과정에서 힘들게 노력하더라도, 그에게서 경험된 힘든 느낌은 감각적 쾌락들에 대한 욕구와 애정 등에 의해 '제압당한 그 마음'에 의해서 경험된 것이기 때문에, 결코 감각적 쾌락의 영역을 벗어나게 하지 못한다. 이것은 그가 설령 깨달음을 얻기 위한 힘든 노력을 행하지 않더라도 마찬가지 결과로 나타난다. 그는 여전히 감각적 쾌락에 대한 욕구와 애정과 홀림과 갈망과 열기에 의해 제압당한 그 '마음'에 의해 작동되기 때문이다.

필자는 최근에 '욕구에 마음이 제압당한다.'라는 문장의 의미를 아침 좌선 시간에 뚜렷하게 경험한 적이 있다. 좌선수행을 하고 있다 보면, 늘 자신에게서 일어난 망상을 분별해서 찾아내는 어떤 기능이 작동함을 알 수 있다. 이것은 망상이다! 라고 알아차리거나 그 망상을 놓아버리게 하는 소위 '마노(mano)'라는 기능일 것이다. 그런데 그 주체적 의지는 늘 좋은 방향으로만 기능하는 것이 아님을 조금만 시간이 지나면 알아차리게 된다.[35] 자꾸 망상의 편에 서서 망상을 부추기는 역할도 하기 때문이다. 그것은, 그 기능이 원래부터 있어왔던 독립적인 실체로서의 어떤 기능이 아니라, 그것 또한 무언가로부터 연기적으로 발생한 것이기 때문일 것이다. 그래서 그 기능이 좋은 방향으로 작동하지 않을 때는, 곧 그 마노의 기능이 내 자신에게 일어난 어떤 감각적 욕구에 의해서 이미 제압당했구나!라는 것을 알아차려야 한다. 비유하자면, 적군에 포섭된 아군의 지도자와 같아서, 겉으로는 내 편인 것 같지만 사실은 적군의 편에 서서 오히려 나를 적군의 견해에 동의하도록 설득하는 것이다.

필자는 앞에서 '**세 가지 비유**'를 언급하면서, 이것이 보살의 수

35) 마음의 주체적 기능인 '마노mano'에 대해서는 『dhamma pada』의 첫 번째 게송인 manopubbaṅgama dhammā manoseṭṭhā manomayā이라는 대목에 이미 잘 설명되어있다. 주석서인 『법구의석dhammapadāṭṭhakathā』은 이 대목을 다음과 같이 해설하고 있다. 「원인에 의한 존재 발생의 법칙에 따라서 마음작용을 마노가 앞장서기 때문에 '마노뿝방가마'라고 한 것이다. 마음작용은 마노가 일어나지 않을 때는 일어날 수 없지만, 마노는 어떤 마음작용이 일어나지 않더라도 일어난다. 리더의 힘에 의해서 마노가 저들에게는 중요하기 때문에 '마노셋따'라고 말하는 것이다. 금 등으로 만들어진 것들이 이런 저런 물건들이 금으로 만들어진 것들, 이라고 불리는 것처럼, 마음작용이 마노에 의해서 만들어진 것이기에 '마노마야'라고 한 것이다. iti uppādappaccayaṭṭhena pubbaṅgamo etesaṃ ti manopubbaṅgamā ; na hi te mane anuppajjante uppajjituṃ sakkonti, mano pana ekaccesu cetasikesu anuppajjantesu pi uppajjati veva. adhipativasena mano seṭṭho etesaṃ ti manoseṭṭhā. yathā hi gaṇadīnaṃ adhipati puriso 'gaṇaseṭṭho', 'seniseṭṭho ti vuccati', tathā tesaṃ pi mano ti, manoseṭṭha. yathā pana suvaṇṇadīhi nipphannāno tāni tāni bhaṇḍāni suvaṇṇamayādīni nāma honti, tathā ete po manato nipphannattā manomayā nāma,」

행 과정에서 일어난 어떤 '수행에 관한 발상의 전환'을 비유한 것으로 이해했다는 말을 했었다. 그렇다면 어떤 의미에서 이 세 가지 비유가 발상의 전환을 비유한 것이라고 필자가 믿게 되었는지, 그 과정을 좀 더 보충해서 다시 정리해 보겠다. 먼저, 보살은 출가이후에 위없이 평화로운 경지를 찾아다니다가 두 스승을 만났고, 그들의 가르침에 따라 열심히 힘들게 수행한 덕택에 그들이 궁극의 해탈처라고 주장한 세밀한 선정의 경지를 경험하게 되었다. 하지만 두 스승으로부터의 가르침은 '**얻으려는 욕구를 포기하도록 이끌지 못하고, 탐욕으로부터 멀어짐으로 이끌지 못하고 소멸로 이끌지 못하고, 고요함으로 이끌지 못하고, 철저한 지혜로 이끌지 못하고, 바른 깨달음으로 이끌지 못하고, 열반으로 이끌지 못하는 법**'이라고 최종적으로 판단하게 되면서 결국 그들의 곁은 떠나게 되었다. 즉, 알라라와 웃다까로부터의 가르침을 비롯한 이전의 모든 수행자들의 수행과 가르침들은, 욕구의 포기, 탐욕으로부터의 멀어짐, 욕망의 소멸로 인도함, 고요함으로 인도함, 지혜와 바른 깨달음으로 인도함, 열반으로 인도함이 불가능하더라는 것이었다.

그런데 이제, 왜 그들의 수행과 가르침으로는 이러한 덕목들의 성취가 불가능했던 것인지, 그 이유가 바로 이 세 가지 비유에서 밝혀진 것이다. 그동안은 몸과 마음에서 일어난 감각적 쾌락에 대한 욕구 등을 제거하거나 가라앉히지 못했기 때문이다. 그렇게 감각적 쾌락에 대한 욕구 등을 제거하지 못하고 가라앉히지 못하여 감각적 쾌락에 대한 욕구 등에 제압당한 마음으로는 아무리 열심히 노력하여 세밀한 선정의 세계에 도달하더라도, 아무리 힘들게 수행하더라도, 그렇게 선정의 세계를 경험하고 고행을 경험하는 주체는 결국 이미 감각적 욕망에 제압당한 그 '마음'이기 때문이다.

해탈의 길이라는 것이 내 밖의 저곳 어디엔가 있어서, 내가 열심히 열심히만 수행하면 그곳에 도달하게 되리라, 라는 그간의 믿음에서, 이제 내가 해탈의 길을 얻지 못하는 것은, 그 해탈의 길을 추구하는 내 자신의 마음이 이미 어떤 감각적 쾌락에 대한 욕구 등에 의해 제압당했고, 그렇게 제압당한 마음으로는 아무리 열심히 그 해탈의 길을 추구해도 소용이 없구나, 라는 자각으로의 전환이 보살에게 일어났을 것이다. 그리고 그것은, 아무리 불을 지피려고 열심히 나무토막에다 부시막대를 비벼대더라도, 그것이 외부적으로 물웅덩이에 던져져 있는 상태의 젖고 습기 있는 나무토막이라면, 혹은 외부적으로 물웅덩이는 벗어났더라도 여전히 내부적으로는 젖고 습기 있는 나무토막이라면 거기서 불을 지핀다는 것은 불가능하고, 오직 물웅덩이를 벗어난 마른 땅에 놓인 마른 나무에 열심히 부시막대를 비벼대야만 불을 지피는 것이 가능하듯이, 쾌락의 외부적인 대상들로부터 격리되고, 내부적으로 쾌락에 대한 욕구 등이 잘 제어가 된 상태이어야만, 비로소 수행자가 자신의 목표인 앎과 봄의 위없는 바른 깨달음에 도달할 수 있다, 라는 이러한 세 가지 비유로서 보살에게 '연기적 구조'에 따른 수행론이 정리되었을 것이다.

그리고 이것은 처음에 붓다께서 삿짜까에게 자신의 수행자 시절의 이야기를 꺼내게 된 이유이기도 한 내용, 즉 어떠한 경우에도 나 자신은 '**괴로운 느낌에 마음을 제압당한 적이 없었다.**'라고 하신 그 말씀과도 일맥상통한다. (일맥상통할 뿐만 아니라, 어쩌면 본경 전체가 이 주제 하나로 바둑판처럼 세밀하게 종횡으로 연결되었다고 말하는 게 더 정확할지 모르겠다.) 감각적 쾌락은 결국 우리에게 행복한 느낌, 괴로운 느낌, 행복한 것도, 괴로운 것도 아닌 느낌의 세 가지 형태로 일어나는 것이고, 그런 느낌의 연기성(緣起性)을 제대로 파악하지 못함으로써 그 느낌을 실체적인 것으로 오해하여 집착하게 되고, 느낌을 집착함으로써 몸과 마음의 주체성이 제압당하게 되는 것, 그것이 바로 감각적 쾌락에 대한 욕구 등이 '제거되지 못하고 가라앉혀지지 못하는 것'이기 때문이다.

042

두 번째 비유

"악기웻사나여! 또한 참으로 나에게, 이전에 들어본 적이 없고 자발적인 두 번째 비유가 떠올랐습니다. 예를 들어서, 젖고 습기 있는 나무토막이 물가에서 멀리 떨어진 땅바닥에 놓여있는데, 거기서 어떤 사람이 부시막대를 가지고 와서는 '불씨를 만들어서 불을 지펴야겠다!' 라고 한다면, 악기웻사나여! 이를 어떻게 생각합니까? 그 사람은 물가에서 멀리 떨어진 땅바닥에 놓여있는 젖고 습기 있는 나무토막에다 부시막대를 비벼 불씨를 만들고 불을 지피는 것이 가능하겠습니까?"

"아닙니다. 고따마 존자시여! 왜냐하면 그것은 물가에

서 멀리 떨어진 땅바닥에 놓여 있기는 하지만, 젖고 습기 있는 나무토막이기 때문입니다. 결국 그 사람은 지치고 짜증이 나게 될 것입니다."
"그렇습니다. 악기웻사나여! 참으로 어떤 사문이든 바라문들이든지 만약 몸에서의 감각적 쾌락들로부터 격리되었지만, 감각적 쾌락들에서 쾌락들에 대한 욕구, 애정, 홀림, 갈망, 열기가 내부적으로 잘 제거되지 못하고 잘 가라앉혀지지 않고 머물러 있는 자들이라면, 그들 존중받는 사문이나 바라문들이 설령 격렬하고, 괴롭고, 혹독하고, 사무치고, 힘든 느낌을 경험하더라도 앎과 봄의 위없는 바른 깨달음을 얻을 수 없고, 그들 사문이나 바라문들이 설령 격렬하고, 괴롭고, 혹독하고, 사무치고, 힘든 느낌을 경험하지 않더라고 그들은 앎과 봄의 위없는 바른 깨달음을 얻을 수 없습니다. 악기웻사나여! 이것이 나에게 떠올랐던, 이전에 들어본 적이 없는 자발적인 두 번째 비유였습니다."

・・

〈예를 들어서, 젖고 습기 있는 나무토막이 물가에서 멀리 떨어진 땅바닥에 놓여있는데, 거기서 어떤 사람이 부시막대를 가지고 와서는 '불씨를 만들어서 불을 지펴야겠다!'라고 한다면, 악기웻사나여! 이를 어떻게 생각합니까?〉
이번에는 두 번째 비유다. 여기서도 붓다께서는 먼저 삿짜까에게 물으셨다. 두 번째 비유는 첫 번째 비유에서의 '물에 잠겨있는'

이라는 대목이 '**물가에서 멀리 떨어진 땅바닥에 놓여있는**'으로 바뀌었다. 불을 지피려는 직접적인 대상인 나무토막이 물에 잠겨있는 것이 아니라, 물가로부터 멀리 떨어진 마른 땅바닥에 놓여있다. 하지만 비록 나무토막이 마른 땅바닥에 놓여있다고 하더라도, 그것만을 원인으로 해서 습기가 없고 말라서 불을 지필 수 있는 나무토막이라는 결과가 존재하는 것이 아니기 때문에 그렇게 비록 물가로부터 멀리 떨어져 마른 땅에 놓여있기는 하지만 여전히 내부가 젖어있고 습기가 가득 찬 나무토막이라면, 그 나무토막에다 부시막대를 올려놓고 아무리 열심히 비벼댄들 불을 피울 수가 있겠느냐고 물어보신 것이다. 삿짜까는 앞에서와 마찬가지로, 속이 젖은 나무로는 불을 피울 수 없다고 대답했다.

〈참으로 어떤 사문이든 바라문들이든지, 만약 몸에서의 감각적 쾌락들로부터 격리되었지만, 저들 감각적 쾌락들에서 쾌락에 대한 욕구, 애정, 홀림, 갈망, 열기가 내부적으로 잘 제거되지 못하고 가라앉혀지지 않고 머물러 있는 자들이라면, 그들 존중받는 사문이나 바라문들이 설령 격렬하고, 괴롭고, 혹독하고, 사무치고, 힘든 느낌을 경험하더라도 앎과 봄의 위없는 바른 깨달음을 얻을 수 없고, 그들 사문이나 바라문들이 설령 격렬하고, 괴롭고, 혹독하고, 사무치고, 힘든 느낌을 경험하지 않더라도 그들은 앎과 봄의 위없는 바른 깨달음을 얻을 수 없습니다.〉

이 두 번째 비유에서의 첫 번째 문장은 감각적 쾌락에 대한 욕구 등으로부터 벗어나기 위해 수행자가 쾌락을 부추길 만한 외부적 대상들로부터 스스로를 격리시켰지만,[36] 이라는 뜻이고, 두 번째 문장은, 아무리 그렇게 외부적인 대상들로부터 자신을 격리시켰더라도, 쾌락에 대한 욕구, 애정, 홀림, 갈망, 열기를 내부적으로 제거시키거나 가라앉히지 못한 자라면, 이라는 뜻이다.

여기서 세 번째 '**그들 존중받는 사문이나 바라문들이 설령 격렬하고, 괴롭고, 혹독하고, 사무치고, 힘든 느낌을 경험하더라도... 경험하지 않더라도, 그들은 앎과 봄의 위없는 바른 깨달음에 도달할 수 없습니다.**'라는 문장은, 첫 번째 비유에서의 문장과 동일하다. 다른 점이라면, 첫 번째 비유에서는 앎과 봄의 위없는 바른 깨달음의 증득을 목표로 해서 수행하는 수행자가 깨달음의 증득을 위한 조건들인 쾌락들로부터의 격리와 욕구 등의 제거와 가라앉힘이 모두 갖추어지지 않은 상태였고, 두 번째 비유에서는 쾌락들로부터의 격리는 구족되었지만, 여전히 쾌락에 대한 욕구 등의 제거와 가라앉힘이라는 조건들이 충분히 갖추어지지 않은 상태라는 것이 다를 뿐이다. 하지만 이렇게 첫 번째 비유에서와 두 번째 비유에서의 조건이 달라졌다고 하더라도, 결과는 마찬가지다. 앞의 2장에서 붓다께서 삿짜까에서 설명하신 것처럼, 수행자에게

---

36) 대림스님의 한글 번역본에는 무언가의 오류겠지만, PTS본의 오류를 그대로 따라서 '멀리 떨쳐버리지 못한 채 머물거나'라고 되어 있다.(『맛지마니까야』 초기불전연구원 2권 P.172) 싱할라본인 SBJ본(『Buddha Jayanti Tipitaka Series, Volume 10』 P.574)에서는 이 대목이 'vūpakaṭṭhā'로 되어 있고 그리고 미얀마의 BBS본에서도 이 대목은 'vūpakaṭṭhā'로 되어 있다. 빅쿠보디스님과 전재성 씨의 번역도 모두 SBJ본에 따라 각각「who live bodily withdrawn from sensual pleasures」와「감각적 쾌락으로부터 떠났을 지라도」(MDB/P.336)라고 번역되었다. 또한 산스끄리뜨 필사본인 『수신경』(P.213)에서도 이 부분은 BBS본과 같이 '벗어난'이라는 내용으로 되어 있다.「身體遠離愛慾 kāmeṣu kāyena vyapakṛṣṭ(ā)」 하지만 남전대장경에서는 대림스님의 번역과 같은 내용으로 번역되었다.「身及欲より離れず」(Nan 9/P.422)

는 몸의 수행이 된 자와, 마음의 수행이 된 자가 따로 있는 것이 아니라, 몸과 마음의 수행이 되지 않은 자와, 몸과 마음의 수행이 된 자가 있을 뿐이라는 말씀하신 것과 같은 이치다. 그럼으로 만약 쾌락에 대한 욕구 등이 내부적으로 잘 제거되고 잘 가라앉혀지지 않은 수행자라면, 그가 아무리 존중받는[37] 수행자라고 하더라도, 그가 행한 모든 힘든 수행은 효과가 없다는 것이고, 설령 그가 그런 힘든 수행을 하지 않더라도 수행의 목표인 위없는 깨달음에는 도달할 수 없다는 것이다.

그런데, 이와 같은 세 가지 비유를 듣고, 혹시 이런 의문을 일으키는 사람이 있을 수 있다. 보살이 결국 말하고자 하는 바는, 만약에 수행자가 내부적으로 감각적 쾌락에 대한 욕구나 애정 등이 제거되지 않았다면 아무리 힘든 느낌을 경험하든지 하지 않든지 간에 앎과 봄의 위없는 바른 깨달음을 얻지 못하고, 욕구가 제거된 자라면 그가 힘든 느낌을 경험하든지 하지 않든지 간에 깨달음을 얻을 수 있다는 것인데, 그렇다면 두 가지 비유만으로도 충분히 이것이 설명될텐데, 왜 욕구 등을 제거하고 가라앉히는 데는 직접적으로 관계도 없는 '**몸에서의 감각적 쾌락들로부터 격리되지 않고**'와 '**몸에서의 감각적 쾌락들로부터 격리되었지만**'이라는 조건들

37) '그들 존경받는 사문이나 바라문들이 te bhonto samaṇabrāhmaṇā'라는 대목에서 '존경받는bhonto'이라는 단어를 대림스님과 전재성 씨의 한글 번역, 그리고 일본어역에서는 번역되지 않았지만, 빅쿠보디스님은 이를 'good'으로 번역했다. 아마 잘못된 수행의 예를 나타내는 문장에서 굳이 이런 존칭어는 필요하지 않다고 생각해서 번역하지 않았을 것으로 짐작되지만, 필자가 보기에, 어울리지 않은 대목임에도 불구하고 굳이 경전에 이 단어가 사용된 것은, 아무리 좋은 의도를 가지고 있는, 그래서 존경받을 만한 훌륭한 수행자라고 하더라도, 지혜롭게 생각하지 못하면 그런 잘못된 수행을 하게 된다는 것을 드러내기 위한 것으로 생각되기 때문에, 이 단어는 번역되는 것이 옳다고 생각한다.

을 더해서 굳이 세 가지 비유를 생각했던 것일까, 하는 의문이다. 하지만 감각적 쾌락들로부터 격리되는 것이 내부적으로 쾌락에 대한 욕구 등이 '제거되는' 데는 필수적인 조건이 아니기 때문에 관계가 없다고 말할 수는 있지만, 쾌락에 대한 욕구 등이 '제거되지 못하는' 데는 필수적인 조건이 된다. 비유를 들어 설명하자면, 물속에 잠겨 있으면서도, 속이 젖지 않은 나무란 존재하지 않는 것과 같다. (만약 이 비유까지를 집어넣으면 이론적으로는 모두 네 가지 비유가 되겠지만, 이 비유는 현실적으로 성립되지 않는다는 것이 자명함으로 이 비유는 넣지 않았을 것이다.) 그럼으로 쾌락들로부터 스스로를 격리시키는 것이 내부적으로 감각적 쾌락에 대한 욕구나 애정 등을 제거하고 가라앉히는 것과는 관계가 없지만, 쾌락들로부터 스스로를 격리시키지 못한 것은 내부적으로 감각적 쾌락에 대한 욕구나 애정 등을 제거하지 못하고 가라앉히지 못하는 것과는 관계가 있음으로, 결국 이 첫 번째 조건을 두 가지 경우로 나누어서 비유가 모두 '세 가지'가 되었을 것이라고 필자는 생각한다.

043

세 번째 비유

"악기웻사나여! 또한 참으로 나에게, 이전에 들어본 적이 없는 자발적인 세 번째 비유가 떠올랐습니다. 예를 들어서, 마르고 습기 없는 나무토막이 물가에서 멀

리 떨어진 땅바닥에 놓여있는데, 거기서 어떤 사람이 부시막대를 가지고 와서는 '불씨를 만들어서 불을 피워야겠다!' 라고 한다면, 악기웻사나여! 이를 어떻게 생각합니까? 그 사람은 물가에서 멀리 떨어진 땅바닥에 놓여있는 마르고 습기 없는 나무토막에다 부시막대를 비벼 불씨를 만들고 불을 피우는 것이 가능하겠습니까?"

"그렇습니다. 고따마 존자시여! 왜냐하면, 그것은 마르고 습기 없는 나무토막이며 물가에서 멀리 떨어진 땅바닥에 놓여 있기 때문입니다."

"그렇습니다. 악기웻사나여! 참으로 어떤 사문이든 바라문들이든지 만약 몸에서의 감각적 쾌락들로부터 격리되고, 저들 감각적 쾌락들에서의 쾌락에 대한 욕구, 애정, 홀림, 갈망, 열기가 내부적으로 잘 제거되고 가라앉혀져 머물러 있는 자들이라면, 그들 존중받는 사문이나 바라문들이 만약 격렬하고, 괴롭고, 혹독하고, 사무치고, 힘든 느낌을 경험하더라도 앎과 봄의 위없는 바른 깨달음을 얻을 수 있고, 그들 사문이나 바라문들이 만약 격렬하고 괴롭고, 혹독하고, 사무치고, 힘든 느낌을 경험하지 않더라고 그들은 앎과 봄의 위없는 바른 깨달음을 얻을 수 있습니다. 악기웻사나여! 이것이 나에게 떠오른, 이전에 들어본 적이 없는 자발적인 세 번째 비유입니다."

〈만약 몸에서의 감각적 쾌락들로부터 격리되고, 감각적 쾌락들에서, 쾌락에 대한 욕구, 애정, 홀림, 갈망, 열기가 내부적으로 잘 제거되고 가라앉혀져 머물러 있는 자들이라면 …… 힘든 느낌을 경험하더라도, 앎과 봄의 위없는 바른 깨달음을 얻을 수 있고 …… 힘든 느낌을 경험하지 않더라도 앎과 봄의 위없는 바른 깨달음을 얻을 수 있습니다.〉

마지막 세 번째 비유다. 여기서는 수행자가 수행의 목표로 삼은 '앎과 봄의 위없는 바른 깨달음에의 도달'과 직접적으로 관련된 조건인 '감각적 쾌락들에서, 쾌락에 대한 욕구, 애정, 홀림, 갈망, 열기가 내부적으로 잘 제거되고, 가라앉혀져 머물러 있는 자들이라면'이라는 내용이 등장한다. 그러면 이 문장의 구체적인 뜻은 무엇일까? 과연 어떻게 하는 것이 그런 감각적 쾌락에 대한 욕구 등을 잘 제거하고 잘 가라앉히는 것일까? 이에 대해서는 이미 본문의 2-2장과 2-3장에서 붓다에 의해서 설해졌었다. 붓다께서는 들은 바 없는 범부와 고귀한 제자들을 예로 들면서, 어떻게 몸의 수행이 되지 않고 마음의 수행이 되지 않은 자가 있고, 몸의 수행이 되고 마음의 수행이 된 자가 있는지에 대해 설명한 다음과 같은 내용이 바로 그것이다.

"여기 들은 바 있는 고귀한 제자들에게 행복한 느낌이 일어납니다. 행복한 느낌에 의해 접촉되어 있는 그는, 행복을 갈망하는 자가 되지 않고, 행복을 갈망하지 않음에 이릅니다. 그에게 저 행복한 느낌이 소멸됩니다. 행복한 느낌의 소멸로부터 괴로운 느낌이 일어납니다. 괴로운 느낌에 의해 접촉되어 있는 그는, 근심하지 않고 걱정하지 않고 슬퍼하지 않고 가슴을 치지 않고, 당황하지 않습니다."

이것이 바로 감각적 쾌락들에서 쾌락에 대한 욕구 등이 제거되고 가라앉혀지는 과정에 대한 설명이다. 수행자가 자신에게서 일어난 행복한 느낌을 실체화하지 않고, 실체화하지 않음으로써 대상으로 집착하지 않게 되고, 집착하지 않음으로써 행복을 갈망하는 자가 되지 않고, 갈망하는 자가 되지 않음으로 행복을 갈망하지 않게 되는 것, 이것이 바로 감각적 욕망에서 욕구 등이 그 수행자에게서 제거되고 가라앉혀진다는 말의 뜻인 것이다. 단지, 위의 인용문에서는 괴로운 느낌이 진행되는 과정은 앞의 행복한 느낌의 진행과정처럼 설명되지 않고 단지 '**근심하지 않고……**'라고만 되어 있지만, 그 과정은 행복한 느낌의 과정과 동일하다. 즉 괴로운 느낌이 일어나고, 그 괴로운 느낌에 의해 접촉되어진 고귀한 제자는, 괴로운 느낌을 '증오하지 않는' 자가 되고, 그렇게 괴로운 느낌을 대상으로 삼아 증오하지 않는 자가 됨으로써, 그는 괴로운 느낌을 '증오하지 않음'에 이르게 되고, 괴로운 느낌 때문에 괴로워하거나 걱정하지 않는다는 것이다. 그럼으로 붓다께서 말씀하신 감각적 쾌락에 대한 욕구 등이 잘 제거되거나 가라앉혀진다는 것에서의 그 '제거'와 '가라앉힘'의 대상은 자신에게서 일어난 '느낌'을 말하는 것임을 알 수 있다.

이로써 본경에서 가장 중요한 주제인 '수행'에 관련된 '**세 가지**

비유'에 대한 내용이 모두 끝났다. 참으로 붓다의 치밀함이 잘 드러난 비유였다고 생각한다.

5장

보살, 고행을 시작하다

051

마음을 통제하는 고행

악기웻사나여! 그런 내게 이런 생각이 일어났습니다. '내가 한번 아랫니로 윗니를 물고, 혀를 입천장에 붙이고는, 마음으로 마음을 철저히 억압하고 압박하고 없애버리면 어떨까?' 그래서 나는 아랫니로 윗니를 물고 혀를 입천장에 붙이고는 마음으로 마음을 철저히 억압하고 압박하고 없애버렸습니다. 그렇게 아랫니로 윗니를 물고 혀를 입천장에 붙이고는, 마음으로 마음을 철저히 억압하고 압박하고 없애버린 나에게 겨드랑이에서 땀이 흘렀습니다. 악기웻사나여! 마치 어떤 힘센 사람이 허약한 사람의 머리통이나 어깨를 붙잡고는 제압하고 압박하고 없애버리듯이, 그렇게 아랫니로 윗니를 물고 혀를 입천장에 붙이고는, 마음으로 마음을 철저히 억압하고 압박하고 없애버린 나에게, 겨드랑이에서 땀이 흘렀습니다. 악기웻사나여! 내게는 고무된 불굴의 정진이 있었고, 일어난 관찰함을 잃어버리지 않았습니다. 그것으로 인해, 용맹한 정진으로 인해, 정진에 제압당해 있는 극도로 지치고 안정되지 않은 나의 몸이 있었습니다만, 악기웻사나여! 그러나 내게 일어난 이러한 괴로운 느낌이 내 마음을 제압하지는 못했습니다.

⋯⋯⋯⋯⋯⋯⋯⋯⋯⋯⋯⋯⋯⋯⋯⋯⋯⋯⋯⋯⋯⋯⋯⋯⋯⋯⋯⋯⋯⋯⋯⋯⋯⋯⋯

〈악기웻사나여! 그런 내게 이런 생각이 일어났습니다. 내가 아랫니로 윗니를 물고, 혀를 입천장에 붙이고는, 마음으로 마음을 철저히 억압하고, 압박하고, 없애버리면 어떨까?〉

이미 앞장에서 언급했던 필자의 이해대로라면 '세 가지 비유'는, 깨달음을 추구하는 자가 외부적으로 감각적 쾌락으로부터 스스로를 격리시키지 못하고, 내부적으로 쾌락에 대한 욕구 등을 스스로 제거하고 가라앉히지 못했다면, 수행 과정에서 아무리 힘들게 정진하더라도 그것이 그의 깨달음의 증득에는 도움이 되지 않는다는 것을 비유로써 정리한 것이 된다. 즉, 보살은 스스로 이제까지의 자신의 수행 과정을 철저하게 분석하고, 그런 분석을 통해서 일종의 '수행의 점검 매뉴얼'을 만든 것이 바로 세 가지 비유의 내용이라고 할 수 있다. 그럼으로 지금부터는 이 매뉴얼에 따라서, 깨달음을 얻고자 하는 자기 자신의 수행의 노력이, 과연 젖은 나무를 붙잡고 불을 지피려는 것인지, 아니면 마른 나무를 붙잡고 불을 지피려는 것인지를 스스로 점검하면서 행하게 된다. 그리고 그 점검은 수행 중에 자신에게 일어난 어떤 '느낌'에 자신의 주체적 마음의 기능이 제압당하는지 아닌지를 스스로 확인하는 것으로 이루어질 것이다.

우루웰라에 도착한 이후에, 매뉴얼에 따라서 시도한 첫 번째 수행은 마음을 통제하는 수행이다. 여기서 '아랫니로 윗니를 물고,

혀를 입천장에 붙이고[1]'라는 것은, 선정 수행 시에 입속에 빈 공간을 두면 침이 고여 집중에 방해가 되기 때문에, 그것을 막기 위해 이처럼 아래 위의 이를 마주해서 물고 혀를 입천장에 붙인다는 것이다. 그럼으로 이것은 곧 선정 수행을 위해 단단히 마음먹고 자세를 잡았다는 뜻이다. 다음에 '**마음으로 마음을**'이라고 번역된 두 단어는, 본문에서는 쩨따사(cetasā)와 찟땅(cittaṃ)으로 되어 있다. 붓다고사는 주석서에서는 이것을 '유익한 마음으로(kusalacittena), 유익하지 않은 마음을(akusalacittaṃ)'이라고 설명하고 있다.[2] 하지만 좀 더 정확하게 설명하자면, 감각적 쾌락에 대한 욕구 등을 제거하고 가라앉힐 목적으로, 보살이 스스로 마음속에 대상으로 떠오른 생각을 '유익하지 않은 마음'이라고 '여기고' 그것을 제거하려고 했다는 것이지, 그것이 처음부터 '유익한 마음'과 '유익하지 않은 마음'이라는 자성(自性)을 가지고 있는 두 마음이 따로 있다는 뜻은 아니다. 만약 마음속에 대상으로 떠오른 생각이 실지로 유익하지 않음, 이라는 자성을 가지고 있는 마음이었다면, 그런 '유익하지 않은 마음'을 '유익한 마음'으로 부지런히 제압하고, 압박하고 없애버린 보살에게 결과적으로 '**지치고 안정되지 않은**' 자신의 몸이 있게 되었다는 것은 말이 되지 않기 때문이다. '유익하다는(kusala)' 것은, 수행의 목표인 깨달음을 증득하는데 유익하다는 것이고, '유익하지 않다(akusala)'는 것은 그 깨달음을 증득하는데 유익하지 않다는 뜻이기 때문이다. 그럼으로 보살은 '유익하다'고 '여긴' 마음으로 '유

---

1) 주석서에서는 '아랫니에다heṭṭhādante 윗니를uparidantaṃ 두고ṭhapetvā'라고 설명하고 있지만, 사실 고정된 쪽은 윗니이고, 움직일 수 있는 것은 턱에 의해 움직이는 아랫니기 때문에 '윗니에다 아랫니를 물고'라고 표현해야 맞을 것이다. 「dantebhidantamādhayati, heṭṭhādante uparidantaṃ ṭhapetvā」(MA2/P.289)

2) 「cetasā cittani kusalacittena akusalcittaṃ」(MA2/P.289)

익하지 않다'라고 '여긴' 마음을 없애려고 했었다, 라는 것이 정확한 표현일 것이다.

〈마음으로 마음을 철저히 제압하고 압박하고 없애버린 나에게 겨드랑이에서 땀이 흘렀습니다.〉

그 다음에 '**제압하고 압박하고 없애버린**'이라는 것은, 떠오르는 생각들을 제압하고 압박하고 없애버릴 '대상'으로 삼았다는 것이다. 그렇게 떠오르는 생각들을 그것이 무엇이건 간에, 무조건 나타나기만 하면 바로 없애버려야 할 대상으로 간주하고, 철저하게 좇아가서 제압하고 압박하고 없애버린다면, 그런 전투적인 과정에서 분명히 피로감과 괴로운 느낌이 일어날 것이다. 왜냐하면, 일어난 생각을 없애버리는 그 주체로서의 마음도 관찰함(sati)의 영향으로 곧이어 없애버릴 대상으로 전락하기 때문이다. 이런 과정이 끝없이 이어지기 때문에 지칠 수밖에 없을 것이다.

'**겨드랑이에서 땀이 흘렀다.**'는 표현은 우리에게는 좀 낯선 표현이지만, 삿짜까가 처음 붓다와 토론을 벌였던 내용인 〈맛지마니까야〉 제35경에서도 이런 표현은 이미 한번 나왔었다. 붓다와의 토론에서 자신이 이길 것이라고 자신만만해 했던 삿짜까는 대중들을 향해서 "나와 토론을 시작한 자로서 동요하지 않고, 떨지 않고, 전율하지 않고, 겨드랑이에 땀을 흘리지 않을 수 있는 자를 보지 못했다." 라고 말했고, 삿짜까와의 토론을 마친 붓다께서도, 자신은 전혀 땀을 흘리지 않고 있다면서, 직접 가사를 벗어 땀을 흘리지 않고 있다는 것을 보여주셨다는 대목이 있는 것으로 보아, 아마도 겨드랑이에서 땀을 흘렸다는 것은 뭔가 두려워하거나 당황할 때의 모습을 묘사하는 인도식 표현이었던 것 같다. 아마 우리식 표현으로 보자면 '등에 식은땀이 흘렀다.'라는 정도가 될 것이다.

〈내게는 고무된 불굴의 정진이 있었고, 일어난 관찰함을 잃어버리지 않았습니다. 그것으로 인해, 용맹한 정진으로 인해, 정진에 제압당해 있는 극도로 지치고 안정되지 않은 나의 몸이 있었습니다만, 악기웻사나여! 그러나 내게 일어난 이러한 괴로운 느낌이 내 마음을 제압하지는 못했습니다.〉

그렇게 일어난 마음은 어떤 것이든 끝까지 추적해서 없애버리리라!라고 한껏 고무된 정진이 있었고, 일어난 마음을 쫓아가면서 주시하는 '관찰함'이 작동하고 있었기 때문에, 보살은 마음으로 마음을 철저히 부셔버릴 수 있었지만, 그런 불굴의 정진과 관찰함 때문에 보살은 이내 지치고 말았다. 없애버리려는 의도가 작동하는 한, 없애야 할 대상은 끝이 없이 일어나기 때문이다. 그런데 일부의 번역서에서는 '**고무된 불굴의 정진이 있었고, 일어난 관찰함을 잃어버리지 않았습니다.**'라는 문장과 다음 문장인 '**지치고 안정되지 않은 나의 몸이 있었습니다.**'의 관계를 역접(逆接)으로 해석하고 있다.[3)] 이것은, 마음으로 마음을 제압하는 과정에서도 '**정진**'과 '관

3) 대림스님의 번역은 두 문장이 역접의 관계인 것으로 해석되었다. 『맛지마니까야』, 2권(P.175) 「비록 내게는 불굴의 정진이 생겼고, 나태하지 않았고, 관찰함이 확립되어 잊어버림이 없었지만, 고통스러운 용맹정진으로 인해 나의 몸이 극도로 긴장되었고, 안정되지 않았다.」 빅쿠보디스님의 번역도 마찬가지다 「But although tireless energy was aroused in me and unremitting mindfulness was established,」 (MDB/P.337) 전재성 씨의 번역도 이와 비슷하다 「나에게 물러설 줄 모르는 정진이 있고 끊임없는 새김이 확립되어 있습니다. 그렇지만 나는 고통스러운 정진으로 지쳐 있었기 때문에 나의 몸은 격렬하고 불안정했습니다.」 하지만 남전대장경의 일본어역은 이 두 문장을 순접의 관계로 번역하고 있다. 「나에게 부동의 정진이 있고 확립된 어지럽지 않은 관찰함이 있으니, 그래서 나의 몸은 저 괴로운 정

찰함'이라는 선(善)한 기능은 여전히 작동하고 있었다고 본 것이다. 그럼으로 그렇게 역접으로 이 두 문장의 관계를 해석하는 것은 여기서의 '**마음으로 마음을 제압한다.**'는 것과, '**불굴의 정진과 지속적인 관찰함**'을 별개의 것으로 간주한다는 뜻임을 알 수 있다. 하지만 필자가 보기에는, 보살을 지치고 안정되지 않게 만든 원인인 '마음으로 마음을 철저하게 제압하는' 과정 자체가 바로 그 '불굴의 정진'과 '지속적인 관찰함'을 말하는 것이기 때문에, 이 두 문장은 본문에서처럼 '**그것으로 인해**'라고 순접(順接)으로 해석하는 것이 옳다고 생각된다.

역접으로 해석해야 할 부분은 오히려 다음의 문장이다. '**지치고 안정되지 않은 나의 몸이 있었습니다만, 그러나 내게 일어난 이러한 괴로운 느낌이 내 마음을 제압하지는 못했습니다.**' 즉, 그런 불굴의 정진과 지속적인 알아차림으로 인해 몸과 마음은 지쳐갔지만, 그렇지만, 자신의 마음은 그런 지치고 불안정한 몸과 마음의 상태에서 일어난 괴로운 느낌에 제압당하지 않았다는 것을 말하는 것이다. 여기서 괴로운 느낌에 마음이 제압당하지 않았다는 것은, 이미 앞에서 여러 차례 언급된 바와 같이, 괴로운 느낌에 접촉된 보살이, 접촉된 그 느낌을 실체화하여 증오의 대상으로 삼지 않는다는 것이다. 만약 그가 자신에게 접촉된 그 괴로운 느낌을 실체화하여 증오의 대상으로 삼았다면, 자신의 마음의 주체적 기능인 의지(mano)가 그 실체화 과정에 관여되어 졌다는 것이니, 그러면 그는 이미 주체적으로 '괴로운 느낌을 증오하는 자'가 되어 버린 것

진으로 인해 정복되어 …… 予に發動不動の精進あり, 確立不亂の念あり. 而して 予の身は彼の苦の精進を以て精進に征服せられて」(Nan9/P.424)

이고, 그렇게 주체적으로 괴로운 느낌을 증오하는 자가 됨으로써 그는 계속해서 그 괴로운 느낌을 증오하게 되었을 것이다. 이것이 바로 '**느낌이 마음을 제압했다**'라는 표현의 뜻이다.

하지만 보살은 앞선 '**세 가지 비유**'를 통해서, 수행은 외부적으로 감각적 쾌락으로부터 스스로 벗어나고, 내부적으로 욕구 등을 잘 제거되고 잘 가라앉혀진 조건에서만 기능한다는 것을 이미 알고 있었다. 때문에 자신이 행한 마음으로 마음을 제압하는 수행이 과연 위없는 깨달음의 증득에 유익한 것인지 아닌지를, 스스로 자신에게 일어난 느낌에 마음을 제압당하는지 아닌지를 통해서 확인한 것이고, 확인 결과, 스스로 수행 중에 경험한 힘든 느낌이 마음을 제압하지는 않았다는 것을 확인했기 때문에 그렇게 말한 것이다. '**그러나 내게 일어난 이러한 괴로운 느낌이 내 마음을 제압하지는 못했습니다.**'라고.

052

호흡을 통제하는 고행

악기웻사나여! 그런 내게 이런 생각이 일어났습니다. '내가 숨을 멈추는 선 수행을 해보면 어떨까?' 악기웻사나여! 그래서 나는 입과 코로부터 들숨과 날숨을 틀어막았습니다. 악기웻사나여! 그렇게 입과 코로부터

들숨과 날숨을 틀어막은 나에게, 귓구멍에서 바람이 나오면서 엄청난 소리가 났습니다. 마치 대장간의 풀무에서 바람이 나오면서 엄청난 소리가 나듯이, 그와 같이 입과 코로부터 들숨과 날숨을 틀어막은 나에게, 귓구멍에서 바람이 나오면서 엄청난 소리가 났습니다. 악기웻사나여! 내게는 고무된 불굴의 정진이 있었고, 일어난 관찰함을 잃어버리지 않았습니다. 그것으로 인해, 용맹한 정진으로 인해, 정진에 제압당해 있는 극도로 지치고 안정되지 않은 나의 몸이 있었습니다만. 악기웻사나여! 그러나 내게 일어난 이러한 괴로운 느낌이 내 마음을 제압하지는 못했습니다.

악기웻사나여! 그런 내게 이런 생각이 일어났습니다. '내가 숨을 멈추는 선 수행을 해보면 어떨까?' 악기웻사나여! 그래서 나는 입과 코와 귀로부터 들숨과 날숨을 틀어막았습니다. 그러자 입과 코와 귀로부터 들숨과 날숨을 틀어막은 나에게, 머리에서 엄청난 바람이 뿜어졌습니다. 악기웻사나여! 마치 힘센 사람이 날카로운 칼로써 머리를 쪼갠 것처럼, 악기웻사나여! 그와 같이 입과 코와 귀로부터 들숨과 날숨을 틀어막은 나에게, 머리에서 엄청난 바람이 뿜어졌습니다. 내게는 고무된 불굴의 정진이 있었고, 일어난 관찰함을 잃어버리지 않았습니다. 그것으로 인해, 용맹한 정진으로 인해, 정진에 제압당해 있는 극도로 지치고 안정되지 않은 나의 몸이 있었습니다만, 악기웻사나여! 그러나 내게 일어난 이러한 괴로운 느낌이 내 마음을 제압하지는 못했습니다. 악기웻사나여! 그런 내게 이런 생각이 일어났습니다. '내가 숨을 멈추는 선 수행을 해보면 어떨까?' 악기웻사나여! 그래서 나는 입과 코와 귀로부터 들숨과 날숨을 틀어막았습니다. 그러자 입과 코와 귀로부터 들숨과 날숨을 틀어막은 나에게, 머리에서 엄청난 두통이 일어났습니다. 마치 힘센 사람이 견고한 가죽 끈으로 세게 머리를 동여맨 것처럼, 입과 코와 귀로부터 들숨과 날숨을 틀어막은 나에게, 머리에서 엄청난 두통이 일어났습니다. 악기웻사나여! 내게는 고무된 불굴의 정진이 있었고, 일어난 관찰함을 잃어버리지 않았습니다. 그것으로 인해, 용맹한 정진으로 인해, 정진에 제압당해 있는 극도로 지치고 안정되지 않은 나의 몸이 있었습니다만, 악기웻사나여! 그러나 내게 일어난 이러한 괴로운 느낌이 내 마음을 제압하지는 못했습니다. 악기웻사나여! 그런 내게 이런 생각이 일어났습니다. '내가 숨을 멈추는 선 수행을 해보면 어떨까?' 악기웻사나여! 그래서 나는 입과 코와 귀로부터 들숨과 날숨을 틀어막았습니다. 악기웻사나여! 그렇게 입과 코와 귀로부터 들숨과 날숨을 틀어막은 나에게, 엄청난 바람이 배를 찢고 지나갔습니다. 악기웻사나여! 마치 숙련된 소 잡는 장인이나 그 제자가 날카로운 소 잡는 칼로 배를 찢은 것처럼, 입과 코와 귀로부터 들숨과 날숨을 틀어막은 나에게, 엄청난 바람이 배를 찢고 지나갔습니다. 악기웻사나여! 내게는 고무된 불굴의 정진이 있었고, 일어난 관찰함을 잃어버리지 않았습니다. 그러나 그것 때문에, 용맹한 정진으로 인해 정진에 제압당해 있는 극도로 지치고 안정되지 않은 나의 몸이 있었습니다. 악기웻사나여! 그러나 내게 일어난 이러한 괴로운 느낌이 내 마음을 제압하지는 못했습니다. 그런 내게 이런 생각이 일어났습니다. '내가 숨을 멈추는 선 수행을 해보면 어떨까?' 악기웻사나여! 그래서 나는 입과 코와 귀로부터 들숨과 날숨을 틀어막았습니다. 악기웻사나여! 그렇게 입과 코와 귀로부터 들숨과 날숨을 틀어막은 나에게, 몸에서 엄청난 열기가 일어났습니다. 악기웻사나여! 마치 두 명의 힘센 사람들이 약한 사람의 각각의 팔을 붙잡고는 석탄 불구덩이에서 지지고 태우는 것처럼, 그렇게 입과 코와 귀로부터 들숨과 날숨을 틀어막은 나에게, 몸에서 엄청난 열기가 일어났습니다. 악기웻사나여! 내게는 고무된 불굴의 정진이 있었고, 일어난 관찰함을 잃어버리지 않았습니다. 그러나 그것 때문에, 용맹한 정진으로 인해 정진에 제압당해 있는 극도로 지치고 안정되지 않은 나의 몸이 있었습니다. 악기웻사나여! 그러나 내게 일어난 이러한 괴로운 느낌이 내 마음을 제압하지는 못했습니다. 악기웻사나여! 그러자 신들이 나를 보고 이렇게 말했습니다. '사문 고따마는 죽었다.'라고. 다른 신들은 이렇게 말했습니다. '사문 고따마는 죽지 않았다. 그렇지만 그는 죽어가고 있다.'라고. 다른 신들은 이렇게 말했습니다. '사문 고따마는 죽은 것도 아니고 죽어가는 것도 아니다.

사문 고따마는 아라한이시다. 아라한은 다 이런 것이다.' 라고.

〈악기웻사나여! 그런 내게 이런 생각이 일어났습니다. '내가 숨을 멈추는 선 수행을 해보면 어떨까?' 그렇게 입과 코로부터 들숨과 날숨을 틀어막은 나에게, 귓구멍에서 바람이 나오면서 엄청난 소리가 났습니다 …… 머리에서 엄청난 바람이 뿜어졌습니다.…… 머리에서 엄청난 두통이 일어났습니다.…… 엄청난 바람이 배를 찢고 지나갔습니다.…… 몸에서 엄청난 열기가 일어났습니다.〉

여기서부터는 자발적으로 호흡을 통제하는 수행에 대한 내용이다. 그런데 본문에서는 이것을 'appāṇakaṃ(숨을 멈추는) jhānaṃ(선을)' 이라고 표현했다.[4] 즉 '숨을 멈추는 것'과 '선'을 동격으로 표현하고 있음으로, 필자는 이에 따라 둘을 같은 것으로 보고 '**숨을 멈추는 선 수행을 행하다.**'라고 번역하였다. 여기서의 '자나'는 흔히 한역에서 '禪(선)'이라고 음역되는 것으로, 마하까짜나 존자는 이것을, 감각적 욕망으로부터 벗어남을 깊이 명상한다, 혹은 감각적 쾌락에 대한 욕구를 태워버린다, 라는 뜻으로 정의하고 있다.[5] 그럼으로 위

---

4) '무호흡의appāṇakaṃ' '선을jhānaṃ'은 같은 대격(accusative)이다. 이것은 아래의 5-3장에서의 '음식을āhara 끊기 위해upacchedāya(여격dative) 행동하다patipajjeyya'에서 여격을 쓴 것과 차이가 있다.

5) '자나jhāna'의 동사형인 jhāyati와 jhāpeti는 각각 숙고하다, 태워 없애다, 라고 번역된다. 『PED』(P.540) 「jhāpeti(caus of jhāyati) 1. to set fire to, to burn, to cook jhāyati(sk. dhyāyati) to meditate, contemplate, think upon, brood over」 마하깟짜나 존자의 저술로 알려진 『빠띠삼비다막가』(3-10)에서는 선에 대해 이렇게 설명하고 있다. 「선에 의한 해탈이라는 것은, 벗어남을 명상한다고 하여 '선'이고, 감각적 욕망에 대한 욕구를 태워버린다고 하여 '선'이다. jhānavimokkho ti nekkhammaṃ jhayatīti jhānaṃ. kāmacchandaṃ jhāpetīti jhānaṃ」

의 문장에서 말하는 '**숨을 멈추는 선 수행을 행하다.**'라는 것을 마하깟짜나 존자의 정의에 따라 해석하자면, 숨을 억지로 참고 그렇게 숨을 참음으로부터 발생하는 괴로운 느낌으로부터 벗어난 상황을 명상하거나, 그 괴로운 느낌으로부터 벗어나려는 마음속의 욕구를 태워서 없애버린다, 라는 뜻으로 해석할 수 있을 것이다.

우리는 누구라도, 귀는 그만두고라도, 강제로 입과 코가 틀어 막혀져서 잠시만 숨을 쉬지 못하더라도 엄청난 공포감과 괴로운 느낌이 우리에게 일어나는 것을 경험을 통해서 안다. 그러면 그런 공포감과 괴로움은 어떤 과정을 통해서 우리에게 일어나는 걸까? 현대 의학에서는 통증의 발생 과정을 이렇게 분석한다. 만약 우리가 호흡을 통제 당함으로써 혈액에 공급되는 산소의 양이 급격하게 줄어들게 되면, 산소량의 부족을 감지한 우리의 몸은 곧바로 혈장(血漿)을 통해서 위험을 경고하기 위한 통증물질을 발생시킨다. 그리고 이 통증물질이 신경 끝에 붙어있는 감각 연접부(Presynaptic Neuron)에 부딪치면서 전기신호를 발생시키고, 반복된 이 전기신호가 대뇌의 전두피질에 전달된다. 이때 대뇌에서는 전기적 신호에 따라서 통증을 이미지화시키고, 그것을 당사자는 '느낌'으로 경험하게 된다. 본문에서 '**칼로 머리를 쪼갠 것처럼**' '**칼로 배를 찢은 것처럼**' '**불구덩이에서 태우는 것처럼**'이라고 묘사된 것처럼, 대뇌에서 만들어지는 그 통증은 이처럼 당사자가 무언가로 묘사될 수 있는 이미지화된 느낌이다.

그런데 보살은 지금 자발적인 의지에 따라서 호흡을 멈춘 것이

---

suttacentral.net/ps3.10/pli/ms

기 때문에, 호흡을 멈추는 선 수행을 계속하려는 마음의 의지(意, mano)와 스스로 생명을 위협하는 상황으로부터 벗어나서 생명유지가 가능한 상황으로 되돌리려는 몸 자체의 시스템에서 보내는 경고성 통증의 발생은, 당연히 서로 충돌한다. 하지만 그러한 경고성 통증은 마음의 의지에 의해서 받아들여졌을 때에만 효과가 발생한다는 한계를 가지고 있다. 즉 경전에서 언급된 바와 같이, 머리를 쪼갠 것 같은 두통이나, 날카로운 칼로 배를 찢는 것 같은 통증이나, 불구덩이에서 몸을 태우는 듯한 열기 등의 두렵고 괴로운 느낌을 비록 본인이 경험하더라도, 그것은 최종적으로 본인의 주체적 의지가 그런 느낌을 선택하여 받아들였을 때만, 그 두렵고 괴로운 느낌을 발생시킨 애초의 목적을 몸이 성취할 수 있다는 것이다. 즉, 선 수행을 계속하려는 의지가 선택되는 대신에, 두려움과 괴로운 느낌이 선택되어 받아들여져야만, 그래서 숨을 멈추는 선 수행을 계속하려는 의지가 폐기되어야만, 두려움과 괴로움을 발생시킨 애초의 몸의 의도대로, 당사자가 몸속에 산소를 공급하기 위해서 입과 코로써 크게 숨을 몰아쉴 수 있다는 것이다. 물론 여기서 보살은 그 반대였다. 즉 지속적으로 몸에서 위험을 경고하는 전기적 신호가 대뇌에 보내지고, 대뇌는 그에 따라서 두려움과 괴로움을 아무리 이미지화하더라도, 보살의 주체적 의지는 그 두렵고 괴로운 느낌을 대상으로 받아들이지 않고, 주체적 의지는 오직 숨을 멈추려는 선 수행에만 몰두하고 있었던 것이다.

〈악기웻사나여! 내게는 고무된 불굴의 정진이 있었고, 일어난 관찰함을 잃어버리지 않았습니다. 그러나 그것 때문에, 용맹한 정진으로 인해 정진에 제압당해 있는 극도

로 지치고 안정되지 않은 나의 몸이 있었습니다. 악기웻사나여! 그러나 내게 일어난 이러한 괴로운 느낌이 내 마음을 제압하지는 못했습니다.〉

이렇듯, 어디 한번 해 보입시다! 라는 불굴의 정진이 있었기 때문에 아무리 괴로운 느낌을 경험하더라도 숨을 멈추는 선 수행을 계속하려는 의지가 여전히 작동했고, 괴로운 느낌이 일어나는 것을 따라가면서 주시하는 관찰함도 지속적으로 작동했으니, 그것으로 인해, 그런 용맹한 정진으로 인해 결국 보살은 몸이 지쳤다는 것이다. 하지만 여기서 보살에게 '**제압당한 몸이 있었다.**'라는 것은 용맹한 정진에 제압당했다는 것이지, 괴로운 느낌에 마음의 주체적 기능이 제압당했다는 뜻은 아니다. 그럼으로 이 문장에서의 표현을 '몸은 제압당했지만 마음은 제압당하지 않았다.'는 식으로 해석해서는 안 될 것이다. 이것은 '몸과 마음'이 용맹한 정진 탓에 외부적으로는 크게 지치고 안정되지 않았지만, '몸과 마음'이 그 괴로운 느낌에 의해 내부적으로 제압당한 것은 아니었다는 뜻이다. 그것이 곧 '**괴로운 느낌이 내 마음을 제압하지는 못했습니다.**'라는 문장의 뜻이다.

〈악기웻사나여! 그러자 신들이 나를 보고 이렇게 말했습니다. '사문 고따마는 죽었다.' 라고. 다른 신들은 이렇게 말했습니다. '사문 고따마는 죽지 않았다. 그렇지만 그는 죽어가고 있다.' 라고. 다른 신들은 이렇게 말했습니다. '사문 고따마는 죽은 것도 아니고 죽어가는 것도 아니다. 사문 고따마는 아라한이시다. 아라한은 다 이런 것이다.' 라고.〉

그렇게 한창 고행을 실천하고 있는 보살의 모습을 지켜보던 '신들'이, 보살에게서 호흡이 거의 멈춰진 것을 보고는 보살이 이미 죽었다느니, 죽은 것은 아니지만 죽어가고 있다느니, 라는 등의 말들을 했다는 것이다. 그러면 여기서 발언자들로 묘사된 '신들(devatā)'이란 과연 누구였을까? 우선 생각할 수 있는 것은, 붓다에 의해 사용된 '신들'이라는 단어는 현대 서구적 개념의 'God'이라는 단어와는 상당히 다른 용례를 보이기 때문에, 붓다에 의해 이것이 단순히 '정체를 알 수 없지만, 평범해 보이지 않는 자'라는 정도의 의미로 여기에 사용되었을 경우를 생각해 볼 수 있다. 그리고 당시의 보살에게 그와 같이 '정체를 알 수 없지만 평범해 보이지 않는 자'들로 여겨졌을 대상은 아날나요스님의 추측대로라면,[6] 보살의 곁에서 함께 수행하던 다섯 명의 비구들 이외에, 보살의 부왕인 숫도다나왕의 명령으로 파견되어 보살의 곁에서 은밀하게 보살의 동정을 살펴보던 어떤 '사신(使臣)'들이었을 수도 있다. 『마하와스뚜』에는 이런 대목이 나오기 때문이다.

> 그들 가운데 한 사람이 말했다. '태자는 죽었다 그에게 들숨도 없고 날숨도 없다.' 그리고 그들은 까뻴라왓투로 가서 숫도다나왕에게 말했다. '전하! 태자가 죽었습니다.' 그러나 왕은 그것을 믿지 않고 그에게 물었다. …… 그리고 그는 그에게 말했다. '태자에게 가 봐라. 그는 죽지 않았다. 그는 단지 고요한 선정에 들어있는 것

6) 「According to this Mahavastu passage, the bodhisatta's father had sent some of his men to follow the bodhisatta undertook the practice of breath control. these men had come to the conclusion that he must be dead, since his breathing had stopped. The same interpretation would also fit the comment made by the 'devas' in the Mahasaccaka sutta, who may have thought him to be dead or dying for the same reason.」(CSM, PP.238~239)

뿐이다.'[7]

이렇듯 본경에서 '신들'이라고 지칭된 자들의 발언과 『마하와스뚜』에 나타난 숫도다나(淨飯王)왕에게 태자의 근황을 전하는 사신들의 발언은 그 내용에 있어서 대체적으로 일치한다. 물론 그 이유나 배경이 명확히 밝혀지지도 않은 상태에서 이것은 단순히 '사신들의 발언'이 '신들이 발언'으로 와전되었던 것이라고 단정하기는 어렵지만, 출가한 태자의 안위를 걱정한 부왕이 몰래 사람들을 보내 그를 지켜보도록 했다는 『불본행집경』의 기록이나,[8] 여기서 말하는 신들은 보살이 평소에 산책을 하던 길 끝에, 초가집을 짓고 살던 자들인데, 보살이 극한의 수행으로 의식을 잃었다는 소문을 듣고는 곧바로 보살을 찾아가 그가 죽은 것 같다고 판단하고는 그 사실을 숫도다나왕에게 전했다는 내용으로 되어 있는[9] 주석서의

7) 『마하와스뚜』(PP.198~199) 「…… those men said among themselves 'The prince is dead, for he nithere exhales nor inhales.' And they came to Kapilavastu and told King Suddhodana. 'Your majesty!' said they 'The prince is dead!' But the king did not believe it, and he asked the men., Go to the prince. He is not dead, but is immersed in calm concentration.」

8) 『불본행집경』(T3/P.751) 「그때 (사신) 두 사람이 문득 다른 네 사람을 불러서는 '보살의 뒤를 은밀하게 따라 좌우에서 따라가되, 너희들은 절대로 성자를 벗어나지 말고 그가 어디에 있는 지를 살펴보라.'라고 이와 같이 지시하였다. 時彼二人. 更復別教四人. 隱身隨菩薩後. 左右而行. 汝等人輩. 莫離聖子. 看至何處. 如是教已」

9) 「여기서 '신들'이라는 것은 보살의 산책로의 끝에 떠풀로 지은 움막에 살던 신들이다. 거기서 보살에게 참으로 심각한 몸의 열에서 의식불명이 되었다. 신들은 무릎을 꿇고 앉은 채로 보았다. 보살을 보고는 신들은 이렇게 말했다. '그는 아라한이고 아라한은 다 그런 것이다.'라고. '아라한은 참으로 이와 같은 것이다, 죽은 것과 같다.'라고. 그런 견해를 말했다. 거기서 그들 신들은 '그가 죽었다.'라고 말했다. 그들은 가서는 숫도다나왕에게 말했다. '그대의 아들은 죽었다.'라고. '나의 아들은…… devatāti bodhisattassa caṅkamanakoṭiyaṃ paṇṇasālapariveṇasāmantā ca adhivatthā devatā. tadā kira bodhisattassa adhimatte kayadāhe uppanne mucchā udapādi. so caṅkaṃeva nisinno hutvā papati. taṃ disvā evamāhaṃsu vihārotveva so arahatoti. arahanto nāma evarūpa honti matakasadisāti laddhiyā vadanti. tattha yā devatā kalaṅkatoti āhamsu. tā gantvā suddhodanamahārājassa ārocesuṃ tumhākaṃ putto kālaṅkatoti. mama putto buddho hutvā kālaṅkato, no ahutvāti. buddhho bhavituṃ nāsakkhi, padhānabhūmiyaṃyeva patitvā kālaṅkatoti nāhaṃ

설명을 참고한다면, 본문에서의 '신들'이라는 단어는, 초가집에 살던, 그러나 평범하지 않은 용모의 낯선 수행자, 정도의 의미로 붓다에 의해서 사용되었음을 알 수 있다. 그럼으로 주석서에서 언급한 그 신들이라는 자들이, 숫도다나왕의 명령으로 보살의 동정을 살피기 위해 보살의 수행 장소 근처에서 머물러 있었던 자들인지, 아니면 그냥 일반적인 수행자였는지는 확인할 수 없지만, 어쨌든 붓다 당시에 사용된 '신'이라는 단어가 현대의 개념과는 다르게 사용되었다는 점은 확인할 수 있다.

그리고 이 대목에서는 이것이 숫도다나왕이 보낸 사신들이 한 말인지, 아니면 근처에 살던 낯선 수행자들이 한 말인지에 상관없이, 이 내용 자체가 이미 본경에서의 중요한 역할을 하고 있다. 즉 이 대목의 내용은, 보살이 극한의 고행으로 인해 사경을 헤맬 정도까지 되었었다는 것이 단순히 보살 자신만의 판단이었던 것이 아니라, 객관적으로 누가 보더라도(심지어 신들의 눈에조차도) 저렇게 수행하다가는 곧 죽겠다! 라고 생각되어졌을 정도로 보살이 극한의 고행을 행했었다는 것을 입증해 주는 역할을 하고 있다는 것이다. 그럼으로 위의 발언들이 실제로 누가 한 것인지에 상관없이, 적어도 겉으로 보아서는 죽었다고 판단이 들만큼 보살이 극한의 수행을 했었다는 사실이 위의 발언으로 인해 드러나게 된 것이다.

극한의 고행은 스스로 멈추어야 할 때가 반드시 있기 마련이다. 호흡을 하지 않으려는 자발적 의지와, 호흡이 끊어짐으로부터 일어나는 고통과의 대결은 언제까지 지속될 수 있는 것이 아니기 때

---

saddahāmi mama puttassa bodhiṃ apatvā kālaṅkiriyā nāma natthiti.」(MA2/P.289)

문이다. 아무리 호흡을 하지 않으려는 자발적 수행의 의지가 강하다고 하더라도, 호흡이 끊어지고 혈액 속에 산소가 결핍되면 결국 육체는 그 기능을 멈출 것이고, 따라서 육체를 토대로 하여 성립된 정신적 의지도 그 기능을 상실할 것이기 때문이다. 그럼으로 보살도 여기서 더 나아가면 이제 죽는 수밖에 없고, 죽는다면 자발적 의지도 사라진다는 것을 당연히 알고 있었을 것이고, 죽으면서까지 수행을 계속할 이유가 없었기 때문에, 보살이 스스로 고행을 멈추어야 할 때가 되었다고 여긴 시점에서 위의 문장과 같은 내용이 등장한 게 아닌가 싶다.

이런 문제점은 호흡 통제 다음에 행한 보살의 음식 통제에서. 보살이 처음에는 완전한 단식을 계획했다가 극소량의 음식을 섭취하는 것으로 방법을 바꾼 것에서도 다시 드러난다. 완전한 호흡 통제는 그것을 견딜 수 있는 기간이 제한되었기 때문에 수행의 기간 또한 제한될 수밖에 없다는 판단을 보살은 했을 것이고, 그 판단을 다음에 행한 음식 통제의 방법에 스스로 반영했을 것이다. 지금 보살이 행하는 수행의 목적은, 마음에서 일어나는 즐겁고 괴로운 그 느낌에 자신이 매몰되지 않을 수 있는지를 확인하는 것이다. 그 목적을 효과적으로 실행하기 위해서는 충분한 기간이 필요한데, 완전한 단식을 해버리면 수행할 수 있는 기간이 제한된다. 완전한 호흡 통제로 몸이 견디지 못하고 죽게 되는 것처럼, 완전한 단식도 그렇게 될 것이기 때문이다. 그래서 보살은 최소한의 음식을 섭취해서라도 목숨을 일단 붙여놓는 쪽이 고행을 자신이 원하는 만큼 길게 끌고 갈 수 있는 방법이라고 판단했을 것이고, 그래서 완전한 단식보다는 소량의 음식을 섭취해서 목숨을 붙여놓는 쪽으로 수행의 방법을 바꾸게 되었을 것이다.

그리고 여기서 신들이 했다는 말 가운데 '**사문 고따마는 아라한이시다. 아라한은 다 이런 것이다.**'라는 내용 또한 아날나요스님의 추측대로,[10] 태자가 죽었다는 사신들의 보고에 받고나서 숫도다나왕이 했다는 아래와 같은 『마하와스뚜』의 내의 발언과 관련이 있을 것이다.

> 그러자 왕이 사신에게 말했다. '태자에게 가보라. 그는 죽지 않고, 단지 고요한 선정에 들어있을 뿐이다. 그리고 나에게 왕자의 동정을 보고하라.' 그래서 그들은 다시 우루웰라로 갔고, 고행하던 숲속으로 들어가서는, 건강을 되찾고 호흡도 순조롭고 선정에서 나와 있는 태자를 확인했다. 그래서 그들은 숫도다나왕의 사려 깊음에 감탄하였다.[11]

---

10) 「『Mahavastu』에 의하자면, 보살의 아버지는 그의 사신의 보고를 믿지 않았다. 보살이 죽은 것이 아니고 단지 깊은 선정에 들었다고 믿었기 때문이다. 이것은 『Mahasaccaka sutta』에서의 일부의 신들의 반응과도 일치한다. 보살은 죽었거나 혹은 죽어가고 있다고 생각한 저들 신들과 달리, 다른 신들은 그의 상태가 아라한이 머무는 것과 일치한다고 믿었다. 이런 형태의 코멘트는 『Mahavsatu』에서의 보살의 아버지에 대한 이성적인 비유의 대사에서 유래했을 것이다. According to the Mahavastu, the bodhisattva's father did not believe his messengers, since he was convinced that the bodhisattva had not passed away but was rather in deep concentration.165 This would fit the reaction of some devas in the Mahasaccakasutta, since unlike those devas who thought that the bodhisattva was dead or dying, other devas believed that his condition was in conformity with the abiding of an arahant. This type of comment could stem from a line of reasoning similar to that of the bodhisattva's father in the Mahavastu.」(CSM/P.238)

11) 『마하와스뚜』「"Go to the prince, He is not dead, but is immersed in calm concentration. And bring me tidings of the prince daily." So they went again to Uruvilva, entered the forest of penance and saw the prince in good health, breathing again and comeout of his concentration. And they marvelled at the understanding of King Suddhodana.」(P.199)

이것이 숫도다나왕이 태자가 호흡이 멈춘 것으로 봐서는 죽은 것이 틀림없다고 한 사신들의 보고를 접하자 이를 부정하면서 했다는 발언의 내용이다. 빠알리 본문에서의 '**사문 고따마는 아라한이다. 아라한은 다 이런 것이다.**'라는 발언과 비록 표현은 다르지만, 내용면에서는, 그는 죽은 것이 아니라 단지 깊은 명상에 들어있을 것뿐이다, 라고 한 부왕의 말과 서로 일맥상통함을 알 수 있다. 단지 여기서 보살에 의해서 사용한 이 '**아라한**'이라는 용어는, 후대에 정착된 불교 수행자의 네 가지 성취단계에서의 그 네 번째 단계인 '아라한'을 말하는 것은 아닐 것이고, 좀 더 일반적인 의미에서, '존경받을 만한 수행자'라는 정도의 뜻으로 사용되었을 것이다.[12)]

---

12) 원래 '아라한arahant'이라는 호칭은, 붓다 이전부터 당시의 일반인들이 사회적으로 높은 신분의 사람들, 혹은 덕 높은 수행자들에게 "존경받아 마땅한 자"라는 의미로 사용하던 것인데, 이런 의미를 그대로 불교에서도 받아들여 사용하게 된 경우에 해당된다. 불교에서 사용하는 용어들 가운데는, 이처럼 당시 일반인들이 사용하던 용어를 그대로 사용함으로써, 출가수행자 집단인 비구승가 내에서의 기준이 승가 밖으로까지 확장되는 긍정적인 효과를 얻는 경우가 많다. 이 '아라한'이라는 용어를 예로 들어서 보자면, 붓다의 가르침을 최종적으로 완성하여 비구승가로부터 존경을 받는 자들이 승가 밖의 사람들에게까지 '존경을 받아 마땅한 사람'으로 불리게 됨으로써, 그들이 수행한 법이 단지 출가수행자들에게만 적용되는 법이 아니라 모든 사람들에게 적용되는 법임을 간접적으로나마 입증하게 되기 때문이다. 하지만 '아라한'이라는 용어는 외부로부터 차용된 것이기 때문에, 사실 용어 자체에 어떤 불교적 메시지가 담겨 있는 것은 아니고, 단지 "존경받아 마땅한 상태를 유지하고 있는 자"라는 의미만이 있을 뿐이다. 그렇게 이 '아라한'이라는 용어 자체에는 특별히 어떤 불교적 정의가 담겨 있지 않지만, 붓다께서 경전에서 여러 차례 이 '아라한'을 언급하신 내용에 의해서, 수행을 완성한 자로서의 불교적 아라한에 대한 정의가 점차적으로 갖추어지게 된 것으로 보인다. 예를 들면 아래와 같은 내용들이 그것이다. 『알라갓뚜빠마 숫따』「나에 의해 잘 설해진 법들에서, 누구라도 번뇌를 끊은 이들, 해야 할 일을 다 마친 자들, 짐을 내려놓은 자들, 최고의 목표에 도달한 자들, 존재의 질곡이 소멸되고, 완전히 해탈된 저들 아라한들은, 현시를 위한 윤회가 존재하지 않는다.」(MN1/P.139) 『알라갓뚜빠마 숫따』「어떻게 비구가 '깃발을 거두었고 짐을 내려놓았고 족쇄에서 벗어난 고귀한 자'가 되는가? 비구들이여! 여기 비구의 '내가 있다, 라는 생각'이 제거된다.」(MN1/P.139)

053

음식을 통제하는 고행

악기웻사나여! 그런 내게 이런 생각이 일어났습니다. '내가 모든 음식을 끊어보면 어떨까?' 라고. 악기웻사나여! 그러자 신들이 다가와서 이렇게 말했습니다. '존자시여! 당신은 모든 음식을 끊어서는 안 됩니다. 존자시여! 만약 당신이 모든 음식을 끊으신다면, 우리는 당신께 천상의 양분을 당신의 털구멍으로 섭취하게 할 것이고, 그것으로 당신은 연명할 수 있을 것입니다.' 라고. 악기웻사나여! 그런 내게 이런 생각이 들었습니다. '만약 내가 완전한 단식을 선언했는데도, 이 신들이 내게 천상의 양분을 털구멍으로 섭취하게 하고, 내가 또 그것으로 연명한다면, 나는 거짓말을 하는 것이 될 것이다.' 라고. 악기웻사나여! 그래서 나는 그 신들을 거부하며 '됐다!' 라고 말했습니다. 악기웻사나여! 그런 내게 이런 생각이 일어났습니다. '내가 아주 적은 양의 음식만을 섭취해 보면 어떨까? 한 움큼의 작은 콩의 죽이나, 혹은 큰 콩의 죽이나, 혹은 푸른 콩의 죽이나, 혹은 검은 콩의 죽을.' 이라고. 악기웻사나여! 그래서 나는 아주 적은 양의 음식만을 섭취했습니다. 한 움큼의 작은 콩의 죽이나, 혹은 큰 콩의 죽이나, 혹은 푸른 콩의 죽이나, 혹은 검은 콩의 죽을. 악기웻사나여! 그렇게 한 움큼의 작은 콩의 죽이나, 혹은 큰 콩의 죽이나, 혹은 푸른 콩의 죽이나, 혹은 검은 콩의 죽을, 아주 적은 양의 음식만을, 섭취하는 나의 몸은 극도로 여위어 갔습니다. 그와 같은 적은 음식 탓에, 나의 사지는 마치 '아시띠까' 넝쿨의 마디처럼, 깔라 풀의 마디처럼 되었습니다. 그와 같은 적은 음식 탓에, 나의 엉덩이는 마치 낙타의 발굽처럼 되었습니다. 그와 같은 적은 음식 탓에, 나의 등뼈는 줄로 엮어둔 구슬처럼 되었습니다. 그와 같은 적은 음식 탓에, 나의 갈빗대들은 오래된 집의 서까래가 허물어지고 부서지듯이 허물어지고 부서졌습니다. 그와 같은 적은 음식 탓에, 내 동공 안에서 눈동자의 빛은 마치 깊은 우물에 물빛이 깊고 멀리 들어간 것처럼, 깊고 멀리 들어가 보였습니다. 그와 같은 적은 음식 탓에, 나의 머리 가죽은, 마치 잘려진 어린 호리병박이 바람과 햇빛에 말라서 쪼그라들 듯이, 말라서 쪼그라들었습니다. 악기웻사나여! 그와 같은 적은 음식 탓에, 나의 뱃가죽은 등뼈에 달라붙어, 내가 뱃가죽을 만지려고 하면 등뼈가 잡혔고, 등뼈를 만지려고 하면 뱃가죽이 잡혔습니다. 악기웻사나여! 그와 같은 적은 음식 탓에, 내가 대변이나 소변을 보려고 앉으면, 그 자리에서 바로 굴러서 엎어졌습니다. 악기웻사나여! 그와 같은 적은 음식 탓에, 몸을 편안하게 하려고 손으로 팔다리를 문지르면, 뿌리가 썩은 털들이 몸에서 빠져서 떨어져 나갔습니다. 악기웻사나여! 또한 사람들이 나를 보고는 이렇게 말했습니다. '사문 고따마는 검다.' 라고. 다른 사람들은 이렇게 말했습니다. '사문 고따마는 검은 것이 아니라, 흑갈색이다.' 라고. 다른 사람들은 이렇게 말했습니다. '사문 고따마는 검지도 않고 흑갈색도 아니다. 사문 고따마는 금색이다.' 라고. 악기웻사나여! 그와 같은 적은 음식 탓에, 정말 그 정도로, 나의 깨끗하고 맑던 피부가 손상되었습니다.

〈그런 내게 이런 생각이 일어났습니다. '내가 모든 음식을 끊어보면 어떨까?' 라고〉

여기서 '음식의 단절(āhara-upacchedāya)'이라는 단어가 취한 격이 與格(여격, ḍative)이기 때문에, 동사인 '빠띠빳자띠(paṭipajjati)'와 연결되면 '음식을 끊기 위한 길로 들어서다, 음식 끊는 일을 시작하다.' 라는 뜻으로 해석이 될 것이다. 번역본에 따라서는 이 문장을 '음식을 끊고 수행을 한다.'라고 번역한 곳이 있지만[13], 이 문장에서의 뜻은 앞에서의 숨을 멈추는 선 수행과 같이, 그렇게 음식을 완전히 끊고, 음식을 끊음으로써 발생하는 괴로운 느낌에 제압당하지 않도록 마음을 다 잡는 수행을 하기 위해서, 먼저 음식을 완전히 끊어보는 것이 어떨까, 라고 생각했던 것을 묘사한 대목이다. 그렇

13) 『맛지마니까야』(제2권, 대림스님 역본, P.177) 「그런 내게 이런 생각이 들었다, '나는 모든 음식을 끊고 수행하리라,'라고.」; 『맛지마니까야』(전재성 씨 역본) 「그러한 나에게 이와 같은 생각이 떠올랐습니다. '내가 완전히 음식을 끊고 수행을 해보면 어떨까?'」; 「suppose I practise entirely cutting off food,」(빅쿠보디스님 MDB/P.339) 하지만 일본어역은 위와는 다르게 번역되었다. 「いずれ予は一切の食を絶たん, と」(Nan9/P.428)

기 때문에 앞에서와 같이 '선 수행을 행하다'라는 표현이 사용되지 않았다. 따라서 필자도 이 문장을 '모든 음식을 끊어보면 어떨까?' 라고 번역했다.

〈그러자 신들이 다가와서 이렇게 말했습니다. '존자시여! 당신은 모든 음식을 끊어서는 안 됩니다. 존자시여! 만약 당신이 모든 음식을 끊으신다면 우리는 당신께 천상의 양분을 당신의 털구멍으로 공급해 드릴 것입니다. 그것으로 당신은 연명할 수 있을 것입니다.' 라고. 악기웻사나여! 그런 내게 이런 생각이 들었습니다. '만약 내가 완전한 단식을 선언했는데도, 이 신들이 내게 천상의 양분을 털구멍으로 공급해 주고 내가 또 그것으로 연명한다면 나는 거짓말을 하는 것이 될 것이다.' 라고. 악기웻사나여! 그래서 나는 그 신들을 거부하며 '됐다!' 라고 말했습니다.〉

이 문장의 내용에 비록 신들, 천상의 음식, 털구멍으로 공급, 등의 신비적인 표현들이 등장하기는 하지만, 역시 필자가 앞의 5-2장에서 짐작한 대로 이해하는 것이 좀 더 현실성이 있을 것 같다. 즉 위의 발언들은 비록 붓다 스스로 그들을 '신들'이라고 표현했지만, 그것은 그들이 당시의 보살에게는 단순히 '정체를 알 수 없지만, 평범해 보이지 않는 자들'이었기 때문에 그런 의미로서 '신들' 이라는 표현을 사용한 것뿐이고, 실지로 위와 같이 보살의 단식을 막았던 자들은, 보살의 안위를 걱정하여 부왕이 파견한 사신들이었을 것이다. 은밀하게 보살의 동정을 살피던 그 사신들은, 보살이 이번에는 모든 음식을 끊는 고행을 하려한다는 소문을 듣고는(아마 옆에서 시봉하고 있던 다섯 비구로부터 그런 소문을 들었을 수도 있다.), 보살을 찾아와서 이를 극구 말리면서 한 말이 위의 문장에 나오는 내용이지 않을까, 하는 것이 필자의 짐작이었다. 그래서 결국 보살은 그 '정체를 알 수 없지만, 평범해 보이지 않는 자들'을 안심시키기 위해서 '됐습니다. 그러면 완전한 단식은 하지 않을 것이니, 내게 음식을 강제로 먹이겠다는 말은 그만두십시오.'라는 취지로 말했던 것이 아닐까, 하고 필자는 짐작하고 있다.

〈악기웻사나여! 그런 내게 이런 생각이 일어났습니다. '내가 아주 적은 양의 음식만을 섭취해 보면 어떨까? 한 움큼의 작은 콩의 죽이나, 혹은 큰 콩의 죽이나, 혹은 푸른 콩의 죽이나, 혹은 검은 콩의 죽을.' 이라고. 악기웻사나여! 그래서 나는 아주 적은 양의 음식만을 섭취했습니다. 한 움큼의 작은 콩의 죽이나, 혹은 큰 콩의 죽이나, 혹은 푸른 콩의 죽이나, 혹은 검은 콩의 죽을.〉

이 상황에 대한 『불본행집경』의 내용도 참고할 만하다. 이 불전에서도 완전한 단식을 포기하도록 설득하는 신들의 이야기가 등장하기는 하지만, 그 이후, 즉 보살이 소량의 음식만을 섭취하고자 마음먹었을 때, 그에게 그 소량의 음식을 6년 동안 제공했던 사람은 제바(deva 즉 神)라는 이름의 바라문이었다고 소개하고 있다.[14] 그는

14) 『불본행집경』(T3/P.767) 「한편 다른 바라문이 하나 있었는데, 이름이 제바deva였다. 그는 까삘라왓투가 고향으로, 어떤 일 때문에 점차 사나야나라는 마을에 도착해서, 잠시 동안 객으로 머물게 되었다. 이때 제바 바라문은 다시 어떤 일 때문에 보살이 머무는 숲으로 가게 되었다. 그때 그 제바 바라문은 보살이 숲 속에 큰 고행을 행하고 있는 것을 보게 되었다. 그것을 보고는 바로 이렇게 말했다. '이 사람은 우리나라의 싯달타 태자가 분명하다. 여기서 이런 큰 고행을 행하고 있구나!' 보살이 큰 고행을 하는 것을 본 그는 마음에 크게 환희심이 일어났다. 이때 그 제바 바라문의 마음이 보살에게 향하고 크게 환희심을 일으킨 것

보살과 같은 까삘라왓투 출신이었는데, 숲 속에서 고행을 하고 있는 보살을 우연히 발견하게 되었고, 한 눈에 그가 자국의 태자임을 알아차린 바라문은 크게 기뻐하였다고 한다. 보살은 자신을 보고 반가워하는 낯선 바라문에게, 앞으로 소량의 콩죽 같은 음식을 매일 자신에게 공양해 줄 수 있겠느냐고 요청했고,(아마 더 이상 탁발을 가지 않기로 마음먹었기 때문에 그렇게 부탁했을 것이다.) 그렇게 해서 보살의 요청에 따라 제바라는 이름의 바라문이 6년 동안 보살에게 매일 소량의 공양을 올렸는데, 보살이 그렇게 올린 공양을 매번 손바닥에 받아서 먹었음으로 이를 '**한 움큼의**'라고 표현한 것이다.

그리고 이 제바 바라문과 관련된 『불본행집경』의 내용 가운데는 본문의 위 단락에서의 '**천상의 음식을 털구멍으로 공급해 드릴 것입니다.**'라는 문장과 관련된 흥미로운 내용이 들어있다. 단식을 끝낸 보살은, 자신에게 6년간 공양을 올렸던 제바 바라문에게, 이제는 덩어리진 밥이나 죽을 먹고자 한다고 전하였고, 이에 제바 바라문은 자신은 좋은 음식을 구할 수 없는 처지이므로 만약 깨달음을 얻고 나서 법을 자신에게도 나누어 줄 수 있다면, 형편이 나은 집에 공양을 부탁하겠노라고 답한다. 보살의 다짐을 받은 제바 바

을 보고는, 보살이 곧바로 제바 바라문에게 말했다. '대 바라문이여! 당신은 나를 위해 소량의 음식을 공양하여, 나의 목숨을 부지하도록 해 주시겠습니까? 소량의 콩죽, 대두의 죽, 적두의 죽과 같은 것을 나에게 공양한다면, 그것을 먹고 목숨을 유지하고자 합니다.' …… 그러자 그 바라문은 보살에게 답하기를 '태자시여, 말씀하신 대로의 공양할 거리를 제가 준비하겠습니다.'라고 그 바라문은 날마다 이런 필요한 음식을 6년 동안 공양하였다. 復更別有一婆羅門. 名曰提婆(隋言天). 彼婆羅門生地. 在彼迦毘羅城. 經營一事. 漸漸行至斯那耶那村邑而住. 少日爲客. 是時提婆婆羅門. 更經營別事. 因行漸至菩薩住林. 時其提婆婆羅門. 見菩薩在林行大苦行. 見已卽識作如是言. 此是我國悉達太子. 乃能如是行大苦行. 彼見菩薩. 如是苦行. 心大歡喜 爾時菩薩. 見彼提婆婆羅門. 心向於菩薩. 生歡喜已. 卽告提婆婆羅門言. 大婆羅門. 汝能爲我辦少許食. 活我已不. 若小豆臛. 大豆菉豆. 赤豆等羹. 而我食之. 持用活命. 彼婆羅門. 心狹劣故. 少見少知. 無廣大意. 欲行布施. 逑可此語. 報菩薩言. 大聖太子. 如是之食. 我能辦之. 彼婆羅門. 於六年中. 日別如上所須之食. 以供菩薩」

라문은 우루웰라의 사나야나 바라문에게 이런 사정을 설명하였고, 사나야나 바라문은 자신을 딸들에게 음식과 기름과 우유를 보살에게 공양하도록 했다고 한다. 그런데 바라문의 딸로부터 공양을 받는 보살에 대해 『불본행집경』은 이렇게 서술하고 있다.

> 그때 보살은 그 두 여자로부터 밥을 받아 마음껏 먹고 나서는, 정제된 우유와 기름을 몸에 바른 뒤에, 따뜻한 물로 목욕을 하였다. 이때 보살이 그 정제된 우유와 기름을 바르고 문지르자, 각각의 털구멍을 통해서 모두 몸 안에 들어갔다. 마치 흙무더기나 모래더미에 정제된 우유와 기름을 뿌리면 다 스며들고 나타나지 않는 것처럼, 이렇게 보살의 몸에 바른 정제된 우유와 기름은 모두 다 몸속으로 흡수되어 보이지 않았다. 보살은 그래도 아직 본래의 형상을 회복하지는 못하였다.[15]

'**천상의 음식을 털구멍으로 제공하겠다.**'는 표현이 실지로 어떤 것인지를 짐작하게 하는 대목이다. 정제된 우유란, 우유를 여러 번 끓여서 정제시킨 것으로(Gee라는 이름으로 지금도 인도에서는 통용된다.), 지금의 버터와 비슷한 것인데, 손이 많이 가는 음식인 만큼, 당시에는 사람들이 이것을 '천상의 음식'이라고 불렀을 수도 있을 것이다.

그리고 이미 앞장에서도 설명한 바와 같이, 보살이 이렇게 처음

---

15) 『불본행집경』(T3/P.770) 「爾時菩薩. 從彼二女. 受於食已. 隨意而食. 取酥及油. 塗摩其身. 然後暖水以用澡浴. 是時菩薩. 以彼油酥. 用塗摩身. 各隨毛孔. 悉入其體. 譬如土聚. 或復踈沙瀉酥及油. 悉皆浸入. 並不復現. 如是如是. 菩薩身體. 所塗酥油. 皆悉入盡. 並不復現. 菩薩是時猶未得復本形身相」

에 계획했던 완전한 단식을 포기하고 소량의 음식이라도 섭취하는 쪽으로 고행의 방법을 바꾼 이유가 비록 여기서는 신들의 권유와 강요가 있었기 때문이라고 적고 있지만, 이미 앞선 호흡 통제를 통한 고행으로부터 스스로 터득한 바가 있었기 때문이라고 필자는 생각한다. 즉, 완전한 호흡의 통제를 통해서 고행할 수 있는 기간은 제한적이었다. 몸이 견딜 수 있는 기간이 얼마 되지 않기 때문이다. 그럼으로 자신이 원하는 만큼 수행의 기간을 확보하기 위해서는 완전한 단식보다는 소량의 음식이라도 섭취하면서 목숨을 부지시켜놓는 쪽이 더 효과적이라고 판단했을 것이고, 그래서 결국 보살은 완전한 단식의 방법을 포기하고 소량의 음식을 섭취하는 쪽으로 마음을 바꾸게 되었을 것이다.

〈그와 같은 적은 음식 탓에, 나의 사지는 마치 아시따까 넝쿨의 마디처럼, 깔라 풀의 마디처럼 되었습니다.…… 나의 엉덩이는 마치 낙타의 발굽처럼 …… 나의 등뼈는 줄로 엮어둔 구슬처럼 …… 나의 갈빗대들은 오래된 집의 서까래가 허물어지고 부서지듯이 …… 내 동공 안에서 눈동자의 빛은 마치 깊은 우물에 물빛이 깊고 멀리 들어간 것처럼 …… 나의 머리 가죽은, 마치 잘려진 어린 호리병박이 바람과 햇빛에 말라서 쪼그라들 듯이 …… 나의 뱃가죽은 등뼈에 달라붙어, 내가 뱃가죽을 만지려고 하면 등뼈가 잡혔고, 등뼈를 만지려고 하면 뱃가죽이 잡혔습니다. …… 내가 대변이나 소변을 보려고 앉으면, 그 자리에서 바로 굴러서 엎어졌습니다. …… 몸을 편안하게 하려고 손으로 팔다리를 문지르면, 뿌리가 썩은

털들이 몸에서 빠져서 떨어져 나갔습니다.〉

보살은 결국 극소량의 음식만을 섭취하는 쪽으로 고행의 방법을 정하고 고행을 시작했다. 그렇게 극소량의 음식만을 섭취하는 과정에서 자신에게 일어나는 마음의 변화를 텍스트로 삼아 수행하였을 것이다. 매일매일 기아의 공포와 마주한 채로 말이다.

여담이지만, 필자는 젊었을 때 자살의 방법에 대해 생각해 본적이 있었다. 그런데, 예를 들어서 높은 다리 위에서나 아파트 같은 높은 건물이나, 절벽 위에서 한번에 뛰어내리는 방법은, 어쨌든 필자 같은 겁쟁이라도 할 수 있을 것 같았다. 아마 자살을 시도하는 사람들도 그런 것을 잘 알고 있기 때문에 그렇게 순식간에 결판이 나는 자살 방법이 늘 선호되는 것 같다. 하지만 이건 말하자면 하수들의 방법이다. 스스로 선택하는 것이라고는 '에라 모르겠다!' 라는 순간의 감정이면 충분하기 때문이다. 하지만 매순간마다 죽음의 공포와 마주치면서 그 공포의 느낌을 지속적으로 접하는 것, 이것은 결코 하수들이 할 수 있는 방법이 아닐 것이다. 보살은 그런 공포와 마주한 채로 무려 6년간을 지냈다. 스스로 죽기를 각오하고 죽음과 마주하면서 6년을 보냈던 것이다. 그러는 사이에, 보살은 한 번도 마음에서 일어나는 두렵고 괴로운 느낌들로부터 제압당한 적이 없었지만, 그의 몸은 변해갔다.

사진 4) 이 보살의 고행상은 높이가 약 80센티 정도 되는 크기로, 파키스탄 북부 간다라 지역에서 출토되어 현재 파키스탄 라호르(Lahore) 박물관에 소장되어 있다. 보살의 이 고행상은 경전에 언급된 묘사를 바탕으로 만들어진 것이라고 한다.

〈악기웻사나여! 사람들이 나를 보고는 이렇게 말했습니다. '사문 고따마는 검다.' 라고. 다른 사람들은 이렇게 말했습니다. '사문 고따마는 검은 것이 아니라, 흑갈색이다.' 라고. 다른 사람들은 이렇게 말했습니다. '사문 고따마는 검지도 않고 흑갈색도 아니다. 사문 고따마는 금색의 피부다.' 라고. 악기웻사나여! 그와 같은 적은 음식 탓에, 그 정도로 나의 깨끗하고 맑던 피부가 손상되었습니다.〉

여기서는 보살이 음식의 통제를 통한 고행으로 몸이 피폐해졌을 때, 보살을 찾아와서는 보살의 피부색에 대해 말하는 사람들 이야기가 등장한다. 어떤 사람은, 보살의 피부가 검다고 말하고, 어떤 사람은, 보살의 피부가 흑갈색이라고 말하지만, 어떤 사람은, 사문 고따마의 피부는 검지도 않고 흑갈색도 아니었다. 원래 보살의 피부는 밝은 금색이었다, 라고 말한 사람도 있었다는 것이다. 그런데 흥미로운 점은, 여기에서는 '**신들이**' 이러니저러니 말했다는 앞부분과 다르게, 그렇게 말한 주체가 모두 '**사람들**(manussā)'이었다고 적고 있다는 것이다. 앞의 5-1장에서 언급된 '**사문 고따마는 죽었다. 아니다. 죽지는 않았지만 죽어가고 있다. 아니다, 사문 고따마는 아라한이기 때문에 원래 그런 것이다.**'라는 신들의 발언과 문장 구성의 패턴도 비슷한데도, 여기서는 그 발언의 주체를 '**사람들**'이라고 한 것이다. 이에 대해서는, 보살이 고행을 견디지 못하고 죽어가고 있다는 소문을 들은 숫도다나왕이 국사의 아들인 '우타이'라는 인물을 보내 보살의 생사를 확인하도록 했다는 『불본행집경』의 내용을 참고할 만하다.

이때 우타이는 스스로 숲 속으로 들어가서 땅 위에 쓰러져 있는 보살을 발견하게 되는데, 그는 머리서부터 발끝까지 먼지와 오물을 뒤집어 쓴 채로 있었다. 위엄 있던 모습은 간데없고 몸은 흙과 같은 색깔로 변했으며, 야위어서 뼈와 피부만이 몸을 감싸고 있었다. 눈은 움푹하여서 마치 깊은 우물 속에 비친 별빛 같았고, 온몸이 굽고 꺾이어서 마디마디가 어긋나 있었다. 이런 보살의 모습을 본 우타이는 두 손을 들어 크게 통곡하며 말하였다. '슬프고도 슬프도다! 우리의 석가왕국의 태자가 지금 이렇게 액난에 빠졌도다. 본시 그렇게 단정하고 아름답고 묘하던 모습이, 이제 이렇게 흙과 같은 색이 되어버렸구나. 해탈의 안락을 얻지도 못하고 오히려 이렇게 묘하던 몸만 버렸도다!'[16]

아마 위와 같은 내용과 본문의 내용을 비교해 보면, 보살의 피부색에 관련된 본문의 내용을 이해하는데 도움이 될 것이다.

그리고 여기서도 이 문장은, 앞의 호흡을 통제했을 때와 마찬가

---

16) 『불본행집경』(T3/P.768) 「이때 우타이는 스스로 숲 속으로 들어가서 …… 몸만 버렸도다. 이때 보살이 우타이가 울부짖는 소리를 듣고는 그에게 묻기를 '그대는 누구이기에, 이렇게 슬픔에 가득차서 불에 타는 것처럼 울부짖는가?' 라고 하니, 우타이가 보살에게 답하였다. '태자시여! 저는 당신 나라의 국사의 아들인 우타이라는 사람입니다. 저는 태자의 부왕이신 정반왕으로부터 태자를 모시고 오라는 명을 받았습니다.' 이에 보살이 답하기를 '그대 우타이여! 나는 지금 이 번뇌의 使臣은 필요 없고, 오직 열반의 사신만을 얻고자 한다. 부왕이 보낸 생사의 사신은 원하지 않노라.'라고. 時優陀夷. 自入林中見於菩薩臥於地上. 從頭至足皆被塵坌. 無有威光與地同色. 身體瘦削. 無復肌膚. 唯有骨皮裹身而已. 眼深却陷. 如井底星. 遍體屈折. 節節離解. 其優陀夷. 見於菩薩如是身形. 卽擧兩手. 而大唱叫. 稱喚號哭. 嗚呼嗚呼. 我釋種子. 今日忽至如是厄難. 本時如是端正可憙如是妙色. 今成此身. 與土無異. 旣復不得解脫安樂. 徒勞損害如是妙身. 爾時菩薩. 聞優陀夷號叫聲已. 卽便問言. 此爲是誰. 內心乃爾憂愁懊惱. 如火所燒啼哭而語. 時優婆夷. 報菩薩言. 大聖太子. 我是太子本國國師之子. 名爲優陀夷者. 卽我身是太子之父. 淨飯大王. 使我來此參迎太子. 菩薩報言. 汝優陀夷. 我今不用此煩惱使. 我唯欲得涅槃之使. 不欲父王此生死使」

지로, 피부색이 바뀔 정도로, 사람이 행할 수 있는 가장 극한의 고행을 보살이 행했다, 라는 점을 드러내주는 역할을 하고 있다. 이것은 다음 장인 6-1장에서 종합적으로 다시 언급된다.

6장

보살, 새로운 수행의 길을 완성하다

061 보살, 느낌의 연기성에 눈뜨다
062 사선정의 성취
063 첫 번째, 전생을 관찰함에 대한 밝은 앎의 성취
064 두 번째, 중생의 죽고 태어남에 대한 밝은 앎의 성취
065 세 번째, 번뇌의 소멸에 대한 밝은 앎의 성취

061

보살, 연기법에 눈 뜨다

악기웻사나여! 그런 내게 이런 생각이 일어났습니다. '과거 시절의 어떤 사문들이나 바라문들이 아무리 격렬하고 고통스럽고 혹독하고 거칠고 가혹한 느낌을 경험했다 하더라도, 이것이야말로 가장 지독한 것이니 이보다 더한 것은 없었다. 또한 미래 시절의 어떠한 사문들이나 바라문들이 아무리 격렬하고 고통스럽고 혹독하고 거칠고 가혹한 느낌을 경험한다 하더라도, 이것이야말로 가장 지독한 것이고 이보다 더한 것은 없을 것이다. 또한 현재의 어떤 사문들이나 바라문들이 아무리 격렬하고 고통스럽고 혹독하고 거칠고 가혹한 느낌을 경험하고 있더라도 이것이 가장 지독한 것이고 이보다 더한 것은 없다. 그러나 나는 이렇게 괴롭고 하기 어려운 것을 통해서도 인간의 법을 초월해서 고귀한 자들에게 어울리는 앎과 봄을 증득하지 못하고 있다. 과연 깨달음을 위한 다른 길은 없는 걸까?' 라고.

악기웻사나여! 그런 내게 이런 생각이 일어났습니다. '아버지의 석가족 농경제 때 잠부나무 그늘에 앉아 있던 나는, 완전히 감각적 쾌락들로부터 벗어나고, 유익하지 않은 법들로부터 벗어나, 사유와 숙고가 함께 하고, 멀리 벗어남에서 생긴 희열과 행복이 있는 초선을 구족하여 머물렀던 적이 있었다. 그런데 혹시 그것이 바로 깨달음을 위한 길이 아닐까?' 라고.

악기웻사나여! 그런 나에게 관찰함에 수반된 인식이 일어났습니다. '이것이 바로 깨달음을 위한 길이다!' 라고.

악기웻사나여! 그런 내게 이런 생각이 일어났습니다. '그 행복은 감각적 쾌락들과도 상관없고 유익하지 않은 법들과도 상관없는데, 나는 왜 그런 행복을 두려워하는가?' 라고.

악기웻사나여! 그런 내게 이런 생각이 일어났습니다. '나는 감각적 쾌락들과도 상관없고 유익하지 않은 법들과도 상관없는 그런 행복을 두려워하지 않겠다!' 라는.

악기웻사나여! 그런 내게 이런 생각이 일어났습니다. '그러나 이렇게 극도로 쇠약한 몸으로는 그런 행복을 증득하기 쉽지 않다. 나는 덩어리진 밥이나 죽 같은 음식을 먹으리라!'

악기웻사나여, 그런 나는 덩어리진 밥이나 죽 같은 음식을 먹었습니다. 악기웻사나여! 그때에 다섯 비구들이 '참으로 우리의 사문 고따마가 법을 증득한다면 그것을 우리에게 알려줄 것이다.' 라고 생각하면서 나를 시봉하고 있었습니다. 악기웻사나여! 그러나 내가 덩어리진 밥이나 죽 같은 음식을 먹자, 그 다섯 비구들은 '사문 고따마는 호사스러운 생활을 하고 용맹정진을 포기하고 사치스러운 생활에 젖어있다.'라고 하며, 나를 혐오하여 떠나버렸습니다.

〈악기웻사나여! 그런 내게 이런 생각이 일어났습니다. '과거 시절의 어떤 사문들이나 바라문들이 아무리 격렬하고 고통스럽고 혹독하고 거칠고 가혹한 느낌을 경험했다 하더라도, 이것이야말로 가장 지독한 것이니 이보다 더한 것은 없었다. 또한 미래 시절의 …… 현재의 어떤 사문들이나 바라문들이 아무리 격렬하고 고통스럽고 혹독하고 거칠고 가혹한 느낌을 경험하고 있더라도 이것이 가장 지독한 것이고 이보다 더한 것은 없다. 그러나 나는 이렇게 괴롭고 하기 어려운 것을 통해서도 인간의 법을 초월해서 고귀한 자들에게 어울리는 수승한 앎과 봄을 증득하지 못하고 있다. 과연 깨달음을 위한, 다른 길은 없는 걸까?'〉

살아있는 채로 자신이 행한 것보다 더 힘든 고행을, 자신이 행한 것보다 더 오래 할 수 있는 수행자는 없다고 판단한 보살은, 이제 자신의 기나긴 고행을 끝내야만 했다. 더 이상의 고행은 죽음뿐이기 때문이다. 본문에서는 따로 그 기간을 언급하고 있지 않지만, 보살의 이런 고행은 6년간에 걸쳐 행해진 것으로 알려져 있다.[1] 그

1) 『불소행찬』(T4/P.11) 「보살은 열심히 방편을 닦으니, 장차 늙고 병들고 죽음을 건너기 위함이라. 지극한 마음으로 고행을 행하나니 몸을 조절하고 먹기를 잊었노라. 깨끗한 마음으로 계를 지킴에 수행자가 감내하기 힘든 것이나, 적묵하며 선정에 들기를 벌써 6년이 지났음이라. 菩薩勤方便 當度老病死 專心修苦行 節身而忘餐 淨

렇게 지난 6년간의 힘든 수행을 끝내고 스스로 자신의 수행을 돌이켜 살펴본 보살은, 과거의 누구도, 미래의 누구도, 현재의 누구도, 목숨을 부지한 상태로 자신보다 더 힘든 수행을 할 수 있는 자는 없었고, 앞으로도 없을 것이고, 지금도 없다고 확신했다. 그러나 그런 극한의 힘든 수행 속에서도 자신은 단 한 번도 '괴로운 느낌'에 마음을 제압당한 적이 없었고, 매번 그것을 확인했지만, 자신은 여전히 인간의 법을 초월해서 고귀한 자들에게 어울리는 수승한 앎과 봄을 증득하지 못하고 있다[2]는 것을 자각한 보살은 결국 생각하게 되었다. '**과연 깨달음을 위한 다른 길은 없는 걸까?**' 라고.

그런데, 앞선 2-1장에서 살펴본 바와 같이 붓다께서는 '**고귀한 자의 율법**'에서의 진정한 수행이란, 자신에게서 일어난 '느낌'에 제압당하지 않도록 하는 것이라고 정의하셨다. 수행에 대한 붓다의 이러한 정의는, 자신이 보살로서 수행했던 6년간의 기간 동안 단 한 번도 자신에게서 일어난 괴로운 느낌에 마음을 제압당한 적이 없었던 경험을 통해 확인되고 정립되었을 것이다. 그래서 괴로운 느낌이든 행복한 느낌이든, 느낌에 제압당하게 되는 범부들의 경우에 대해서도 말씀하셨고, 느낌에 제압당하지 않게 하는 고귀한

心守齋戒 行人所不堪 寂默而禪思 遂經歷六年」

『불본행집경』(T3/P767)「이때 정반왕이 그 소리를 듣고 나서는 길게 탄식하고 흐르는 눈물을 닦으며 말하기를, 오호라, 나의 싯달타 태자를 홀연히 나를 버리고 떠난 지 벌써 6년이 지났고, 이미 출가하여 내가 볼 수 없구나. 時淨飯王聞是聲已. 長歔歎息. 抆淚而言. 嗚呼我兒悉達太子. 忽然捨我. 奄經六年. 既其出家. 令我不見」

2) 본문에서 '증득하지 못하고 있다.'라고 번역한 빠알리어 본문은 '증득하다, 도달하다'라는 뜻의 동사 'adhigacchati'가 1인칭 현재형인 'adhigacchāmi'로 사용된 곳이다. 이것은 현재형이지만, 경전의 앞에 자주 사용되는 '붓다께서 사왓띠에 머물러 계셨다.'라는 내용에서 '~ viharati'라는 3인칭 동사의 현재형으로 나타나는 것과 같은 용례라고 보여 진다. 빅쿠보디스님은 이것을 현재완료형으로 번역했다.「I have not attained any superhuman states any distinction in knowledge and vision worthy of the noble ones.」(MDB/P.334)

제자들의 경우에 대해서도 말씀하셨던 것이다. 그렇다면 그렇게 6년간의 힘든 수행 기간 동안, 단 한 번도 수행 과정에서 일어나는 괴로운 느낌에 마음을 제압당하지 않았음을 매번 확인했다는 보살이 왜, 지금은 여전히 깨달음에 도달하지 못하고 있다고 말한 것일까? 괴로운 느낌에 제압당하지 않았던 이제까지의 수행 방법이 결국 잘못된 수행 방법이었다는 말인가? 그것이 정말 잘못된 수행 방법이었다면 붓다는 어째서 느낌에 제압당하지 않는 것을 진정한 수행이라고 말씀하셨던 것일까?

그렇지 않다. 보살이 '**고귀한 자들에게 어울리는 수승한 앎과 봄을 증득하지 못하고 있다.**'라고 말한 것은 '수행 방법의 잘못'을 인정한 것이 아니라, 단지 '수행 결과의 잘못'을 확인한 것이다.

보살은 힘든 수행을 행할 때마다 수행의 과정에서 일어난 괴로운 느낌에 마음을 제압당한 적이 있었는지, 없었는지를 스스로 확인했다. 이런 확인은 앞선 4장에서 언급된 바와 같이, 자신의 수행이 외부적으로 감각적 쾌락으로부터 스스로를 격리시키고, 외부적으로는 쾌락에 대한 욕구 등을 잘 제거하고 잘 가라앉혀 위없는 깨달음을 증득하는데 이바지된 수행이었는지 아닌지를 가르는 기준이라고 생각했기 때문이다. 그래서 보살은 힘든 수행을 끝낼 때마다 '**그러나 내게 일어난 이러한 괴로운 느낌이 내 마음을 제압하지는 못했습니다.**'라고 확인했던 것이다. 만약 보살이 니간타들처럼 애초에 괴로운 느낌으로부터 자유로운 존재가 되는 것을 목표로 삼았었다면, 6년간의 고행 속에서도 한 번도 괴로운 느낌에 마음을 제압당하지 않았던 보살은, 수행의 목표가 완벽하게 성취되었다고 스스로 여겼을 것이다. 하지만 보살에게 그것은 그저 마음의 평정일 뿐이었다. 그것이 보살의 수행 목표는 아니었다는 것이다. 그래서 마음의 평정은 유지할 수 있었지만, 자신의 수행 목표였던 수승한 앎과 봄의 증득에는 여전히 이르지 못하고 있다고 말한 것이다.

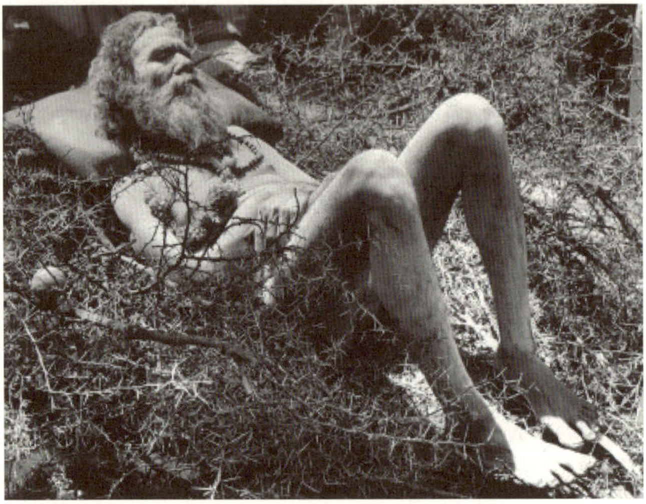

사진 5) 가시밭에 누워서도 평정을 유지하고 있는 고행자,
그러나 보살이 원한 것은 이게 아니었다.

이것은 알라라와 웃다까 밑에서 수행하던 보살이, 그들이 수행의 궁극의 목표라고 말했던 것들을 모두 성취하고도 '**이 법은 얻으려는 마음을 포기하도록 이끌지 못하고, 탐욕으로부터 멀어짐으로 이끌지 못하고, 소멸로 이끌지 못하고, 고요함으로 이끌지 못하고, 철저한 지혜로 이끌지 못하고, 바른 깨달음으로 이끌지 못하고, 열반으로 이끌지 못한다.**'라고 판단하고는 그들의 곁을 떠나게 되었던 일과 결국 같은 것이다. 그리고 이것은 또한, 보살 스스로가 마음이 괴로운 느낌들로부터 제압당하지 않고 평정을 유지할 때조차도 그 평정상태에도 또한 마음을 제압당하지 않았기 때문에 이처럼 자각할 수 있었을 것이다. 만약 그렇지 않았다면 보살은 결코 자신이 수승한 앎과 봄을 증득하지 못하고 있다는 것 자체를 자각할 수 없었을 것이다.

'**수승한 앎과 봄의 증득**'이라는 보살의 수행의 목표는 보살 자신이 그 '수승한 앎과 봄'이라는 수행의 목표가 있는 곳으로 가서, 거기서 그 목표를 증득하는 것이 아니다. 보살 자신과 상관없는 저기 어딘가에 그 목표가 완성된 형태로 따로 있는 것이 아니기 때문이다. 그렇다면 수승한 앎과 봄의 증득이라는 수행의 목표는 마땅히 보살 자신에게서 연기적으로 '발생'하는 것이어야 한다. 그럼으로 자신이 그 목표를 여전히 증득하지 못하고 있다는 것은, 그 목표를 발생시킬 만한 어떤 조건들이 자신에게서 여전히 갖추어지지 않았다는 뜻이다. 그렇다면 그 조건들이 무엇일까? 라고 당연히 보살은 생각했을 것이다. 그래서 마음의 평정을 위한 것이 아닌, 자신에게서 갖추어져야 할 수승한 앎과 봄의 증득을 위한 조건들인, 그런 '**깨달음을 위한, 다른 길은 없는 걸까?**' 라고 생각한 것이다.

보살이 6년간의 고행을 포기한 이유에 대해 사람들은 대체적으로 이렇게 말한다. 고행이 깨달음을 위한 길이 아님을 자각해서 고행을 포기한 것이고, 선정(禪定)[3] 수행이 깨달음을 위한 길인 줄을

3) '禪'과 '定'이 합쳐진 '선정'이라는 표현을 필자도 여기서 사용했지만, 막상 jhāna(禪)와 samādhi(定, 三昧)이 함께 붙어있는 합성어는 초기경전에서는 찾아볼 수 없다. 이 두 단어의 관계에 대해서는 이론들이 많다. 선이 곧 정이다(禪卽定), 라고

알아 그 길을 선택했다고 말이다. 그러나 여기서 주의해야 할 것은, 보살이 고행을 포기한 것은 느낌에 대처하는 그의 수행 방법이 잘못되었다는 것을 인정했기 때문에 포기한 것이 아니라 '괴로운 느낌'을 대상으로 삼아 수행한 결과가 자신이 수행의 목표로 삼은 수승한 앎과 봄의 증득으로 이끌지 못했다는 것을 '확인'했기 때문에 포기했다는 점이다. 즉 수행 방법의 잘못을 인정한 것이 아니라는 것이다. 보살이 고행 이후에, 깨달음을 위한 올바른 길로 여긴 선정의 수행을 행할 때도 고행을 실천할 때의 수행 방법, 즉 경험된 느낌에 제압당하지 않도록 하는 그 수행 방법은 여전히 적용되었기 때문이다. 고행이 괴로운 느낌을 그 대상으로 한 것이라면, 선정을 통한 수행은 행복한 느낌을 그 대상으로 하는 것의 차이가 있을 뿐이다. (이것은 다음 6-2장에서, 사선정을 차례로 성취할 때마다, 그리고 세 가지 앎을 차례로 성취할 때마다 보살이 확인한 '**그러나 그와 같이 일어난 행복한 느낌이 나의 마음을 제압하지는 못했습니다.**'라는 발언을 통해서도 알 수 있다.)

그럼으로 보살은 왜 고행을 포기했는가, 라는 질문은, 보살은 '괴로운 느낌'을 대상으로 한 수행을 왜 포기하였는가, 라는 뜻으로

풀이하는 경우도 있고, 서로 차이가 있기 때문에 선과 정이다(禪與定)라고 풀이하는 경우도 있다. 〈설일체유부〉 계통의 『구사론』에서는 왜 선(jhāna)을 '정려靜慮'라고 했는지에 대해 다음과 같이 설명하고 있는데, 이것은 아마도 '禪與定'의 입장이 될 것이다. 『구사론』(T29/P.145) 「무슨 뜻에서 (선을) '정려'라는 이름하였는가? 이것은 고요히 스스로 살피고 생각하는 까닭이니, 살피고 생각한다는 것이 곧 진실로 이해하여 안다는 뜻이다. 依何意故 立靜慮名, 由此寂靜能審慮故 審慮卽是實了知義」
또 하나 참고 할만한 'jhāna'에 대한 정의는 붓다고사에 의한 것이다. 붓다고사는 jhāna의 어원적 분석으로부터 '생각하다, 명상하다'라는 의미가 있고, 그 외에 '태워버리다.'라는 의미를 추정한다. 「반대되는 상태들을 태워버린다는 것으로부터 이것이 'jhāna'이다. paccanīkajhāpanato vā jhānaṃ 」(Vsm/P.150)라는 것이다. 이것은 '禪卽定'의 입장이 될 것이다. 필자는 '禪卽定'의 입장을 취했다.

이해되어야 하며, 그 질문에 대해서는, 괴로운 느낌을 대상으로 한 최선의 수행 결과는 마음의 평정일 수밖에 없는데, 그 마음의 평정은 보살의 수행 목표가 아니었기 때문에 보살은 스스로 괴로운 느낌을 대상으로 한 수행을 포기한 것이라고 답해져야 한다. 따라서 본문에서의 '**다른 길**'이란, 마음의 평정을 위한 것이 아닌, 수승한 앎과 봄을 증득하기 위한 길, 자신에게 깨달음을 발생시킬 조건들을 갖추기 위한 길을 말하는 것이지, 고행을 실천하면서 느낌에 제압당하지 않으려고 했던 그 수행 방법이 아닌 다른 수행 방법을 말하는 것은 아니다.

〈'아버지의 석가족 농경제 때 잠부나무 그늘에 앉아 있던 나는, 완전히 감각적 쾌락들로부터 벗어나고, 유익하지 않은 법들로부터 벗어나, 사유와 숙고가 함께 하고, 멀리 벗어남에서 생긴 희열과 행복이 있는 초선을 구족하여 머물렀던 적이 있었다. 그런데 혹시 그것이 바로 깨달음을 위한 길이 아닐까?' 라고. 악기웻사나여! 그런 나에게 관찰함에 수반된 인식이 있었습니다. '이것이 바로 깨달음을 위한 길이다!' 라고.〉

자신에게 일어난 괴로운 느낌을 대상으로 한 수행에서, 그 괴로운 느낌에 매몰되지 않을 수는 있었지만, 그런 수행의 결과가 자신이 목표로 하는 수승한 앎과 봄의 증득에는 이르지 못한다는 것을 확인한 보살은, 진정으로 자신을 수승한 앎과 봄의 증득으로 이끌 수 있는 다른 길을 모색하였다. 그리고 곧바로 자신이 출가하기 전에 경험했던 초선의 경지에서의 희열과 행복의 기억을 떠올렸다. 이것은 자연스러운 과정일 것이다.

앞선 4장에서 살펴본 바와 같이, 보살은 우루웰라에서 스스로가 깨달음의 연기적 구조에 대해 눈 떴음을 **'세 가지 비유'**를 통해서 보여주었다. 자신이 추구하는 수행의 목표인 '깨달음'은 그 깨달음을 추구하는 자의 안팎의 조건들이 연기적인 관계를 통해서 자신에게 일어나는 것이다. 그럼으로 깨달음을 추구하는 자신이 자신의 감각적 욕망들로부터 벗어나고 유익하지 않은 법들로부터 벗어나있는 상태가 아니라면, 그 자신이 추구하는 목표인 '깨달음' 또한 감각적 욕망들과 유익하지 않은 법들로부터 벗어나지 못한다는 것도 이미 알고 있었던 것이다.

그래서 보살에게는 **'완전히 감각적 쾌락들로부터 벗어나고 유익하지 않은 법들로부터 벗어나, 사유와 숙고가 함께 하고, 멀리 벗어났음에서 생긴 희열과 행복이'** 있었던 초선의 경험이 자연스럽게 떠오르게 되었을 것이다. 이 기억에서의 핵심은 **'희열과 행복'**이고, 이것은 구체적으로 '행복한 느낌'을 말한다. 이전까지의 수행에서 경험했던 '괴로운 느낌'과 반대되는 것이다. 즉 '느낌'은 그 자체로 괴롭거나 행복한 자성(自性)을 지닌 것이 아니라, 조건들로부터 연기된 것임을 자각했다는 것이니, 보살이 초선정의 기억을 떠올렸다는 것은 보살이 느낌의 '연기성'에 대해 비로소 눈 뜨게 되었음을 뜻한다고 필자는 생각한다.

그런데 생각해 보면, 이것은 분명히 '선정수행(禪定修行)'을 통한 경험이었다. 그리고 이런 선정수행은 알라라와 웃다까가 궁극의 해탈처라고 주장했던 무색계 선정의 무소유처와 비상비비상처의 경지를 수행하던 당시에도 이미 스스로 경험했던 것이기도 하다. 그렇다면 보살은 그 두 스승 밑에서 수행을 행할 때도 과거의 이 초선에서의 기억을 떠올렸을까? 하지만 본경을 비롯한 어디에도 그에 대해 언급된 내용은 없다. 언급되지 않았다는 것이 당시에 보살이 그 초선의 경험을 기억하지 못했었다는 것인지, 아니면 기억은 했지만 이야기의 전개상 불필요하다고 여겨서 언급되지 않은 것뿐인지 알 수는 없지만, 본문에서처럼, 보살이 스스로 구체적인 사건과 장소를 인용하면서 초선정의 기억을 언급한 것으로 보아서는, 초선정의 기억을 떠올린 것은 이때가 처음이었을 것으로 짐작된다. 아마도 두 스승 밑에서 선정수행을 하던 당시의 보살에게 '희열과 행복'이라는 느낌은 수행자가 피하거나 억제해야 할 어떤 것으로 여겨졌었기 때문에 그것과 연결된 초선의 기억이 당시의 보살에게는 전혀 고려의 대상이 되지 않았고, 그것 때문에 당시의 보살은 초선정의 경험을 기억하지 못했을지도 모른다.

자신이 원하던 바와 일치된 기억이 떠오르자마자, 곧바로 보살에게 어떤 인식이 그에 따라서 자동적으로 일어났다. 자신에게 떠오른 그 기억 속의 초선정의 경험이 '**바로 깨달음을 위한 길이다!**'라는 인식이 그것이다. 본문에서는 이런 인식이 자신에게 일어난 과정을 다음과 같이 묘사했다. '**나에게**(mayhaṃ) **관찰함에**(sati) 수반된(anusāri) **인식이**(viññānaṃ) **있었다.**(ahosi)'라고. 이것은 그 인식이 주관의 개입 없이 객관적 과정을 거쳐서 일어난 것임을 드러내기 위한 표현일 것이다.[4]

---

4) 이 문장은 3인칭 단수의 아오리스트 형태인 'ahosi'가 사용되었다. 이것은 '이것이 바로 깨달음을 위한 길이다.'라는 그 '인식이viññānaṃ' 이 문장에서 주어가 된 것이고, 이러한 문법의 장치는 보살에게 일어난 인식이 보살 자신의 의지나 욕구에 의지해서 일어난 것이 아니라, 순수하게 '마음에 의해 관찰된' 그 내용에 따라서

색계 사선 가운데 첫 번째 선을 정의할 때 사용되는 정형구인 이 '**완전히 감각적 쾌락들로부터**(kāmehi) **벗어나고**(vivic'eva) **유익하지 않은**(akusalehi) **법들로부터**(dhammehi) **벗어나**(vivicca)'라는 본문의 문장에는 '벗어나다'라는 뜻의 'viviccati'라는 동사의 연속체 형태인 'vivicca'가 사용되었다. 빠알리어 문법에 나타나는 이 동사의 '연속체(nipāta)' 형태[5]는, 그 동사가 가리키는 내용이 진행되는 것을 조건으로 해서, 그 내용이 진행되는 한, 이라는 뜻을 나타낼 때 사용된다. '이것이 있을 때, 저것이 있다.'라는 연기법의 이치가 그대로 적용되어져 있는 문법 구조다. 그럼으로 위의 두 문장은 '감각적 욕망들로부터 벗어나 있는 상황이 조건이 되어, 유익하지 않은 법들로부터 벗어나 있는 상황이 있고, 유익하지 않은 법들로부터 벗어나 있는 상황이 조건이 되어'라는 뜻이 될 것이다.

이것은 곧, 선정수행이라는 것도 결국은 이렇게 '**감각적 쾌락들로부터 벗어나는**' 것으로부터 시작되고 완성된다는 것을 시사한다.[6] 감각적 쾌락들로부터 벗어난다는 것이 구체적으로 어떤 것인

객관적으로 일어났다는 것을 나타내기 위함이라고 보여 진다. 그리고 필자가 '관찰함에 수반된'이라고 번역한 단어는 'satānusāri'인데 이는 sati+anusāri의 합성어다. 필자는 이것을 '인식viññānaṃ'을 꾸미는 말로서, 그때의 그 관찰에 따라 일어난 인식이, 라는 뜻으로 해석했다. 대림스님의 한글 번역서에서는 이 문장이 '기억을 따라서'라고 번역되었고, 일본어역에서는 「隨念」으로, 빅쿠보디스님의 영역에서는 「following on that memory」라고 번역되었다. 대림스님과 빅쿠보디스님은 sati라는 단어를 '알아차림'이 아니라, 이 단어의 어원적 용례인 '기억'으로 번역한 것이지만, 이 단어는 여기서도 '관찰함'이라고 번역해도 무방하다고 여겨져, 여기서는 본래대로 번역했다.

5) nipāta는 불변화사(indeclinable particle), 혹은 절대체(absolutive), 연속체 등으로 번역되며, 어원적으로는 '함께 일어나다nipatanti'라는 단어에서 온 것이다. 영어문법으로는 능동형 과거분사(Active past participles)에 가깝다.

6) 「확실히 감각적 욕망은 선(jhāna)과 반대된다. 그것이 있을 때, 이 선은 일어나지 않는다. 마치 어둠이 있으면 등불이 없는 것처럼, 그들을 버릴 때 이 선을 얻는다. 이쪽 언덕을 버림으로 저쪽 언덕에 도달하는 것처럼, 그렇게 확정하는 뜻이 된다. nūn'imassa jhanassa kāmapatipakkhabhūtā. yesu sati idaṃ nappavattati, andhakāre sati dīpobhāso

지에 대해서는 이미 앞선 2-3장에서의 고귀한 제자들은 느낌에 대해 어떻게 대처하는지에 대한 붓다의 설명과, 4장의 세 가지 비유에서 '**감각적 쾌락에 대한 욕구, 애정, 홀림, 갈망, 열기가 내부적으로 잘 제거되고 가라앉혀져 머물러 있는 자들이라면**'이라는 문장의 설명에서도 언급되었지만, 이를 다시 한 번 확인해 보자면 다음과 같다.

감각적 쾌락에 대한 욕구란, 갈애(渴愛, taṇhā)가 눈과 코와 귀와 혀와 몸과 마음의 여섯 곳의 채널을 통해서 쾌락을 일으키는 대상을 향해 드러내는 욕구를 말한다. 행복한 느낌을 일으키는 대상을 보려고 하는 눈의 욕구, 행복한 느낌을 일으키는 대상을 들으려 하는 귀의 욕구 …… 행복한 느낌을 일으키는 대상을 생각하려는 마음의 욕구들이다.[7] 하지만 갈애는 모든 생명체들의 기본적인 생명유지의 동력이기 때문에 이 갈애 자체를 없앨 수는 없다. 다만 갈애가 감각기관을 통해서 일으키는 욕구는 통제가 가능하다. 욕구의 통제는 곧 '느낌(受, vedanā)'의 통제이고 느낌의 통제가 곧 수행이니, 수행은 6개의 감각채널을 통해서 일어난 느낌을 통제하는 것으로 진행된다. (느낌의 통제 과정에 대해서는 이미 2장에서 자세히 언급한 바와 같다.) 그렇게 느낌을 통제하여 감각적 쾌락의 족쇄로부터 벗어나는 것이 여기서의 '**감각적 쾌락들로부터 벗어나.**'라는 표현의 뜻이다.

---

viya. tesaṃ pariccāgen'eva c'assa adhigamo hoti, orimatīrapariccāgena parimatīrass'eva tasmā niyamamkaroti.」(Vsm/P.140)

7) 「무엇이 대상으로서의 감각적 욕망들인가? 그것은 마음에 흡족한 형상(루빠)들이다, 라는 식으로 대상으로서의 감각적 욕망을 '닛데사'에서 설하고 있다.…… 모든 종류의 감각적 욕망이 여기에 포함된 줄을 알아야 한다. kāmehi ti iminā pana padena yena ca niddesa; kalame vatthukāmā? manāpa piyarupati, āhinā nayena vatthumāmā vuttā …… evaṃ te sabbe pi sangahīta icc'eva daṭṭhabbā.」(Vsm/P.140)

이렇게 수행자가 감각적 쾌락에 대한 욕구들을 통제하여 쾌락의 족쇄로부터 벗어난 상태를 유지하면, 그것이 원인이 되어 '**유익하지 않은 법들로부터**(akusalehi dhammehi)' 자연히 벗어날 수가 있다. 감각적 쾌락들로부터 벗어났기 때문에, 예를 들어서, 감각적 쾌락을 충족시켜서 일으키는 일시적인 쾌락의 추구와 같은 '**유익하지 않은 법**'에 대해서도 벗어날 수 있는 것이다.[8] 즉 감각적 쾌락에 대한 욕구 등이 통제됨으로써 이미 일어난 유익하지 않은 법들은 수행 당사자에게 유익하지 않은 것으로 판단되어 선택받지 못하기 때문에 소멸하게 되고, 아직 일어나지 않은 유익하지 않은 법들은 더 이상 일어나지 않게 되는 것이다. 『청정도론』에서는 이 두 문장은 초선에서 '벗어나야 할 것들'에 대한 묘사이고, 다음의 두 문장은 '수반되는 것들'에 대한 묘사라고 설명하고 있다.[9]

초선에서 '수반되는 것들'에 대해 묘사한 것은 '**사유와 숙고가 함께 하고, 멀리 벗어남에서 생긴 희열과 행복이 있는**'이라는 두 문장이다. 그렇게 감각적 욕망들로부터 벗어나고, 유익하지 않은 법들로부터도 벗어날 수 있는 것은, 수행자의 마음작용 가운데 '**사**

8) 단지 『청정도론』에서는 이 두 문장의 관계를 감각적 욕망들로부터 벗어나는 것을 '몸'으로부터 벗어나는 것으로 설명하고, 유익하지 않은 법들로부터 벗어나는 것을 '마음'으로부터 벗어나는 것으로 설명하고 있는데, 이것은 본문의 이미 2장과 4장에서 몸과 마음의 관계에 대해 설명했던 필자의 관점과는 다르다. 「이와 같이 '감각적 욕망들로부터 완전히 벗어나고'라는 것은 대상으로서의 감각적 욕망들로부터 완전히 벗어난다는 뜻을 나타낸다. 그럼으로 몸으로 벗어남을 설한 것이다. '유익하지 않은 법들로부터 벗어나'라는 것은, 오염원들인 모든 유익하지 않은 법들로부터 벗어나서, 라는 뜻을 나타낸다. 그럼으로 마음으로 벗어남을 설했다. evaṃ hi sati vivicc'eva kāmehī ti vatthukāmehi pi vivicc'eva ti attho yujjati, tena kayaviveko vutto hoti, vivicca akusalehi dhammehī ti kilesakāmehi sabbākusalehi vā viviccā ti attho yujjati. tena cittaviveko vutto hoti」(Vsm/P.140)

9) 「여기까지는 초선에서 벗어나는 것들을 보였고, 여기서는 수반되는 것들을 보이기 위해서 사위딱까와 사위짜라를 말했다. ettāvatā ca pathamassa jhānassa pahānangaṃ dassetvā idāni sampayogangaṃ dassetuṃ savitakkaṃ savicāran ti ādi vuttaṃ」(Vsm/P.141)

유(vitakka)'와 '**숙고**(viccāra)'이라는 주체적 사유기능이 수반되기 때문이다.[10] 『청정도론』의 설명에 따르자면, 사유(思惟, 위딱까)는 때가 낀 유기그릇을 닦기 위해서 그릇을 붙잡은 한 손에 비유되고, 숙고(熟考, 위짜라)은 그렇게 한 손으로 잘 잡고 있는 그릇을 수건이나 솔을 들고 열심히 반복적으로 닦는 다른 쪽 손에 비유된다.[11] 이것은 결국 마음의 주체적 사유기능인 마노(意, mano)에 관련된 마음의 작용들이다. 이처럼 수행자가 내부에서 일어나는 어떤 느낌이나 생각(법)들을 대상으로 삼아 마음을 그 대상으로 향하게 하고(**사유**), 단단히 마음에 그 대상을 묶어두어 흔들리지 않게 하는(**숙고**) 마음 작용의 '기능'을 통해서 감각적 쾌락에 대한 욕구 등으로부터, 그리고 유익하지 않은 생각들로부터 벗어날 수 있는 것이다. 그러면 그때 수행자는 **희열**(pīti)과 **행복**(sukhā)[12]을 느끼게 된다. 희열과 행복은 마음이 대상에 확고하게 고정되었을 때 일어나는 일종의 신호(sign)다. 그럼으로 희열과 행복이 일어났다면 그것은 곧 마음에 대상이 고정되었다는 뜻이고, 더 뒤로 연장해서 살펴보면, 감각적 쾌락에 대한 욕구로부터, 그리고 유익하지 않은 생각들로부터 벗어

---

10) 이 두 단어에 대한 해석에는 이견들이 많다. 빅쿠보디스님과 대부분의 서양학자들은 이것을 각각 'applied thought'와 'sustained thought'로 번역하였고, 대림스님은 이에 따라서 이를 '일으킨 생각'과 '지속적인 고찰'로 번역했다. 남전대장경에서는 옛 방식대로 '尋'과 '伺'로 번역하고 있다. 이 용어에 대해서는 L.S.Cousins의 논문이 아래의 주소로 온라인상에 공개되어있음으로 참고하길 바란다. 「Vitakka/Vitarka And Vicara」 L.S.Cousins. www.ahandfulofleaves,org/org/documents/Articles/

11) 이 비유는 『청정도론』에서 초선에 대한 정형구를 설명하는 대목에 나오는 것으로, 청정도론에는 이 밖에도 새가 하늘을 나는 것과 벌이 꽃을 찾는 비유가 등장한다. 「api ca malaggahitaṃ kamasabhājanaṃ ekena hattena dalhaṃ gahetvā, itarena hattena cuṇṇatelavālaṇḍupakena parimajjantassa, dalhagahaṇahattho viya.」(Vsm/P.142)

12) 청정도론에서는 이 둘을 이렇게 설명하고 있다. 「원하던 대상을 얻어서 기쁜 것이 '희열pīti'이고 얻어진 결과를 향유하는 것이 '행복sukhā'이다. iṭṭhārammaṇapaṭilābhatuṭṭhi pīti, paṭiladdha rasānubhavanaṃ sukhaṃ.」(Vsm/P.145)

난 상태가 유지되고 있다는 뜻이다. 본문에서 희열과 행복을 '**멀리 벗어남에서 생긴**(vivekajaṃ)' 것으로 표현한 것도 이런 이유에서다.

〈맛지마니까야〉 제19경에는 이런 내용이 있다. 이것은 아마도 붓다께서 보살 시절에 자신이 고행과 선정의 수행 경험을 통해서 터득한 수행의 이치를 비구들에게 말씀하신 것이라고 생각되는데, 내용은 이렇다.

> 비구들이여! 비구가 거듭해서 쫓아 사유하고 쫓아 숙고한 것은 무엇이든지 그대로 마음의 경향성이 된다. 비구들이여! 만약 어떤 비구가, 감각적 쾌락에 관해 거듭해서 쫓아 사유하고, 거듭해서 쫓아 숙고하면, 감각적 쾌락에서 벗어남에 관한 사유를 행하지 않게 되고, 감각적 쾌락에 관해 거듭해서 사유를 행하게 되면서, 그의 마음은 감각적 쾌락에 관한 사유로 기울어진다.
>
> 비구들이여! 비구가 거듭해서 쫓아 사유하고 쫓아 숙고한 것은 무엇이든지 그대로 마음의 경향성이 된다. 비구들이여! 만약 어떤 비구가, 감각적 쾌락에서 벗어남에 관해 거듭해서 쫓아 사유하고, 거듭해서 쫓아 숙고하면, 감각적 쾌락에 관한 사유를 행하지 않게 되고, 감각적 쾌락에서 벗어남에 관해 거듭해서 사유를 행하게 되면서, 그의 마음은 감각적 쾌락에서 벗어남에 관한 사유로 기울어진다.[13]

---

13) 『드웨다위딱까 숫따』(MN1/P.116) 「yaññadeva bhikkhave, bhikkhu bahulamanuvitakketi anuvicāreti tathā tathā nati hoti cetaso. kāmavitakkaṃ ce, bhikkhave, bhikkhu bahulamanuvitakketi anuvicāretim pahasi nekkhammavitakkaṃ kamavitakkaṃ bahulamakāsi tassa taṃ kāmavitakkāya cittaṃ namati...yaññadeva bhikkhave, bhikkhu bahulamanuvitakketi anuvicāreti tathā tathā nati hoti cetaso. nekkhammavitakkañce,

그것이 유익한 것이든 유익하지 않은 것이든 간에, 어떤 특정한 대상을 향해 사유를 시작하는 것을 '위딱까'라고 하고, 그렇게 사유가 시작된 대상을 집중적으로 반복해서 숙고하는 것을 '위짜라'라고 하는 것이니, 이것은 마음작용의 속성이다. 이처럼 위딱까와 위짜라는 마치 눈먼 장님과 같아서, 자신이 쫓는 대상이 유익한 것인지 아닌지를 가려내지는 못하며, 단지 자주 사유하고 지속적으로 숙고하는 그 대상으로 마음의 주체의식이 기울어지게 만드는 역할을 할 뿐이다. 예를 들어서, 아침에 자명종 소리를 듣고 깼을 때, 순간적으로 더 자고 싶다! 라는 생각이 일어나고, 그 생각에 사유가 붙기 시작하면, 결국 마음이 제멋대로, 일찍 일어나지 않아도 될 수백 가지 이유를 만들어내면서 결국 늦잠을 자게 만드는 것과 같다. 따라서 수행자라면, 마음의 이러한 속성을 알고 있으면서 스스로 마음에서 어떤 생각이 일어나면, 그 일어난 생각을 대상으로 삼아 분명히 알아차려야 하고, 그 일어난 생각에 대해 '사유'가 붙기 전에 그 생각이 유익한 것인지 아닌지를 판단하고, 유익하지 않은 것이라고 판단되면 다음과 같이 스스로에게 타일러서, 버리게 하고 제거하게 하고 소멸되게 해야 한다는 것이다.

> 내가 게으르지 않고 부지런히 정진할 때에, 이처럼 감각적 쾌락에 관한 사유가 일어났다. 그러면 나는 '감각적 쾌락에 관한 사유가 나에게 일어났구나! 이것은 자신에게 해를 끼치고, 남에게 해를 끼치고, 둘 다에게 해를 끼치며, 지혜를 소멸시키고, 곤란함을 동반하고, 열반으로 이끌지 못한다.'라고 통찰한다. 비구들이여!

---

bhikkhu bahulamanuvitakketi anuvicāreti, pahāsi kāmavitakkaṃ, nekkhammavitakkaṃ bahulamakasi, tassaṃ taṃ nekkhammavitakkāya cittaṃ namati.」

> ‘이것은 참으로 자신에게 해를 끼친다.’라고 성찰했을 때 그것이 내게서 사라졌다. …… 나에게 감각적 쾌락에 관한 사유가 일어날 때마다, 나는 그것을 (이렇게) 버리고 제거하고 소멸시켰다.[14)]

그렇다면 유익하다고 판단된 법들은 어떻게 해야 그 법들이 유지되는가?

> 이처럼 감각적 쾌락에서 벗어남에 관한 사유가 일어났다. 그러면 나는 ‘감각적 쾌락에서 벗어남에 관한 사유가 나에게 일어났구나! 이것은 자신에게 해를 끼치지 않고, 남에게도 해를 끼치지 않고, 둘 다에게 해를 끼치지 않으며, 지혜를 증진시키고 곤란함을 동반하지 않으며, 열반으로 이끈다.’라고 통찰한다. 비구들이여! 내가 하룻밤이라도 …… 하루 낮이라도 …… 하루 밤낮이라도 그것을 쫓아서 사유하고, 쫓아서 숙고한다면, 그렇게 함으로부터 나는 두려움을 보지 않게 될 것이다.[15)]

14) 제19경 『드웨다위딱까 숫따』(MN1/P.115) 「tassa mayhaṃ bhikkave evaṃ appamattassa ātāpino pahitattassa viharato uppajjati kamavitakko, so evaṃ pajānami. uppanno kho me ayaṃ kāmavitakko, so ca kho attabyābadhāya pi saṃvattati, parabyābādhaya pi saṃvattati, ubhayabyābādhāya pi saṃvattati, pañjānirodhiko vighātapakkhiko anibbānasaṃvattaniko. attabyabādhaya saṃvattati ti, pi me bhikkhave paṭisañcikkhato abbhatthaṃ gacchati …… so kho ahaṃ bhikkhave uppannuppannaṃ kāmavitakkaṃ pajahaṃ’eva vinodem’eva byant’eva naṃ akāsiṃ.」

15) 〈맛지마니까야〉제19경의 대역경인 한역 『念經』에서는 빠알리본의 ‘n’eva tatonidānaṃ bhayaṃ samanupassāmi.라는 대목이 다음과 같이 다르게 번역되었다. 『염경』(T1/P.589) 「‘자신에게 해를 끼치지 않고, 남에게도 해를 끼치지 않고, 둘 다에게 해를 끼치지 않으며, 지혜를 증진시키고 곤란함을 동반하지 않으며, 열반으로 이끈다.’라고 통찰하고는, 문득 속히 익히고 닦아서 널리 펼쳤다. 覺不自害. 不害他. 亦不俱害. 修慧不煩勞而得涅槃. 便速修習廣布.」 이 대목의 빠알리어 본문의 내용은 다음과 같다. 『두 갈래 사유의 경』(MN1/P.116) 「so evaṃ pajānami uppanno kho me ayaṃ nekkhammavitakko so ca kho nevattabyābādhāya saṃvattati, na parabyābādhāya saṃvattati, na ubhayabyābādhāya saṃvattati, paññāvuddhiko avighātapakkhiko nibbānasaṃvattaniko. rattiṃ cepi naṃ …… divasaṃ cepi naṃ …… rattindivaṃ cepi naṃ bhikkhave anuvitakkeyyaṃ anuvicāreyyaṃ n’eva tatonidānaṃ

쉽게 말하자면, 이것은 스스로 자신을 타이르는 것이고, 타일러서 납득시키는 것이다. 그렇게 해서 이미 일어난 유익하지 않은 법은 소멸되게 하고, 아직 일어나지 않은 유익하지 않은 법은 다시 일어나지 않게 하는 것이며, 이미 일어난 유익한 법은 증장시키고, 아직 일어나지 않은 유익한 법은 일어나게 하는 것이다.

사유와 숙고는 감각적 쾌락을 벗어남에 관한 사유와 숙고도 있지만, 감각적 쾌락에 관한 사유와 숙고도 있다. 그럼으로 본문의 '**유익하지 않은 법들에서 벗어나, 사유와 숙고가 함께 하는**'이라는 문장 가운데 '**함께 하는**'이라는 부분은, 위의 예문과 같이, 감각적 쾌락에서 벗어남을 조건으로 해서, 그렇게 해서 일어나 '**함께 하는**' 사유와 숙고라는 뜻이다.[16] 그러나 그렇게 유익한 법들을 사유하고 숙고하는 것도 지나치면 다시 장애가 생긴다.

> 그러나 내가 너무 오래 (그것에 관해) 사유하고 숙고하면 몸이 피로할 것이고, 몸이 피로하면 마음이 혼란스러울 것이고, 마음이 혼란스러워지면 삼매에서 멀어질 것이다, 라고 알았다. 비구들이여! 그래서 나는 안으로 마음을 확고하게 하고 가라앉히고 통일하여 삼매에 들었다. 그것은 무슨 이유에서인가? 나의 마음이 들뜨지 않게 하기 위해서였다.[17]

줄기차게 사유하고 숙고하는 과정은 애를 쓰는 과정이니 당연히

---

bhayaṃ samanupassāmi.」

16) 빠알리 본문에서는 vivicca kāmehi(감각적 쾌락들로부터 벗어나서), 그것을 조건으로 해서, sa(=saha 전치사)+vittakaṃ(주격)=사유가(사유와 함께 함이) 있고, sa+viccaraṃ(주격)=숙고가(숙고와 함께 함이) 있고, 로 나타난다.

심신이 피로해지기 쉽다. 그럼으로 수행자는 심신이 피로해 지기 전에, 미리 앞서서 사유와 숙고를 멈추고 휴식(삼매)에 들어가야 하는 것이다. 추구하는 대상은 추구하는 자의 심신의 상태와 연기적으로 이어져서 나타나기 때문이다. 즉 어떤 상태에서 대상을 추구하느냐에 따라 추구되는 대상이 영향을 받기 때문에, 수행자 자신의 편안한 심리상태를 확보하기 위해 사유와 숙고를 멈춘다는 것이다. 그것을 붓다는 다음과 같은 비유로써 설명하셨다.

> 예를 들어서 더운 여름의 마지막 달에 모든 곡식들을 마을 안으로 다 거둬들였을 때 소치는 사람이 소떼를 지킨다고 하자, 그는 나무 아래로 가거나 노지에 가서, 여기 소떼가 있구나, 라고 마음으로 관찰하기만 하면 된다. 비구들이여! 그와 같이 이런 법들이 있구나, 하고 마음으로 관찰하기만 하면 되었다.[17)]

감각적 쾌락들로부터 벗어나고, 유익하지 않은 생각(법)들로부터 벗어나기 위해서는, 추수가 끝나지 않은 논밭에서 소를 관리하는 사람이 남의 집 논밭으로 뛰어들려는 소를 늘 주시해야 하며 이리 끌고 저리 끌면서 통제해야 하는 것처럼, 수행자도 스스로의 마음을 이리 끌고 저리 끌면서 굳건하게 다잡아야 한다. 하지만 추수가 끝나서 텅 빈 들판에 소를 풀어놓은 것이라면 소를 관리하는 사람이 해야 할일은 그저 소가 어디에 있는지를 지켜보는 것만으로도 충분하다. 마찬가지로, 감각적 쾌락들로부터 그리고 유익하지

---

17) 제19경 『드웨다위딱까 숫따』(MN1/PP.116~117) 「seyyathā pi bhikkhave gimhanaṃ pacchime māse sabbasassesu gāmantasambhatesu gopālako gāvo rakkheyya, tassa rukkhamūlagatassa vā abhokasagatassa vā satikaraṇīyaṃ eva hoti, etā gāvo ti. evaṃ eva kho bhikkhav satikaraṇīyaṃ eva ahosi, ete dhammā ti.」

않은 법들로부터 이미 벗어난 상태라면, 이제 수행자는 그저 고요하게 마음에서 일어나고 사라지는 대상에 대해 마음으로 관찰하기만 하면 된다는 것이다. 초선의 경지에서 경험하는 희열과 행복은 이런 과정을 통해서 일어나는 것이고, 이것이 본문에서 보살이 경험했다는 초선의 내용이다.

그리고 불전에 따라서는 보살이 초선에서 그치지 않고 사선(四禪)의 경지까지를 모두 출가 이전에 경험했다고 기록한 곳도 있지만,[18] 보살 스스로가 '**농경제**' '**잠부나무**' '**초선**'과 같은 구체적 표현을 사용한 경전의 내용을 굳이 의심할 필요는 없을 것 같다. 단지, 보살이 '**초선을 구족하여 머물렀던 적이 있었다.**'라고 '**초선**'을 특정해서 언급한 것은, 사선의 체계를 모두 경험한 이후에 알게 된 기준을 나중에 붓다의 입장에서 그것을 적용해서 말한 것이지, 보살이 그것을 경험할 당시에 그것이 '초선'이었음을 스스로 알고 있었다는 뜻은 아닐 것이라는 정도의 추측은 가능할 것이다.

---

18) 『방광대장엄경』(T3/P.582) 「다시 이런 생각을 했다. '내가 예전에 부왕의 동산 염부제나무 아래에서 처음 초선을 수행했었고, 그때 나는 몸과 마음이 매우 즐거웠다. 이와 같이 하여 사선정까지를 증득했다.' 復作是念. 我昔於父王園中閻浮樹下修得初禪. 我於爾時身心悅樂. 如是乃至證得四禪.」
〈증일아함〉(T2/P.671) 「내가 예전 일을 스스로 생각함에, 부왕이 있을 적에 나무 아래서 음욕이 없는 상태에서 악이 제거되고 불선법이 제거된 초선에 머물렀고, 각도 없고 관도 없는 제2선에 머물렀고, 염이 청정하여 뭇 생각들이 없는 제3선에 머물렀고, 고와 낙이 없고, 의념이 청정한 제4선에 머물렀던 적이 있었다. 이것이 혹시 그 길이지 않을까. 나는 마땅히 지금부터 이 길을 구하리라. 我自憶昔日. 在父王樹下無婬無欲. 除去惡不善法遊於初禪. 無覺無觀遊於二禪念清淨無有衆想遊於三禪. 無復苦樂意念清淨遊於四禪. 此或能是道. 我今當求此道.」
『랄리따위스따라』(P.200) 「Monks, I continued to think: "Once, when I was sitting in my father's park under the shade of a rose apple tree, I rejoiced as I attained the first level of concentration, which is free from desires and negativities, endued with good qualities, reflective, investigative, and full of joy born out of discrimination. I rejoiced as I attained the levels of concentration up to the fourth.」

소위 '색계사선(色界四禪)'이라고 불리는 선정의 체계가 불교 내부에서 완성된 것인지, 아니면 외부에서 완성된 것인지에 대해서는 아직도 학계에서의 일치된 견해가 나오지 않고 있다.[19] 하지만 설령 색계 사선정의 체계 혹은 무색계의 선정까지를 더해서 구차제정(九次第定)의 체계가 이미 불교 이전의 수행자들에 의해 실천되고 정립된 수행법이었다고 하더라도, 그것 때문에 붓다의 법을 실천하는 데 어떤 문제가 생기는 것은 아니라고 필자는 생각된다.

사실 선정수행은 본경에서의 니간타나, 알라라와 웃다까의 사례에서도 확인되었지만, 이미 오래전부터 인도의 거의 모든 종교인들 사이에 그 수행법이 널리 공유되어 왔었기 때문에 처음부터 어떤 특정한 종교의 전유물로 규정할 수 있는 것이 아니다. 단지 '괴로움으로부터 벗어남'을 수행의 목적으로 삼았던 붓다께서는 괴로움이 발생하는 근본원인이 '자아'라는 잘못된 망념을 집착함에 있다고 파악했기 때문에, 그 자아라는 망념을 제거하고, 괴로움으로부터 벗어나기 위한 가장 수승하고 유효한 수행법으로써 선정수행을 사용했던 것이고, 불교를 제외한 나머지 대부분의 종교에서도 선정수행을 해오기는 했지만, 불교에서처럼 자아를 망념으로 보지 않기 때문에, 붓다와는 다른 목적을 위해 선정수행이 행해져 왔던,

---

19) 사선정 체계의 성립에 대한 논쟁은 크게 불교내부성립설과 외부기원설로 나뉜다. 전자는 불교 내부의 경전, 예를 들어서 『숫따니빠따』나 〈앙굿따라니까야〉와 같은 경전들에 언급된 내용을 근거로 삼고 있고, 후자는 주로 니간타를 비롯된 다른 종파들의 문헌에서 사선정의 내용이 언급되었다는 것을 근거로 삼고 있다. 참고: 「Concept and Stages of Meditation in Jainism」 by Prem Suman Jain; 『The Origin of Buddhist Meditation』 by Alexander Wynne Oxford Centre for Buddhist Studies(2006), PP.94~108.; 「初期佛敎 선정설의 체계에 대한 연구」, 김준호, 부산대학 박사학위논문(2008), PP.82~125.; 「初期佛傳에 나타난 붓다와 禪定」, 김준호 동서사상연구소.

그 수행 목적의 차이가 생기게 된 것뿐이다. 어쨌든 붓다로부터 시작된 불교식 사선정의 수행은 기본적으로, 수행의 목적이 자신에게서 성취될 수 있는 조건을 자신에게 구족시키는 도구의 역할이었다고 보기 때문에, 사선정의 체계가 불교 내부에서 발원한 것인지 아닌지를 따지는 것은 의미 없는 일이라고 필자는 생각한다.

앞선 3-2장에서 필자가 이미 언급한 바와 같이, 수많은 수행자들 가운데 보살만이 바른 깨달음을 성취할 수 있었던 것은, 그가 어떤 '특별한 수행법'을 썼기 때문이 아니라 이미 여러 수행자들이 행하던 공개적이고 일반적인 수행법을 실천하면서 단지 거기서 '특별한 결론'을 이끌어 냈기 때문일 것이다. 기본적으로 붓다께서는 '연기법'과 같은 몇 가지 중요한 개념을 제외하고는 평생 새로운 개념이나 용어를 따로 만들지 않으셨다. 여래는 법을 보는 자이지, 법을 만드는 자가 아니라는 붓다 자신의 발언처럼, 붓다께서는 단지 기존의 수행자들에게 널리 알려진 개념이나 용어들을 '법에 부합하는 관점'에서 새롭게 정의하시면서 사용하셨을 뿐이다. 필자가 사선정 체계가 외부에서 차용한 것이라고 하더라도 붓다는 상관하지 않으셨을 것이라고 믿는 근거도 여기에 있다. 그렇게 붓다에 의해서 새롭게 정의되면서 소위 '불교의 것'으로 바뀐 것들은 이루 셀 수 없을 정도로 많고, 선정의 체계 역시 그런 것들 가운데 하나라고 필자는 생각한다.

이번에는 보살이 출가 이전 초선을 경험했던 시기에 대해서 한번 살펴보자. 주석서와 『자따까』에서는 그것이 태자가 유모의 보살핌을 받을 정도로 어린아이였을 때의 일로 기록하고 있지만,[20)]

보살이 소년이었을 때에, 혹은 이미 성년이 된 후에 경험한 것으로 기록된 불전들도 있다.[21] 필자의 생각으로는 태자가 처음으로 선정에서의 희열과 행복을 경험한 것이 부왕의 농경제 행사 때였다는 경전의 내용은, 구체적으로 경험했던 사건이 언급된 것으로 보

---

20) 『자따까』와 주석서(MA2/P.290)에서는 유모의 보살핌을 받던 어린나이에 보살이 선정의 경험을 한 것으로 전하고 있다. 「보살을 둘러싸고 앉아있던 유모들이 '왕께서 잘 계시는지 보러갑시다.'라며 천막 밖으로 나왔다. 보살이 여기저기를 둘러보고는 아무도 없자, 서둘러 일어나 결가부좌를 한 채 출 입식을 조절해 초선에 들었다. bodhisattaṃ parivāretvā nisinnā dhātiyo rañño sampattiṃ passissāmati. antosāṇito bahi nikkhatā bodhisatto ito c'ito ca olokento kañci adisvā vegena uṭṭhāya pallaṃkaṃ ābhujitvā ānāpāne pariggahetvā paṭhamajihanaṃ nibbattesi.」(JA vol1/P.58)

21) 『불본행집경』(T3/PP.705~706)에서는 보살의 나이 12세 때 염부나무 아래서 초선을 경험한 것으로 기록하고 있다. 「4년이 지나 그의 나이 12세가 되었을 때 …… 그때 정반왕이 농경제를 참관하고 나서 여러 동자들과 함께 한 동산으로 돌아왔다. 그때 태자는 이곳저곳을 다니면서 고요한 곳을 찾으려다 문득 한 곳을 보니, 염부수가 있었다. 줄기와 가지가 윤택하고 단정하며 아름답고 울창하고 무성하여 사람들이 즐겨볼 만하였다. 그는 곧 좌우의 시중에게 말하기를 '그대들은 각자 나에게서 멀리 떨어지라, 나는 혼자 걷고 싶다.' 이에 태자가 좌우를 물리쳐 모두 흩어지게 하고는 나무 아래로 갔다. 나무 아래에 도착하여서는 풀 위에 앉아 가부좌를 하고는 성심껏 마음으로 사유하였다. 중생들에게는 생노병사의 온갖 고통이 있음을 알고 자비심을 일으키니, 곧바로 마음이 고요해졌다. 經歷四年. 至十二時 …… 時淨飯王. 觀田作已. 共諸童子. 還入一園. 是時太子. 安庠矚眄. 處處經行. 欲求寂靜. 忽見一處. 有閻浮樹. 條幹滑澤. 端正可憐. 鬱蓊扶疎. 人所樂見. 見已卽語諸左右言. 汝等諸人. 各遠離我. 我欲私行. 是時太子. 發遣左右. 悉令散已. 漸至樹下. 到樹下已. 卽於草上. 加趺而坐. 諦心思惟. 衆生有於生老病死種種諸苦. 發起慈悲. 卽得心定.」

『불설신모희수경』(T17/P.599) 「내가 이때 다시 생각하기를, 처음 출가 이후에(*아날나요스님은 이것을 보살이 출가한 이후에 초선을 경험했다는 기록의 예로 소개하고 있지만, 여기서의 '初出家後'라는 문장은 처음으로 왕궁을 벗어났다는 뜻이지, 수행자가 되기 위해 출가했다는 뜻은 아닐 것이다. 참조. 「…… as it places this first jhana experience after the bodhisattva had gone forth.」(CSM/P.241)) 내가 석가족의 동산 가운데 염부나무 아래서 편안히 앉았더니, 해 그림자가 그늘을 덮지 않고 시원하였으니, 내가 그때 모든 욕락에 오염됨으로부터 벗어나고 선하지 않은 법들로부터 벗어나, 사유와 숙고가 있고, 벗어남에서 생긴 희열과 행복이 있는 초선정을 증득했으니, 이것이 바른 길이다, 라고 실답게 깨달아 마침에, 내가 곳곳에서 차례로 모든 도를 정진하였으나 이 바른 도 이외에 다른 도가 없다는 것을 진실로 삼았느니라. 我時又念. 初出家後. 我往釋種園中閻浮樹下. 安詳而坐. 日影不轉蔭覆淸凉. 我於爾時. 離諸欲染不善之法. 有尋有伺. 離生喜樂. 證初禪定此爲正道. 如實覺了. 我於處處. 勤歷諸道. 此正道外. 無復餘道. 而爲眞實」

『불설보요경』(T3/P.499) 「이때 태자가 장대해진 나이가 되어 …… 염부수의 무성한 그늘이 좋음에, 곧바로 그 나무의 시원한 그늘 아래 앉아 일심삼매의 정정을 사유함을 제일로 삼아. 爾時太子年遂長大 …… 閻浮樹蔭好茂盛 卽在彼樹蔭涼下 坐一心禪思三昧正定(受) 以爲第一」

아서는 잘못 전달될 내용은 아닌 것 같고, 단지 농경제에 참석했던 태자가 그때 어느 정도 연령대였는지가 문제가 될 것이다.

대부분의 불전들의 기록에 묘사된 보살의 성격이나 출가 이전의 보살의 삶을 통해 짐작해 보자면, 처음으로 선정에서의 희열과 행복을 경험한 것이 본인 스스로도 쉽게 기억해 내지 못할 정도로 아주 어린아이 시절의 일이 아니었다면, 그 이후로 보살이 더 이상 선정수행을 행하지 않았을 것 같지는 않다. 그때가 소년기였다고 한다면, 첫 번째 경험 이후 보살이 성인이 되어 출가하기 직전까지 스스로 한적한 곳을 찾아다니면서 선정수행을 지속적으로 해 왔을 것으로 짐작하는 것이 태자의 성격상 더 자연스러울 것이다. 하지만 구체적으로 보살이 그것을 '**아버지의 석가족 농경제 때**' 있었던 일이라고 당시의 상황과 함께 기억해 내고, 그 이후로 따로 선정을 행했던 기억을 언급하지 않은 것으로 보아서는, 그 선정의 경험은 성년이 된 후가 아닌, 보살이 아주 어렸던 시절의 일이었다는 주석서와 『자따까』의 내용이 필자에게는 훨씬 더 설득력이 있어 보인다.

〈악기웻사나여! 그런 내게 이런 생각이 일어났습니다. '이 행복은 참으로 감각적 쾌락들과도 상관없고, 유익하지 않은 법들과도 상관없는데, 나는 왜 그런 행복을 두려워하는가?' 라고. 악기웻사나여! 그런 내게 이런 생각이 일어났습니다. '나는 감각적 쾌락들과도 상관없고, 유익하지 않은 법들과도 상관없는 그런 행복을 두려워하지 않겠다!' 라고.〉

필자는 이 대목이 본경 4장에서의 '**세 가지 비유**'에 이은 또 다른 방면에서의 중요한 발상의 전환을 나타낸 것이라고 생각한다. 이유는 이렇다. 여기서 보살에게 '**이것이 바로 깨달음을 위한 길이다.**'라고 확신하게 만든 것은, 초선을 통해 경험된 '행복한 느낌'이 조건들에 의지해서 일어난 것임을 자각함에 따른 것이다. 즉 이것은 느낌의 '연기성(緣起性)'에 대한 자각이고, 다른 의미에서 이것은 하나의 '깨달음'이다. 그 깨달음으로부터 '**나는 왜 그런 행복을 두려워하는가?**' 라는 반성이 있게 된 것이고, 그런 반성을 통해 '**나는 감각적 쾌락들과도 상관없고 유익하지 않은 법들과도 상관없는 그런 행복을 두려워하지 않겠다.**'라는 수행에 관한 또 다른 발상의 전환이 일어난 것이라고 여겨지기 때문이다. 따라서 앞의 4장에서의 '세 가지 비유'가 '깨달음의 연기성'에 대한 자각을 통해서 수행의 발상의 전환을 가져온 것이라면, 이 대목은 '느낌의 연기성'에 대한 자각을 통해서 수행의 발상의 전환을 가져온 것이라고 생각한다.

보살이 위의 문장에서와 같이 '**쇠약한 몸으로는 그런 행복을 증득하기 쉽지 않다**'라거나 이곳에서처럼 '**이 행복은 감각적 욕망들과도 상관없고 유익하지 않은 법들과도 상관없는데, 나는 왜 그것을 두려워하는가?**' 라고 한 그 '**행복**(sukha)'은 조건들에 의지해서 일어나는 것임이 자각된 '느낌(vedanā)'으로서의 '행복'이다. 그럼으로 보살이 여기서 '**나는 왜 그런 행복**' **을 두려워하는가?**' 라고 말했다는 것은, 그동안 '행복한 느낌'의 발생에 대한 잘못된 이해를 자신이 가지고 있었고, 그 잘못된 이해가 족쇄가 되어 자기 자신을 묶고 있었다는 것을 스스로 반성하는 것이다. 그리고 그런 반성은 행복한 느낌이라는 것이 감각적 쾌락과 유익하지 않은 법들과 상관없이도 일어날 수 있다는 것에 대한 '깨달음'으로부터 일어난 것이다.

보살이 스스로를 묶어왔던 그 '느낌'에 대한 잘못된 이해는 아마도 알라라와 웃다까라는 두 선정수행자 밑에서 무색계 선정을 수행하던 시절에 생겼던 것일지도 모른다.[22] 그들이 주장한 궁극의 해탈처에 도달하기 위해서는 선정에서 얻어지는 '행복'과 같은 것은 멀리해야 할 것으로 여겼고, 그래서 그런 행복에 빠지는 것을 스스로 경계하게 되었을 것이다. 사유와 숙고가 그렇듯이, 희열과 행복도 어떤 조건들 속에서 만들어진 것이냐에 따라 그 내용과 역할이 바뀌는 것인데, 발생된 조건들을 따져보지도 않고 자신에게 경험된 모든 종류의 '행복'을 무조건 거부해 왔었다는 것을 스스로 인정한 것이다.

수행의 목적인 '**수승한 앎과 봄을 증득**'하기 위해서는, 무엇보다 먼저 스스로 내부적으로 감각적 쾌락들에 대한 욕구로부터 벗어나고, 유익하지 않은 법들로부터 벗어남이 이루어져야 했다. 그것이 바로 자신이 수행의 목표로 삼은 '수승한 앎과 봄의 증득'이 자신에게서 '발생'될 조건들이었다. 그런데도 자신은 어리석게도, 그동안 그 목표의 증득을 원하면서도 행복한 느낌이 자신에게 경험되는 것을 두려워하고 경계했던 것이다. 행복을 경계하고 두려

22) 아날나요스님의 글에도 필자와 같은 추측이 언급되었다. 「초선의 행복감은 무언가 버려야 할 필요가 있는 어떤 열등한 것으로 받아들여졌을 것이다. 그런 행복감에 몰두한다는 것이 무색계 선정에 도달을 향한 향후의 과정에서 장애가 될 수도 있는 판단 아래서 말이다. the pappiness of the first Jhana may have been perceived as something coarse that one needs to leave behind, since to indulge in such happiness could become a hindrance for further progress towards the immaterial attainment.」(CSM Vol1/P.242)

워했다는 것은 곧 그 '행복'이라는 것 자체를 하나의 자성(自性)을 지닌 대상으로 인식하고 있었다는 것이고, 그렇게 행복한 느낌을 대상으로 삼아 경계했던 것 자체가 바로 감각적 쾌락에 대한 욕구의 틀에 갇히는 것임을 이제까지는 알지 못했다는 것이다. 요는 보살은 이제까지는 '느낌의 연기성(緣起性)'에 대해 자각하지 못했었다는 것이다.

그래서 보살은 다짐한 것이다. **'나는 감각적 쾌락들과도 상관없고 유익하지 않은 법들과도 상관없는 그런 행복을 두려워하지 않겠다!'** 라고. 행복을 두려워하지 않겠다는 것은 행복을 즐기겠다는 것은 물론 아니다. 그것이 괴로운 느낌이든, 행복한 느낌이든 간에 '느낌'이란 조건에 의지해서 일어나는 것임을 알았고, 그것들이 어떠한 과정을 통해서 자신에게 괴로운 느낌으로 또 행복한 느낌으로 경험되는지를 알았으니, 이제 더 이상 '행복한 느낌' 자체를 자성을 지닌 하나의 대상으로 삼고 경계함으로써, 감각적 쾌락에 대한 욕구의 틀에 스스로 갇히고, 유익하지 않은 법들에 스스로 묶이는 어리석은 짓은 하지 않겠다는 것이다.

〈'그러나 이렇게 극도로 쇠약한 몸으로는 그런 행복을 증득하기 쉽지 않다. 나는 덩어리진 밥이나 죽 같은 음식을 먹으리라.' 악기웻사나여, 그런 나는 덩어리진 밥이나 죽 같은 음식을 먹었습니다.〉

괴로운 느낌을 대상으로 한 수행이 자신이 목표로 삼은 수승한 앎과 봄의 증득으로 이끌지 못한다는 것을 확인하고, 행복을 수반한 선정수행이야말로 깨달음을 위한 적합한 수행의 길이라고 확신하게 된 보살은, 출가 이전에 자신이 경험했던 선정수행에서의 희열과 행복을 다시 증득하기 위해서는 그 희열과 행복을 경험했던 당시의 주체인 자신이 어떤 심신의 조건들을 갖추고 있었는지를 자연히 생각했을 것이고, 그것과 현재 자신의 심신의 상태를 비교해 보았을 것이다. 어린 시절에는 지금처럼 굶주리지 않았을 것이니 자신에게 감각적 쾌락들에 대한 욕구가 있었을 리 없고, 심리적으로도 지금처럼 '절대로 수행 중에 행복한 느낌을 느껴서는 안 된다!' 라는 식의 유익하지 않은 법에 묶여있지도 않았을 것이다. 그렇게 잘 갖추어진 조건들 속에서 마음이 하나로 집중되고 거기서 희열과 행복이 있는 초선의 경지를 스스로 경험했던 것임을 확인한 보살에게는 '**이렇게 극도로 쇠약한 몸으로는 그런 행복을 증득하기 쉽지 않다.**'라는 판단이 자연스럽게 일어났을 것이다.

그런데 빠알리본의 내용처럼, 자신이 '행복'을 경험하는 것을 두려워하지 않겠다고 말함으로써 자신이 이제까지 행복에 대한 어떤 잘못된 전제, 즉 '유익하지 않은 법'에 묶여있었다는 점을 스스로 드러낸 것은 빠알리본 이외의 문헌에는 나타나지 않는다. 단지 『불본행집경』에는 '나는 어찌하여 저 행복을 알지 못했던가!' 라는 내용이 있기는 하지만, 이것은 빠알리본에서, 분명히 자신이 행복한 느낌에 대한 잘못된 전제를 가지고 있었음을 토로한 내용과는 차이가 있다. 나머지 불전들과 〈설일체유부〉 소전의 『수신경』의 기록에는, 행복한 느낌에 관련된 이야기는 전혀 언급되지 않았고, 단지 자신의 쇠약해진 몸으로는 선정수행을 감당할 수 없기 때문에 몸을 회복해야 겠다는 내용만이 기술되었다.[23] 이런 기술의 차이는

23) 수행 과정에서 '행복'을 경험하는 것을 두려워하지 않겠다고 말함으로써 자신이

어쩌면 행위에 있어서 마음(意業)이 말(口業)과 몸(身業)보다 우선한다는 붓다의 관점이 〈설일체유부〉소속의 경전 편집자나 후대의 불전의 기록자들에게 제대로 반영되지 않은 탓일지도 모르겠다.

〈그때에 다섯 비구들이 '참으로 우리의 사문 고따마가 법을 증득한다면 그것을 우리에게 알려줄 것이다.'라고 생각하면서 나를 시봉하고 있었습니다. 악기웻사나여! 그

행복에 대한 잘못된 전제를 가지고 있었다는 점을 드러낸 내용은 빠알리본 이외에는 어느 문헌에도 나오지 않는다. 단지 내용이 비슷하게 언급된 곳은 빠알리본 외에 『불본행집경』뿐이다. 『불본행집경』(T3/P.770) 「이때 보살이 다시 이와 같이 사유하여 말하였다. '그 행복이라는 것은, 오직 모든 욕망과 선하지 않은 법으로부터 멀리 여읜 것이거늘, 나는 어찌하여 그 행복을 알지 못했던가! 나는 지금부터 그 행복을 증득하여 일체의 지견을 성취하리라.' 爾時菩薩. 復作如是思惟念言. 彼之樂者. 唯遠諸慾及不善法. 我今豈可不知彼樂. 我今乃可證彼樂故. 爲欲成就一切知見.」

『수신경』(P.223) 「이 길은 지혜를 성취하는데 족하고, 정견과 무상정등정각을 성취하기에 족하다. 그러나 이 길을 현재의 나는 생기할 수 없다. 내가 이와 같이 쇠약하기 때문이다. 此道路 此途經應足以成就智慧, 足以成就(正)見, 足以成就無上正等正覺 此(道路) 我現在不易令其生起, 因爲我如此消瘦」

『방광대장엄경』(T3/P.582) 「내가 이전 부왕의 정원에서 염부제나무 아래서 초선을 증득하였고, 이때의 나의 신심은 기쁘고 즐거웠다. 이와 같이 하여 사선까지를 증득했다. 이전에 증득하였던 것을 생각해 보니, 이 지혜를 원인으로 하여 반드시 생로병사를 제거할 수 있다. 보살이 다시 생각하기를, 나는 지금 장차 이 쇠약한 몸으로는 저 길을 감내하기 힘들다. 我昔於父王園中閻浮樹下修得初禪. 我於爾時身心悅樂. 如是乃至證得四禪. 思惟往昔曾證得者. 是菩提因必能除滅生老病死. 菩薩復作是念. 我今將此羸瘦之身不堪受道」

『랄리따위스따라』(P.200) 「이 길이 생로병사에서 일어난 괴로움을 제거할 수 있는 깨달음을 위한 길임이 틀림없다. 그래서 이런 생각이 들었다. 이것은 깨달음을 위한 길이다. 하지만 이 길은 이렇게 몸이 쇠약해진 자에게는 실현될 수 없다. That, indeed, must be the path to awakening, which can eradicate the arising of the suffering of birth, old age, sickness, and death, And so a conviction was born in me. this is the path to awakening. Again I thought Yet this path cannot be realized by someone who has grown so weak.」

『마하와스뚜』(PP.125~126) 「비구들이여, 내가 그런 기억에 잠겨있을 때, 이것은 깨달음을 위한 길이라는 생각이 나에게 일어났다. 그러나 이 길은 단식하여 몸이 여위고 약하고, 피로한 자에게는 감당할 수 없다. And, monks, while I was thus indulging that memory, there came to me as a result the conviction that this was the way to enlightenment. But this way could not be won when the body was emaciated, weak, distressed and fasting.」

러나 내가 덩어리진 밥이나 죽 같은 음식을 먹자, 그 다섯 비구들은 '사문 고따마는 호사스러운 생활을 하고, 정진을 포기하고, 사치스러운 생활에 젖어있다.' 라고 하며, 나를 혐오하여 떠나버렸습니다.〉

본문에서 다섯 비구들의 존재가 언급된 곳은 여기가 처음이다. 그런데 다섯 명의 비구들이 언제 보살과 합류했는지에 관한 불전의 기술들을 보면 그 내용이 일정하지 않다. 불전에 따라서는 다섯 비구들이 웃다까 라마뿟따 밑에서 수행하고 있었는데, 보살이 웃다까의 곁을 떠날 때 다섯 비구들도 보살과 함께 떠나온 것으로 기록된 곳도 있고[24], 보살이 웃다까를 떠나 홀로 수행한다는 소식을 들은 숫도다나왕이 석가족의 청년들을 출가시켜서 보살을 시봉하도록 보낸 것으로 기록된 곳도 있다.[25] 그밖에, 보살이 우루웰라에 도착했을 때, 이미 우루웰라에 머물면서 수행하고 있던 다섯 비구들과 보살이 합류한 것이라는 기록도 있다.[26] 이렇듯 다섯 비구들이 보살과 합류한 시기에 대해서는 불전의 기록들이 제각기 다르지만, 그들이 보살의 곁을 떠나게 된 이유와 시기에 대해서는 본문의 내용과 전부 일치한다.

---

24) 『랄리따위스따라』(P.185) 「비구들이여, 그때 라자가하에서 보살이 원하는 만큼 머물렀다가, 다섯 명의 수행동료들과 함께 마가다국에서 유행하기 위해서 그곳을 떠나왔다. Monks, by that point the Bodhisattva had remained in R jag ha for as long as he wanted, and now he left together with the five ascetic companions in order to wander through the kingdom of Magadha」

25) 『파승사』(T24/P.118) 「菩薩爾時遊行山林. 時淨飯王憶念菩薩. 令使尋訪相望道路. 在所山林悉皆知處. 旣聞太子辭彼水獺無有侍者獨行山林. 卽差童子三百人往侍太子. 天示城王旣聞是事. 復差二百童子往侍太子. 如是五百童子圍繞菩薩. 於諸山林隨意遊觀. 爾時菩薩便作是念. 我今欲於林間靜住. 不可令其多人圍繞而求甘露. 然我應留侍者五人. 餘者放還. 是時菩薩. 於母宗親中而留兩人. 於父宗親中而留三人. 而此五人承事菩薩. 餘者各令還國. 爾時菩薩. 與此五人圍繞. 往伽耶城南. 詣烏留頻螺西那耶尼聚落. 四邊遊行於尼連禪河邊」

26) 『Buddhacarita - Cowell』「그때 보살은 그가 이곳에 오기 전부터 있었던 다섯 명의 수행자들을 보았다. Then he saw five mendicants who had come there before him.」

그렇게 보살이 스스로 몸을 회복하기 위해서 덩어리진 밥이나 죽과 같은 제대로 된 음식을 먹기 시작하자, 다섯 비구들은 "**사문 고따마는 호사스러운 생활을 하고 정진을 포기하고, 사치스러운 생활에 젖어있다.**"라고 비난했다고 한다. 이것이 다섯 비구들이 보살을 떠난 이유다. 그런데 이 내용은 독자들에게는 얼핏 이해가 가지 않을지도 모르겠다. 죽 대신에 밥을 좀 먹었기로서니 그걸 가지고 사치스러운 생활을 한다고까지 할 게 뭐 있는가, 싶겠지만 『불본행집경』의 내용에 따르자면, 보살이 오랜 단식을 끝내고 음식을 드시기 시작했다는 소문이 나돌자 마을의 많은 사람들이 각각 최상의 음식들, 예를 들어서 우유를 여러 번 끓여서 정제한 것으로 만든 귀한 우유죽과 금으로 만든 발우와 같은 것들을 가지고 와서 보살에게 공양했고, 보살은 그들의 공양을 받아들였다고 하니[27], 아마 그런 경우였다면 다섯 비구들의 입장에서는 보살이 사치한 생활에 젖어있다고 비난할 만도 했을 것이다. 하지만 보살이 그런 사치스런 공양물을 받았다고 하더라도, 이미 느낌에 속지 않고 느낌에 제압당하지 않는 것을 수행의 기준으로 확립한 보살에게는, 한 움큼의 콩죽을 손바닥으로 받아서 먹든, 금으로 된 발우에 가득 찬 고급스런 음식을 받아먹든, 거기서 받는 느낌의 차이는 없었을 것이다. 하지만 보살에게 일어난 이런 일련의 심리변화를 알지 못한 다섯 비구들은 보살이 수행을 포기했다고 비난하고는 떠나버린 것이다.

---

27) 『불본행집경』(T3/P.771) 「이때 선생촌의 촌주의 두 딸은 그 천자(*보살을 시봉하던 '데와'라는 이름의 바라문)가 이렇게 말하는 것을 듣고 온몸 가득 희열에 차서 뛰며 어쩔 줄을 몰랐다. 급히 천여 마리의 암소를 모아 …… 희유하고 희유하도다. 누가 이 우유죽을 먹을지, 그 사람이 먹고 나서 오래지 않아 감로의 묘약을 증득하리라. 是時善生村主二女. 聞於彼天如是告已. 歡喜踊躍. 遍滿其體不能自勝. 速疾集聚一千牸牛 …… 是誰得此乳糜而食. 彼人食已. 不久而證甘露妙藥」

062

사선정의 성취

악기웻사나여! 그렇게 덩어리진 음식을 먹고 힘을 얻은 나는, 완전히 감각적 쾌락들로부터 벗어나고, 유익하지 않은 법들로부터 벗어나, 사유와 숙고가 함께 하고, 벗어남에서 생긴 희열과 행복이 있는 초선을 구족하여 머물렀습니다. 악기웻사나여! 그러나 그와 같이 일어난 행복한 느낌이 나의 마음을 제압하지는 못했습니다.

그런 나는, 사유와 숙고의 멈춤으로써, 내면적으로 확신이 있고, 마음이 하나로 모이고, 사유와 숙고가 없고, 삼매에서 발생한 희열과 행복이 있는, 제2선을 구족하여 머물렀습니다. 악기웻사나여! 그러나 그와 같이 일어난 행복한 느낌이 나의 마음을 제압하지는 못했습니다.

그런 나는, 희열이 사라짐으로써, 냉철하게 마음 챙기며 잘 알아차리고, 몸으로 행복을 느끼며 저 고귀한 자들이 '냉철하게 관찰함이 확립되어 행복하게 머문다.' 라고 묘사한 제3선을 구족하여 머물렀습니다. 악기웻사나여! 그러나 그와 같이 일어난 행복한 느낌이

나의 마음을 제압하지는 못했습니다.

그런 나는, 행복도 버리고 괴로움도 버림으로써, 그리고 이전에 이미 기쁨과 슬픔을 소멸했음으로써, 괴롭지도 행복하지도 않아, 냉철하게 관찰함으로 청정한 제4선을 구족하여 머물렀습니다. 악기웻사나여! 그러나 그와 같이 일어난 행복한 느낌이 나의 마음을 제압하지는 못했습니다.

〈악기웻사나여! 그렇게 덩어리진 음식을 먹고 힘을 얻은 나는, 완전히 감각적 쾌락으로부터 벗어나고, 유익하지 않은 법들로부터 벗어나, 사유와 숙고가 함께 하고, 벗어남에서 생긴 희열과 행복이 있는 초선을 구족하여 머물렀습니다. 악기웻사나여! 그러나 그와 같이 일어난 행복한 느낌이 나의 마음을 제압하지는 못했습니다.〉

이제 보살은 정신적으로나 육체적으로 안정을 되찾았다. 6년간의 긴 고행을 끝내고 충분한 음식을 섭취함으로써 몸을 회복하였고, 느낌의 연기성에 눈을 뜨면서 이제 수행 중의 자신에게 행복한 느낌이 일어나는 것을 더 이상 두려워하지 않게 됨으로써, 정신적으로도 안정되었다. 이렇게 심신의 안정을 되찾은 보살은 우루웰라의 강변 언덕 위의 한 나무 밑으로 발걸음을 옮겼다. 『불소행찬』에서는 이때의 장면을 이렇게 서술했다.

다섯 비구, 보살을 보고는 놀라 혐오하며 괴이하단 생각을 일으켜, 저이가 도를 구하는 마음을 버렸으니, 우리도 좋은 곳을 찾아

> 가자 했다. 마치 해탈을 얻으려는 이가 다섯 가지 장애로부터 멀리 벗어나듯 보살도 홀로 유행하며, 저 길상수가 있는 곳으로 올랐다. 장차 저 나무 밑에서 바른 깨달음의 도를 이루리라.[28]

오랫동안 자신을 시봉하던 다섯 비구조차 보살의 곁을 떠나고, 혼자가 된 보살의 수행에는 이제 거칠 것이 없었다. 이제 스스로에 의해 선택되고 밝혀진 길을 따라가기만 하면 되는 것이다. 보살이 초선서부터 제4선에 이르는 과정이 어떤 부연설명도 없이 단지 정형구(定型句)를 통해서 소개하고 있는 것도 그러한 이유에서 일 것이다.

그렇다면 보살이 구족하여 머물렀다는 이 4선에 대한 정형구들은 구체적으로 무엇에 대한 묘사일까? 〈앙굿따라니까야〉의 『빤짱기까 숫따』에서 붓다께서는, 비구들에게 초선부터 제4선까지의 정형구를 설명하시면서, 그 낱낱을 '고귀한 다섯 가지 구성요소들을 지닌 바른 삼매수행(ariyassa pañcaṅgikassa sammāsamādhissa bhāvanaṃ)'가운데 네 가지로 정의하셨다.[29]

그리고 〈쿳다까니까야〉에 포함된 『빠띠삼비다막가』에서는, 이들 4선 체계에서의 정형구들은 초선부터 제4선까지의 과정이 모두 '사마타(止, samatha)' 수행에 의지해서 일어난 것임을 묘사한 것이라

---

28) 『불소행찬』(T4/P.24) 「五比丘見已 驚起嫌怪想 謂其道心退 捨而擇善居 如人得解脫 五大悉遠離 菩薩獨遊行 詣彼吉祥樹 當於彼樹下 成等正覺道」

29) 「idha bhikkhave, bhikkhu vivicc'eva kāmehi …… ariyassa bhikkhave! pañcaṅgikassa sammāsamādhissa ayaṃ paṭhamā bhāvanā …… dutiyaṃ jhānaṃ …… tatiyaṃ jhānam... catutthaṃ jhānaṃ …… ariyassa bhikkhave pañcaḥgikassa sammāsamadhissa ayaṃ catutthā bhāvanā」(AN vol.3/P.25)

고 아래와 같이 설명하고 있다.

> 무엇이 사마타의 힘인가? 떠남의 영향에 의한 마음의 하나됨과 마음의 동요하지 않음이 사마타의 힘이다. …… 어떤 뜻에서 사마타의 힘이라고 하는가? 초선에 의해서 장애에 동요하지 않는다는 뜻에서 사마타의 힘이라고 한다. 제2선에 의해서 사유와 숙고에 동요하지 않는다는 뜻에서 사마타의 힘이라고 한다. 제3선에 의해서 희열에 동요하지 않는다는 뜻에서 사마타의 힘이라고 한다. 제4선에 의해서 행복과 괴로움에 동요하지 않는다는 뜻에서 사마타의 힘이라고 한다.[30)]

초선의 정형구에서는 감각적 쾌락들과 유익하지 않은 법들, 이라는 대상들로부터 '벗어나다(viviccati)'라고 표현되었지만, 위에서는 이것이 (감각적 쾌락들의) 장애들로부터 수행자 자신이 '동요하지 않는다(na kampati)'라고 표현된 것이다. '사마타' 수행이라는 것은 어떠한 대상들로부터 혼란스러워하거나, 동요하지 않는 것을 그 목적으로 하는 것이니, 정형구에서 말하는 초선에서 제4선까지의 그 '선(jhāna)'이라는 것도 결국은 그런 사마타 수행에 의한 것이

---

30) 「무엇이 사마타의 힘인가? 떠남의 영향에 의한 마음의 하나 됨과 마음의 산란하지 않음이 사마타의 힘이다. …… 어떤 뜻에서 사마타의 힘이라고 하는가? 초선에 의해서 장애에 동요하지 않는다는 뜻에서 사마타의 힘이라고 한다. 제2선에 의해서 사유와 숙고에 대해 동요하지 않는다는 뜻에서 사마타의 힘이라고 한다. 제3선에 의해서 희열에 대해 동요하지 않는다는 뜻에서 사마타의 힘이라고 한다. 제4선에 의해서 행복과 괴로움에 대해 동요하지 않는다는 뜻에서 사마타의 힘이라고 한다. kathamamṃ samathabalaṃ? nekkhammavasena cittassa ekaggatā avikkhppo samathabalaṃ, ken'aṭthena samathabalaṃ? pathamajjhānena nīvaraṇe na kampatīti, samathabalaṃ, dutiyajjhanena vitakkavicāre na kampatīti samathabalaṃ, tatiyajjhanena pītiya nakampatīti samathabalaṃ, catutthajjhanena sukhadukkhena kampatīti samathabalaṃ,」(PTS 『paṭisambhidāmagga』 vol.2/P.172)

라고 풀이한 것이다.[31]

〈악기웻사나여! 그러나 그와 같이 일어난 행복한 느낌이 나의 마음을 제압하지는 못했습니다.〉

그렇다고 사마타 수행에 의지해서 초선을 구족한 수행자가 시간만 지나면 저절로 제2선, 제3선, 제4선으로 넘어갈 수 있는 것은 아니다. 거기에는 '돌이켜 살펴봄'이라는 과정이 있어야 한다. 이것은 초선을 구족하여 머문 자가 선정의 상태에서 나와 스스로 자신에게 일어났던 심리현상들을 돌이켜 살펴보는 것이다. 〈맛지마니까야〉 제64경인 『마하마룽꺄 숫따』에서 붓다께서는 욕계의 다섯 가지 족쇄들을 제거하기 위한 길과 그 길을 실천하는 것에 대해 설명하시면서 다음과 같은 말씀을 하셨다.

> 그는 멀리 벗어남에서 생긴 희열과 행복을 갖춘 초선을 구족하여 머문다. 그는 거기에 있는 색·수·상·행·식에 관련된 것들이면 어떤 것이든, 그 모든 것들은 무상하고, 공허하고, 질병이고, 종기이고, 가시이고, 죄악이고, 병환이고, 타인이고, 분열이고, 비어있음이고, 내가 아닌 것으로 바르게 끝까지 잘 살펴봅니다.[32]

또한 같은 〈맛지마니까야〉 제52경인 『앗타까나가라 숫따』에서

---

31) 「이것을 인용문의 내용과 결부시켜 다시 말하자면, '사마타의 힘에 의한 것'이란 곧 '선정(jhāna)'이라는 의미이다. 그리고 이들 선정은 '산란하지 않음'의 깊이에 따라 8가지의 단계 혹은 종류로 나누어진다는 뜻이 된다.」(「초기불교의 경전에 나타난 사마타빠싸나」, 임승택, 인도철학 vol.11(2001), P.215)

32) 제64경 『마하말룽꺄 숫따』(MN1/P.435) 「so yadeva tattha hoti rūpagataṃ vedanāgataṃ saññāgataṃ saṅkharagataṃ viññāṇagataṃ te dhamme aniccato dukkhato rogato gaṇḍato sallato aghato ābādhato parato palokato suññato anattato samanupassati.」

아난다 존자는 이런 '돌이켜 살펴봄'에 대해 다음과 같이 설명했다.

> 장자여! 이 세상에서 수행자가 감각적 쾌락들로부터 벗어나고, 유익하지 않은 법들로부터 벗어나, 사유와 숙고가 함께 하고, 벗어남에서 생긴 희열과 행복이 있는 초선을 구족하여 머무르게 됩니다. 그러면 그는 이와 같이 '이 초선은 형성되고, 의도된 것이다. 형성되고 의도된 것은 무엇이든 무상하고 소멸하기 마련이다.'라고 통찰합니다.[33]

앞의 두 경전에 언급된 표현대로 '무상하고 공허하고, 질병이고, 종기이고, 가시이고, 죄악이고, 병환이고, 타인이고, 비어있음이고, 내가 아니고, 형성되고 의도된 것'이라고, 그렇게 돌이켜(vi) 살펴보는(passati) 것이 우리가 잘 알고 있는 '위빳사나(vipassanā, 觀)'라고 부르는 것이다. 그렇게 돌이켜 살펴보는 대상은 초선에서 획득된 느낌으로서의 '**희열과 행복**'이다. 그 느낌으로서의 희열과 행복은 조건에 의지해서 일어나고 사라지는 '연기적 산물(paṭicsamuppanna dhamma)'이기 때문에 그것은 늘 변하는 것이고, 실체가 아니다. 그렇게 연기적 산물이기 때문에 무상하고 실체가 아닌 '희열과 행복'의 속성을, 분명하고 끈질기게 쫓아가면서 확인함으로써(vipassanā, 隨觀), 수행자는 그 희열과 행복을 실체화하지 않도록 스스로를 납득시키고 타이르는 것이다. 수행자가 초선에 머물지 않고 제2선을 구족할 수 있는 것은 바로 그런 자발적인 납득과 타이름에 의지

33) 제52경 『앗따까나가라 숫따』(MN1/P.350) 「so iti patisañcikkhati, idam pi kho paṭhamaṃ jhānaṃ abhisañkhataṃ abhisañcetyitaṃ, yaṃ kho pana kiñci abhisañkhataṃ abhisañcetayitaṃ tadaniccaṃ nirodhadhammanti pajānāti.」

하기 때문이다. 그래서 스리랑카 출신의 한 스님은 이 위빳사나를 '족쇄와 괴로움에 깔려있는 무명에 대한 직접적인 해독제'라고 정의하기도 한다.[34]

이미 앞에서 보살은 '**나는 감각적 쾌락들과도 상관없고 유익하지 않은 법들과도 상관없는 그런 행복을 두려워하지 않겠다!**' 라고 다짐했었다. 유익하지 않은 법에 관련된 행복이란, 자신에게 경험된 '행복한 느낌'을 '행복한 것'으로 실체화하여 받아들이는 것이다. 그럼으로 '유익하지 않은 법과 상관없는 행복'이란, 자신이 경험하는 행복을 연기적 구조 속에서 발생하는 하나의 '느낌'으로 통찰하면서 받아들이는 '행복'이다. 따라서 보살이 행복한 느낌을 경험하더라도, 그 행복한 느낌의 연기적 구조를 이미 통찰한 보살에게 그 행복한 느낌은 더 이상 '행복한 것'이 아니고, 단지 조건에 의지해서 일어나고 사라지는 하나의 '현상'일 뿐이다. 그렇게 경험된 느낌을 '괴로운 것' 혹은 '행복한 것'으로 실체화하지 않고, 실체화하지 않음으로 보살은 벗어남으로부터 생긴 희열과 행복이 있는 초선을 구족하여 머물러 있었지만 그렇게 일어난 느낌에 제압당하지 않을 수 있었던 것이다. 이것이 돌이켜 살펴봄, 즉 위빳사나의 힘이다. 그래서 보살은 '**일어난 행복한 느낌이 나의 마음을 제압하지는 못했습니다.**'라고 말한 것이다. 이렇게 사마타수행과 위빳사나 수행이 반복되는 수행의 패턴은 제4선을 성취하는 과정까지 계속 유지된다.

---

34) 「불교의 가르침에서 통찰의 계발은 해탈을 위한 핵심적인 열쇠이며, 족쇄와 괴로움에 깔려있는 무명의 직적접인 해독제로 여겨진다. the development of insight is regarded by Buddhism as the essential key to liberation, the direct antidote to the ignorance underlying bondage and suffering.」(「The Jhanas in Theravada Buddhist Meditation」 by Henepola Gunaratana, P.2)

〈그런 나는, 사유와 숙고의 멈춤으로써, 내면적으로 확신이 있고, 마음이 하나로 모이고, 사유와 숙고가 없고, 삼매에서 발생한 희열과 행복이 있는 제2선을 구족하여 머물렀습니다. 악기웻사나여! 그러나 그와 같이 일어난 행복한 느낌이 나의 마음을 제압하지는 못했습니다.〉

제2선이다. 앞의 『빠띠삼비다막가』에서의 설명에 따르자면, 사마타 수행을 하는 수행자가 초선에서의 '사유와 숙고'를 멈춤으로써, 사유와 숙고에 동요하지 않는 마음의 상태를 유지하는 것이 제2선이다. 제2선에서 멈추거나 제거되어야 할 대상들은 초선의 내용에 대해 돌이켜 살펴봄이 없이는 찾아지지 않고, 그 대상들을 찾지 못한다면 당연히 제2선으로의 업그레이드는 진행되지 않는다. 수행자는 초선의 상태에서 출정(出定)하여, 자신에게 일어난 심리현상들을 돌이켜 살펴보고, 그것들의 속성을 바르게 이해함으로써 제거되어야 할 대상을 찾는다. 그렇게 해서 찾아진 것이 초선에서 자신에게 일어났던 '**사유와 숙고**'다. 그 사유와 숙고의 멈춤, 혹은 제거가 원인이 되어 일어난 결과가 제2선에서의 '**마음이 하나로 모이고**'라는 것과 '**삼매에서 발생한 희열과 행복**'이라는 것이다.

초선에도 '**희열과 행복**'이 있었고 그리고 제2선에서도 '희열과 행복'이 있다. 이것은 같은 단어를 사용하고 있지만, 희열과 행복을 일으키는 조건들은 서로 다르다. '사유와 숙고'도 그렇고 '희열과 행복'도 모두 조건들에 의지해서 일어나는 연기적 현상들이기 때문이다. 초선에서의 희열과 행복은 감각적 쾌락들로부터 벗어나고, 유익하지 않은 법들로부터 벗어남, 이라는 조건들에 의지해서 발생한 희열과 행복이라면, 제2선에서의 희열과 행복은, 사유와 숙고의 멈춤으로 인해 발생하는 내면적인 확신과, 그것으로부터 발생하는 마음이 대상을 향해 하나로 모임, 다시 그것이 원인이 되어 일어나는 사유와 숙고가 없어진 상태에서의 삼매의 현전, 그 삼매의 현전에서 발생하는 희열과 행복이다.

〈그런 나는, 희열이 사라짐으로써, 냉철하게 마음 챙기며 잘 알아차리고, 몸으로 행복을 느끼며, 저 고귀한 자들이 '냉철하게 관찰함이 확립되어 행복하게 머문다.'라고 묘사한 제3선을 구족하여 머물렀습니다. 악기웻사나여! 그러나 그와 같이 일어난 행복한 느낌이 나의 마음을 제압하지는 못했습니다.〉

이제는 제3선이다. 제2선에서 다시 출정한 수행자는 제2선에서 자신에게 일어났던 것들을 돌이켜 살펴본다. 그리고 제2선에서 일어나고 경험했던 '**삼매에서 발생한 희열과 행복**'의 연기적 속성을 이해하고, 그 가운데 연기적 산물인 희열을 실체화하지 않도록 스스로를 타이른다. '희열'을 실체화하지 않음으로써 희열이 사라지고, 스스로 희열에 동요하지 않는 상태를 유지시킨다. 이것이 제3선이다. 그런데 희열과 행복은 어떤 차이가 있기에 제3선에서 '**희열**'은 사라지고 '**행복**'은 여전히 느껴지는가? 희열이 있는 곳에 행복이 있지만, 행복은 희열 없이도 일어나는 것이니, 행복은 수온(受蘊, vedanākhandā)에 속하고, 희열은 행온(行蘊, saṅkharākhandā)에 속하기 때문이라고 『청정도론』에서는 그 이유를 설명하고 있다.[35] 이미

35) 「희열이 있는 곳에 행복이 있다, 그러나 행복이 있는 곳에 반드시 (*희열이) 있는 것은 아니다. 희열은 行蘊에 속하고 행복은 受蘊에 속한다. yattha pīti tattha sukhaṃ, yattha sukhaṃ, tattha na niyamato pīti. sankhārakkhandhasangahitā pīti, vedanākkhandhasangahitaṃ sukhaṃ」(Vsm/P.145)

앞선 2장의 느낌의 정체를 살펴보는 과정에서도 언급되었지만, 수온으로서의 행복은 감각기관과 감각대상과 감각인식이 함께 구족되면서 조건적으로 일어나는 것이지만, 행온으로서의 희열은 일어난 느낌을 망념으로서의 자아가 경험된 느낌을 조작하는 과정에서 나타나는 것이기 때문일 것이라고 필자는 생각한다.

그리고 이 제3선의 정형구에서는 주의해야 할 용어가 등장한다. '우뻬카까(upekkhaka)'라는 형용사가 그것이다. 보통은 이 단어가 '평온(平穩)한'이라는 뜻으로 번역되지만, 이 문장에서는 그 어원의 의미로부터 보자면, 평온한, 이라는 번역보다는, 보거나 알고도 그것에 마음을 두지 않는, 동요하지 않는, 무시하는, 이라는 뜻으로 번역되는 것이 더 합당하게 생각된다.[36] 따라서 필자는 이 단어를 '냉철한'이라고 번역했다.

〈그런 나는, 행복도 버리고 괴로움도 버림으로써, 또한 그 이전에 기쁨과 슬픔을 소멸했음으로써, 괴롭지도 행복하지도 않아, 냉철하게 관찰함으로 청정한 제4선을 구족하여 머물렀습니다. 악기웻사나여! 그러나 그와 같이 일어난 행복한 느낌이 나의 마음을 제압하지는 못했습니

---

36) 이 형용사는 강조의 접두사 'upa'에, 바라보다(looking at), 라는 의미의 ikkhati의 어근인 √iks의 결합되고, 형용사형 접미사 ka가 결합된 것으로 분석된다. (upa+iks+ka) 앞에서 인용했던 A. Wynne은 이런 단어의 어근의 뜻으로부터 이 단어를 '평정equanimity'이라고 번역하는 것은 적당하지 않으며, 이는 오히려 알아차리고 있으면서도 그 대상에 대해 관심을 두지 않는 것에 가깝다고 설명하고 있다. 『The Origin of buddhist meditations』(PP.106~107) 「The same is true of the word Upekkha, it does not denote an abstract 'equanimity' for the root meaning of the verb Upa+√iks is 'to look at or on …… to overlook, disregard, neglect, abandon. In other words, it means to be aware of something and indifferent to it.」 필자도 저자의 견해에 동의함으로, 이 단어를 '냉철한'으로 번역했다.

다.〉

제3선에서 몸으로 경험했던 '**행복**'을 버렸으니, 행복과 상대되는 '괴로움'도 버린 것이고, 그렇게 행복과 괴로움이 버려졌음으로 행복과 괴로움에 동요하지 않는 상태에 이른 수행자는, 이제 더 이상 괴롭지도 않고 행복하지 않으며, 어떠한 것에도 동요됨이 없이 냉철하게, 오직 관찰함만이 성성하고 청정한 상태를 구족하여 머물게 된다.

이것이 대략적인 4선 정형구에 대한 해설이다. 하지만, 아마 단순히 정형구만으로 이 4선의 내용을 이해하려는 사람에게는 이런 의심이 일어날 수도 있을 것이다. 왜 초선에서부터 버리거나 제거해야 할 대상들을 모조리 한꺼번에 제거하지 못하고 하나씩 제거하게 되는 걸까? 라고. 그것은 초선의 상태를 유지하는 요소가 제2선에서는 제거해야 할 요소가 되는 것이고, 제2선의 상태를 유지하는 요소가 제3선에서는 제거해야 할 요소가 되는 것이고, 제3선의 상태를 유지하는 요소가 제4선에서는 제거해야 할 요소가 되기 때문이다.

예를 들어서, 초선에서는 감각적 쾌락들과 유익하지 않은 법들로부터 벗어남이 원인이 되어 사유와 숙고가 있고 벗어남으로부터 발생한 희열과 행복이 있는 초선이라는 결과가 드러나고, 이것들이 초선을 유지하는 요소들이다. 그러나 다시 이 가운데 사유와 숙고는 제2선을 위해 제거해야 할 요소가 된다. 이것이 제거됨을 원인으로 하여 내면적인 확신과 삼매에서 발생한 희열과 행복이 있는 제2선이라는 결과가 드러나고, 이것들이 제2선을 유지하는 요소들이기 때문이다. 그러나 다시 이 가운데 삼매에서 발생했던 희열은 제3선을 위해 제거해야 할 요소가 된다. 이것이 제거됨을 원인으로 하여 냉철하게 마음 챙기며 잘 알아차리고, 몸으로 행복을 경험하는 제3선이라는 결과가 드러나고, 이것들이 제3선을 유지하는 요소들이기 때문이다. 그러나 다시 이 가운데 행복과 괴로움은 다시 제4선을 위해 제거해야 할 요소가 된다. 이것이 제거되어야만 괴롭지도 않고 행복하지도 않아 냉철하게 마음 챙기고 청정한 제4선의 상태가 유지되기 때문이다.

하지만 4선 정형구의 내용이 이렇다는 것은, 단지 사마타와 위빳사나 수행을 행하는 사람이 수행 과정에서 일어나는 의심을 극복하기 위해 참고할 사항일 뿐이고, 실제로 자신의 마음이 어떻게 작동하고, 어떻게 대상을 집착하게 되는지, 그 과정을 스스로 앉아서 살펴보는 행위가 따르지 않는다면, 이런 해설은 그저 무용지물일 뿐이다. 의사로부터 어떠어떠한 약초를 삶아먹으면 병이 낫는다는 처방전을 받았으면, 의사가 써준 처방전대로 직접 약초를 구해서 삶아먹어야지, 처방전이 쓰여진 종이쪽지를 아무리 삶아먹어봐야 소용이 없는 것과 같다.

063

첫 번째, 전생을 관찰함에 대한 밝은 앎의 성취

그런 나는, 이와 같이 마음이 집중되고, 청정하고, 순결하고, 때 묻지 않고, 오염되지 않고, 유연하고, 적절하고, 안정되고, 흔들림이 없는 상태에 이르렀을 때, 마음을 '전생을 관찰함에 대한 앎'으로 향하게 했습니다. 그런 나는 다양하게 정리된 전생을 관찰하였습니다. 예를 들어 한 번의 생을, 두 번의 생들을, 세 번의 생들을, 네 번의 생들을, 다섯 번의 생들을, 열 번의 생들을, 스무 번의 생들을, 서른 번의 생들을, 마흔 번의 생들을, 쉰 번의 생들을, 백 번의 생들을, 천 번의 생들을, 십만 번의 생들을, 수많은 겁(劫)들의 세계가 파괴됨을, 수많은 겁들의 세계가 생성됨을, 수많은 겁들의 세계가 파괴되었다가 생성됨을. 그리고 '거기서 이러한 이름이, 이러한 성이, 이러한 용모가, 이러한 음식이, 이러한 행복과 괴로움을 경험함이, 이러한 수명을 지님이 있었고, 그런 나는 거기에서 죽어 다른 곳에 태어났고, 거기서 이러한 이름이, 이러한 성이, 이러한 용모가, 이러한 음식이, 이러한 행복과 괴로움을 경험함이, 이러한 수명을 지님이 있었고, 그런 나는 거기에서 죽어 다시 여기에 태어났다.'라고.

그와 같이 특징적이고, 구체적이고, 다양하게 정리된 전생을 관찰하였습니다. 악기웻사나여! 이것이 나에게 있어서 밤의 초경에 성취된 첫 번째의 밝음입니다. 게으르지 않고 열심히 정진하고 노력한 자에게 있어서 무명이 사라지면 밝음이 일어나듯이, 어둡이 사라지고 빛이 일어났습니다. 악기웻사나여! 그러나 그와 같이 일어난 행복한 느낌이 나의 마음을 제압하지는 못했습니다.

〈마음을 '전생을 관찰함에 대한 앎'으로 향하게 했습니다. 그런 나는, 다양하게 정리된 전생을 관찰하였습니다.〉

여기서부터는 제4선을 구족한 당시의 보살이 자신의 마음을 전생을 관찰함에 대한 앎과, 중생들의 나고 죽음에 대한 앎, 그리고 번뇌의 소멸에 대한 앎으로 향하게 하는 과정이 차례로 소개된다. 이는 흔히 한역에서 숙명통(宿命通), 천안통(天眼通), 누진통(漏盡通)의 '세 가지 정통함(三通)' 혹은 '세 가지 밝음(三明)' 등으로 소개되는 것들이다.[37] 이 세 가지 앎에 대한 내용은 본경뿐만 아니라 빠알리 경장의 여러 곳에 언급되어 있다. 〈앙굿따라니까야〉의 3개의 경에 온전히 동일한 내용들이 언급되었고 〈맛지마니까야〉의 16개

37) 이것은 삼통三通, 삼영三明, 삼명지三明智 등으로 한역에서는 소개되고, 한글로는 흔히 '세 가지 지혜'로 소개되지만, 필자는 PTS 『paṭisambhidāmagga』 vol.1(p.114)에서의 첫 번째 항목에 대한 설명 가운데, 「그것은 알려져 있다는 의미에서 냐나(ñāṇa)이라고 하고, 이해한다는 의미에서 빤냐(paññā)라고 한다. taṃ ṇātaṭṭena ñāṇaṃ, pajānanaṭṭhena paññā」라는 설명에 따라서, 이를 '세 가지 앎'이라고 번역했다.

의 경에도 동일한 내용들이 언급되었다. 또한 〈디가니까야〉의 5개의 경에도 이 내용들이 언급되었는데, 그중에 주목할 만한 것은 제2경인 『사만냐팔라 숫따』에서는 이 세 가지 앎이 '출가의 결실'로서 소개되었지만, 제1경인 『브라흐마잘라 숫따』와 제28경인 『삼빠사다니야 숫따』에서는 이 가운데 전생을 관찰하는 것과 중생의 나고 죽음에 대한 추정은 붓다와 사리뿟따에 의해서 '상주론(常住論, sassatavādā)'의 사례로써 소개되고 확인되었다는 것이다.[38] 이때는 본문에서는 이것이 '**전생을 관찰함에 대한 앎**'이라고 표현된 것과 달리, 단지 '전생을 관찰한다.'라고 하여, 이것을 '앎(ñāṇa)'이라고 표현하지는 않았다.[39]

본경에서 차례로 소개되는 '세 가지 앎'은, 붓다 스스로에 의해 '여래의 열 가지 힘(如來十力)'이라고 불리어진 것 가운데 각각 여덟

---

38) 『브라흐마잘라 숫따』(AN1/P.164, P.167; AN4/P.177; DN1/P.13), 『사만냐팔라 숫따』(DN1/P.81, P82) 『삼빠사다니야 숫따』(DN3/P.110, P.111) * 세 가지 앎의 용어만 소개됨(DN3/P.220). * 세 가지 앎의 용어만 소개됨(DN3/P.275). 『바야베라와 숫따』(MN1/P.22), 『드웨다위딱까 숫따』(MN1/P.117), 『쭐라핫티빠도빠마 숫따』(MN1/P.182) 외 MN의 13개 경

39) 제1경 『브라흐마잘라 숫따』(DN1/P.13) 「idha bhikkhave! ekacco samṇo va brāhmaṇo va ātappaṃ anvāya padhānaṃ anvayaanuyogaṃ anvāya appamādaṃ anvaya sammā manasikāraṃ anvāya tathārupaṃ ceto samādhiṃ phusati yathā samāhite citte anekavihitaṃ pubbe nivāsaṃ anussarati, seyyathīdaṃ ……」
제36경 『마하삿짜까 숫따』(MN1/P.248) 「so evaṃ samāhite citte parisuddhe pariyodāte anaṅgaṇe vigatūpakkilese mudubhūte kammaniye ṭhite āneñjappatte pubbenivāsānussatiñāṇāya cittaṃ abhininnāmesi> so ankavihitaṃ pubbenivāsaṃ anussarāmi seyathidaṃ ……」
경장 이외에 『청정도론』에서도 이 '전생을 관찰하는 앎'과 '중생들의 죽고 태어남에 대한 앎'을 주석하고 있지만, 예를 들어서, 「이들 여섯 부류가 전생을 기억(관찰)한다. 외도들과, 보통의 제자들, 비범한 제자들, 뛰어난 제자들, 벽지불, 붓다다. (그 중에) 외도들은 40억겁을 기억(관찰)할 뿐이다 …… imam hi pubbe nivāsaṃ cha janā anussaranti, titthiyā pakatisāvakā, mahāsāvakā, aggasāvakā, pacchkabuddhā, buddhā ti. tattha tithiyā cattālisaṃ yeva kappe anussaranti, na tato paraṃ ……」(Vsm/P.411) 라는 식의 설명은 도저히 납득이 가지 않아서, 참고로 하지 않았다.

번째, 아홉 번째, 열 번째에 해당되는 것들이다.[40] 이들 열 가지 힘 가운데, 첫 번째서부터 일곱 번째까지는 주로 연기법의 인과관계에 따라 통찰되어지는 내용이기 때문에 필자에게도 대충이나마 이해가 되는 것들이지만, 여덟 번째 '**전생을 관찰하는 앎**'에 관한 내용들 가운데는 아무리 궁리를 해도 이해가 되지 않았던 부분이 있다. 세 가지 앎 가운데 이 첫 번째 앎을 제외한 나머지 두 종류의 앎은 여타의 여래의 열 가지 힘과 같이, 통찰로써 이해되어지는 항목이기 때문에 독자들에게도 이해하는데 별 문제는 없으리라 본다. 참고로, 세 가지 앎들 가운데 첫 번째 앎을 설명한 문장에서 사용된 1인칭 동사는 필자가 '관찰하다'라고 번역한 'anussarāmi'이고, 두 번째의 앎을 설명한 문장에서 사용된 1인칭 동사는 '통찰하다'라고 번역되는 'pajānāmi'이고, 세 번째 앎을 설명한 문장에서는 통찰하다, 라는 동사보다 더 직접적이고, 경험을 통해 실증됨이 강조되어 '투철하게 이해하다' 혹은 '있는 그대로 알다'라고 번역되는 'abbhaññāsim'가 사용되었다. 첫 번째 앎에서는 '통찰하다'라는 동사가 한 번도 사용되지 않았다. 어쨌든 이들 세 가지 앎이 비록 붓다에 의해 스스로 여래가 가진 열 가지 특별한 능력이라고 지칭되는 것 속에 포함되기는 하지만, 기본적으로는 이것들은 붓다가 아닌 보살의 수행단계에서 얻어진 앎에 속한다.

---

40) 제12경 『마하시하나다 숫따』(MN1/PP.69~71) 내용은 다음과 같다. 1)조건이 갖추어졌는지 아닌지를 아는 힘(處非處智力), 2)과거 미래 현재의 업을 통해서 과보를 아는 힘(業異熟智力), 3)업에 따라 가는 곳에 대해 아는 힘(偏趣行智力), 4)다양한 세계에 대해 아는 힘(種種界智力), 5)중생들의 다양한 경향성에 대해 아는 힘(種種勝解智力), 6)중생들의 근기의 높고 낮음을 아는 힘(根上下智力), 7)선정과 해탈과 등지를 아는 힘(精慮解脫等持等至智力), 8)과거 생을 관찰하여 아는 힘(宿住隨念智力), 9)중생의 죽고 태어남에 대해 아는 힘(死生智力), 10)번뇌의 소멸에 대해 아는 힘(漏盡智力).

이에 대해서는 〈맞지마니까야〉 제27경의 내용을 참고할 수 있다. 여기서 붓다께서는 법이 어떻게 한 수행자에게 실현되고 최종적으로 정각을 성취하게 되는지 그 과정을 설명하시면서, 여래의 가르침을 듣고 출가한 어떤 수행자가 수행 끝에 스스로 전생을 관찰함에 대한 앎과, 중생들의 죽고 태어남에 대한 앎과, 번뇌의 소멸에 대한 앎을 성취하더라도, 스스로 이로 인해 '여래께서는 정각을 이루신 분이시다!' 라는 결론에 도달하지 못한다고, 붓다에 의해서 설명되고 있다. 단지 마지막 세 번째의 앎이 성취되고, 그로부터 '해탈되었다는 앎'이 생겨났을 때, 그때 비로소 그 수행자는 '여래께서는 참으로 정각을 이루신 분이시구나!' 라는 결론에 도달하게 된다고, 붓다에 의해 설명되어졌다.[41)]

이러한 관점을 유지하면서 이제 본문을 살펴보도록 하겠다. 먼저 생각해 봐야 할 것은, 수행자 보살은 4선을 성취한 후에, 왜 먼저 전생을 관찰하려고 하였을까? 하는 점이다. 본문에 나와 있듯이, 보살 스스로 '**마음을 전생을 관찰함에 대한 앎으로 향하게 했습니다.**'라고 하였음으로, 이것은 저절로 일어난 일이 아니라 의도

41) 제27경 『쭐라하띠빠도빠마 숫따』(MN1/PP.182~183) 「…… 그렇게 그는 특징적이고, 구체적이고, 다양하게 정리된 전생을 관찰하였습니다. 바라문이여! 이것을 여래의 자취, 여래의 흔적, 여래의 표시라고 합니다. 그러나 아직 고귀한 제자는 '여래께서는 정각을 성취한 분이시고, 가르침은 세존에 의해 잘 설해졌고, 승가는 (그 가르침을) 잘 실천하고 있다.'라는 결론에 도달하지 못합니다. …… 그와 같이 중생들이 업을 따르는 것을 통찰하였습니다. 바라문이여! 이것을 여래의 발자국, 여래의 흔적, 여래의 표시라고 합니다. 그러나 아직 고귀한 제자는 '여래께서는 정각을 성취한 분이시고, 가르침은 세존에 의해 잘 설해졌고, 승가는 (그 가르침을) 잘 실천하고 있다.'라는 결론에 도달하지 못합니다. …… '이것이 번뇌의 소멸로 이끄는 길이다.'라고 있는 그대로, 철저하게 통찰하였습니다. 바라문이여! 이것을 여래의 발자국, 여래의 흔적, 여래의 표시라고 합니다. 고귀한 제자는 미처 이러한 결론에 도달하지 못했으나, 이제 '여래께서는 정각을 성취한 분이시고, 가르침은 세존에 의해 잘 설해졌고, 승가는 (그 가르침을) 잘 실천하고 있다.'라는 결론에 도달할 수 있게 됩니다.」

를 가지고 본인이 직접 마음이 헤아릴 목표를 스스로 정했다는 뜻이기 때문이다. 그렇다면 그 의도는 무엇이었을까? 그 의도는 본문에 등장하는 세 가지 앎을 역순으로 살펴봄으로써 짐작할 수 있다고 필자는 생각한다. 먼저 세 번째 '**번뇌의 소멸에 대한 앎**'은 우리가 잘 알고 있는 '네 가지 고귀한 진리'를 그 내용으로 하고 있다. 이것은 괴로움과 괴로움의 발생, 괴로움의 소멸과 괴로움의 소멸로 이끄는 길에 대한 것이니, 보살이 처음 출가해서 그토록 찾고자 애썼던 바로 그 해탈의 길이다. 그럼으로 이 세 번째 앎은 보살에게는 최종적인 것이다. 그리고 두 번째 '**중생의 죽고 태어남에 대한 앎**'은 중생들이 스스로 짓고 스스로 받는다는 소위 '자업자득(自業自得)'을 그 내용으로 하고 있다. 따라서 이 두 번째 항목에 대한 확정된 앎이 성취되었을 때, 비로소 세 번째 항목인 '고귀한 네 가지 진리'라는 확정된 앎이 성취된다는 것을 알 수 있다. 즉 두 번째 항목에 대한 확정된 앎이, 세 번째 항목에 대한 확정된 앎의 근거가 된다는 것이다. 만약 스스로 짓고 스스로 받는다는 것이 확정되지 못한다면, 괴로움의 소멸로 이끄는 바른 길도 확정될 수 없기 때문이다.

그렇다면, 첫 번째 항목에 대한 확정된 앎이 두 번째 항목의 확정된 앎의 근거가 된다는 것도 짐작할 수 있다. 즉 중생들의 자업자득을 내용으로 하는 두 번째 '**중생의 죽고 태어남**'에 대한 확정된 앎의 근거가 될 수 있는 어떤 것이, 첫 번째 항목에 대한 확정된 앎의 내용일 것이고, 그것은 보살이 처음에 자신의 전생을 관찰하려고 했던 그 의도와 연결된 것임을 짐작할 수 있다. 따라서 이런 세 가지 앎들 사이의 연관성에서 보자면, 보살이 맨 처음 자신의 마음을 전생을 관찰함에 대한 앎으로 향하게 한 의도는 그것이 무엇이 되었든, 괴로움의 소멸을 목표로 한 것임을 알 수 있다.

그러면 구체적으로 그것이 무엇일까? 필자가 생각하기로는, 보살은 괴로움의 원천을 바로 '자기 자신'으로 보았고[42], 괴로움의 원천으로서의 자기 자신을 알기 위해서는 현재의 자신은 어떤 것들을 조건으로 해서 지금 여기에 와 있게 되었는지, 그 과정을 알고자 했던 것으로 보인다. 그래서 자신의 '**마음을 전생을 관찰함에 대한 앎으로 향하게**' 했을 것이다. 따라서 이 첫 번째 '앎(ñāṇa)'은 현재의 자신의 존재가 어떤 연기적 관계로 인해 형성되었는지, 그 '관계를 **관찰함**(anussati)'에 방점이 있는 것이지 '관찰되어지는 **전생**(pubbenivāsa)'에 방점이 있는 것이 아니라고 생각한다. 이것은 예를 들자면 〈맛지마니까야〉제 38경인 『마하탕하상캬 숫따』에서, 붓다께서 제자들에게 "비구들이여! '이것은 생겨난 것이다.'라고 알고 있는가?" 라고 물었던 것을 당시의 보살이 스스로 자신에게 물은 것과 같다.

"비구들이여! '이것은 생겨난 것이다.'라고 알고 있는가?"

"그렇습니다. 존자시여!"

"비구들이여! '저 자양분으로부터 함께 생겨난 것이다.[43]'라고 알

---

42) 성도 후 자신을 버리고 떠난 다섯 비구를 상대로 사라나뜨에서 행해진 붓다의 첫 번째 법문인 『초전법륜경』에서, 다섯 비구들에게 '이것이 괴로움이다.'라는 사성제의 첫 번째 항목을 설명하시던 붓다께서 「간단히 말해서, 집착에 의한 다섯 가지 연기적 쌓임(五取蘊)이 바로 괴로움이다.saṃkhittena pañcupādānakkhandhā pi dukkhā」라고 말씀하신 대목이 있다. 여기서의 '오취온'이 바로 우리가 '나 자신'이라고 부르는 것이니, 보살이 자신의 전생을 관찰하고자 했던 의도도 이처럼 자기 자신을 '괴로움' 그 자체로 보았기 때문일 것이다.(SN5/P.421)

43) 제38경 『마하탕하상캬 숫따』(MN1/P.260) 「bhūtamidanti bhikkhave! passathāti?"

고 있는가?"

"그렇습니다. 존자시여!"

"비구들이여! '저 자양분의 소멸로부터 어떤 것이건 생겨난 것은 소멸하기 마련이다.'라고 알고 있는가?"

즉, 이렇게 지금 보리수 아래 앉아있는 '나'라고 하는 이 존재는 처음부터 있어왔던 존재가 아니라 무언가로부터 생겨난 것일 터인데, 과연 무엇으로부터 이것이 생겨난 것일까? 라고 보살은 스스로에게 물었을 것이고, 그 인과관계를 추적해 갔을 것이다.

그러면 보살은 어떠한 방식으로 자신의 존재를 성립하게 한 그 인과관계를 추적했을까? 이것을 설명해주는 것이 필자가 '**그런 나는 다양하게 정리된 전생을 관찰하였습니다.**'라고 번역한 문장일

"evam bhante!" "tadāhārasambhavanti bhikkhave! passathāti?" "evam bhante!" "tadāhāranirodhā yaṃ bhūtaṃ taṃ nirodhadhammanti bhikkhave! passathāti?" "evam bhante!"」
주석서에서는 이 두 번째 문장을 다음과 같이 설명하고 있다. 「tad āhāra sambhavan ti tam pan' etaṃ khandha pañcakaṃ āhārasambhavaṃ, paccayasambhavaṃ, taṃ sati paccaye uppajjatī ti evaṃ passathā ti pucchati.」(MA 2/ P.307) <tad āhāra saṃbhavanti〉라는 문장에서, 〈저것taṃ〉이란, 또한(pana) 이(etaṃ) 〈다섯 종류의 pañcakaṃ, 온khandha〉, 〈자양분으로부터 함께 생성된 것〉이다. 저것은(taṃ 오온, 생겨난 것) 함께 생성된 것의 조건이(paccayasambhavaṃ) 있을 때(sati), 조건들(paccaye) 가운데서 일어난다(uppajjati), 라고(iti), 이와 같이(evaṃ) 알고 있는가?(passathā)라고(ti) 물은 것이다.(pucchati)」 이와 같은 주석서의 해설에 따르자면, 본문의 'tad'를 붓다고사는 주격으로 본 것인데, 본문 세 번째 문장과 비교해 보면, 아무래도 빅쿠보디스님의 견해대로, 이 tad를 āhāra와 같은 탈격(ablative)으로 읽는 것이 옳을 듯하다. 두 번째 문장에서도 '그대들tuṃhe'이라는 주어와 'idaṃ'이라는 두 개의 주어는 생략되어져 있을 것이다. 그래서 '(그대들은 이것이) 저 자양분으로부터 생겨난 것이다, 라고 알고 있는가?' 라고 해석했다. 호너(Horner.I.B.)는 자신의 번역서에서, 주석서대로 'tad'와 'āhāra'를 주격으로 보고 「This is the origination of nutriment」로 영역했지만, 본문 세 번째 문장의 내용과 비교해 보면 이런 번역은 전체의 문맥상 잘못된 것임을 쉽게 알 수 있다. 빅쿠보디스님은 자신의 영역서 MDB에서 이 문장을 「Its origination occurs with that as nutriment?」라고 번역했다.

것이다. 이 문장의 빠알리어 원문은 'so anekavihitaṃ pubbenivāsaṃ anussarāmi.'이다. 여기서는 'so'라는 3인칭 단수 주어가 사용되었지만, 동사는 1인칭 단수인 anussarāmi가 사용되었음으로 이 주어가 '지금의 나였던 당시의 보살'을 뜻하는 것임을 알 수 있다. 다음에 'aneka'라는 단어는 '다양한'으로 번역되는 형용사이고 'vihata'는 정리하다, 관리하다, 창조하다, 라는 등의 뜻을 지닌 동사 'vidahati'의 과거분사 형태이므로, 필자는 이것을 '**정리된**'이라고 번역했다. 다음의 'nivāsa'는 흔히 불교에서 안거(安居)라고 번역되는 그 'vāsa'에 강조의 접두사 'ni'가 덧붙여진 것이다. 본문에서는 이것을 '**생**'이라고 번역했다. 다음의 1인칭 단수 동사인 'anussarāmi'는 '기억하다'라고 기존의 방식대로 번역하지 않고, 고심 끝에 '**관찰하다**'라고 번역하기로 했다.[44]

이 가운데 필자가 중요하게 생각한 것은 '**다양하게 정리된, 전생**'이라고 번역한 두 개의 합성어다. 기존의 번역들은 대체적으로 이것을 '한량없는 전생의 갖가지 삶들' '전생의 여러 가지 삶의 형태' 'my manifold past lives.'와 같이 번역하고 있지만[45], 필자는 이

44) 빠알리어 본문에서의 명사 'anussati' 혹은 동사로서의 'anussarati'는 접두사 anu에 sati가 더해진 것으로, 대림스님은 이것을 「기억, 기억하다」라고 번역했고, 전재성 씨는 「관찰, 기억하다.」라고 번역했으며, 빅쿠보디스님과 다른 서양번역가들은 같은 의미의 「recollection, recollect」로 번역했다. PTS 빠알리어 사전(PED/P.868)에서도 'pubbenivāsānussatiñāṇa' 이것을 「Knowledge of remembrance of one's former state of existence. one of the faculties of an Arahant.」라고 설명하고 있기는 하다. 하지만 필자는 이것을 모두 「관찰함, 관찰하다」라고 번역했다. 필자의 소견으로는 위의 단어가 '기억'으로 번역됨으로써, 본문에서의 'pubbenivāsānussatiñāṇa'이 전생을 '기억하는 어떤 특별한 능력'으로 오인되었던 것이고, 물론 '宿命通'과 같은 한문 번역어 자체에 무슨 문제가 있었던 것은 아니지만 '기억'이라는 번역 때문에 이런 한문 번역어도 그런 신통력을 나타내는 것처럼 오해하게 된 것이 아닐까 싶다.

45) 인용된 번역의 첫 번째는 대림스님 〈맛지마니까야〉(제2권 P.183), 두 번째는 전재성 씨 〈맛지마니까야〉(P.254), 세 번째는 빅쿠보디스님의 번역이다(MDB/

것을 '보살 스스로에 의해서 다양하게 그 인과관계가 추론되고 정리된 것으로서의 전생'이라는 뜻으로 이를 '**다양하게 정리된 전생**'이라고 번역했다. 필자가 이 문장을 이렇게 기존의 번역들과 다르게 번역한 근거는, 보살이 이미 정해진 어떤 실체로서의 자신의 전생의 모습을 관찰했다는 것은 말이 되지 않음으로, 보살이 스스로 자신의 전생을 다양한 방법으로 추론하고 정리했고, 그렇게 정리한 것을 관찰한 것이라는 필자의 판단에 있다. 이것은 아마 다음에 이어지는 내용들을 보면 어느 정도 설명이 될 것이다.

필자는 예전에 경전에서 이 '세 가지 앎'에 관한 내용을 처음 접했을 때, 특히 첫 번째와 두 번째 항목에 대해서 거부감이 느껴졌던 것을 기억한다. 무엇보다 그 당시에는 이것들이 '숙명통(宿命通)'과 '천안통(天眼通)'으로 번역이 되어 있었는데, 아마도 그런 한문용어 자체가 무슨 도인의 초능력을 나타내는 것처럼 여겨져서 맘에 들지 않았었던 것 같다. 하지만 그때는 어쨌든 그래도 이것은 붓다의 경지이니, 내가 이해할 수 있는 바가 아닐 것이라고 생각해서 굳이 이 내용에 대해 관심을 갖지 않았었다. 그러다가 〈맛지마니까야〉 제38경인 『마하탕하상캬 숫따』의 내용을 접하고 난 뒤부터는 생각이 바뀌었다. 이 경에서 붓다께서는 비구들에게 12연기의 각 항목들이 인간에게 있어서 어떻게 일어나고, 어떻게 소멸하는지를 설명하신 후에 다시 비구들에게 이렇게 물으셨다.

"비구들이여! 또한 그대들이 그와 같이 알고 있고, 그와 같이 보

P.105). 그밖에 Ven, Sujato의 번역도 있지만 다른 것들과 크게 다르지는 않다. 「I recollected my many kinds of past lives.」
https://suttacentral.net/mn36/en/sujato

고 있으면서도, 과거로 거슬러 생각할 수 있겠는가, 즉, 우리는 과거 시절에 존재했었는지, 우리가 과거 시절에 존재하지 않았는지, 과거 시절에 무엇으로 존재하고 있었는지, 과거 시절에 어떻게 존재하고 있었는지, 과거 시절에 우리는 무엇으로 존재하고 있다가 무엇으로 존재하게 되었는지에 대해서?" "아닙니다. 존자시여!"

"비구들이여! 또한 그대들이 그와 같이 알고 있고, 그와 같이 보고 있으면서도, 미래에 대해 생각할 수 있겠는가, 즉 우리는 미래 시절에 존재할 것인지, 혹은 우리는 미래 시절에 존재하지 않을 것인지, 혹은 미래 시절에 무엇으로 존재할 것인지, 미래 시절에 어떻게 존재하고 있었는지, 미래 시절에 우리는 무엇으로 존재하다고 무엇으로 존재하게 될 것인지에 대해서?" "아닙니다. 존자시여!"

"비구들이여! 또한 그대들이 그와 같이 알고 있으면서, 그와 같이 보고 있으면서도, 내부적으로 현재에 대해 이렇게 불확실한 것이 있는가, 즉 나는 참으로 존재하는지, 존재하지 않는지, 나는 무엇으로 존재하는지, 나는 어떻게 존재하는지, 이 존재는 어디로부터 와 있고, 또 그것은 어디로 가는 것인지에 대해서?" "아닙니다. 존자시여!"

이에 대한 비구들의 대답은 세 번 모두 "아닙니다, 존자시여!"였고, 비구들의 이런 대답에 대해 붓다께서는 "비구들이여! 옳다!" 라고 하시면서 흡족해 하셨다.[46]

---

46) 제38경 『마하탕하상캬 숫따』(MN1/PP.264~265)

붓다께서 이처럼 연기법의 이치를 바르게 알고 있고, 바르게 보고 있는 자가, 자신이 과거에 어떤 실체로서 존재했었다는 생각을 하겠는지, 미래에 어떤 실체로서 존재할 것이라는 생각을 하겠는지에 대해 비구들에게 물었던 것은, 현재 자신의 존재를 무상(無常)하고 무아(無我)인 연기적 존재로서 분명하게 이해하고 있고 분명하게 보고 있는 자라면, 절대로 과거로 또는 미래로 자신의 존재가 실체적으로 존재했었거나 존재할 것이라는 생각을 하지 않을 것이라고 보셨기 때문이다. 따라서 이러한 내용과 본문의 첫 번째 앎의 내용을 비교했을 때, 만약 위의 본문에 언급된 보살의 전생이라는 것이 보살이 과거에 실체적으로 어떤 모습의 누구로 존재했었던 것을 뜻하는 것이며, 그것을 관찰한 보살의 앎이 깨달음을 성취하던 날 밤 초경에 성취된 **'첫 번째의 밝음'**이라고 붓다 자신에 의해서 확인되었다는 뜻이라면, 이는 위에서 인용한 제38경의 내용과 완전히 어긋날 뿐만 아니라, 전혀 불교적이지도 않다. 그렇다면 본문의 내용 자체가 잘못된 것이든지, 아니면 그 내용이 잘못 알려져 있던 것이든지 둘 중에 하나일 것이니, 본문을 통해서 이를 확인해 보도록 하겠다.

〈예를 들어 한 번의 생을, 두 번의 생들을, 세 번의 생들을…… 십만 번의 생들을.〉

이 문장에서 사용된 숫자들은 모두 첫 번째, 두 번째, 라는 식의 서수(序數)가 아닌 기수(基數)다.[47] 이것은 한 번의 생과 두 번의 생들 사이에 연속성이 없다는 뜻이다. 즉 첫 번째 전생이 누구였다

47) 빠알리어에서의 서수는 4선에서의 초선, 제2선, 제3선과 같이, paṭhama, dutiya tatiya로 표기된다. 또한 본문에서 '생生'이라고 번역한 jāti라는 여성명사는 첫 번째는 단수 대격이지만, 두 번째부터는 모두 복수의 대격(accusative)이다.

가, 그 사람이 죽어서 두 번째 전생에서는 다시 누가 되고, 라는 식의 표현($A^1 \rightarrow A^2 \rightarrow A^3$ ……)이 아니라는 것이다. 그리고 이 문장의 동사로는 필자가 '관찰하다'라고 번역한 1인칭 동사 'anussarāmi'가 사용되었다.[48] 그렇다면 이 문장의 뜻은 '한 번의 생을 관찰하였고, 두 번의 생들을 관찰하였고 …… 십만 번의 생들을 그때 당시의 보살이었던 내가 관찰하였다.'가 된다. 그런데 이것이 만약 보살 자신의 연속된 전생을 뜻하는 것이 되려면 본문에서처럼 **'십만 번의 생들'** 이라고 복수로 표기되면 안 되고 '십만 번째의 생'이라고, 단수로 표기되어야 할 것이다. 따라서 이 문장은 과거로 거슬러 올라가서 십만 번째까지의 자신의 전생을 관찰했다는 뜻이 될 수 없고, 단지 이 문장이 자신의 생들을 십만 번도 넘게 (경우를 바꿔가면서) 관찰했다는 뜻이라면 아마도 성립될 수 있을 것이다. 하지만 만약 이 내용이, 과거로 거슬러 십만 번째까지에 이르는 자신의 모든 전생을 기억한다는 뜻이라면, 세대 간의 간격을 아무리 적게 잡더라도 시간상으로 적어도 수백만 년 전이 될 것이고, 그 시절에는 심지어 지구에는 현생인류의 직접 조상인 '호모사피엔스'조차 출현하지 않았던 시기이니, 이름이 있고 성이 있는 보살의 십만 번째 전생이라는 것은 성립될 수 없다.

〈그리고 '거기서 이러한 이름이, 이러한 성이, 이러한 용모가, 이러한 음식이, 이러한 행복과 괴로움을 경험함이, 이러한 수명을 지님이 있었고, 그런 나는 거기에서

48) 문장 상에서의 주어는 붓다께서 당시 자신이 보살이었을 때의 그 보살을 나타내기 때문에 3인칭 단수인 'so'가 사용되었지만 이것은 6-2장에서의 'so kho ahaṃ'의 예와 같이 '당시에는 그였던 지금의 나'라는 뜻이므로, 1인칭 동사가 사용된 것과 어긋하지 않는다.

죽어 다른 곳에 태어났고, 거기서 이러한 이름이, 이러한 성이, 이러한 용모가, 이러한 음식이, 이러한 행복과 괴로움을 경험함이, 이러한 수명을 지님이 있었고, 그런 나는 거기에서 죽어 다시 여기에 태어났다.'라고. 그와 같이 특징적이고, 구체적이고, 다양하게 정리된 전생을 관찰하였습니다.〉

위에서 필자가 '아무리 궁리를 해도 이해가 되지 않았던 부분이 있다.'라고 한 대목이 바로 이 대목이다. 보살이 말한 '**전생을 관찰함**'이라는 것이 실체적으로 존재하던 자신의 전생을 하나하나 따라가면서 기억한다는 뜻이 아닐 것이라는 입장에 선 필자에게, 이 문장은 아무리해도 납득이 가지 않았었다. 누가 보더라도 이 문장의 내용은, 보살이 처음부터 실체적으로 존재하던 과거의 자신으로부터 시작해서 금생의 자신으로 차례대로 내려오면서 관찰이 진행된 것처럼 묘사되었기 때문이다. 하지만 필자의 최종적인 결론은 이것이다. '보려고 하면 보이는 법이다.' 이것은 보살이라고 해서 예외가 될 수는 없다.

만약 위의 내용이, 과거 어느 시점에 어떤 특정한 이름과 성과 용모를 지닌 사람이 실체적으로 있었고[49], 그 사람이 현재 자신의 전생이었다는 것을 보살이 알아보고 관찰했음을 뜻하는 것이라면, 현재의 자신과 자신의 전생인 그 사람과, 그리고 현재의 자신과 과거의 그 사람이 존재하는 터전인 현재의 세상과 과거의 세상이 모두 변하지 않는 '실체'로서 상속(相續)되는 것이어야만 할 것이다.

---

49) 이 문장에서의 동사는 '있다,' 라고 번역되는 'atthi'의 1인칭 단수 아오리스트 형태인 'āsim'이다.

때문에 붓다께서도 『브라흐마잘라 숫따』에서 이렇게 전생을 실체적으로 관찰한다고 주장하는 사람들을 '상주론자'라고 분류하셨다.

> 비구들이여! 일부의 사문이나 바라문들은 '상주론자'로서, 네 가지 이유를 들어 상주하는 자아와 세계에 대해 주장한다. …… 그는 이렇게 말한다. '자아와 세계는 상주(常住)하나니, 이것은 만들어 냄이 없고, 산처럼 움직이지도 않고, 성문 앞의 기둥처럼 견고하게 서 있다. 중생들은 내달리고 윤회하고 죽고 태어나지만 이것은 상주 그 자체로서 존재한다. 이유가 무엇인가? 나는 참으로 노력하였고, 정진하였고, 몰입하였고, 게으르지 않았고, 바르게 마음에 새겼고, 거기에 알맞은 마음의 삼매를 달성했다. 그래서 그렇게 나는 마음이 삼매에 들어 여러 가지 전생을 관찰하는 것이다. …… '라고.[50)]

즉 어떤 사문이나 바라문들은 자신이 열심히 수행해서 자신의 수행에 걸맞는 삼매에 들고, 삼매에 들어서는 자신의 전생을 관찰한다고 주장한다. 그렇게 다양한 전생을 실체적으로 관찰하고 나서는, 자아와 세계는 상주한다는 결론을 내리고 이것을 주장한다. 어떻게 해서 그렇게 말할 수 있는지 그 근거로서 제시된 것은, 자신이 열심히 수행해서 삼매에 들고, 삼매에 들어서 전생을 관찰한

---

50) 제1경 『브라흐마잘라 숫따』(DN1/P.13) 「santi bhikkhave! eke samaṇa brāhmaṇā sassatavādā, sassataṃ attānañ ca lokañ ca paññapenti …… evaṃ āha; "sassato atta ca loko ca vañjho kūṭaṭṭho esikaṭṭhayiṭṭhito, te ca sattā sandhāvanti saṃsaranti cavanti upapajjanti, atthi tve'va sassatisamaṃ. taṃ kissa hetu? aham hi ātappaṃ anvāya padhānaṃ anvāya anuyogaṃ anvāya, appamādaṃ anvāya sammā manasikāraṃ anvāya tathā rūpaṃ ceto samādhiṃ phusāmi yathā samāhite citte aneka vihitaṃ pubbe nivāqsaṃ anussarāmi …… "」

결과가 그렇기 때문이라는 것이다. 이런 주장에 대해서 붓다께서는 그들의 주장은 결국 자신이 경험한 '느낌'을 연기적 현상으로 이해하지 못하기 때문에 단지 느껴진 대상을 실체화 한 것에 지나지 않는다는 뜻으로, 다음과 같이 확정적으로 말씀하셨던 것이다.

> 비구들이여! 여기서 상주론자들인 저들 사문이나 바라문들이 네 가지 근거로 자아와 세계가 상주한다는 것을 주장하는 것은, 알지 못하고 보지 못하고 갈애에 빠져 있는 그 사문 바라문 존자들에게 단지 느껴진 것이며, 갈애에 의해 흔들리고 비틀려진 것에 지나지 않는다.[51]

전생을 실체적으로 관찰했다, 라고 주장하는 사람들은, 그저 자신에게 느껴진 대상을 실체화하여, 실제로 보았다고 믿고, 그것이 사실이라고 집착하는 것이요, 그렇게 느껴진 대상을 실체화하는 것은, 그들이 생존의 근본적인 동력인 '갈애(渴愛, taṇhā)'에 의해 감각기관들이 오염되었고, 그렇게 오염된 감각기관을 통해 느낀 것에 지나지 않는다는 것이다. 본경의 주제어를 통해서 다시 표현하자면, 그들은 결국 느낌을 통제하지 못하여 '**수행**'이 되지 않은 자들인 것이다.

그런데 본문에서의 '…… **그런 나는 거기에서 죽어 다시 여기에 태어났다.**' 라고. **그와 같이 특징적이고, 구체적이고, 다양하**

51) 제1경 『브라흐마잘라 숫따』(DN1/PP.39~40) 「tatra bhikkhave, ye te smaṇa brāhmaṇā sassatavādā sassataṃ attānañ ca lokañ ca paññāpenti catuhi vatthūhi, tad api tesaṃ bhavataṃ samaṇa brāhmaṇānaṃ ajānataṃ apassataṃ vedayitaṃ taṇha gatānaṃ paritasita vipphanditaṃ eva.」

게 정리된 전생을 관찰하였습니다.'라는 문장까지는 위에서 인용한 『브라흐마잘라 숫따』에서 상주론자들의 주장한 것과 동일한 내용이다. 다른 점이라면, 『브라흐마잘라 숫따』에서의 상주론자들은 그렇게 전생을 관찰한 것을 통해서 '자아와 세계는 상주한다'라는 결론을 도출했고 그것을 견해로써 주장한 것에 반해, 본경에서의 보살은 전생을 관찰한 것을 통해 어떤 특정한 주장을 하지 않았다는 것이 다른 점이다. 그렇다면, 붓다께서 상주론자들을 비판하셨던 것은 그들이 자신들의 전생을 관찰한 경험을 통해서 '자아와 세계가 상주한다'고 내린 그들의 결론에 대해 비판하신 것이지, 그들이 전생을 관찰한 것(혹은 기억한 것)에는 문제가 없다는 것일까? 라는 생각도 해 보았다.

하지만 자신의 전생들이 특정한 어느 과거의 시점에 특정한 이름과 성을 지니고 있었고, 특정한 용모에 특정한 수명을 가지고 있었다고 관찰했다는 것 자체가, 이미 앞에서 붓다에 의해서 비판되었던 것과 같이 '자아와 세계가 상주한다'는 전제가 없이는 성립되지 않는 것이다. 그리고 만약 보살에게 어떻게 해서 그런 것을 관찰할 수 있었는가, 라고 묻는다면, 보살 역시 깊은 선정에 들었기 때문에 경험할 수 있었던 것이라고 주장하는 것 이외에는 주장할 바가 없음으로, 이것은 결국 붓다가 비판한 '상주론자'들처럼, 자신이 직접 삼매에 들어 경험했기 때문에 그것을 안다고 한 것과 다를 바가 없게 된다. 따라서 『브라흐마잘라 숫따』에서의 붓다의 비판을 이곳에 적용하자면, 보살이 전생들을 관찰했다는 것 역시 단지 보살 자신에게 '느껴진 것'에 지나지 않는데, 보살이 그렇게 자신에게 느껴진 것을 '관찰했다'라고 말함으로써 보살 역시 자신에게 느껴진 것을 실체화한 셈이 되는 것이다.

그런데 이런 것도 생각해 볼 수 있다. 우리가 평소에 무언가를 눈을 통해서 볼 때, 예를 들어서 자신의 팔다리를 내려다보면 거기 분명히 외곽선이 존재한다. 즉 팔과 팔 아닌 부분이 확연하게 나누어져 있다는 것을 보게 된다. 그 때문에 우리는 그것을 곧바로 '팔!'이라고 인식할 수 있는 것이다. 하지만 이런 시각정보는 사실 우리가 팔과 팔이 아닌 부분을 나누어 보려는 의식의 작용 때문에 이것이 확연하게 나누어져 보이는 것이지 '있는 그대로'의 모습이 원래부터 그렇게 확연하게 구분 지어져 있는 것은 아니다. 이것은 가끔 삼매에 든 사람이나, 뇌졸중으로 인해 뇌의 인지를 담당하는 영역에 손상이 생긴 환자에게 나타나는 현상으로, 자신을 팔다리를 구분 짓는 외곽선이 잠시 없어져 보일 때가 있다.[53] 이처럼 우리가 평소에 무언가를 볼 때 보여지는 모습들이 사실은 우리의 의식들이 이미 그렇게 보이도록 작업을 해 놓은 것이기 때문에 그렇게 보인 것뿐이지, 원래부터 그런 모습으로 이 세상에 존재하는 것이 아닌 것이다. 물론 그렇게 잠시 팔의 외곽선이 사라지는 현상이 일어나더라도, 뇌졸중의 환자가 아니라면 "어? 내 팔이 왜 이래?" 라고 하면서 팔을 찾다보면 곧바로 예전처럼 팔의 외곽선이 다시 나타난다. 아마 이것은 삼매로 인해 잠시 멈췄던 뇌의 인지를 담당하는 영역의 어떤 기능이 다시 작동을 하게 되었기 때문일 것이다.

---

52) 뇌졸중 환자의 경우의 이런 현상에 대해서는 질볼트 테일러라는 사람이 쓴 『My stroke of Insight』 번역서는 『긍정의 뇌』라는 제목의 저서가 있음으로 이를 참고하시라.

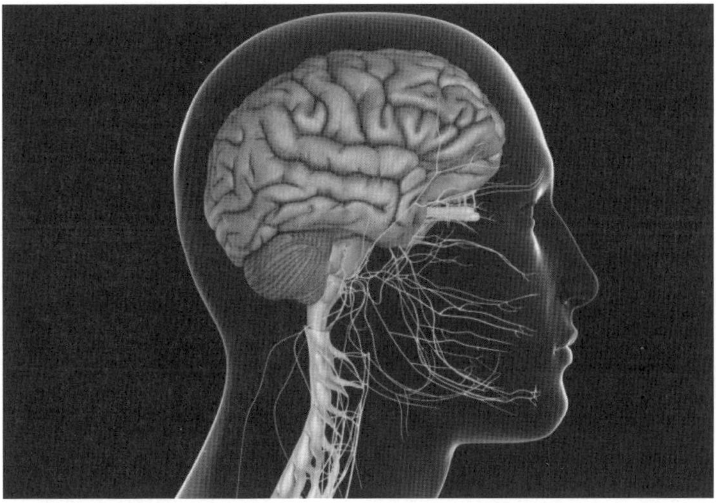

사진 6) 있는 것을 보는 것이 아니라, 뇌가 보여주는 것을 보면서, 있는 것을 본다고 믿는 것뿐이다.

원래 보여지는 모든 것들은 늘 보는 자의 심리상태와 연결된 것이므로, 삼매에 든 자에게는 평소에 보이는 모습과 다른 모습이 보일 수도 있다. 따라서 삼매에 든 자가 본 바를 두고, 그것이 사실이다, 아니다, 라고 판단하는 것 자체가 무의미한 일이다. 어떤 특정한 심리상태에 있는 사람에게는 사실이라고 믿어지는 것도, 그렇지 않은 사람에게는 거짓일 수 있기 때문이다. 따라서 자신에게 보여진 것이 자신의 어떤 특정한 심리상태에 의지해서 보여지는 것임을 아는 자라면, 위에서 붓다에 의해서 비판받았던 상주론자들처럼, 자신이 보고 느낀 것을 실체화하여 그로부터 '자아와 세계는 상주하는 것이 분명하다!' 라는 식의 견해를 만들지는 않을 것이다.

따라서 필자의 결론은 이렇다. 위의 본문에서 언급된 내용들은 보살에게 실제로 그렇게 관찰되어졌을 수도 있을 것이다. 보살 스스로 의지를 가지고 전생을 대상으로 삼아 관찰하려고 했기 때문이다. 단지 보살은 『브라흐마잘라 숫따』에서 붓다께서 비판하셨던 상주론자들과 달리, 보살 자신에게 관찰된 전생이란 자신에게 단지 그렇게 '느껴진 것'일 뿐임을 알아, 자신이 관찰한 전생을 실체화하여 그로부터 어떤 견해를 일으키지는 않았던 것이라면, 그것은 스스로 '전생을 관찰함에 대한 앎'이라고 부를 만할 것이다. 왜냐하면, 그때의 앎의 대상은 자신이 관찰했다고 한 그 '전생'이 아니라, 자신의 '전생을 관찰함'이라는 행위였기 때문이다. 뒤의 두 가지 앎인 '중생의 죽고 태어남에 대한 앎(sattānaṃ cutūpapātañāṇa)'과 '번뇌의 소멸에 대한 앎(dāsavānaṃ khayañāṇa)'이 중생의 죽고 태어남과 번뇌의 소멸을 그 직접적인 대상으로 한 앎으로 표기된 것에 반해, 첫 번째 앎은 '전생을 관찰함에 대한 앎(pubbenivāsānānussatiñāṇa)'이라고 하여 그 앎의 대상이 '전생'이 아니라 '전생을 관찰함'에 있음을 나타내도록 표기된 것도 하나의 증거가 될 것이다.

〈악기웻사나여! 이것이 나에게 있어서 밤의 초경에 성취된 첫 번째의 밝음입니다. 게으르지 않고 열심히 정진하고 노력한 자에게 있어서 무명이 사라지면 밝음이 일어나듯이, 어둠이 사라지고 빛이 일어났습니다.〉

이것이 위없는 바른 깨달음이 성취되던 그날 밤 초경에[53], 보리

---

53) 필자가 '초경에'라고, 중국에서 사용하는 용어를 써서 번역한 이 단어는 'rattiya paṭhame yāme'를 번역한 것으로 현대의 구분으로 보자면, 초저녁 7시부터 다음 날 아침 7시까지 밤의 12시간을 3등분한 것 가운데 '첫 번째 밤의 시간대에'라는 뜻이므로 이는 대략 저녁 7시부터 밤 11시까지에 해당된다. 다음 장의 '이경二更'과 '삼경三更'이라고 번역어들은 'majjime yāme'와 'pacchime yāme'를 번역한 것이고, 각각 '가운데 시간대'와 '뒤의 시간대'라는 뜻이므로 '이경'은 밤 11시부

수 아래 앉은 보살에게 일어났던 일이다. 이렇게 첫 번째 '**전생을 관찰함에 대한 앎**'이 일어났고, 그것을 근거로 하여 보살은 두 번째 앎인 '중생의 죽고 태어남'에 대해 자신의 마음을 기울여 통찰할 수 있었을 것이다. 그리고 이렇게 성취된 '앎'은 늘 수동적으로 일어나는 것들이다. 즉 수행자가 그 '**앎**' 자체를 목표로 해서 능동적으로 이루어내는 것이 아니라, 그것이 일어나게 되는 원인들을 성취함으로써, 그 결과가 조건적으로(혹은 연기적으로) 드러나는 것이다. 이것을 나타내는 표현이 바로 '**무명이 사라지면 밝음이 일어나듯이, 어둡이 사라지고 빛이 일어났습니다.**'라는 것이다.

〈악기웻사나여! 그러나 그와 같이 일어난 행복한 느낌이 나의 마음을 제압하지는 못했습니다.〉

보살이 마지막까지 염두에 두었던 바는 이것이었다. 무엇이든 그것은 단지 자신에게 그렇게 '느껴진 것'뿐이라 하여, 느껴진 것에 대해 일어나는 모든 형태의 집착을 스스로 제어하는 것. 이것이 바로 본경의 핵심 주제이기도 한 '**수행**'이고, 이런 수행 덕분에 보살에게 첫 번째 앎이 성취될 수 있었던 것이고, 첫 번째 앎이 성취되고도 그것에 머물지 않을 수 있었던 것이고, 그렇게 첫 번째 앎에 머물지 않음으로써 다시 두 번째 앎을 향해 나아갈 수 있었던 것이다. 이 모든 것을 가능하게 한 것은 이 수행, 즉 일어난 느낌에 마음의 주체적 기능이 제압당하지 않게 한 것 때문이다. 보살로 하여금 끝없이 바른 깨달음을 향해 나아갈 수 있게 한 것도, 보살을 보살에서 멈추지 않고 깨어있는 자 붓다가 되도록 한 것도, 붓다가 늘 깨어있는 자 붓다일 수 있게 한 것도, 따지고 보면 모두 다 '일

터 새벽 3시까지, 삼경은 새벽 3시부터 아침 7시까지에 해당될 것이다.

어난 느낌이 자신의 마음을 제압하도록 하지 않는' 이 수행 때문이었다.

064

두 번째, 중생들의 죽고 태어남에 대한 밝은 앎의 성취

그런 나는 이와 같이 마음이 집중되고, 청정하고, 순결하고, 때 묻지 않고, 오염되지 않고, 유연하고, 적절하고, 안정되고, 흔들림이 없는 상태에 이르렀을 때, 마음을 중생들의 죽고 태어남에 대한 앎으로 향하게 했습니다. 그런 나는 인간을 넘어선 청정한 천안으로 죽고 태어나는 중생들을 보았습니다. 천박하고 고상하고, 잘나고 못나고, 좋은 곳에 가고 나쁜 곳에 가고, 그와 같이 중생들이 업을 따르는 것을 통찰하였습니다. '이들은 몸으로의 악행으로 채우고, 말로의 악행으로 채우고, 마음으로의 악행으로 채우고, 고귀한 자들을 비방하고, 나쁜 견해를 일으키고, 나쁜 견해에 따라 업을 받는다. 이들은 몸이 무너져 죽은 뒤, 처참한 곳, 불행한 곳, 타락한 곳, 지옥에 태어난다. 그러나 다른 이들은 몸으로의 선행으로 채우고, 말로의 선행으로 채우고, 마음으로의 선행으로 채우고, 고귀한 자들을 비방하지 않고, 바른 견해를 지니고, 바른 견해에 따라 업을 받는다. 이들은 몸이 무너져 죽은 뒤, 좋은 곳, 천상세계에 태어난다.' 라고. 이와 같이 인간을 넘어선 청정한 천안으로, 죽고 다시 태어나는 중생들을 보았습니다. 천박하고 고상하고, 잘나고 못나고 좋은 곳에 가고 나쁜 곳에 가고, 그와 같이 중생들이 업을 따르는 것을 통찰하였습니다. 악기웻사나여! 이것이 나에게 있어서 밤의 이경에 성취된 두 번째의 밝음입니다. 게으르지 않고 열심히 정진하고 노력한 자에게 있어서 무명이 사라지면 밝음이 일어나듯이, 어둠이 사라지고 빛이 일어났습니다. 악기웻사나여! 그러나 그와 같이 일어난 행복한 느낌이 나의 마음을 제압하지는 못했습니다.

〈마음을 중생들의 죽고 태어남에 대한 앎으로 향하게 했습니다. 그런 나는 인간을 넘어선 청정한 천안으로 죽고 태어나는 중생들을 보았고, 천박하고 고상하고, 잘나고 못나고, 좋은 곳에 가고 나쁜 곳에 가고, 그와 같이 중생들이 업을 따르는 것을 통찰하였습니다.〉

이번에는 보살에게 두 번째 앎이 성취되는 과정이다. 이미 앞에서 언급한 것처럼, 보살의 두 번째 앎은, 첫 번째 앎인 '중생의 전생을 관찰함에 대한 앎'을 근거로 해서 일어난 것이라고 필자는 생각한다고 했다. 즉 자기 자신의 존재를 통해 확인된 인과의 이치가, 이제 다른 모든 중생들에게도 똑같이 적용되는지를 보살은 확인하고자 했을 것이다. 그래서 여기서도 첫 번째와 마찬가지로 '마

음을 중생들의 죽고 태어남에 대한 앎으로 향하게 했습니다.'라고 보살이 스스로 그 대상을 통찰의 대상으로 삼았던 것이고, 그렇게 이치를 통찰하여 확정한 앎이 바로 두 번째 '중생의 죽고 태어남에 대한 앎'이다.

그렇게 중생들의 죽고 태어남을 통찰하는 과정을 소개하는 내용 가운데 먼저 '**인간을 넘어선 청정한 천안으로**'라는 대목을 보자. 먼저 '**인간을 넘어선**'이라는 말은, 통상적으로 인간이 감각기관을 사용하여 무언가를 인지할 때, 삶의 근본동력인 '갈애(渴愛)'로부터 발원한 감각적 쾌락들에 의지하지 않기 때문에, 즉 안팎으로 갈애로부터 발원한 감각적 쾌락들로부터 멀리 벗어났기 때문에, 이것을 '**인간을 넘어선**'이라고 한 것이다. 또한 감각적 쾌락들에 의지해서 보고 생각하는 것이 아님으로, 이는 감각적 쾌락들에 오염되지 않은 것이니, 다시 이를 '**청정한**'이라고 한 것이다. 그렇게 인간을 넘어선 청정한 눈으로 중생들의 죽고 태어남을 통찰하는 것이기 때문에 이를 '**천안(天眼)으로 죽고 태어나는 중생들을 보았고**' 라고 한 것인데, 여기서는 '**보다**(passāmi)'라는 일반적인 동사가 사용되었지만, 그것은 인간을 넘어선 청정한 '천안으로 보는' 것이기 때문에, 그 뒤에 나오는 동사인 '**통찰하다.**(pajānāmi)'라는 것과 결국 같은 뜻이다. 첫 번째 앎에서는 한 번도 사용되지 않았던 이 동사가 두 번째 앎에서는 지속적으로 사용되고 있는데, 이것으로 두 번째 앎은 이러한 통찰의 영역에 해당된다는 것을 짐작할 수 있다.

〈'이들은 몸으로의 악행으로 채우고, 말로의 악행으로 채우고, 마음으로의 악행으로 채우고, 고귀한 자들을 비

방하고, 나쁜 견해를 일으키고, 나쁜 견해에 따라 업을 받는다. 이들은 몸이 무너져 죽은 뒤, 처참한 곳, 불행한 곳, 타락한 곳, 지옥에 태어난다. 그러나 다른 이들은 몸으로의 선행으로 채우고, 말로의 선행으로 채우고, 마음으로의 선행으로 채우고, 고귀한 자들을 비방하지 않고, 바른 견해를 지니고, 바른 견해에 따라 업을 받는다. 이들은 몸이 무너져 죽은 뒤, 좋은 곳, 천상세계에 태어난다.'라고. 이와 같이 인간을 넘어선 청정한 천안으로, 죽고 태어나는 중생들을 보았습니다.〉

그러면 보살이 천안을 통해서 본 중생들의 삶은 어떠했는가? 자신의 삶을 몸으로 하는 악행과 말로 하는 악행과 마음으로 하는 악행으로 가득채운 자는, 그 악행의 과보를 스스로 받아 죽은 후에 악처에 떨어지고, 자신의 삶을 몸으로 하는 선행과 말로 하는 선행과 마음으로 하는 선행으로 가득 채운 자는, 그 선행의 과보를 스스로 받아 죽은 후에 선처에 태어나는 것을, 보살은 오염되지 않은 천안을 통해서 보았다. 그리고 그로부터 선행을 한 자는 선처에 태어나고, 악행을 한 자는 악처에 태어난다는, 중생들의 죽고 태어남에 대한 앎이 성취되었다는 것이다.

하지만 이러한 선인선과(善因善果)와 악인악과(惡因惡果)에 대해서는 부처님 당시부터 지금까지 논란이 끊이지 않고 있다. 예나 지금이나 현실에서는 착한 사람이 오히려 힘들게 살고, 악한 사람이 더 행복하게 사는 것처럼 보이는 경우가 많기 때문이다. 이에 대해서는 '업에 대한 광범위한 분석'이라는 뜻을 지닌 〈맛지마니까야〉 제136경인 『마하깜마위방가 숫따』에서 자세히 다뤄졌음으로 이를 통해서 본경에서의 위의 내용을 설명해 보기로 하겠다.

제136경에서 붓다께서는, 어떤 수행자가 삼매에 들어서 청정한 천안으로 중생들의 죽고 태어나는 것을 보게 되는 과정과, 그 과정을 거쳐서 어떤 결론을 내리게 되는지를 설명하시면서, 이를 다음과 같이 네 가지 경우로 나누어서 설명하셨다.[54] (본경에서는 이 가운데 단지 첫 번째 유형과 세 번째 유형만이 언급되었다.)

첫 번째 유형은, 악행을 행한 자가 악처로 떨어지는 경우,
두 번째 유형은, 악행을 행하였지만 선처에 태어나는 경우,
세 번째 유형은, 선행을 행한 자가 선처에 태어나는 경우,
네 번째 유형은, 선행을 행하였지만 악처에 떨어지는 경우다.

그런데 이렇게 네 가지 유형으로 중생들의 죽고 태어남을 본 수행자는 각기 자신들이 경험한 바에 따라서 결론을 도출하게 되는데, 이에 대해 붓다께서는 다음과 같이 평가하셨다.

"(첫째 유형을 본 수행자가) '악행에 따른 악과가 있다.'라고 말한다면, 나는 그의 말에 동의한다. '악행에 따라 악과가 있음을 보았다.' 라고 말한다면, 나는 그의 말에 동의한다. 그러나 만약 그가 '악행을 행한 자들은 모두 악처에 떨어진다고 봐야 한다. 이렇게 아는 것이 바르게 아는 것이다. 만약 다르게 안다면 그는 잘못 알고 있는 것이다.'라고 말한다면, 나는 그의 말에 동의하지 않는다. 만약 그 수행자가 스스로 보고 경험한 것을 집착하여 '단지 이 주장만이

54) 제136경 『마하깜마위방가 숫따』(MN3/PP.207~215)

진실이고 다른 것들은 거짓이다.'라고 말한다면, 나는 그의 말에 동의하지 않는다."

"(두 번째 유형을 본 수행자가) '악행에 따른 악과는 없다.'라고 말한다면, 나는 그의 말에 동의하지 않는다. '악행을 하고도 선처에 태어나는 것은 나는 보았다.'라고 말한다면, 나는 그의 말에 동의한다. 그러나 만약 '악행을 행하여도 모두 선처에 태어난다고 봐야 한다. 이렇게 아는 것이 바르게 아는 것이다. 만약 다르게 안다면 그는 잘못 알고 있는 것이다.'라고 말한다면, 나는 그의 말에 동의하지 않는다. 만약 그 수행자가 스스로 보고 경험한 것을 집착하여 '단지 이 주장만이 진실이고 다른 것들은 거짓이다.'라고 말한다면, 나는 그의 말에 동의하지 않는다.

"(세 번째 유형을 본 수행자가) '선행에 따른 선과가 있다.'라고 말한다면, 나는 그의 말에 동의한다. '선행을 하여 선처에 태어나는 것을 나는 보았다.'라고 말한다면, 나는 그의 말에 동의한다. 그러나 만약 '선행을 행하면 모두가 선처에 태어난다고 봐야 한다. 이렇게 아는 것이 바르게 아는 것이다. 만약 다르게 안다면 그는 잘못 알고 있는 것이다.'라고 말한다면, 나는 그의 말에 동의하지 않는다. 만약 그 수행자가 스스로 보고 경험한 것을 집착하여 '단지 이 주장만이 진실이고 다른 것들은 거짓이다.'라고 말한다면, 나는 그의 말에 동의하지 않는다."

"(네 번째 유형을 본 수행자가) '선행에 따른 선과는 없다.'라고 말한다면, 나는 그의 말에 동의하지 않는다. '선행을 행하고도 악처에 떨어지는 것을 나는 보았다.'라고 말한다면, 나는 그의 말에 동의한다. 그러나 만약 '선행을 행한 자는 모두 악처에 떨어진다고 봐야 한다. 이렇게 아는 것이 바르게 아는 것이다. 만약 다르게 안다면 그는 잘못 알고 있는 것이다.'라고 말한다면, 나는 그의 말에 동의하지 않는다. 만약 그 수행자가 스스로 보고 경험한 것을 집착하여 '단지 이 주장만이 진실이고 다른 것들은 거짓이다.'라고 말한다면, 나는 그의 말에 동의하지 않는다."

이를 정리하자면 이렇다. 붓다께서는 선행에 선과가 있고, 악행에 악과가 있다는 것에 동의하고, 선행을 해도 악처에 떨어지는 경우와 악행을 해도 선처에 태어나는 경우를 보았다는 수행자의 말에도 동의한다. 인과의 성립은 시간을 두고 중층적으로 일어나는 것이기 때문에, 중간에서 끊어서 보면 충분히 그렇게 보일 수도 있기 때문이다. 그러나 수행자들이 각자 자신이 본 바에 따라서 '선행을 하면 모두가 선처에 태어난다.'라는 것이 진리라고 주장하거나 '선행을 해도 모두가 악처에 떨어진다.'라는 것이 진리라고 주장하거나 '악행을 하면 모두가 악처에 떨어진다.'라는 것이 진리라고 주장하거나 '악행을 해도 모두가 선처에 태어난다.'라는 것이 진리라고 주장하는 것에는, 일관되게 모두 동의하지 않으셨다. 왜인가? 법에 맞지 않기 때문이다.

그들의 주장은 마치 현실에서 선인선과 악인악과를 믿지 않는 사람들이 '내가 열심히 노력했으면 노력에 걸맞는 결과가 나타나야하는데, 현실은 그렇지 않으니, 이런 주장은 옳지 않다.'라고 말하는 것과 같다. 그렇게 불만을 가진 사람들은 대체적으로, 자신이 원하는 결과와 자신이 행한 노력 사이에 어떤 연관성이 있는지를 한 번도 생각해본 적이 없는 사람들이다. 세상에서는 하나의 원인과 하나의 결과만 작용하는 것이 아니다. 수많은 원인들과 결과들이 중층적으로 겹쳐져 있는 것이 세상이다. 내가 행한 노력이 과연 내가 원하는 결과를 위한 노력이었는지는 아닌지는 그 결과가 현실적으로 내 앞에 나타났을 때 비로소 알 수 있는 것이다. 공부를 열심히 했는데 결과적으로 성적이 좋지 않았다면, 그것은 자신이 성적이 좋아지는 결과에 맞는 공부를 하지 않았다는 뜻인데, 이를 두고, '열심히 공부해도 모두가 성적이 좋아지는 것은 아니다. 이것이 진리다.'라고 주장하는 것과 같으니, 붓다께서도 이런 주장에 동의하지 않으셨던 것이다. 마치 여섯 장님들이 코끼리를 처음으로 더듬어보고는 각자 자신이 경험한 바를 집착하여 자신이 경험한 것만이 코끼리의 진짜 모습이라고 서로 주장하고, 온전한 코끼리의 모습을 설명해 주면 오히려, 그것은 옳지 않다! 현실적이지 않다! 라고 주장하는 것과 같은 이치다.[55)]

---

55) 장님들과 코끼리의 비유는 동서양에 걸쳐서 널리 퍼져있지만(한역으로는 '群盲撫象'이라고 번역되었다.), 불교 쪽에서의 시작은 『우다나』에서 찾아진다. 우다나에서의 여섯 장님은 여섯 가지 견해에 집착된 수행자들로 비유되었다.(PTS Ud/PP.62~64)

사진 7) 여섯 명의 장님들과 코끼리에 대한 비유를 그린 일러스트

그럼으로 내가 지금 어떠한 행복을 경험하고 있다면, 그것은 어느 때의 것이든 내가 지금 경험하고 있는 그 행복의 원인이 된 어떤 선행을 했다는 것이고, 내가 지금 어떠한 불행을 경험하고 있다면, 그것은 어느 때의 것이든 내가 지금 경험하고 있는 그 불행의 원인이 되는 어떤 악행을 했다는 것이다. 그럼으로 또한 만약 지금 내가 어떠한 선행을 행한다면, 그것은 어느 때인가 내가 경험하게 될 그 어떤 행복의 원인이 될 것이고, 만약 지금 내가 어떠한 악행을 행한다면, 그것은 어느 때인가 내가 경험하게 될 그 어떠한 불행의 원인이 될 것이다.

〈이것이 나에게 있어서 밤의 이경에 성취된 두 번째의 밝음입니다.〉

앞의 첫 번째 앎을 설명하는 과정에서도 언급했지만, 보살에게 두 번째 앎이 성취되는 과정에서도, 첫 번째 앎이 성취되는 과정에서 겪었던 동일한 패턴이 있었다. 본문에서는 그 과정이 생략되었지만, 앞에서 인용했던 〈맛지마니까야〉 제136경의 내용에는 등장한다. 붓다께서는, 어떤 수행자가 선정에 들어서 천안을 통해 '선행을 해서 선처에 태어나는 것을 보았다.'라고 말하는 것은 인정하지만, 자신이 경험한 바를 집착해서 '선행을 하면 모두가 선처에 태어난다. 이것은 진리다.'라는 주장에는 동의하지 않으셨다. 보살은 자신에게 보여진 것이 자신의 어떤 특정한 심리상태에 의지해서 보여진 것임을 알았기 때문에, 앞에서 붓다에 의해서 동의 받지 못했던 수행자들처럼, 자신이 보고 느낀 것을 실체화하여 그로부터 '선행을 하면 모두가 선처에 태어난다. 이것은 진리다.'라는 식의 견해를 만들지 않았던 것이니, 이것은 이미 첫 번째 앎에서 보여주었던 패턴이고, 여기서도 이런 패턴을 거쳤기 때문에 붓다께서는 이러한 보살의 두 번째 앎에 대해서도 '**두 번째의 밝음**'이라고 평가하셨던 것이다.

이로써 이제 보살에게는 세 번째 앎인 '네 가지 고귀한 진리'를 성취할 수 있는 모든 근거가 마련된 것이다. 첫째는, 자기 자신의 삶을 통해서 자신에게 적용되었던 이치를 확인하였고, 둘째는, 자신에게 적용되었던 이치가 다시 모든 중생들의 죽고 태어남 속에 그대로 다시 적용되고 있다는 것 또한 확인되었다. 그럼으로 이제부터 보살에게 성취될 마지막 해탈의 길은, 자신을 괴로움으로 빠뜨렸던 조건들이, 모든 중생들에게도 똑같이 적용됨이 확정되어 보살에게 알려졌듯이, 자신에게의 해탈의 길이, 이제 모든 중생들에게의 해탈의 길이 될 것임도 확정되어 알려질 것이다. 붓다께서 제시한 해탈의 길이, 단순히 자신만을 위한 길이 아니라, 세상의 모든 중생들을 위한 길이 될 수 있었던 이유는, 이렇듯 붓다의 보살 시절의 수행 과정에서부터 이미 자신과 중생이 서로 같은 조건에서 괴로움을 받고 있었음을 통찰하였기 때문에 가능한 일이었을 것이다.

065

세 번째, 번뇌의 소멸에 대한 밝은 앎의 성취

그런 나는 이와 같이 마음이 집중되고, 청정하고, 순결하고, 때 묻지 않고, 오염되지 않고, 유연하고, 적절하고, 안정되고, 흔들림이 없는 상태에 이르렀을 때, 번뇌의 소멸에 대한 앎으로 마음을 향하게 했습니다. 그런 나는 '이것이 괴로움이다.' 라고, 있는 그대로, 분명하게 알았고 '이것이 괴로움의 발생이다.' 라고, 있는 그대로, 분명하게 알았고, '이것이 괴로움의 소멸이다.' 라고, 있는 그대로, 분명하게 알았고, '이것이 괴로움의 소멸로 이끄는 길이다.' 라고, 있는 그대로, 투철하게 이해했습니다. '이것이 번뇌다' 라고, 있는 그대로, 분명하게 알았고, '이것이 번뇌의 발생이다.' 라고, 있는 그대로, 분명하게 알았고, '이것이 번뇌의 소멸이다.' 라고, 있는 그대로, 분명하게 알았고, '이것이 번뇌의 소멸로 이끄는 길이다.' 라고, 있는 그대로, 투철하게 이해했습니다. 이와 같이 알고 이와 같이 보는 나에게 있어서, 마음이 감각적 욕망에 기인한 번뇌로부터 해탈했습니다. 마음이 존재에 기인한 번뇌로부터 해탈했습니다. 마음이 무명에 기인한 번뇌로부터 해탈했습니다. 해탈되었을 때 '해탈되었다.' 라는 앎이 생겼습니다. '태어남은 다했다. 청정범행은 성취되었다. 할 일을 다해 마쳤다. 다시는 어떤 존재로도 돌아오지 않을 것이다.' 라고 투철하게 이해했습니다. 악기웻사나여! 이것이 나에게 있어서 밤의 삼경에 성취된 세 번째의 밝음입니다. 게으르지 않고 열심히 정진하고 노력한 자에게 있어서 무명이 사라지면 밝음이 일어나듯이, 어둠이 사라지고 빛이 일어났습니다. 악기웻사나여! 그러나 그와 같이 일어난 행복한 느낌이 나의 마음을 제압하지는 못했습니다.

〈번뇌의 소멸에 대한 앎으로 마음을 향하게 했습니다. 그런 나는 '이것이 괴로움이다.' 라고, 있는 그대로, 분명하게 알았고 '이것이 괴로움의 발생이다.' 라고, 있는 그대로, 분명하게 알았고, '이것이 괴로움의 소멸이다.' 라고, 있는 그대로, 분명하게 알았고, '이것이 괴로움의 소멸로 이끄는 길이다.' 라고 있는 그대로, 분명하게 알았습니다.〉

마지막 세 번째 앎은, 번뇌의 소멸에 대한 앎이다. 여기서는 새로운 단어 두 가지가 등장한다. 하나는 '**있는 그대로**'라고 번역되는 'yathābhūtaṃ'이라는 부사고, 나머지는 필자가 '**분명하게 알았**

습니다.'라고 번역한 단어는 'abhijānāmi'라는 1인칭 동사의 아오리스트 형이다. 여기서의 두 가지 단어는 첫 번째와 두 번째 앎에서는 사용되지 않았던 단어다. 보살은 첫 번째 앎에서 자신의 전생을 '관찰함'을 통해 법의 이치를 찾아냈고, 두 번째 앎에서는 그 법의 이치가 적용됨을 '통찰'하였다. 그리고 다시 이를 근거로 하여 법의 '있는 그대로'를 분명하고 낱낱이 알게 되었기 때문에, 이 과정에서 두 가지 단어가 사용된 것으로 보인다.[56)]

추후에 붓다에 의해서 '네 가지 고귀한 진리'라고 불리게 된 법의 체계가 이렇게 보살에 의해서 깨달음이 성취된 그날 밤 마지막 순간에 완성되었다. 앞의 두 가지의 앎을 통해 확인되고 검증된 법의 내용이 세 번째 단계에서는 체계화된 것이다. 이렇게 '네 가지 고귀한 진리'로 법의 체계가 완성됨으로써 비로소 보살에서 붓다로의 변환을 위한 준비가 모두 마쳐졌다. 이 사성제는 다섯 비구들에게 처음 법을 설하셨던 『초전법륜경』의 핵심을 이루는 내용으로 『초전법륜경』에는 본문보다 자세한 설명이 담겨있음으로 이를 대신 소개하도록 하겠다.

네 가지 고귀한 진리 가운데 첫 번째로 확립된 진리는 우리로 하여금 '괴로움' 그 자체에 대한 철저한 이해를 요구한다. 이를 『초

---

56) 이 단어는 'yathā(부사)+bhūta(bhavati의 과거분사)+ṃ(대격조사)'로 분석되며, 흔히 뒤에 대격조사(accusative)를 포함해서 전체적으로 부사적 용법으로 사용되는 것이 일반적이기는 하지만, bhūta의 대격으로 사용되기도 한다. 따라서 본문을 '있는 그대로를 투철하게 이해했다.'라고 번역하면 '야타부땅'이 대상이 되지만 '있는 그대로, 투철하게 이해했다.'라고 '야타부땅'을 부사적으로 사용하면, 이것은 '투철하게 이해하다'라는 동사를 꾸미는 것이므로, 전체적으로 이것은 이해하는 방식에 대한 묘사가 된다. 아마 본문에서는 이 두 가지 의미가 모두 포함되었을 것이다.

전법륜경』에서는 이렇게 설명하고 있다.

> 비구들이여! 이것이 바로 고귀한 진리로서의 괴로움이다. 태어남이 괴로움이고, 늙음이, 병듦이, 죽음이, 근심과 탄식과 육체적 괴로움과 정신적 고통과 절망이 또한 괴로움이다. 사랑스럽지 않은 자들과 함께 얽히는 것이, 사랑스런 자들과 헤어지는 것이, 무엇이나 얻고자 하는 것을 얻지 못하는 것이 괴로움이니, 간단히 말해서 '집착에 의한 다섯 가지 연기적 쌓임'이 바로 괴로움이다.[57)]

즉 나 자신이(五取蘊, 집착에 의한 다섯 가지 연기적 쌓임) 그대로 괴로움의 근원이라는 것은 부정할 수 없는 진리이니, 이것이 철저하게 나 자신에 의해서 이해되어져야 한다는 것이다. 마치 자신이 아프지 않다고 하는 환자에게는 병을 제거해 줄 의사가 할 역할이 없듯이, 괴로움으로부터의 해탈을 목표로 하는 붓다의 법 또한 그러할 것이다. 따라서 첫 번째 고귀한 진리는 붓다에 의해서 '이해되어져야 할 것'으로 정의된다.[58)] 다음은 두 번째 진리다.

> 비구들이여! 또한 이것이 바로 괴로움의 발생에 대한 고귀한 진리이니, 무엇이든 이 갈애라는 것은, 재생으로 연결되는 것이고, 환희와 열정이 수반되는 것이며, 여기저기서 즐기는 것이라, 이것

---

57) 『담마짝까빠왓따나 숫따』(SN5/P.421) 「idhaṃ kho pana bhikkhave, dukkhaṃ ariyasaccaṃ jāti pi dukkha, jarā pi dukkhā vyādhi pi dukkha maraṇampi dukkhaṃ sokaparideva dukkha domanassupāyāsā pi dukkha. appiyehi sampayogo dukkho piyehi vippayogo dukkho, yam picchaṃ na labhati, taṃ pi dukkhaṃ saṃkhittena pañcupādānakkhandhā pi dukkhā.」

58) 『담마짝까빠왓따나 숫따』(SN5/P.422) 「다시 이 괴로움의 고귀한 진리는 이해되어져야 할 것, 이라는 저것이 (나에게) 있었다. taṃ kho pana idam dukkhaṃ ariyasaccaṃ pariññeyyan'ti me.」

은 곧 저와 같으니, 욕계의 갈애, 색계의 갈애, 무색계의 갈애다.[59)]

두 번째로 확립된 진리는 '괴로움의 발생'에 대한 것으로, 이는 괴로움이 근본적으로 갈애(渴愛, taṇhā)를 통해서 나 자신에게서 발생되어지는 것임을 자각하고 그 근본원인인 갈애에 대한 철저한 포기를 우리에게 요구한다. 병의 원인을 알았다면 그 원인은 환자에 의해서 포기되어져야 하는 것과 같다. 포기하는 방법은 이미 본경에서 '**수행**'이라는 이름으로 수없이 소개된 바와 같다. 따라서 이 두 번째 고귀한 진리는 붓다에 의해서 '포기되어져야 할 것'으로 정의되었다.[60)] 다음의 세 번째 진리다.

비구들이여, 또한 이것이 바로 괴로움의 소멸에 대한 고귀한 진리이니, 저 갈애의 소멸이고, 포기함이고, 놓아버림이고, 해탈이고, 집착하지 않음이다.[61)]

세 번째로 확립된 진리는 '괴로움의 소멸'에 대한 것이다. 괴로움은 갈애를 조건으로 해서 일어났듯이, 갈애의 소멸로 괴로움 또한 소멸되어질 수 있는 것임이 스스로에게 체득되어져야 한다는 것이다. 병은 병을 일으키는 원인으로부터 발생하였으니, 그 원인이 제거되고, 포기되었다면, 병은 사라지는 것이고 이것은 스스로

59) 『담마짝까빠왓따나 숫따』(SN5/P.421) 「idaṃ kho pana bhikkhave, dukkhasamudayaṃ ariyasaccaṃ yāyaṃ taṇhā ponobbhavikā nandīrāgasahagatā tatra tatrābhinandinī seyyathīdaṃ kāmataṇhā bhavataṇhā vibhavataṇhā.」

60) 『담마짝까빠왓따나 숫따』(SN5/P.422) 「이것은 괴로움의 발생에 대한 고귀한 진리로서 이것은 포기되어져야 할 것이다, 라는 저것이 나에게 있었다. taṃ kho pana idaṃ dukkhasamudayaṃ ariyasaccaṃ pahātabbaṃ iti me」

61) 『담마짝까빠왓따나 숫따』(SN5/P.421) 「idaṃ kho pana bhikhave dukkhanirodhaṃ ariyasaccaṃ yo tassāyeva taṇhāya asesavirāganirodho cāgo paṭinissaggo anālayo.」

에 의해 체험되어질 수 있는 것이다. 따라서 붓다에 의해 이 세 번째 진리는 '체득되어져야 할 것'으로 정의되었다.[62] 다음은 마지막 네 번째 진리다.

> 비구들이여! 또한 이것이 바로 괴로움의 소멸로 이끄는 길인 고귀한 진리이니, 이것은 실로 고귀한 여덟 가지 길이라, 이것은 곧 저와 같으니, 올바른 견해, 올바른 사유, 올바른 말, 올바른 행위, 올바른 생계, 올바른 노력, 올바른 관찰, 올바른 삼매다.[63]

마지막으로 확립된 진리는 '괴로움의 소멸로 이끄는 길'에 대한 것이다. 괴로움이 조건에 의지해서 일어나고 조건에 의지해서 소멸되는 것임이 드러났다면, 이제 괴로움을 소멸시키는 조건들을 자신의 삶에서 실제로 형성해야 한다. 붓다는 그것을 위와 같이 여덟 가지로 정리하여 제시하셨으니, 이것이 '괴로움의 소멸로 이끄는 여덟 가지 바른 길'이라는 의미의 '팔정도(八正道)'다. 이것은 붓다에 의해서 '실천되어져야 할 것'으로 정의되었다.[64]

〈'이것이 번뇌다' 라고 있는 그대로, 분명하게 알았고, '이것이 번뇌의 발생이다.' 라고 있는 그대로, 분명하게 알

---

62) 『담마짝까빠왓따나 숫따』(SN5/P.422) 「또한 이것이 괴로움의 소멸에 대한 고귀한 진리로서, 체득되어져야 할 것이다. 라고 저것이 나에게 있었다. taṃ kho pana idaṃ dukkhanirodhaṃ ariyasaccaṃ sacchikātabban'ti me」

63) 『담마짝까빠왓따나 숫따』(SN5/PP.421~422) 「idaṃ kho pana bhikkhave, dukkhanirodhagāminī paṭipadā ariyasaccaṃ ayaṃ eva ariyo aṭṭhaṅgiko maggo seyyathīdaṃ sammādiṭṭhi, sammāsaṅkappo sammāvācā sammākammanto sammāājīvo sammāvāyāmo sammasati sammāsamādhi.」

64) 『담마짝까빠왓따나 숫따』(SN5/P.422) 「다시 이 괴로움의 소멸로 이끄는 길에 대한 고귀한 진리로서 이것은 실천되어져야 할 것이다, 라는 것이 나에게 있었다. taṃ kho pan'idaṃ dukkhanirodhagāminī paṭipadā ariyasacaṃ bhāvetabbaṇ'ti me.」

았고, '이것이 번뇌의 소멸이다.' 라고 있는 그대로, 분명하게 알았고, '이것이 번뇌의 소멸로 이끄는 길이다.' 라고 있는 그대로, 분명하게 알았습니다.〉

6장에서의 세 가지 앎 가운데 세 번째 **'번뇌의 소멸에 대한 앎'**은, 번뇌가 무엇인지, 어디서 발원하는지, 어떻게 끊어지는지를 분명하게 낱낱이 알았기 때문에 '**앎**'이 된 것이고, 보살로 하여금 모든 번뇌로부터 벗어나게 하여 드디어 '해탈했다!' 라고 알게 한 바로 그 앎이다. 먼저는 괴로움의 정체와 괴로움의 발생과 괴로움의 소멸과 괴로움의 소멸로 이끄는 길에 대한 앎이 확정되고 나서, 똑같은 방식으로 다시 반복해서 '번뇌' 또한 그러함을 확인한 것이다. 괴로움은 번뇌로 인한 결과이니, 먼저는 번뇌의 '결과'인 괴로움을 대상으로 하여 해탈을 위한 연기법적 사유체계 속에서 괴로움으로부터 벗어나는 길을 완성한 것이고, 두 번째는 괴로움의 '원인'인 번뇌를 그 사유체계에 넣어서 번뇌로부터 벗어나는 길을 완성한 것이다. 소멸해야 하고, 벗어나야 할 것들이라면 어떤 것을 집어넣어도 이 체계는 유효할 것이다. 예를 들어서, 〈맛지마니까야〉 제9경인 『삼마딧띠 숫따』에서, 어떻게 하면 수행자가 올바른 견해를 성취할 수 있는가에 대해 묻는 비구들에게 사리뿟따 존자는 이렇게 대답했다.

> 비구들이여! 고귀한 제자가 늙고 죽음을 통찰하고, 늙고 죽음의 발생을 통찰하고, 늙고 죽음의 소멸을 통찰하고, 늙고 죽음의 소멸에 이르는 길을 통찰한다면, …… 태어남을 통찰하고, 태어남이 발생을 통찰하고, 태어남이 소멸을 통찰하고, 태어남의 소멸에 이르는 길을 통찰한다면 …… 이것이 존재임을 통찰하고, 존재의 발

생을 통찰하고, 존재의 소멸을 통찰하고, 존재의 소멸에 이르는 길을 통찰한다면……,[65]

이처럼, 무엇이든 소멸해야 할 것들을 다 이렇게 해탈을 위한 연기법적 사유체계를 통해서 통찰하는 것, 이것이 또한 '본질(本質)로부터 사유함'이라고 번역될 수 있는 'yoniso manasikāra'라는 것이기도 하다.

〈이와 같이 알고 이와 같이 보는 나에게 있어서, 마음이 감각적 욕망에 기인한 번뇌로부터 해탈했습니다. 마음이 존재에 기인한 번뇌로부터 해탈했습니다. 마음이 무명에 기인한 번뇌로부터 해탈했습니다. 해탈되었을 때, 해탈되었다는 앎이 생겼습니다. '태어남은 다했다. 청정범행은 성취되었다. 할 일을 다해 마쳤다. 다시 이러한 상태는 없다.' 라고 분명하게 알았습니다.〉

'해탈되었을 때 해탈되었다는 앎이 생겼습니다.' 이것으로 그동안 치열하게 해탈을 구하던 보살에서, 해탈된 붓다로의 전환이 완성된 것이다. 욕계의 갈애, 색계의 갈애, 무색계의 갈애로부터 괴로움이 발생하였듯이, 같은 방식으로, 감각적 욕망에 기인하고, 존재에 기인하고, 무명에 기인하여 번뇌가 발생한다. 감각적 욕망으로부터 기인한 번뇌에 매이면 욕계의 갈애로부터 벗어나지 못하는 것이고, 존재로부터 기인한 번뇌에 매이면 색계의 갈애로부터 벗어나지 못하는 것이고, 무명에 기인한 번뇌에 매이면 무색계의 갈

65) 제9경 『삼마딧띠 숫따』(MN1/PP.49~50) 「yato kho āvuso ariyasāvako jarāmaraṇaṇ ca pajānāti, jarāmaraṇasamudayañ ca pajānāti …… jātiṃ …… bhavanirodhagāminī patipadañca pajanāti.」

애에서 벗어나지 못하는 것이니, 그 말이 그 말이다.

해탈되면 '해탈되었다!' 라는 앎이 생긴다고 한다. 필자에게도 그런 앎이 생겼으면 좋겠다. 그래서 정말 '나의 태어남'은 끝났고, 청정한 범행은 성취되었고, 할 일을 다해 마쳤고, 다시는, 정말 다시는 '나'라는 존재로 이 세상에 돌아오는 그런 일은 없을 것이라고, 그렇게 분명하게 알게 되었으면 좋겠다.

〈악기웻사나여! 그러나 그와 같이 일어난 행복한 느낌이 나의 마음을 제압하지는 못했습니다.〉

필자는, 이 마지막 세 번째 밝은 앎인 '네 가지 고귀한 진리'가 최종적으로 보살에게 성취되게 된 가장 중요한 조건이 바로 '**일어난 행복한 느낌이 나의 마음을 제압하지는 못했습니다.**'라고 보살 스스로 말한 이것이라고 확신한다. 이것이 바로 본경의 주제이기도 한 '수행'의 핵심이요, 이것을 수행의 핵심이라고 한다면, 붓다는 늘 수행하는 자였고, 늘 수행하는 자였기 때문에, 그는 열반할 때까지 언제나 붓다일 수 있었던 것이다. 늘 깨어있는 자 붓다, 그가 늘 깨어있는 자, 붓다로 유지될 수 있었던 것 또한 바로 이처럼 자신에게서 일어난 어떠한 느낌에도 늘 마음을 제압당하지 않고 있었기 때문이다. 당신께서 늙은 수행자 바히야에게 말씀하셨듯이[66], 늘 세상에 있었지만 한시도 세상에 속했던 적이 없던 자로 붓

---

66) 『바히야 숫따』(Ud/P.6) 「바히야여! 그럼으로 이와 같이 배워야 한다. 볼 때는 봄만이 있어야 한다. 들을 때는 들음만이 있어야 한다. 감각할 때는 감각함만이 있어야 한다. 인식할 때는 인식함만이 있어야 한다. …… 바히야여! 그로부터 그대는 여기에도 속하지 않고, 그로부터 그대는 저기에도 속하지 않고, 그 둘의 중간에도 속하지 않는다. 이것이야말로 괴로움의 끝이다. tasmātiha, bāhiya! evaṃ sikkhitabbaṃ, diṭṭhe diṭṭhamattaṃ bhavissat, sute sutamattaṃ bhavissati, mute mutamattaṃ

다가 존재할 수 있었던 것도, 이처럼 자신에게서 일어난 어떠한 느낌에도 마음을 제압당하지 않았기 때문이다.

이것으로 3장 첫 머리에서 삿짜까가 붓다에게 "**정말로 고따마 존자에게는, 일어나서는 마음을 제압하게 되는 그와 같은 행복한 느낌이 일어난 적이 없었습니까? 정말로 고따마 존자에게는, 일어나서는 마음을 제압하게 되는 그와 같은 괴로운 느낌이 일어난 적이 없었습니까?**" 라고 물었던 바에 대해 "어찌 없었겠는가!" 라고 하시면서 시작된 답변이 모두 끝났다. 우리는 붓다의 이 기나긴 답변을 통해서 보살이 어떻게 붓다가 되었으며, 그리고 무엇으로 인해 붓다가 늘 붓다일 수 있었는지를 모두 듣게 되었다. 그저 감사하고 감사할 따름이다.

---

bhavissati, viññāte viññātamattaṃ bhavissati, …… tato tvaṃ bāhiya! na tena yato tvaṃ bāhiya, na tena tato tvaṃ, bāhiya na tattha, yato tvaṃ bāhiya, na tattha tato tvaṃ bāhiya, nevidha na huraṃ na ubhayamantarena . esevanto dukkhassā ti."」

7장

붓다의 설법은 계속 된다

071 붓다의 법문은 바로 '우리'를 위한 것이다
072 붓다, 어리석음의 의미를 설명하시다
073 참으로 훌륭하십니다! 하지만 저는 바빠서 이만

071

붓다의 이 법문은 바로 '우리'를 위해 설해졌다

"악기웻사나여! 또한 나는 다양하게 많은 모임을 위해 법을 설했던 것을 분명하게 알고 있습니다. 혹시 (그때 설법을 요청했던) 각자가 나에 대해서 '사문 고따마는 오직 나만을 위해 법을 설하신다.' 라고, 그렇게 생각했을지도 모릅니다. 악기웻사나여! 그러나 그것이 그렇게 여겨져서는 안 됩니다. 여래는 다른 사람들을 깨우쳐주기 위한, 그와 같은 목적으로 법을 설하는 것입니다. 악기웻사나여! 그런 나는 법문이 끝나면, 언제나 항상 머무는 이전과 같은 삼매의 표상에 내부적으로 마음을 세우고, 정지시키고, 하나로 하고, 집중합니다."

"아라한처럼, 바르게 깨달으신 분의 말씀처럼, 고따마 존자의 그것은 신뢰받을 만합니다."

〈악기웻사나여! 또한 나는 다양하게 많은 모임을 위해 법을 설했던 것을 분명하게 알고 있습니다. 혹시 (그때 설법을 요청했던) 각자는 나에 대해서 '사문 고따마는 오직 나만을 위해 법을 설하신다.' 라고, 그렇게 생각했을지도 모릅니다. 악기웻사나여! 그러나 그것이 그렇게 여겨져서는 안 됩니다. 여래는 다른 사람들을 깨우쳐주기 위한, 그러한 목적으로 법을 설합니다.〉

본문의 이 문장은 얼핏 보면 앞뒤의 맥락이 없어 보이는 내용이다. 앞선 6장에서 자신의 수행자 시절의 일화를 통해 설하신 붓다의 긴 법문이 끝났다. 그런데 바로 이어서 붓다께서는, 그동안 자신이 다양한 모임에서 법문을 해왔지만, 그때 모임에서 법을 청했던 자들 가운데 혹자는 붓다께서는 자신만을 위해 법을 설하신다, 라고 생각했을지도 모른다. 그런데 그렇게 생각해서는 안 된다는 내용의 말씀을 하신 것이다. 이것은 누군가가 붓다의 법문을 듣고 그렇게 생각하는 자가 있었다는 것인데, 본문에서는 막상 그것에 대해서는 일체 언급되지 않았기 때문이다. 말하자면 본문에서는 질문의 내용 없이 답변만 있는 형국이다. 따라서 본문의 내용만으로 보자면 분명 앞뒤가 연결되지 않아 보인다. 하지만 잘 생각해 보면, 이 법문은 애초부터 붓다께서 삿짜까를 위해 시작하신 법문이고, 위의 내용 역시 붓다께서 삿짜까에게 하셨던 것이므로, 붓다의 법문을 듣고 그것이 '오직 자신을 위한 법문'이라고 생각했던 그 사람이 바로 삿짜까였음이 간접적으로 드러난 것이다.[1] 그래서 주석서에서는 이 대목을 다음과 같이 해설하고 있다.

〈또한 나는 분명하게 알고 있다〉라는 (본문의) 내용은, 각각이 연결되었다. 니간타는 이렇게 생각했다. '나는 사문 고따마에게 한 가지만 질문했다. (그런데) 사문 고따마는 나중에 나에게 '악기웻

1) 빠알리어 문장의 구성에서 이런 일은 빈번히 일어난다. 예를 들어서, 동사를 통해서 주어가 이미 알려져 있으면, 굳이 주어를 표기하지 않고 문장에서 생략하는 것 등이 그것이다.

사나여!' 나중에 다시 나에게 '악기웻사나여!'라고 하면서. (법문을) 끝내지 못하는 사람처럼 (계속해서) 말했다. (그러니 이것은 붓다가 뭔가를) 혼란스러워 한 것이 아닐까?'[2)]

그래서 붓다께서 위의 본문의 내용과 같이 말씀하셨다는 것이다. 그런데 붓다의 말씀에 해당되는 이 부분에 대해서, 대부분의 번역서에서는 필자가 '**다양하게 많은 모임을 위해**'라고 번역한 본문의 'anekasatāya parisāya'를 '수백의 대중들에게' 혹은 '수많은 대중들에게' 'an assembly of many hundreds'라고 번역되어 있었기 때문에, 뒤에 등장하는 '각자는(ekameko)'이라는 단어가 그 수백 명의 대중들 각자를 가리키는 것으로 이해할 수밖에 없었다. 그래서 이 문장의 뜻이 좀처럼 이해가 되지 않았던 것이다.[3)] 그래서 필자는 이 문장을, 붓다께서 이미 수없이 많은 모임에서 법문을 해왔지만, 이라는 뜻을 나타내는 것으로 다시 번역하게 되었고, 그렇게 함으로써 뒤의 '각자는'이라는 단어는 그 모임을 주최했던 자들, 즉 붓다에게 설법을 청하고, 붓다의 법문상대가 되어왔던 사람들을 가리키는 것이 되고서야 문장의 뜻이 비로소 이해가 되었다. 그렇게 되면 본문에서의 '**다른 사람들**(paresaṃ)'은 자연히 주최자가 아닌 신분으로 그 법회에 참석했던 이들이나, 혹은 그 법회에 참석하지

---

2) 「abhijāmāmi kho panāhaṃ ti, ayaṃ pāṭiyekko anusandhi. nigaṇṭho kira cintesi; ahaṃ samaṇaṃ gotamaṃ ekaṃ pañhaṃ pucchiṃ. sammṇo gotamo, apara pi maṃ, aggivessana!, aparā pi maṃ, aggivessana iti. pariyosānaṃ adassento katheti yeva. kupito nu kho ti?」(MN2/PP.291~292)

3) 위의 번역은 각기 대림스님과 전재성 씨 그리고 빅쿠보디스님과 냐나몰리스님의 번역이다. 남전역은 「予, 幾百の 衆に」(Nan4/P.435)라고, 역시 비슷한 내용으로 번역되었다. 빠알리 본문의 문장은 aneka(다양한, 형용사)+satāya(백, 많은의 sata의 단수 대격) parisāya(모임, 會衆의 parisa의 단수 대격)으로 분석된다. aneka는 6-2장에서도 '다양한'이라고 번역되었었다.

는 않았지만 법회의 이야기를 전해들은 사람이었을 것이고, 범위를 더 넓히자면 붓다의 설법 내용을 알고자 하는 후대의 독자들까지를 포함한 그런 '다른 사람들'이 될 것이다. 어느 경전은 '아난다여!' 라고 하며, 아난다를 대상으로 한 설법을 기록한 것이고, 어느 경전은 악기웻사나여!라고, 외도의 이름을 부르며, 외도를 대상으로 행한 설법이 기록된 것이다. 아난다와 같은 붓다의 제자들의 경우라면 그 설법이 비록 자신을 상대로 시작되었지만, 후대의 사람들까지를 포함한 다른 사람들을 위해 하신 붓다의 법문인 줄을 다들 알아차렸겠지만, 삿짜까는 붓다의 제자들과 달리, 왜 내 이름을 부르면서 나한테 한 법문인데, 나하고는 직접 상관도 없는 이야기를 장황하게 하시는가? 라고 의심했었던 것이라고, 주석서에서는 설명하고 있는 것이다.

사실 붓다께서 자신의 수행자 시절의 일화를 통해서 하신 법문의 내용이 오직 삿짜까 자신을 위한 법문이라고 삿짜까 스스로 생각했다면, 삿짜까의 입장에서 이 법문은 좀 장황하다고 느낄 만도 하다. 이 이야기가 삿짜까의 질문 즉 "**정말로 고따마 존자에게는, 일어나서는 마음을 제압하게 되는 그와 같은 행복한 느낌이 일어난 적이 없었습니까? 정말로 고따마 존자에게는, 일어나서는 마음을 제압하게 되는 그와 같은 괴로운 느낌이 일어난 적이 없었습니까?"라고 물었던 바에 대해 "어찌 없었겠는가!**" 라고 하면서 시작된 것이었기 때문이다. 그래서 붓다의 긴 설법이 끝나자마자, 삿짜까가 아마도 위의 내용과 같이 의심했을 것이라고 주석서에서는 짐작한 것이다. 삿짜까가 정말 그렇게 생각했는지 아닌지는 붓다의 말씀이 끝나고 나서 '**아라한처럼, 바르게 깨달으신 분의 말**

씀처럼, 고따마 존자의 그것은 신뢰될 것입니다.'라고 삿짜까가 붓다의 말씀을 인정한 것으로부터 짐작된 것이다.

그리고 주석서에서는 붓다께서 삿짜까가 일으킨 의심을 알아차리셨기 때문에, 이렇게 설명하셨다는 식으로 적고 있지만, 아마 삿짜까가 얼굴 표정이나 어떤 동작 같은 것으로 그런 자신의 마음을 붓다 앞에서 드러냈기 때문일지도 모른다. '아, 이 양반, 참 말 길게 하시네!' 라는 삿짜까의 마음이 드러나도록 말이다. 필자가 이런 식으로 삿짜까를 부정적으로 평가하는 것은, 그가 두 번에 걸쳐 붓다와 직접 대면한 채로 법문을 들었음에도 불구하고, 끝내 붓다의 법에 귀의하지 않았다는 것도 이유가 될 것이다.[4] 삿짜까는 그만큼 자신이 견해에 대한 집착이 강한 사람이었다.

따라서 위의 본문의 내용을 필자가 이해하는 바에 따라서 좀 풀어서 설명하자면 이렇다. 붓다께서는 법문을 끝내셨다. 그런데 자

---

4) 「세존께서는 이 니간타에게 두 번의 경전을(법문을) 이야기 하셨다. 앞의 경전(제35경)에서는 한 개 분량의 암송분을, 여기서는(제36경) 한 개 반 분량의 암송분을. (그러나 이렇게) 두 개 반 분량의 암송분을 듣고도, 이 니간타는 통찰을 얻지 못하고, 출가하지도 않았고, 귀의처에서 확립되지도 못했다. (그러면) 왜 세존께서는 그에게 법을 설하셨는가? 미래의 훈습을 위해서다. 세존께서는 "지금 이 자에게 (불법에 귀의할) 인연이 없지만, 나의 열반으로부터 두 번의 백 년이 지난 후에, 땀바빠니 섬(현 스리랑카)에 가르침이 확립될 것이다. 그곳에서 바로 한 가정집에서 다시 태어나서는, 적당할 때에 출가해서, 삼장을 배우고, 위빳사나를 증장하여, 분석적인 통찰력과 함께 한 아라한과에 이르러서, 그는 '깔라붓다락키따'라는 이름의 번뇌가 소멸된 큰 수행자가 될 것이다."라고 아셨다. (그래서) 이것을 보고, 미래의 훈습을 위하여 법을 설했다고 한 것이다. bhagavatā imassa nigaṇṭhassa dve suttani kathitani. purimasuttaṃ eko bhāṇavāro, idaṃ diyaḍḍho, iti aḍḍhatiye bhāṇavāre sutvā pi ayaṃ nigaṇṭho neva abhisamayaṃ patto, na pabbajito, na saraṇesu patiṭṭhit. kasmā etassa bhagava dhammaṃ desesīti? anāgate vāsanatthaya. passati hi bhagava; imassa idāni upanissayo natthi, mayhaṃ pana parinibbānato samadhikānaṃ dvinnaṃ vassasatanaṃ accayena tambapaṇṇidīpe sāsanaṃ patiṭṭhahissati. tatrāyaṃ kulaghare nibbattitvā sampatte kāle pabbajitvā tīṇi piṭakāni uggahetvā vipassanaṃ vaḍḍhetvā saha paṭisambhidāhi arahattaṃ patvā, kāḷabuddharakkhito nāma mahākhīṇāsavo bhavissati iti. idaṃ disvā anāgate vāsanatthaya dhammaṃ desesi.」(MA2/P.293)

신의 법문이 장황하다고 생각하는 삿짜까의 표정을 보시고는, 그가 여전히 법을 이해하는 데 목적이 있지 않다는 것을 아셨다. 그래서 삿짜까에게 말씀하셨다.

'악기웻사나여! 그대는 내가 그대의 질문 하나 때문에, 오직 그대를 위해서, 이 긴 설법을 행했다고 생각하는가? 그렇지 않다. 그렇게 나의 설법의 의도를 이해해서는 안 된다. 나는 이제까지 다양한 모임에서 법을 설한 적이 있지만, 한 번도 그들 가운데 어느 한 사람을 위해서 법을 설한 적이 없었다. 지금처럼 그대 악기웻사나의 질문 하나 때문에 이 설법이 시작되었듯이, 설법은 늘 누군가가 법을 청하는 것에서부터 시작된다. 때로는 아난다를 위해, 때로는 사리뿟따를 위해, 아니면 그대처럼 외도들을 위해서도 법문을 행한 적이 수도 없이 많다. 그러나 내가 그동안 행한 수많은 설법은 비록 처음에는 누구 한 사람 때문에 시작된 설법이라고 하더라도, 그렇게 시작된 설법을 늘 대중들 모두가 법에 대해서 이해할 수 있는 기회가 되도록 나는 법을 설해 왔다.'

참으로 옳으신 말씀이 아닐 수 없다. 덕분에 이 설법이 진행되는 가운데 붓다께서 한 번도 '범진이여!' 라고 필자의 이름을 부른 적이 없지만, 법문의 대상자가 아닌 필자 같은 사람도 수천 년의 세월을 뛰어넘어서 이렇게 붓다의 법문인 〈맛지마니까야〉 제36경의 내용을 알게 된 것이니까 말이다.

〈"악기웻사나여! 법문이 끝나면, 나는 언제나 항상 머무는 이전과 같은 삼매의 표상에 내부적으로 마음을 세우

고, 정지시키고, 하나로 하고, 집중합니다." "아라한처럼, 바르게 깨달으신 분의 말씀처럼, 고따마 존자의 그것은 신뢰받을 만합니다."〉

붓다께서는 늘 법문이 끝나고 나면, 자신이 삼매에 들었을 때와 마찬가지로 다시 삼매를 불러온 그 표상에(nimitte) 마음을 향하게 하면서[5], 마음이 고요해 지도록 하고, 하나로 모이게 하여 그것에 집중하셨다고 한다. 이에 대해 삿짜까는 지금 하신 붓다의 말씀은 아라한의 말씀처럼, 바르고 고르게 깨달으신 분의 말씀처럼, 그렇게 사람들에게 신용될 것이고, 신뢰받을 것이라고, 붓다의 말씀을 평가했다. 하지만 이런 평가 속에서도 삿짜까가 자신의 의견을 철저하게 배제시키고 있다. 다른 사람들은 그렇게 붓다의 말씀을 아라한의 말씀처럼 인정하겠지만, 자신의 견해는 여전히 말하지 않고 있는 것이다. 그 이유는 다음에 등장하는 그 질문 때문일 것이다.

....

5) 흔히 '표상表象'으로 번역되는 이 단어는 '니밋따(nimitta)'라는 것으로, 문자적으로도 '표식(sign)'이라는 의미를 가진다. 명상수행 과정에서 집중된 마음에 떠오르는 이미지화된 어떤 형상을 말하는 것으로, 그 형태는 명상가에 따라서 여러 가지로 나타날 수 있지만, 대체적으로 밝음, 빛, 솜같이 부드럽고 흰, 둥근, (필자의 경우는 밝고 흰 계란과 같은 것들이 계속 이어져 떨어지는 형태서부터 시작된 적도 있었다) 등의 공통점을 가지고 있다. 마음이 집중되어야 이 표상이라는 것이 떠오르는데, 떠오른 표상에 끌려가지 않고, 집중도를 더 높이면, 표상이 확장되면서 삼매에 들어가게 된다. 자세한 것은 『청정도론』에 잘 설명되어져 있지만, 실제 수행을 하기 전에 미리 이런 설명서부터 읽는 것이 때로는 득보다 실이 많을 때가 있다.

072

붓다, 어리석음의 의미를 설명하시다

"그런데 고따마 존자께서는 대낮에 낮잠을 주무셨던 것을 분명히 알고 계십니까?"

"악기웻사나여! 나는 여름의 마지막 달에 공양을 마치고 탁발에서 돌아와서 네 겹으로 접은 가사를 깔고, 오른쪽 옆구리로 누워, 관찰하고, 잘 통찰하면서, 잠을 잤던 것을 분명히 알고 있습니다."

"고따마 존자시여! 어떤 사문들이나 바라문들은 그것을 두고 '어리석음에 빠진 것'이라고 말합니다."

"악기웻사나여! 그런 것을 두고 어리석다거나 어리석지 않다거나 하는 것이 아닙니다. 악기웻사나여! 어떻게 해서 어리석어 지거나 어리석어 지지 않는 지, 그것을 이제 듣고 잘 마음에 새기도록 하십시오. 내가 설명하겠습니다."

"그러겠습니다, 존자시여!"라고 니간티의 후손 삿짜까는 세존께 대답했다. 세존께서는 이렇게 말씀하셨다.

"악기웻사나여! 무엇이든지 정신적 오염의 근원이고, 다시 태어남을 가져오고, 두렵고 괴로운 과보를 가져오고, 미래의 태어남과 늙음과 죽음을 초래하는 번뇌들이 제거되지 못했다면, 나는 그것을 '어리석다.' 라고 말합니다. 악기웻사나여! 단지 번뇌가 제거되지 못했기 때문에 어리석게 됩니다. 악기웻사나여! 무엇이든지 정신적 오염의 근원이고 다시 태어남을 가져오고 두렵고 괴로운 과보를 가져오고, 미래의 태어남과 늙음과 죽음을 초래하는 번뇌들이 제거되었다면, 나는 그것을 '어리석지 않다.' 라고 말합니다. 악기웻사나여! 여래에게는 오염을 일으키고 거듭 태어남을 불러오고 두려움을 가져오고 괴로움을 유발하고, 미래의 태어남과 늙음과 죽음을 초래하는 그러한 번뇌들이 잘리고, 뿌리가 끊어지고, 밑둥치가 잘려진 야자수처럼 되어, 존재하지 않게 되고, 미래에 다시 생겨나지 않습니다. 악기웻사나여! 마치 야자수가 그 윗부분이 잘리면 다시 자라는 것이 불가능해지는 것처럼, 여래에게는 오염을 일으키고 거듭 태어남을 불러오고 두려움을 가져오고 괴로움을 유발하고, 미래의 태어남과 늙음과 죽음을 초래하는 그러한 번뇌들이, 잘리고 뿌리가 끊어지고, 밑둥치가 잘려진 야자수처럼 되어, 존재하지 않고, 미래에 다시 생겨나지 않습니다."

〈"그런데 고따마 존자께서는 대낮에 낮잠을 주무셨던 것을 분명히 알고 계십니까?" "악기웻사나여! 나는 여름의 마지막 달에 공양을 마치고 탁발에서 돌아와서 네 겹으로 접은 가사를 깔고, 오른쪽 옆구리로 누워, 관찰하고, 잘 통찰하면서, 잠을 잤던 것을 분명히 알고 있습니

다." "고따마 존자시여! 어떤 사문들이나 바라문들은 그 것을 두고 '어리석음에 빠진 것'이라고 말합니다."〉

이제야 삿짜까는 자신이 처음부터 그렇게 묻고 싶어 했던 것을 묻게 되었다. 아마 삿짜까가 붓다의 법문을 다 듣고 난 다음에, 처음에 이곳 웨살리의 중각강당으로 붓다를 찾아와서 질문하려고 했던 그 내용을 꺼냈다는 것은, 애초에 이것을 묻고 싶어 했던 그 당시의 삿짜까의 생각과, 법문을 다 듣고 난 다음 지금의 삿짜까의 생각에 전혀 변화가 없었다는 것을 의미할 것이고, 그것을 지켜보셨던 붓다께서도 삿짜까가 자신이 한 법문을 전혀 듣지 않았다는 것을 알아차리셨을 것이다. 그럼에도 불구하고 붓다께서는 평생을 그러하셨듯이, 법을 설하심에 일말의 주저함도 없으셨다.

예전에 대통령하고 검사들 간에 대화가 TV를 통해 중계된 적이 있었는데, 거기서 젊은 검사들이, 앞에서 물었던 내용을 뒤에 다른 검사가 또 묻고 또 묻는 장면들이 있었다. 아마 자신이 준비한 (혹은 윗사람으로부터 지시받은) 질문을 꼭 해야겠다고 마음먹었기 때문에, 대통령의 대답에는 신경을 쓰지 못했던 탓이었을 것이다. 삿짜까와 붓다와의 대화에서도 이와 비슷한 상황이 연상된다. 붓다께서는 삿짜까의 질문에 대해 답하셨다. 삿짜까가 들었던 소문처럼, 자신이 여름에 공양을 마치고 나무 밑에 누워 낮잠을 잤던 것을 잘 알고 있다고 말씀하셨다. 그러면서 덧붙이신 말씀은 '**관찰하고, 잘 통찰하면서**' 주무셨다는 것이다. 하지만 질문에 매몰된 삿짜까는 붓다께서 덧붙인 말에는 신경을 쓰지도 않고 다시 말했다. '**어떤 사문들이나 바라문들은 그것을 두고 어리석음에 빠진 것이라고 말합니다.**' 이것은 마치 당시의 검사들이 '대통령님, 세간에서는 그러한 일을 두고 ~이라고 비판하고 있습니다.'라고 하면서, 자신은 단지 세상 사람들의 의견을 전달하는 것뿐이라는 투로 말했던 것과도 닮았다.

〈"악기웻사나여! 그런 것을 두고 어리석다거나 어리석지 않다거나 하는 것이 아닙니다. 악기웻사나여! 어떻게 해서 어리석어 지거나 어리석어지지 않는 지, 그것을 이제 듣고 잘 마음에 새기도록 하십시오. 내가 설명하겠습니다." "그러겠습니다, 존자시여!"라고 니간타의 후손 삿짜까는 세존께 대답했다. 세존께서는 이렇게 말씀하셨다.〉

상대방이 어떤 불합리한 발언을 하더라도, 붓다께서는 이제까지의 대화에서 늘 그러셨듯이, 삿짜까가 사용한 용어에 대한 정의부터 다시 확인해 주셨다. 요즘 유행하는 말로 하면, 상대방이 짜놓은 거짓된 '프레임(frame)'에 걸려들지 않기 위함이다. 여기서 필자가 '어리석다'라고 번역한 것은 빠알리어의 'sam+mūḷho'라는 단어로서, 앞에서 삿짜까가 '어리석음에 빠진 것'이라고 했을 때 사용한 'sam+moha'라는 단어와 뜻의 차이는 없다. 우리가 잘 아는 탐진치(貪瞋癡) 삼독 가운데 어리석음(癡)으로 번역되는 그 '모하moha'다.

〈"악기웻사나여! 무엇이든지 정신적 오염의 근원이고, 다시 태어남을 가져오고, 두렵고 괴로운 과보를 가져오고, 미래의 태어남과 늙음과 죽음을 초래하는 번뇌들이 제거되지 못했다면, 나는 그것을 '어리석다.'라고 말합니다. 악기웻사나여! 단지 번뇌가 제거되지 못했기 때문에

어리석게 됩니다. 악기웻사나여! 무엇이든지 정신적 오염의 근원이고 다시 태어남을 가져오고 두렵고 괴로운 과보를 가져오고, 미래의 태어남과 늙음과 죽음을 초래하는 번뇌들이 제거되었다면, 나는 그것을 '어리석지 않다.'라고 말합니다."〉

사람이 어떤 상태에 있어야 어리석다고 말하고, 어떤 상태에 있어야 어리석지 않다고 하는지 그 기준을 설명하신 것이다. 여기서의 붓다에 의해서 제기된 기준은 '번뇌(āsava)[6]'의 제거 여부다. 번뇌에 대해서는 이미 6장에서 언급되었듯이, 감각적 쾌락에 기인한 번뇌, 존재에 기인한 번뇌, 무명에 기인한 번뇌가 있다. 번뇌의 출처는 이처럼 세 가지지만, 그 모든 번뇌들이 정신적 오염의 근원이 되고, 다시 태어남을 가져오고, 두렵고 괴로운 과보를 가져오고, 미래의 태어남과 늙음과 죽음을 초래한다는 점에서는 공통적이다. 그것은 '번뇌'라는 것이 기본적으로는 해탈을 방해하는 모든 종류의 '장애'를 뜻하기 때문이라고 필자는 생각한다.

그렇다면 이 번뇌들은 어떠한 방법으로 '제거되는가?' 여기서 주의할 것은 번뇌는 '괴로움'도 마찬가지지만, 내가 그것을 대상으로 삼아 제거하려고 한다고 해서 제거되는 것이 아니라는 것이다. 왜냐하면 '번뇌'는 조건에 의지해서 나에게 일어난 한 '현상'이므로, 그 현상 자체는 실체가 없다, 실체가 없기 때문에, 실체가 없는

---

6) 한문으로 흐르다, 새다, 라는 의미의 루漏 혹은 유루有漏로 번역되는 이 단어는 ā+√sru(to flow)로 분석된다. 안으로 흘러들다, 흐르기 시작하다, 라는 뜻으로 해석된다. 무엇이 흘러든다는 것인가에 대해서는 異論들이 많지만, 최근에 이 단어를 '개체에 유입되는 어떤 존재성'이라는 뜻으로 '개아성個我性'으로 번역하는 참신한 내용의 글을 본 적이 있다. 「니까야를 바탕으로 한 중도의 이해와 실천」, 이유미(중도포럼, 2017)

것을 대상으로 삼아 제거하려고 해도 제거될 리가 없다. 괴로움이 '괴로움의 소멸로 이끄는 길'인 팔정도의 실천이 나에게서 구족되었을 때 비로소 나에게서 소멸되듯이, 번뇌 또한 그렇게 번뇌를 유발하는 조건들이 나에게서 없어짐으로 인해 함께 나에게서 없어지는 것이다. 이것이 본문에서 번뇌가 '**제거된**(pahīnā)[7]'이라고 수동태로 표기된 이유다.

〈맛지마니까야〉 제2권인 『삿바사와 숫따』 즉 '모든 번뇌에 관한 법문'에서 붓다께서는 번뇌가 제거되는 방법에 따라 일곱 가지가 있음을 설명하셨는데[8], 아마 이 내용을 잘 읽어보면 번뇌라는 것이 결국 어떤 것인지가 쉽게 이해될 것이다. 그 일곱 가지는 다음과 같다.

첫째, 봄(dassanā)으로 제거되어질 번뇌
둘째, 수호함(saṃvarā)으로 제거되어질 번뇌
셋째, 수용함(paṭisevanā)으로 제거되어질 번뇌
넷째, 인내함(adhivāsanā)으로 제거되어질 번뇌
다섯째, 피함(parivajjanā)으로 제거되어질 번뇌
여섯째, 몰아냄(vinodanā)으로 제거되어질 번뇌
일곱째, 수행함(bhāvanā)으로 제거되어질 번뇌

이 가운데 필자가 가장 재미있게 생각했던 부분은 다섯 번째, 회피함으로써 제거되어지는 번뇌에 대한 붓다의 설명이다. 내용은

---

7) pahīna는 동사 pajahati의 과거분사
8) 제2경 『삿바사와 숫따』(MN1/PP.7~9)

이렇다.

> 비구들이여! 이 세상에 비구들은 본질에 맞게 분별함에 의해, 사나운 코끼리를 피하고, 사나운 말을 피하고, 사나운 소를 피하고, 사나운 개를 피하고, 뱀, 말뚝, 가시덤불, 굴, 절벽, 웅덩이, 늪지를 피한다. …… 비구들이여 이것들을 피함으로 제거되어지는 번뇌라고 한다.[9]

수행자가 만약에 길을 가다가, 사나운 코끼리나 미친개나 독사를 만나면, 수행자 자신이 먼저 피해야 한다는 것이다. 자신이 아무리 고귀한 붓다의 제자라고 하더라도, 길에서 마주친 상대방이 사나운 코끼리거나 미친개이거나 독사라면, 그것들에게 자신의 그 '고귀한'이라는 것은 아무런 소용이 없다. 어떤 사람은 붓다라면 아마 경우가 다를 것이라고 말하기도 하지만, 그게 어찌 붓다라고 해서 달라지겠는가! 상대가 사나운 코끼리나 미친개나, 말뚝이나 가시덤불이나 웅덩이인데? 붓다가 지나가면, 길에 박혀있는 말뚝이나 웅덩이가 알아서 비켜주겠는가?

따라서 필자가 이해하는 바에 따르자면, 붓다께서 여기서 삿짜까에게 하신 말씀은 이것이다. 진정으로 어리석은 사람이란, 스스로 자신을 통제하지 못하고, 자신이 통제하지 못함으로써 번뇌에서 벗어나지 못하고, 번뇌에서 벗어나지 못함으로 두렵고 괴로운

---

9) 제2경 『삿바사와 숫따』(MN1/P.10) 「idha bhikkhave bhikkhu paṭisaṇkhā yoniso caṇḍaṃ hatthiṃ parivajjeti, caṇḍaṃ assaṃ parivajjeti, caṇḍaṃ goṇaṃ parivajjeti, caṇḍaṃ kukkhuraṃ parivajjeti, ahiṃ khāṇuṃ kaṇṭakadhānaṃ sobbhaṃ papātaṃ candanikaṃ oḷigallaṃ...ime vuccanti bhikkhave āsavā parivajjanā pahātabbā.」

과보를 받게 되는 사람이다. 그렇다면 어째서 필연적으로 두렵고 괴로운 과보를 불러올 수밖에 없는 그 번뇌들로부터 스스로 벗어나지 못하는가? 번뇌가 무엇인지 알지 못하고, 번뇌가 어떻게 발생하는지 알지 못하고, 번뇌가 어떻게 소멸되는지 알지 못하고, 소멸되는 길에 대해 알지 못하기 때문이다. 알지 못하니 실천하지 못하고, 실천하지 못하니, 변하지 못해 세세생생토록 번뇌에 묶여 허덕인다는 것이다.

073

참으로 훌륭하십니다!
하지만 저는 바빠서 이만……

이렇게 말씀하실 때, 니간타의 후손 삿짜까는 세존께 이렇게 말했다.

'놀랍습니다! 고따마 존자시여! 일찍이 없었던 일입니다! 고따마 존자시여! 고따마 존자께서는 이와 같이 논박을 거듭하고 비방하는 말투로 대응해도 피부색이 청정하고 안색이 밝으시니, 그것은 저 아라한, 정각을 이루신 분에 걸맞습니다. 고따마 존자시여! 전에 저는 뿌라나 깟사빠와 논쟁을 벌였던 것을 분명히 알고 있습니다. 나와 논쟁을 시작한 그는 엉뚱한 말로 받아넘기고, 회피하고는, 분노와 증오와 불만을 드러냈었습니다. 그러나 고따마 존자께서는 이와 같이 논박을 거듭하고 비방하는 말투로 대응해도, 피부색이 청정하고 안색이 밝으시니, 그것은 저 아라한, 정각을 이루신 분에 걸맞습니다. 고따마 존자시여, 전에 저는 막칼리 고살라 …… 아지따 께사깜발라 …… 빠꾸다 깟짜야나 …… 산자여 벨랏티뿟따 …… 니간타 나따뿟따와 논쟁을 벌였던 것을 분명히 알고 있습니다. 나와 논쟁을 시작한 그는 엉뚱한 말로 받아넘기고, 회피하고는 분노와 증오와 불만을 드러냈습니다. 그러나 고따마 존자께서는 이와 같이 논박을 거듭하고, 비방하는 말투로 대응해도, 피부색이 청정하고 안색이 밝으시니, 그것은 저 아라한, 정각을 이루신 분에 걸맞습니다. 자, 저는 이제 가봐야 하겠습니다. 고따마 존자시여! 우리에겐 해야 할 많은 일들이 있습니다.'

'악기웻사나여! 지금이 그때라고 생각한다면 그렇게 하십시오.'

그러자 니간타의 후손 삿짜까는 세존의 설법에 크게 기뻐하고 환희하면서 자리에서 일어나 그곳을 떠났다.

〈고따마 존자시여! 고따마 존자께서는 이와 같이 논박을 거듭하고 비방하는 말투로 대응해도, 피부색이 청정하고 안색이 밝으시니, 그것은 저 아라한, 정각을 이루신 분에 걸맞습니다. 고따마 존자시여! 전에 저는 뿌라나 깟사빠 …… 막칼리 고쌀라 …… 아지따 께싸깜발라 …… 빠꾸다 깟짜야나 …… 싼자야 베랏티뿟따 …… 니간타 나

따뿟따와 논쟁을 벌였던 것을 분명히 알고 있습니다.〉

여기서도 삿짜까는 마치 자신이 그동안 붓다를 시험하기 위해서 일부러 무례한 말을 하고, 비방하는 말을 한 것처럼 말하고 있다. 그리고 여러 종교지도자들과 자신이 토론했던 일화를 소개하고 있는데, 이것도 결국은 자기 자랑을 하는 것이니까 굳이 본경에서 따로 소개해야 할 필요가 없는 것 같아서 생략한다. 참고로 붓다 앞에서 이렇게 다른 수행자들의 이야기를 했던 사람이 또 있었다. 그는 붓다의 임종 직전에 붓다를 찾아와 붓다의 마지막 제자가 되었던 '수밧다'인데, 그는 붓다에게 이렇게 물었었다.

"고타마 존자시여! 바라문들처럼 대접받는 사문들, 제자들을 거느린 자이며, 무리들의 스승이며, 유명하고, 명예로운 자이고, 개산조이시며, 많은 사람들로부터 크게 존경받는 자인, 예를 들어 저 뿌라나 깟사빠, 막칼리 고살라, 아지따 께사깜발리, 빠꾸다 까짜야나, 산자야 벨랏티뿟따, 니간타 나타뿟따와 같은 자들은, 모두 스스로의 주장대로 깨달았습니까? 아니면 모두 깨달지 못했습니까? 아니면 일부만 깨달았고, 일부는 깨닫지 못했습니까?"[10]

이런 수밧다의 질문에 대해 붓다께서 이렇게 말씀하셨는데, 아마 이때는 손사래라도 치시면서 말씀하셨을 것 같다.

"수밧다여, 그만두시오! 그것들을 그냥 놔두시오. 모두가 스스로

10) 제16경 『마하빠리닛빤나 숫따』(DN2/P.150) 「ye'me bho gotama samaṇabrāhmaṇā saṃghino gaṇino gaṇācariyā ñātā yasassino titthakarā sādhusammatā ca bahujanassa, seyyathīdaṃ pūraṇo kassapo makkhali gosālo, ajitakesakambalī, pakudho, kaccAyano sañjayo belaṭṭhiputto, nigaṇṭho nāthaputto, sabbe te sakāya paṭiññāya abbhaññaṃsu? sabbeva na abbhaññaṃsu? ekacce abbhaññaṃsu, ekacce na abbhaññaṃsū?' ti.」

의 주장대로 깨달았는지, 모두가 깨닫지 못했는지, 아니면 일부만 깨달고, 일부는 깨닫지 못했는지는. 수밧다여! 나는 지금 그대에게 법을 설할 것이니, 그것을 잘 들으시오. 그리고 마음에 새기도록 하시오. 말하겠소."[11]

삿짜까가 위에서 언급한 여섯 명 수행자들에 대한 그의 평가에 대해서도, 아마 붓다께서는 나중에 수밧다에게 하셨듯이, 손사래를 치시면서 '제발 아무짝에도 쓸모없는 그런 말일랑 그만두시오!' 라고 말씀하시고 싶었을지도 모르겠다. 참고로 여기서 언급한 여섯 명에 대해서는 〈디가니까야〉 제2경인 『사만냐팔라 숫따』에 비교적 자세하게 설명이 되었음으로 궁금한 사람은 읽어보길 바란다.

〈"자, 저는 이제 가봐야 하겠습니다. 고따마 존자시여! 우리에겐 해야 할 일들이 많이 있습니다." "악기웻사나! 지금이 그때라고 생각한다면, 좋을 대로 하십시오." 그러자 니간티의 후손 싸짜까는 세존께서 말씀하신 것에 크게 기뻐하고 환희하며 자리에서 일어나 그곳을 떠났다.〉

'고따마 존자께서는 참으로 훌륭하십니다! 그런데 저는 바빠서 이만…… ' 이게 본경에서의 삿짜까가 붓다께 한 마지막 말이다. 경전의 편집자들은 그래도 삿짜까가 붓다의 가르침에 기뻐하고 환희했다고 적고 있지만, 정말 삿짜까가 기뻐했는지 어쨌는지 우리로서는 알 수가 없다. 하지만 본경을 읽은 우리 같은 후대의 사람들 중

11) 제16경 『마하빠리닛빤나 숫따』(DN2/P.151) 「alaṃ subhadda! tiṭṭhatetaṃ! 'sabbe te sakāya paṭiññāya abbhaññaṃsu, sabbe va na abbhaññaṃsu udāhu ekacce abbhaññaṃsu ekacce na abbhaññaṃsūti.' dhammaṃ te subhadda! desessāmi! taṃ suṇāhi, sādhukaṃ manasikarohi. bhāsissāmīti.」

에는, 분명히 본경에서 설하신 붓다의 가르침에 기뻐하고 환희했을 사람이 필자 말고도 또 많이 있을 것으로 믿는다. 그러면 됐다.

『마하삿짜까 숫따』 – 붓다의 '수행에 관한 큰 가르침' –

2018년 11월 20일 초판 1쇄 인쇄
2018년 11월 30일 초판 1쇄 발행

옮긴이 범진스님
펴낸이 정창진
펴낸곳 도서출판 여래
출판등록 제2011-81호
주소 서울시 관악구 행운2길 52 칠성빌딩 5층
전화번호 (02)871-0213
전송 (02)885-6803

ISBN 979-11-86189-85-6 03220
Email yoerai@hanmail.net
blog naver.com/yoerai

값은 뒤표지에 있습니다.

※ 이 도서의 국립중앙도서관 출판예정도서목록(CIP)은 서지정보유통지원시스템 홈페이지(http://seoji.nl.go.kr)와 국가자료공동목록시스템(http://www.nl.go.kr/kolisnet)에서 이용하실 수 있습니다. (CIP제어번호 : CIP2018036006)